중앙일보 주최
세계사능력검정시험대비

적중 TOP

최단기 합격

세계사 능력검정시험

기출동형 + 서술형 다잡기

세계사기출연구회 편저

- 변경된 출제 기준에 맞춘 단답식과 서술형 문항 112제 수록
- 출제문항에 맞춘 동형 모의고사
- 꼼꼼한 오답해설과 친절한 답안길잡이

적중 TOP 세계사능력검정시험 단기완성

CONTENTS

GUIDE

1 세계사능력검정시험 주최 목적

자국의 역사를 아는 것은 매우 소중하지만 자국의 역사에만 치중한다면 균형감 있는 역사관을 갖추기 힘들며 지금과 같은 글로벌 시대에 뒤처질 수밖에 없습니다. 전 세계를 우리의 시장으로 만들기 위해서는 자국의 역사와 함께 전 세계의 역사를 알아야 한다. 그러나 안타깝게도 국민들은 한국사와 영어 교육에만 몰두하는 게 현실이다.
이에 중앙일보는 세계시민 프로젝트 일환으로 국민들이 균형감 있는 역사관을 확립하고 글로벌 시대의 진정한 주체가 될 수 있도록 세계사 능력 검정시험을 주최한다.

2 평가 등급 및 내용

❶ **평가 방법** : 6개 등급(1~6급)으로 평가되며, 고급 · 중급 · 초급 시험을 따로 보는 한국사능력검정시험과 달리 세계사능력시험은 한 문제지로 응시하여 성적별로 고급 · 중급 · 초급 합격이 결정된다.

❷ 시험 요강

구분	평가등급		평가 내용	문항 수	시험시간
고급	1급	90점 이상	세계사 심화 과정으로 차원높은 역사 지식, 통합적 이해력 및 분석력을 바탕으로 시대의 구조를 파악하고 현재의 문제를 창의적으로 해결할 수 있는 능력 평가	총 50문제 • 객관식 : 46문제 • 주관식 : 4문제	80분
	2급	80점 이상			
중급	3급	70점 이상	세계사 기초 심화과정으로 세계사에 대한 기본적인 이해를 바탕으로 세계사의 흐름을 대략적으로 이해할 수 있는 능력과 전반적인 이해를 바탕으로 세계사의 개념과 전개 과정을 체계적으로 파악할 수 있는 능력 평가		
	4급	60점 이상			

GUIDE

구분	평가등급		평가 내용	문항 수	시험시간
초급	5급	50점 이상	세계사 입문 과정으로 세계사에 대한 흥미와 관심이 있으면 누구나 이해할 수 있는 기초적인 역사 상식을 평가	총 50문제 • 객관식 : 46문제 • 주관식 : 4문제	80분
	6급	40점 이상	세계사 입문 과정으로 세계사에 대한 흥미와 관심이 있으면 누구나 이해할 수 있는 기초적인 역사 상식을 평가		

❸ 제5회 세계사능력검정시험 이후 출제 방법

총 50문제 출제로 객관식 46문제, 주관식 4문제(단답형과 서술형 문제 혼합, 동양사와 서양사 고르게 출제)

3 출제 방향

❶ 2급까지 : 중학교 세계사 교과서 내용 출제

❷ 1급 : 고등학교 세계사 내용을 가급적 지양하고 '한국사와 세계사의 조화'와 '과거와 현재의 조화(시사 문제)' 문제가 출제

4 제11회 시험 일시 및 접수일

❶ 시험일 : 2024년 3월 02일 16시(입실 완료 15시 50분)

❷ 접수일 : 2023년 9월 27일부터 2024년 2월 22일까지

5 시험준비물

수험표, 컴퓨터용 수성 사인펜, 수정 테이프(수정액), 신분증 등

적중 TOP 세계사능력검정시험 단기완성

기출동형+서술형 다잡기

기출동형모의고사

초·중급

세계사능력검정시험 기출동형모의고사 초 · 중급

01 다음은 아테네의 시기별 정치 상황이다. (가)~(다) 시기에 대한 설명으로 적절하지 않은 것은?

> (가) 시민을 재산 소유에 따라 귀족, 기사, 농민, 노동자의 4계급으로 구분하여 이들에게 참정권을 부여하였다
> (나) 4부족제를 폐지하고 경제적 이해관계를 균등하게 혼합한 10부족제를 도입하였다. 이렇게 만들어진 새로운 행정 개혁을 바탕으로 각 부족마다 50명씩 선출하여 500인회를 구성하였다.
> (다) 500인회의 권한이 축소되고, 민회에서는 외교 · 전쟁 등 국가의 중요 사항을 심의 결정하였다. 또한 시민 배심원으로 민중 재판소가 구성되었고, 특수직을 제외한 모든 관직은 추첨으로 선출하였다.

① (가) – 도편 추방제가 실시되어 참주의 출현을 막았다.
② (나) – 민주 정치의 기틀이 마련되었다.
③ (다) – 행정에 참여한 시민에게 수당이 지급되었다.
④ (나)는 (가) 시기에 비해 귀족 세력이 약화되었다.
⑤ (다)는 (나) 시기에 비해 민회의 권한이 강화되었다.

02 다음 (가)인물의 활동으로 건설된 제국에 대한 설명으로 옳지 않은 것은?

> (가)는 정복한 여러 지역에 새로운 도시를 건설하여 알렉산드리아라는 이름을 붙였다. 그 도시들에는 그리스의 도시들처럼 신전과 체육관, 극장을 만들었다.

① 그리스 어를 제국의 공용어로 채택하였다.
② 페르시아 인과 그리스 인의 결혼을 장려하였다.
③ 크리스트 교를 공인하여 제국의 발전을 꾀하였다.
④ 유럽, 아시아, 아프리카에 걸친 대제국을 건설하고 그리스 인을 이주시켰다.
⑤ 제국 통치를 위하여 오리엔트의 전제 군주제를 도입하였다.

03 밑줄 친 '나'에 대한 설명으로 옳은 것은?

> 황제인 나와 리키니우스는 밀라노에서 만나 다음을 결정하고자 한다. 크리스트교 신자에 대해서도, 또 만인에 대해서도 각자 원하는 종교에 따를 수 있는 자유를 주어야 하며 …(중략)… 크리스트교 신자가 이전에 항상 집회를 가졌던 장소는 무상으로 크리스트교 신자에게 되돌려 주어야 한다.
> – 에우세비우스, 『교회사』–

① 『로마법 대전』을 편찬하였다.
② 포에니 전쟁을 승리로 이끌었다.
③ 스파르타쿠스의 난을 진압하였다.
④ 수도를 콘스탄티노폴리스로 옮겼다.
⑤ 각지에 알렉산드리아를 건설하였다.

04 밑줄 친 '그'의 업적으로 옳은 것은?

> 800년 12월 25일, 그는 크리스마스 미사를 드리기 위해 성 베드로 성당에 나타났다. 비잔티움 황제와의 관계를 끊기 원했던 교황이 제관을 꺼내어 그의 머리에 씌웠다. 그러자 미사 참석자들은 "하느님의 뜻으로 즉위하였도다! 위대하고 평화를 주시는 황제여, 그에게 생명과 승리를!" 라고 외쳤다.

① 밀라노 칙령으로 크리스트 교를 공인하였다.
② 학문과 문예를 장려하여 카롤루스 르네상스를 일으켰다.
③ 롬바르드 왕국을 정벌하고 그 일부를 교황에게 기증하였다.
④ 마자르 족과 슬라브 족을 정벌하고 이탈리아 내란을 진압하였다.
⑤ 피레네 산맥을 넘어 온 이슬람 군을 투르 · 푸아티에에서 격퇴하였다.

05 지도는 9세기경 어느 민족의 활동을 표시한 것이다. 이들에 대한 설명으로 옳은 것은?

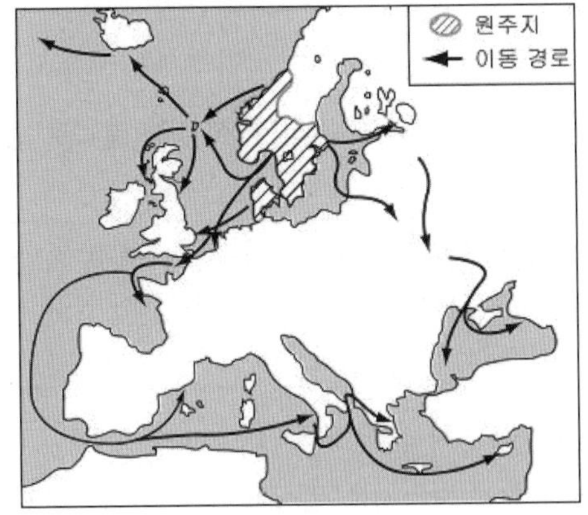

① 서로마 제국을 멸망시켰다.
② 프랑크 왕국을 건립하였다.
③ 카롤링거 르네상스를 일으켰다.
④ 봉건 제도 성립에 영향을 주었다.
⑤ 이베리아 반도에서 이슬람 세력을 축출하였다.

06 자료와 관련된 조직에 대한 옳은 설명을 〈보기〉에서 고른 것은?

> 이들은 직종별로 조합을 구성하였다. 조합의 회원이 되기 위해서는 먼저, 장인 밑에서 다년간 도제로 일하면서 기술을 배워야 한다. 그 후 직인이 되면 작품을 만들어 소속 조합의 인정을 받아야 장인이 되고, 조합의 회원으로 받아들여졌다.

보기

ㄱ. 구성원 간 엄격한 위계질서에 의해 유지되었다.
ㄴ. 제품의 가격을 시장의 자유 경쟁 원리에 맡겼다.
ㄷ. 도시 행정에 참여하여 조직의 권익을 추구하였다.
ㄹ. 산업 자본가의 주도 하에 제품을 대량으로 생산하였다.

① ㄱ, ㄴ　② ㄱ, ㄷ
③ ㄴ, ㄷ　④ ㄴ, ㄹ
⑤ ㄷ, ㄹ

07 다음 상황이 나타나게 된 배경으로 옳은 것은?

> 하인리히 4세 : 나의 주장이 잘못됐다는 것을 깨닫고 이곳 카노사까지 왔으니, 교황 그레고리우스 7세에게 말씀드려 파문을 취소하도록 해주시오.
> 클뤼니 수도원장 : 왜 그렇게 교황과 반목하였습니까? 황제의 잘못이 너무 큽니다.

① 황제가 교황의 지위를 겸하게 되었다.
② 교회의 대분열로 교황권이 실추되었다.
③ 프랑스 국왕이 교황청을 아비뇽으로 옮겼다.
④ 서임권을 둘러싸고 교황과 황제가 대립하였다.
⑤ 교회가 로마 가톨릭과 그리스 정교로 분리되었다.

08 밑줄 친 '제국'에 대한 설명으로 옳지 않은 것은?

> 이 제국이 없었다면 우리 크리스트 교 세계는 7세기에 페르시아 왕의 군대를 어찌 막았을 것이며, 8세기에 바그다드 칼리프의 군대를 어찌 당해 낼 수 있었을까? …… 제국의 학자들과 필경사가 아니었다면, 지금 우리가 고전이라고 아는 것의 대부분 – 특히 그리스 지역에 보존되어 온 라틴 문학과 로마법 – 은 전해지지 않았을 것이다.

① 유스티니아누스 법전을 편찬하였다.
② 군관구제와 둔전병제를 실시하였다.
③ 수도인 콘스탄티노플에서는 무역이 발달하였다.
④ 주종 제도를 토대로 한 봉건 제도를 유지하였다.
⑤ 이슬람 제국의 침입으로 많은 영토를 상실하였다.

09 중세 유럽에서 다음 계율에 따라 생활했던 사람들의 특성을 〈보기〉에서 모두 고른 것은?

> • 봉건적 토지 보유를 하지 않고, 토지를 포함한 모든 재산을 신자들의 자유로운 희사로 간주하고, 봉건적 의무를 지지 않는다.
> • 태만과 나태를 추방하고, 필사(筆寫)와 노동과 공동 예배에 보다 많은 시간을 할당한다.

보기

ㄱ. 교황의 절대권을 부정하였다.
ㄴ. 그리스 · 로마의 고전을 보존하였다.
ㄷ. 성서를 각국어로 번역하여 보급하였다.
ㄹ. 농업 기술을 발전시키고 황무지를 개간하였다.

① ㄱ, ㄴ ② ㄱ, ㄷ
③ ㄴ, ㄷ ④ ㄴ, ㄹ
⑤ ㄷ, ㄹ

10 다음과 관련된 전쟁이 서유럽 사회에 끼친 영향을 〈보기〉에서 고른 것은?

> 동방의 크리스트 교 국가가 구원을 요청하였다. …… 성지의 형제들을 구하라. 서유럽의 크리스트 교도들이여, 지위가 높건 낮건, 재산이 많건 적건 동방의 크리스트 교도의 구원에 힘쓰라. ……
> 그대들이 살고 있는 땅은 사람들이 너무 몰려 있기 때문에 빈궁해졌다. 예수의 성묘(聖廟)가 있는 곳으로 가지 않겠는가? '젖과 꿀이 흐르는 땅'은 신이 그대들에게 내린 토지이다.
> – 교황 우르바누스 2세의 연설문 –

보기

ㄱ. 교황권 강화
ㄴ. 가격 혁명 발생
ㄷ. 화폐 경제 발달
ㄹ. 봉건 제후 세력 쇠퇴

① ㄱ, ㄴ ② ㄱ, ㄷ
③ ㄴ, ㄷ ④ ㄴ, ㄹ
⑤ ㄷ, ㄹ

11 다음의 대화에 나타난 전쟁의 결과로 옳은 것은?

> • 잔 다르크의 등장으로 프랑스가 승리하게 되었지
> • 맞아. 그 과정에서 많은 봉건 영주들이 몰락하고 말았어

① 노르만 족이 유럽 각지에 나라를 세웠다.
② 영주들이 직영지를 넓히고 부역을 강화하였다.
③ 왕권이 강화되어 중앙 집권 국가가 등장하였다.
④ 이탈리아 상인이 지중해 무역을 장악하게 되었다.
⑤ 노예노동을 이용한 대농장 경영 형태가 대두하였다.

12 다음 자료는 새로운 의식의 출현을 보여준다. 이와 관련된 사실로 옳지 않은 것은?

> • 교황은 우신(愚神) 덕분에 우아한 생활을 하고 있다. 화려하지만 위선적인 교회 의례를 통해 충분히 크리스트에게 봉사했다고 생각한다.
> • 군주에게 주어진 최고의 의무는 종교와 도덕률을 따르는 것이 아니라, 국가의 권력과 안전을 유지하는 것이다. 그 목적을 달성하기 위해서는 권모술수를 포함한 현실주의적인 정치 기술이 필요하다.

① 서민의 일상생활이 그림의 소재로 활용되었다.
② 신앙과 이성의 조화를 추구한 가톨릭 신학이 등장하였다.
③ 성서와 신의 은총만이 구원의 열쇠라는 주장이 제기되었다.
④ 인간의 위선과 사회의 부패상을 풍자하는 소설이 출간되었다.
⑤ 인쇄술의 발달로 새로운 지식과 사상이 널리 전파되고 있었다.

13 다음 도표와 관련된 시기의 사회 모습을 가장 옳게 설명한 학생은?

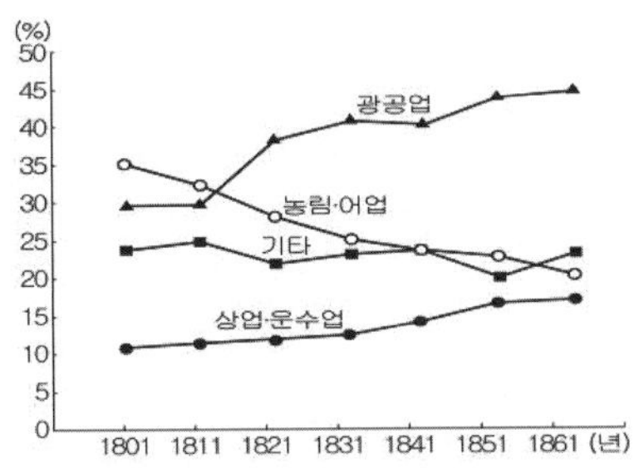

〈영국의 산업별 인구 구성비의 변화〉

① 갑 : 상업 혁명이 일어나고 있었습니다.
② 을 : 노동 조합의 결성이 활발해졌습니다.
③ 병 : 1차 인클로저 운동이 전개되고 있었습니다.
④ 정 : 선대제 수공업의 비중이 커지고 있었습니다.
⑤ 무 : 자국의 산업 보호를 위해 보호 무역주의를 추구하였습니다.

14 (가), (나)를 보고 내린 추론 가운데 역사적 사실에 비추어 적절하지 않은 것은?

(가) 베르사유 궁전

(나) 상 수시 궁전

① (가)는 화려하고 웅장한 데다 17세기에 세워졌다고 하니 바로크 양식의 건물일 것 같아.
② (나)의 양식이 유행하던 시기에는 계몽 사상이 발전했어. 그러니 (나)를 건립한 군주도 그 영향을 받았을 것 같아.
③ (가)를 보면 당시 이 나라의 왕권이 매우 강력했음을 알 수 있어. 이 때문에 시민 계급의 성장이 힘들 수밖에 없었을 거야.
④ (가), (나)를 세운 군주들은 강력한 중앙 집권 국가를 만들기 위해 노력했을 것 같아.
⑤ (가)가 (나)보다 먼저 건립된 것으로 보아 (가)를 세운 군주의 왕권은 (나)의 경우보다 먼저 발달했을 거야.

15 (가)에 들어갈 내용으로 가장 적절한 것은?

> ○ 학습 단원 : 유럽 세계의 확대
> ○ 학습 목표 : 유럽 팽창의 과정과 영향을 이해할 수 있다.
> ○ 학습 활동
> • 1모둠 – '동방견문록'의 영향을 살펴 본다.
> • 2모둠 – 콜럼버스의 항해 일지를 읽어 본다.
> • 3모둠 – 대서양 삼각 무역의 물품을 알아 본다.
> • 4모둠 – 아메리카 포토시 광산의 운영 실태를 조사해 본다.
> ○ 결론 도출
> (가)

① 유럽과 이슬람 사이에 문명의 충돌이 발생하였다.
② 원거리 무역으로 유럽에서 중세 도시가 발달하였다.
③ 유럽에서 기술 혁신을 통하여 산업 혁명이 일어났다.
④ 유럽 인들의 신항로 개척으로 상업 혁명이 발생하였다.
⑤ 유럽 열강의 제국주의 경쟁이 격화되어 아프리카가 분할되었다.

16 다음 상황이 전개된 시기를 연표에서 고른 것은?

> 나폴레옹은 9월 14일 밤을 도로고밀로프 구역에서 지내고 이튿날에야 모스크바 성에 들어갔다. 대포와 탄약차가 굴러가는 소리 외에는 거리의 정적을 깨뜨리는 아무 소리도 들리지 않았다. 모스크바는 깊은 잠에 빠져 있는 것처럼 보였다. 『아라비안나이트』에 나오는 마법에 걸린 도시처럼 …….

(가)		(나)		(다)		(라)		(마)
	인권 선언 발표		대륙 봉쇄령 발표		빈 회의 시작		워털루 전투	

① (가) ② (나)
③ (다) ④ (라)
⑤ (마)

17 자료와 관련된 전쟁에 대한 옳은 설명을 〈보기〉에서 고른 것은?

> 합중국 대통령인 나는 합중국의 권위와 정부에 대해 일어난 현재의 무장 반란을 앞에 두고, 합중국 육해군 최고 사령관으로서 나에게 주어진 권한에 따라 이 반란을 진압하기 위해 적절하고 필요한 전투 수단으로써, 오늘을 기해 …(중략)… 남부의 노예들은 영원히 자유의 몸이 될 것임을 선포한다.

보기

ㄱ. 프랑스 혁명에 영향을 주었다.
ㄴ. 먼로 선언을 발표하는 계기가 되었다.
ㄷ. 남북 간의 경제 구조 차이가 원인이었다.
ㄹ. 국민적 통합이 진전되는 토대를 마련하였다.

① ㄱ, ㄴ ② ㄱ, ㄷ
③ ㄴ, ㄷ ④ ㄴ, ㄹ
⑤ ㄷ, ㄹ

18 자료는 어떤 전쟁의 결과와 영향에 대한 설명이다. 이 전쟁의 원인으로 옳은 것을 〈보기〉에서 모두 고른 것은?

> • 네 개의 제국(독일, 오스트리아–헝가리, 러시아, 오스만) 이 해체되었다.
> • 서구의 주요 국가에서 여성에게도 참정권이 부여됨으로써 민주주의가 발전하였다.

보기

ㄱ. 영국의 3C 정책과 독일의 3B 정책이 충돌하였다.
ㄴ. 방공 협정을 맺은 독일, 이탈리아, 일본과 소비에트 러시아가 대립하였다.
ㄷ. 러시아의 범슬라브주의와 독일 · 오스트리아의 범게르만주의가 충돌하였다.
ㄹ. 독일이 폴란드의 일부 영토를 요구하고 영국과 프랑스가 이를 거부하였다.

① ㄱ, ㄴ ② ㄱ, ㄷ
③ ㄴ, ㄷ ④ ㄴ, ㄹ
⑤ ㄷ, ㄹ

19 자료와 관련된 정책에 대한 설명으로 옳은 것은?

> 우리의 목표는 자유로운 제도가 들어설 수 있는 정치·사회적 환경을 조성하기 우해 세계 경제를 부흥시키는 데 있습니다. … (중략) … 나는 미국 정부가 국가 경제 재건의 의지를 가진 모든 정부를 전폭적으로 지원할 것이라고 확신합니다. -1947년 미국 재무장관 연설-
>
> 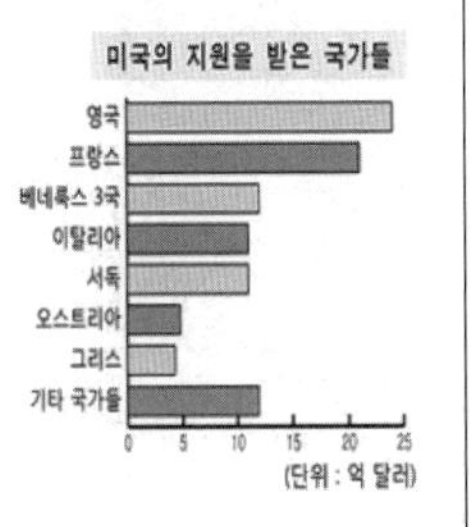
>

① 냉전 체제 형성에 영향을 끼쳤다.
② 제3세계의 결속 강화를 목표로 하였다.
③ 사회주의권의 급속한 몰락을 초래하였다.
④ 베르사유 체제가 성립되는 계기가 되었다.
⑤ 유럽 연합(EU) 회원국의 증가를 가져왔다.

20 다음 지도는 중국의 어느 시대를 나타낸 것이다. 이 시대의 사회상으로 옳은 것은?

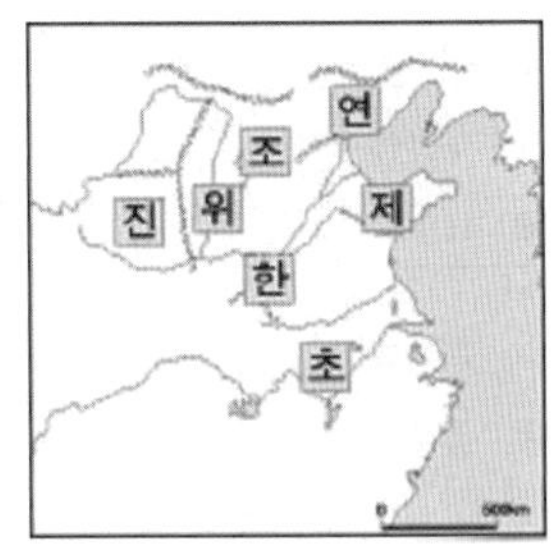

① 토지 사유화가 진전되었다.
② 농업 생산력이 감소하였다.
③ 유학이 통치 이념으로 정립되었다.
④ 개인의 능력보다 신분이 중시되었다.
⑤ 오랜 전쟁으로 상공업이 침체되었다.

21 밑줄 친 '사상가들'과 그 주장을 옳게 연결한 것을 〈보기〉에서 모두 고른 것은?

> 기원전 8세기에 주(周)는 서북방으로부터 유목민의 침입을 받아 도읍을 뤄양(洛陽)으로 옮겼다. 이 때부터 주 왕의 권위는 급격하게 무너졌으며, 제후들은 존왕양이를 명분으로 실력 경쟁을 벌였다. 전국 시대가 되자 제후들의 경쟁은 더욱 치열해졌다. 이러한 시대적 상황에 맞춰 많은 <u>사상가</u>들이 등장하였는데, 각국은 이들 가운데 유능한 인재를 등용하여 부국 강병을 꾀하였다.

> **보기**
>
> ㄱ. 노자 – 엄격한 법치주의
> ㄴ. 맹자 – 성선설과 덕치주의
> ㄷ. 순자 – 무위자연(無爲自然)
> ㄹ. 묵자 – 차별 없는 사랑(겸애)

① ㄱ, ㄴ ② ㄱ, ㄷ
③ ㄴ, ㄷ ④ ㄴ, ㄹ
⑤ ㄷ, ㄹ

22 (가), (나) 왕조에 해당하는 사실로 옳지 않은 것은?

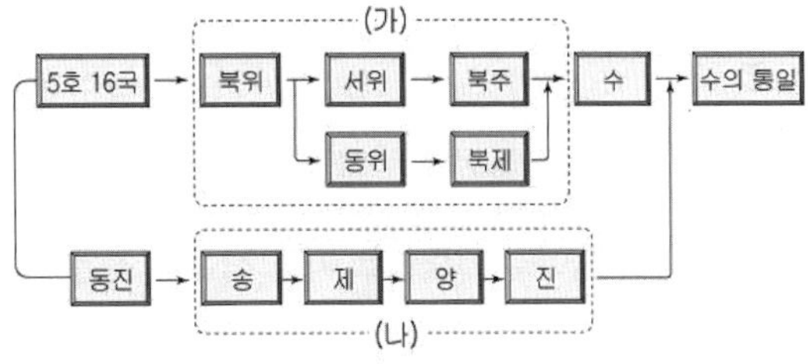

① (가) – 윈강 · 룽먼 석굴 사원이 축조되었다.
② (가) – 한족의 문물을 수용하려는 움직임이 있었다.
③ (나) – 노장 사상과 청담 사상이 유행하였다.
④ (나) – 양쯔강 이남 지역에 벼농사가 널리 보급되었다.
⑤ (가), (나) – 과거제를 시행하여 관리를 등용하였다.

23 다음의 주장이 제기된 배경으로 옳은 것을 〈보기〉에서 고르면?

대농*의 관리 몇십 인을 지방에 나누어 파견하고, 각기 파견된 현마다 균수관과 염철관을 두며, 거리가 먼 지방에서는 각각 물가가 오를 때 상인들이 전매한 물건을 직접 부세로 징수 · 수송하게 하고, 중앙에는 평준관을 두어 전국에서 수송해 온 물자를 모두 받아 적절히 처리하도록 하십시오. …… 대농에 속한 여러 관리들이 천하의 물자를 모두 총괄하여 값이 오르면 팔고 값이 떨어지면 사들이도록 하십시오. – 사기 –

* 대농 : 한의 재정을 총괄했던 기관

보기

ㄱ. 농민 반란인 황건적의 난이 일어났다.
ㄴ. 대상인들의 영향력이 점차 확대되었다.
ㄷ. 주변 국가에 대해 활발한 정복 전쟁을 벌였다.
ㄹ. 토지의 국유화와 노비 매매 금지 등이 추진되었다.

① ㄱ, ㄴ　② ㄱ, ㄷ
③ ㄴ, ㄷ　④ ㄴ, ㄹ
⑤ ㄷ, ㄹ

24 (가)에 들어갈 그림으로 가장 적절한 것은?

제 ○○호　**세계사 신문**

국제적인 문화의 시대로
위 · 진 · 남북조 시대부터 북방 민족을 통해 이국적인 요소가 문화 전반에 걸쳐 전해졌다. 수도 장안은 페르시아, 이슬람, 중앙 시아 및 동아시아의 여러 국가에서 모여든 사신, 유학생, 상인들로 부걱거렸다. 이 시기에 서방의 문하가 전래되었고 중국 문화도 전해지면서 국제적인 교류가 이루어져 문화의 내용이 한층 다채로워졌다.

① 

② 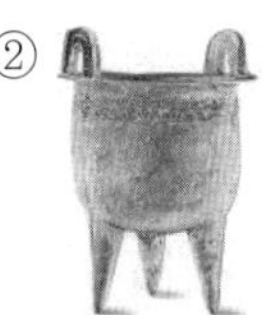

③ 

④ 

⑤ 

25 (가) 왕조의 문화에 대한 설명으로 옳은 것은?

(가)의 중앙 통치 기구
중서문하성 : 민정
추밀원 : 군사
어사대 : 감찰
삼사 : 재정

교사 : 절도사의 병권을 빼앗고 이 기구(추밀원)를 만들어 군사 업무를 담당하도록 했어요.

① 지행합일을 중시하는 양명학이 확립되었다.
② 도시 상인을 중심으로 서민 문화가 발달하였다.
③ 신선술과 도가 사상이 결합된 도교가 성립되었다.
④ 조로아스터 교, 마니 교 등 외래 종교가 전래되었다.
⑤ 실증적인 방법으로 문헌을 연구하는 고증학이 성립되었다.

26 다음은 중국을 지배했던 어느 유목 민족 지도자의 말이다. 밑줄 친 주장이 실천되었던 사례로 적절한 것을 〈보기〉에서 모두 고른 것은?

> 중국은 지배의 대상일 뿐이지, 우리들이 동경해야 할 대상은 아니다. 우리는 <u>우리 자신과 중국을 철저히 분리시켜 민족의 전통과 문화적 개성을 지켜야 할 필요가 있다</u>. 과거 중국을 지배했던 일부 유목 국가들 중에는 이를 지키지 못하고 중국에 동화되어 결국 민족 전통이 유지되지 못하고 중국화되는 결과를 초래하기도 하였다.

보기

ㄱ. 북위는 한화 정책을 추진하였다.
ㄴ. 금은 맹안 모극제로 여진인을 통치하였다.
ㄷ. 원은 장원을 바탕으로 한 지주 전호제를 유지하였다.
ㄹ. 요는 한자와 다른 거란 문자를 제정하여 사용하였다.

① ㄱ, ㄷ ② ㄱ, ㄹ
③ ㄴ, ㄷ ④ ㄴ, ㄹ
⑤ ㄷ, ㄹ

27 (가) 왕조가 전개한 대외 활동으로 옳은 것은?

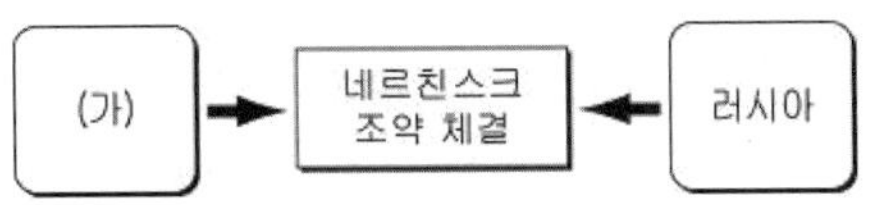

① 반초를 파견하여 서역을 경영하였다.
② 탈라스에서 이슬람 세력과 격돌하였다.
③ 정화를 파견하여 남해 원정을 단행하였다.
④ 정성공의 반란을 진압하여 타이완을 정복하였다.
⑤ 중앙아시아로 진출하여 4한국(汗國)을 건설하였다.

28 다음 원정의 결과에 대한 학생의 발표 내용으로 적절한 것은?

> • 영락 5년, 해군 원정대를 통솔하고 자와, 캘리컷, 코친, 시암 등의 나라로 갔다. 각 왕들이 진귀한 보물과 기이한 짐승을 바쳤다.
> • 영락 15년, 해군 원정대를 통솔하고 서역으로 갔다. 호르무즈는 사자, 표범, 아라비아 말을 진상하였다. 모가디슈는 얼룩말과 사자를 진상하였다. 어떤 이는 왕의 아들을 보냈고 어떤 이는 왕의 숙부나 동생을 보내 금잎의 표문(表文)을 바쳤다.

① 중국 중심의 조공 질서가 확대되었습니다.
② 색목인을 우대하는 정책이 시행되었습니다.
③ 이슬람의 역법인 회회력이 소개되었습니다.
④ 러시아와 네르친스크 조약이 체결되었습니다.
⑤ 공행을 통한 제한적인 무역이 등장하였습니다.

29 밑줄 친 시기의 상황으로 적절한 것은?

> 이 인물은 이탈리아 출신의 선교사로서 중국 이름은 이마두 (利瑪竇)이다. 「곤여만국전도」를 제작하였고, 오른쪽 인물인 서광계와 함께 유클리드 기하학에 관한 책을 한문으로 번역하였다. 서광계는 『농정전서』를 편찬하였다.
> <u>이들이 활동하던 시기</u>에는 농학·약학·공학 등의 실용적인 학문이 발달하였다. 『농정전서』는 『본초강목』, 『천공개물』과 함께 이 시기에 저술된 대표적인 서적이다.

① 소금과 철의 전매제가 도입되었다.
② 상인들의 동업 조합인 행이 출현하였다.
③ 민간의 상업 활동에 교자가 이용되었다.
④ 영제거와 통제거를 건설하여 대운하를 개통하였다.
⑤ 세금을 지세와 정세로 정리하여 은으로 징수하였다.

30 (가)~(라)에 대한 탐구 활동으로 적절한 것을 〈보기〉에서 모두 고른 것은?

(가) 제도를 개혁하기 위해서는 서양의 제도를 배워야 한다. 근대 서양의 의회 정치야말로 군민 일체와 상하 일심의 정치를 이룩하는 것으로서 중국이 받아들여야 할 제도이다.
(나) 중국은 중국인의 중국이고, 중국의 정치는 중국인이 담당한다. 만주족을 몰아 낸 뒤 우리 민족의 국가를 회복한다. 또한 이제는 평민 혁명에 의해 국민 정부를 세운다.
(다) 밭이 있으면 같이 경작하고, 먹을 것은 함께 먹고, 의복이 있으면 같이 입고, 돈이 있으면 같이 써서, 같이 경작하지 않는 땅이 없고, 충분히 받지 않는 사람도 없게 한다.
(라) 서양 군함과 대포의 성능은 실로 중국이 미치지 못하는 바이다. 중국이 자강하려면 외국의 문물을 학습해야 하며, 외국의 문물을 학습하려면 기계 제작 기술을 찾아야만 한다.

보기
ㄱ. (가) – 중체서용의 의미를 분석한다.
ㄴ. (나) – 삼민주의의 내용을 알아본다.
ㄷ. (다) – 향용이 조직된 배경을 조사한다.
ㄹ. (라) – 무술정변의 결과를 파악한다.

① ㄱ, ㄴ ② ㄱ, ㄷ
③ ㄴ, ㄷ ④ ㄴ, ㄹ
⑤ ㄷ, ㄹ

31 밑줄 친 상황을 배경으로 중국에서 나타난 사실로 옳은 것은?

중국 정부는 토지 개혁과 기업의 국유화를 단행하는 한편, 5개년 계획을 실시하고 농촌에 인민 공사를 조직하였다. 이 과정에서 처음에는 소련의 원조가 있었으나, 사회주의 건설과 외교 정책 등에 대한 견해 차이로 소련과의 대립이 심화되면서 원조가 끊겼다. 이때 덩샤오핑, 류사오치 등의 실용주의자들이 득세하면서 마오쩌둥의 입지가 약화되었다.

① 홍위병들은 사회주의 문화대혁명을 추진하였다.
② 공산당은 국민당의 공격을 피해 대장정에 나섰다.
③ 학생들은 '군벌 타도', '반일'을 외치며 시위를 벌였다.
④ 지식인들은 『신청년』을 통해 전통 문화를 비판하였다.
⑤ 학생들은 톈안먼 광장에서 중국의 민주화를 요구하였다.

32 다음 주장과 관련하여 일어난 전쟁의 결과로 옳은 것을 〈보기〉에서 고르면?

아편은 중국 사회의 상류 계층에서만 피우는 것으로 영국 상류층이 브랜디나 샴페인을 마시는 것과 같다. 우리는 중국인이 원하기 때문에 공급한다. 그런데 중국은 이것을 금지하고 몰수하여 무역의 자유를 침범하였고, 사유 재산을 침해하였다. 영국은 당연히 군대를 파견해야 한다.

보기
ㄱ. 청의 공행 무역 체제가 붕괴되었다.
ㄴ. 영국은 청으로부터 홍콩을 할양받았다.
ㄷ. 청은 외국군의 베이징 주둔을 인정하였다.
ㄹ. 청조가 멸망하고 군벌 시대가 개막되었다.

① ㄱ, ㄴ ② ㄱ, ㄷ
③ ㄴ, ㄷ ④ ㄴ, ㄹ
⑤ ㄷ, ㄹ

33 다음 검색 결과와 관련 있는 시대에 대한 설명으로 옳은 것은?

> 질문 : 가나 문제에 대해 알려 주세요
>
> 답변 : 한자를 빌려서 만든 일본의 고유 문자이며 가타가나와 히라가나 두 종류가 있다. 9세기 무렵에 가타가나와 히라가나가 사용되었고 10세 초에 거의 형태가 정해졌다. 일본어를 쉽게 표기할 수 있어서 여성들이 많이 사용했으며 와카 문학의 발달을 촉진시켰다.

① 『일본서기』가 편찬되었다.
② 일본 고유의 국풍 문화가 발달하였다.
③ 쇼군이 실질적인 지배권을 행사하였다.
④ 아스카 지방을 중심으로 불교 문화가 발달하였다.
⑤ 쇼토쿠 태자는 중국과 한반도의 선진 문화를 수용하였다.

34 (가), (나) 지역의 민족 운동에 대한 설명으로 옳은 것은?

> • 듀이 제독이 이끄는 미국 해군은 에스파냐 함대를 격퇴하였다. 이로써 미국은 ___(가)___에 대한 지배권을 에스파냐로부터 넘겨 받았다. 독립 국가 건설을 기대했던 지역민들은 미국에 맞서 투쟁하였다.
> • 네덜란드는 ___(나)___에서 커피, 사탕수수 등의 상품 작물을 의무적으로 재배하게 하는 강제 경작 제도를 실시하였다. 자와의 일부 농민들은 이 제도에 맞서 봉기하였다.

① (가) – 카르티니가 여성 교육 운동에 기여하였다.
② (가) – 브라모(브라흐마) 사마지 운동이 전개되었다.
③ (나) – 호세 리살이 농촌 계몽 운동을 이끌었다.
④ (나) – 민족 운동 단체인 이슬람 동맹이 조직되었다.
⑤ (가), (나) – 근왕 운동 세력이 무장 투쟁을 전개하였다.

35 다음 '이 왕조'의 문화에 관한 설명으로 옳은 것을 〈보기〉에서 고르면?

> 이 왕조가 들어서면서 '아리아 족의 고유 문화를 계승하자'는 운동이 일어났다. 이에 따라 브라만적 전통을 이은 민족 종교가 발달하여 카스트 제도가 강화되었으으며, 문학과 미술 분야에서도 인도 고유의 특징을 가진 작품들이 많이 나타났다.

보기

ㄱ. 이슬람 문화의 영향을 받았다.
ㄴ. 간다라 미술 양식이 발생하였다.
ㄷ. 인도의 고전 문화가 완성되었다.
ㄹ. 힌두교가 민족 종교로 성립하였다.

① ㄱ, ㄴ
② ㄱ, ㄷ
③ ㄴ, ㄷ
④ ㄴ, ㄹ
⑤ ㄷ, ㄹ

36 (가), (나) 지역에서 성립된 고대 문명에 대한 설명으로 옳은 것은?

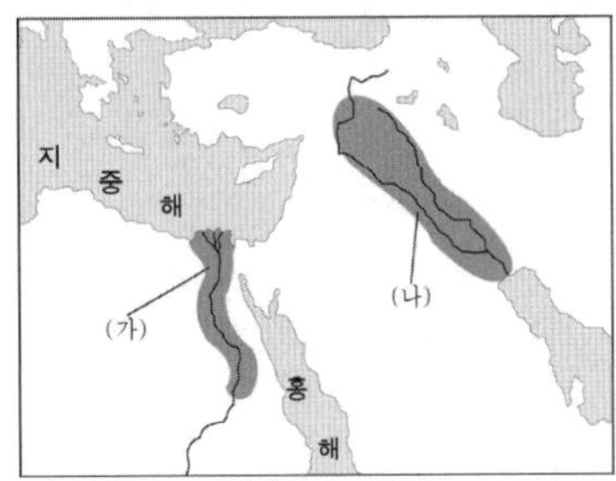

① (가) – 피라미드와 스핑크스를 만들었다.
② (가) – 모헨조다로와 하라파 등 도시를 건설하였다.
③ (나) – 브라만교가 등장하여 베다를 경전으로 삼았다.
④ (나) – 죽은 자를 위한 안내서인 '사자의 서'를 남겼다.
⑤ (가), (나) – 점토판에 쐐기 문자로 기록을 남겼다.

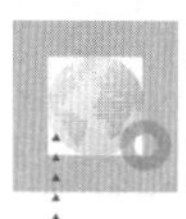

37 (가)에 들어갈 내용으로 옳은 것을 〈보기〉에서 고른 것은?

수행 평가 보고서
주제 : ○○제국의 성립과 발전

1. 성립과 발전
   - ○ 티무르의 후손인 바부르가 왕조를 건립하였다.
   - ○ 아우랑제브가 최대 영토를 확보하였다.
2. 문화
   - ○ 특징 : 다양한 문화의 융합이 이루어졌다.
   - ○ 사례 : ____(가)____
3. 최대 영역

보기

ㄱ. 산스크리트 어가 공용어가 되고 산스크리트 문학이 발달 하였다.
ㄴ. 돔 지붕, 첨탑, 연꽃 문양으로 장식한 타지마할 묘당이 세워졌다.
ㄷ. 우상 숭배를 배척하고 인간 평등을 주장하는 시크 교가 등장하였다.
ㄹ. 그리스 문화의 영향을 받아 불상이 제작되고 간다라 미술이 발달하였다.

① ㄱ, ㄴ　② ㄱ, ㄷ
③ ㄴ, ㄷ　④ ㄴ, ㄹ
⑤ ㄷ, ㄹ

38 (가)~(마) 사건에 대한 설명으로 옳지 않은 것은?

인도의 식민화와 민족 운동

인도의 식민화와 민족 운동의 발전 과정에서 일어나 주요 사건을 연도순으로 정리하면 다음과 같다.

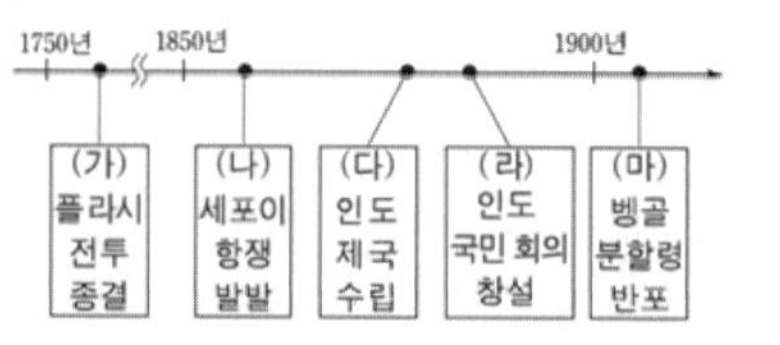

① (가) – 영국이 프랑스 세력을 물리치고 승리를 거두었다.
② (나) – 동인도 회사의 인도인 용병들이 반영 무장 봉기를 일으켰다.
③ (다) – 영국의 빅토리아 여왕이 인도 황제를 겸하였다.
④ (라) – 스와라지, 스와데시 등 4대 강령을 내건 반영 민족 운동이 시작되었다.
⑤ (마) – 영국이 인도의 종교 갈등을 이용하여 민족 운동의 분열을 꾀하였다.

39 다음은 동남 아시아 국가들의 연표이다. (가) 국가의 문화에 대한 설명으로 옳은 것은?

① 해상 무역이 번성하면서 이슬람 교로 개종하였다.
② 한자와 유교 등 중국 문화를 적극적으로 수용하였다.
③ 인도로부터 소승 불교를 수용하여 불교 문화를 발전시켰다.
④ 이슬람 교와 힌두 교를 융화시켜 독자적인 문화를 형성하였다.
⑤ 크리스트 교와 불교 등 다양한 종교가 융합된 마니 교가 성립되었다.

40 (가)와 (나) 국가에 대한 설명으로 옳은 것은?

> (가) 철제 무기를 이용하여 주변 지역을 정복해 갔다. 그 결과 오리엔트 세계를 최초로 통일하여 대제국을 건설하였으나 오래가지 않아 4개 국으로 분열되었다.
>
> (나) 다리우스 1세는 분열된 오리엔트 세계를 다시 통일하고 인더스 강에서 에게 해에 이르는 대제국을 건설하였다. 그는 '왕의 눈', '왕의 귀'라 불리는 감찰관을 지방에 파견하여 통치하였다.

① (가)는 피지배 민족에게 관대하였다.
② (가)의 왕은 직할지만 통치하고 주변 지역에는 제후를 봉하였다.
③ (나)는 알파벳의 기원이 되는 표음 문자를 사용하였다.
④ (나)는 역전제를 정비하여 중앙 집권적 통치 체제를 강화하였다.
⑤ (가)는 마니 교, (나)는 유대 교를 신봉하였다.

41 밑줄 친 '이 국가'에 있었던 근대 민족 운동으로 옳은 것은?

> <u>이 국가</u>의 수에즈 운하는 홍해와 지중해를 연결하는 162.5km의 운하로 1869년에 개통되었다. 이 운하의 개통으로 유럽에서 인도에 이르는 항로가 약 6,400km 정도 단축되었는데, 이는 전체 항로 길이의 35~40%에 해당하였다. 수에즈 운하의 개통으로 영국이 가장 큰 경제적 혜택을 누렸다.

보기

ㄱ. 프랑스의 식민지로 전락하였다.
ㄴ. 아라비 파샤가 반영 운동을 전개하였다.
ㄷ. 총독 무함마드 알리가 오스만 제국으로부터 독립적인 지위를 얻어 냈다.
ㄹ. 압둘 와하브가 이슬람교 초기의 순수함을 되찾자는 운동을 펼쳤다.

① ㄱ, ㄴ　② ㄱ, ㄷ
③ ㄴ, ㄷ　④ ㄴ, ㄹ
⑤ ㄷ, ㄹ

42 다음 전투가 벌어진 시기 직전에 있었던 사실로 옳은 것은?

> 도원수 홀돈, 우부원수 홍다구, 좌부원수 유복형과 함께 몽·한군(蒙漢軍) 2만 5,000명과 아군 8,000명, 뱃사공·뱃길 안내자·뱃사람 6,700명과 전함 900여 척으로 일본을 정벌하러 출발하였다. 일기도(이키 섬)에 이르러 1,000여 명의 적을 죽이고 길을 나누어 진격하니, 왜인이 퇴각하여 도주하였는데 죽어 넘어진 시체가 삼대 쓰러진 것처럼 많았다. 날이 저물 무렵에 포위를 풀었다. 그런데 때마침 밤중에 폭풍우가 일어나서 전함들이 바위와 언덕에 부딪혀 많이 파손·침몰되었고, 김신은 물에 빠져 죽었다.
>
> – "고려사" –

① 발해가 거란의 침입으로 멸망하였다.
② 고려는 별무반을 조직하여 군사력을 강화하였다.
③ 몽골이 국호를 원으로 변경하였다.
④ 일본은 백강 전투에서 나·당 연합군과 충돌하였다.
⑤ 북방 민족 방어를 위한 만리장성이 축조되기 시작하였다.

43 자료의 인물에 대한 설명으로 옳은 것은?

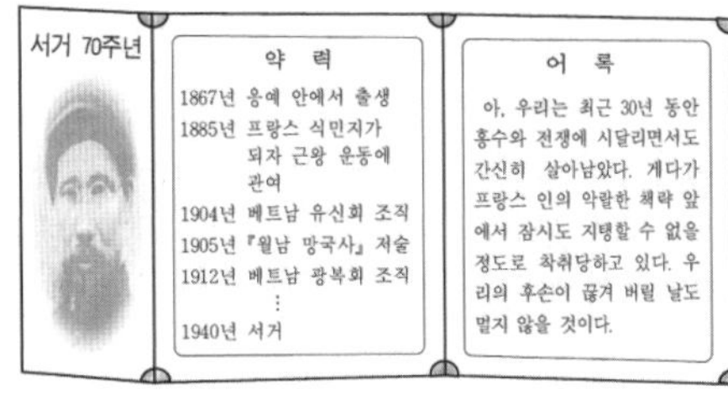
서거 70주년

약 력

1867년 응예 안에서 출생
1885년 프랑스 식민지가 되자 근왕 운동에 관여
1904년 베트남 유신회 조직
1905년 『월남 망국사』 저술
1912년 베트남 광복회 조직
⋮
1940년 서거

어 록

아, 우리는 최근 30년 동안 홍수와 전쟁에 시달리면서도 간신히 살아남았다. 게다가 프랑스 인의 악랄한 책략 앞에서 잠시도 지탱할 수 없을 정도로 착취당하고 있다. 우리의 후손이 끊겨 버릴 날도 멀지 않을 것이다.

① 독립을 약속한 미국을 지원하였다.
② 스와데시, 스와라지 운동을 전개하였다.
③ 독립을 지키기 위해 불평등 조약을 감수하였다.
④ 일본에 유학생을 파견하는 동유 운동을 전개하였다.
⑤ 지식인 중심의 민족 운동 단체인 이슬람 동맹을 결성하였다.

44 다음 내용에 나타난 동서 교역로에 관한 설명으로 옳은 것은?

> 나나이 반다크는 거대한 상업 도시 사마르칸트를 떠나 험준한 파미르 고원을 넘고 타클라마칸 사막 언저리를 지나서 당의 수도 장안에 이르는 수개월에 걸친 여정에 나섰다. 장안에 도착하여 양털, 비취, 보석 등을 팔아서 쏠쏠한 이윤을 챙겼다. …… 장안에서 귀국길에 판매할 장신구, 보석류, 약품 등도 샀다. 그리고 끝으로 아내와 자식에게 줄 선물도 준비하였다.

① 유럽 인들이 아시아 침략에 이용하였다.
② 탈라스 전투 이후 이슬람 상인들이 장악하였다.
③ 흉노족이 서진하여 게르만 족의 이동을 유발하였다.
④ 스키타이 인들이 청동기 문화를 아시아에 전하였다.
⑤ 인도인들이 동남 아시아에 불교·힌두 문화를 전파하였다.

45 다음 자료가 강조하는 정신을 잘 보여 주는 역사적 사례로 적절하지 않은 것은?

> • 국왕이 의회의 동의 없이 법의 효력을 정시시키거나 법의 집행을 정시킬 수 있는 권력이 있다고 주장하는 것은 위법이다.
> • 모든 인간은 평등하게 창조되었고 양도할 수 없는 권리를 신으로부터 부여 받았다. … (중략) … 이러한 권리를 확보하기 위해 인간은 정부를 수립했으며 정부의 정당한 권력은 국민의 동의로부터 나온다.
> • 모든 정치적 결사의 목적은 결코 소멸시킬 수 없는 자연권의 보전이다. 그 권리는 자유, 재산, 안전, 그리고 압제에 대한 저항이다.

① 영국 권리 장전의 선포
② 프랑스 국민 의회의 성립
③ 보스턴 차 사건과 미국의 독립
④ 11월 혁명과 소비에트 정권의 수립
⑤ 빈 체제에 대한 유럽 여러 나라의 저항 운동

46 밑줄 친 '신정부'에 대한 옳은 설명을 〈보기〉에서 고른 것은?

> 한마디로 말하자면, 수세기 동안 이 나라의 정치를 근본적으로 대표해 온 봉건 제도가 이번 칙령에 의해 일거에, 게다가 최종적으로 폐지되었다. 그리고 정부는 지방과 중앙을 불문하고 제국을 통치하는 천황의 권력 아래로 귀속되었다. 이에 반대하는 의견은 어디서도 들리지 않는다. 또한 신뢰할 만한 정보에 따르면 <u>신정부</u>에 의한 이런 통합의 노력을 실질적으로 막으려는 움직임이 있을 가능성도 전혀 없다고 한다.
> – 『외국 신문에 비친 본』 –

보기

ㄱ. 차별적 신분 제도를 폐지하였다.
ㄴ. 국민개병의 징병 제도를 실시하였다.
ㄷ. 미 · 일 수호 통상 조약을 체결하였다.
ㄹ. 존왕양이를 내세워 막부 타도 운동을 전개하였다.

① ㄱ, ㄴ ② ㄱ, ㄷ
③ ㄴ, ㄷ ④ ㄴ, ㄹ
⑤ ㄷ, ㄹ

47 밑줄 친 내용에 대한 탐구 활동으로 가장 적절한 것은?

> 종파 갈등의 해결을 명분으로 이라크에 2만 명의 미군을 증파한다는 미국 대통령의 결단은 커다란 논쟁을 불러왔다. ……
> <u>수니파와 시아파의 갈등은 약 7세기경으로 거슬러 올라간다</u>. 많은 이슬람 국가들 사이에 다수 수니파와 소수 시아파가 불안정하게 공존해 왔다. 때문에 이라크 내전은 두 종파 간 전쟁을 넘어 다른 나라들을 끌어 들일 가능성이 크다. – ㅇㅇ일보(2007. 1) –

① 탈라스 전투의 결과 및 영향을 살펴본다.
② 투르크 족이 성장하게 된 배경을 찾아본다.
③ 옴미아드 왕조가 수립되는 과정을 알아본다.
④ 셀주크 왕조의 술탄 계승 문제에 대해 조사한다.
⑤ 무함마드가 메카를 정복하게 된 이유를 알아본다.

48 지도는 동아시아의 해양 영토 분쟁 지역을 나타낸 것이다. A~D 지역의 분쟁에 대한 설명으로 옳지 않은 것은?

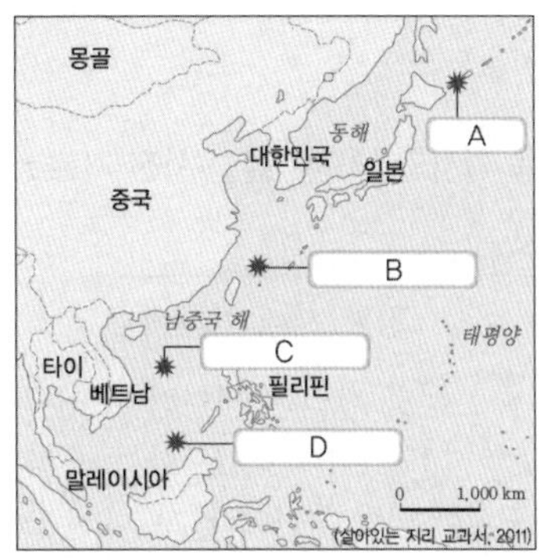

① A는 일본과 러시아의 분쟁 지역이다.
② B는 중국은 '댜오위다오', 일본은 '센카쿠'로 부르는 지역이다.
③ C는 필리핀과 베트남의 충돌 이후 베트남이 지배하고 있다.
④ D는 중국, 타이완, 베트남, 말레이시아, 필리핀, 브루나이 등 총 6개국이 영유권을 주장하고 있다.
⑤ B~D는 석유와 천연가스가 매장되어 있다고 알려지면서 복잡한 분쟁이 발생하였다.

49 (가) 민족에 대한 설명으로 옳은 것은?

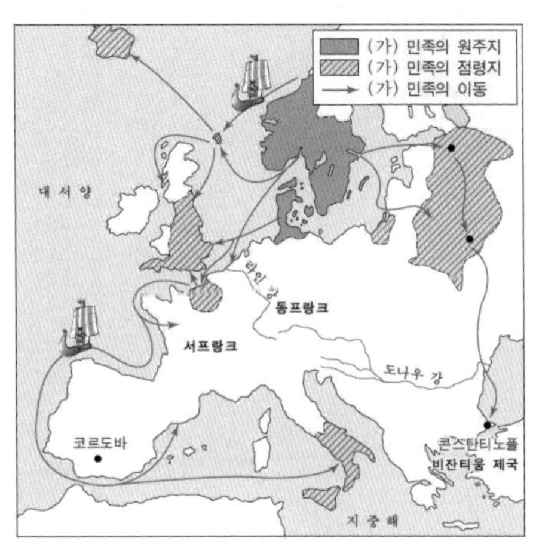

① 에게(미케네) 문명을 멸망시켰다.
② 사산 왕조 페르시아와 이집트를 정복하였다.
③ 포에니 전쟁에서 승리하여 서지중해를 장악하였다.
④ 정복지 곳곳에 알렉산드리아라는 도시를 건설하였다.
⑤ 바이킹이라고도 불리며 키예프 공국 등을 건설하였다.

50 지도에 표시된 분쟁 지역에 대한 옳은 설명을 〈보기〉에서 고른 것은?

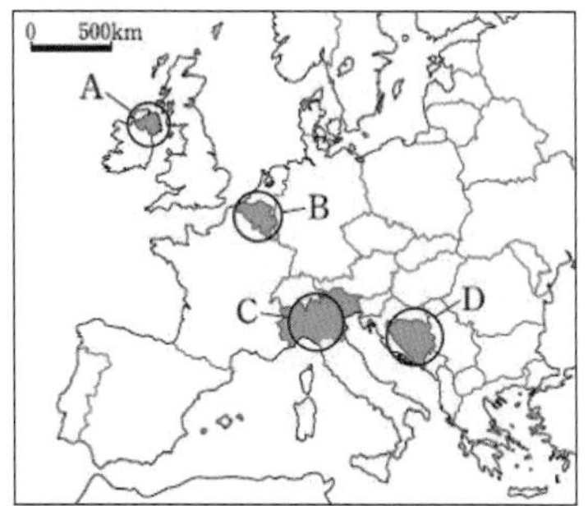

보기

ㄱ. A－가톨릭교도와 개신교도 간의 갈등이 있었으나 최근에 정치적 타협이 있었다.
ㄴ. B－서로 다른 언어를 사용하는 남부와 북부 지역 간의 갈등이 있다.
ㄷ. C－연방의 해체와 더불어 분리 독립을 하였고 이슬람교도에 대한 탄압이 있었다.
ㄹ. D－지역 간 경제적 격차로 인해 분리 독립을 하려는 움직임이 있었다.

① ㄱ, ㄴ
② ㄱ, ㄷ
③ ㄴ, ㄷ
④ ㄴ, ㄹ
⑤ ㄷ, ㄹ

세계사능력검정시험 기출동형모의고사 초 · 중급

01 다음 '역사'에 관한 견해 (가), (나), (다)에 대한 설명으로 옳지 않은 것은?

> (가) 역사가는 자기 자신을 숨기고 과거가 본래 어떠했는가를 밝히는 것을 그의 지상 과제로 삼아야 하고, 이 때 오직 역사적 사실로 하여금 이야기하게 해야 한다. - 랑케 -
>
> (나) 역사가가 연구하는 과거는 죽은 과거가 아니라 어느 의미에서 아직도 현재 속에 살아 있는 과거이다. …… 역사는 역사가 자신이 연구하고 있는 역사적 사상을 그의 마음 속에 재현하는 것이다. - 콜링우드 -
>
> (다) 역사가와 사실은 서로를 필요로 한다. 사실을 갖지 못한 역사가는 뿌리 없는 존재로 열매를 맺지 못하며, 역사가가 없는 사실이란 생명이 없는 무의미한 존재이다. - 카 -

① (가) - 역사의 주관적 측면을 강조한다.
② (가) - 과거 사실 그 자체의 재현을 중시한다.
③ (나) - 과거 사실에 대한 역사가의 해석을 중시한다.
④ (나) - 역사가가 연구하여 재구성한 결과를 중시한다.
⑤ (다) - 역사가와 과거 사실 간의 상호 작용을 강조한다.

02 다음 기사의 (가)에 실릴 사진 자료로 적절하지 않은 것은?

> 정착 시대의 개막
>
> 
>
> 최근 인류의 생활 방식은 커다란 변화를 맞이하고 있다. 그것은 바로 농업에 의한 식량 생산이다. 열매를 따먹거나 동물을 사냥하는 생활방식은 점차 줄어드는 대신 한곳에 정착하여 씨앗을 뿌리고 가꾸어 거두어들이는 생활 모습이 종종 눈에 띄고 있다. 또한 농사를 짓기 위해 많은 사람들이 일정한 지역에 모여 살게 됨에 따라 전과는 다른 새로운 사회와 문화가 나타날 것을 전망된다.

① 
② 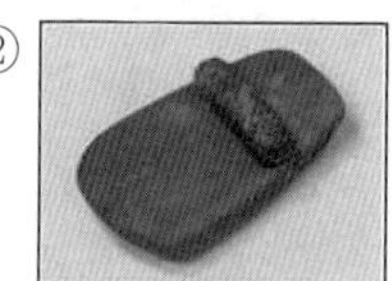
③ 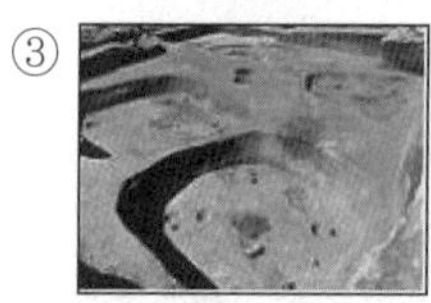
④ 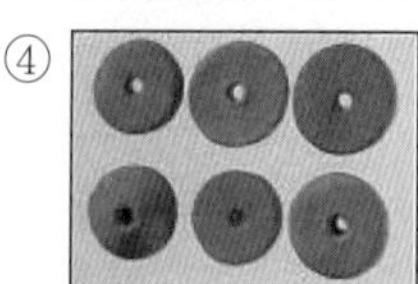
⑤ 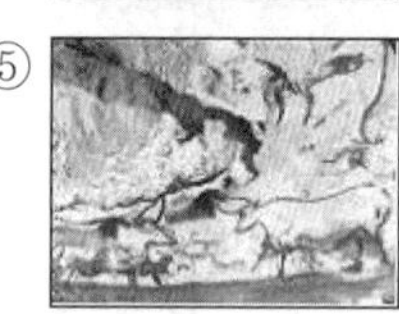

03 지도의 전쟁이 그리스 사회에 끼친 영향으로 옳은 것은?

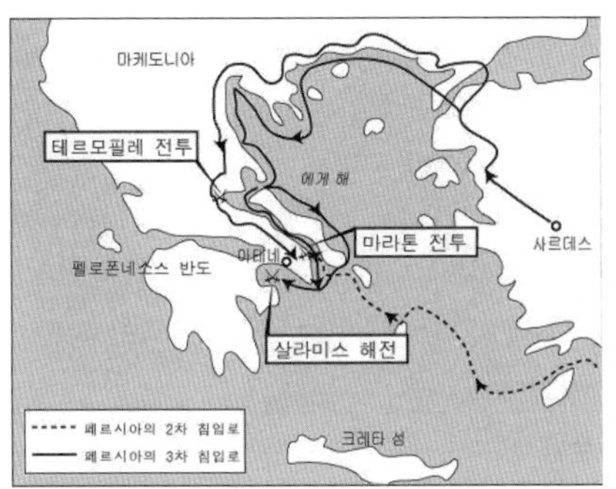

① 북부 아프리카에 카르타고가 건설되었다.
② 솔론의 개혁으로 금권 정치가 시행되었다.
③ 아테네가 델로스 동맹의 맹주국이 되었다.
④ 클레이스테네스가 도편 추방제를 마련하였다.
⑤ 그리스 인과 페르시아 인의 혼인이 장려되었다.

04 (가)의 문화적 특징으로 옳지 않은 것은?

> 마케도니아의 후손임을 잊지 않았던 프톨레마이오스 왕조는 식민지인 아프리카와 중동의 풍습에 영향을 받았지만, 그리스식 생활과 의복을 고수하고 그리스계 왕국 전역에서 쓰이던 공용어 코이네를 구사했다. 또한 식민지의 신들과 함께 그리스 신들에게 제사를 지냈다. 그리하여 기원전 1세기경의 지리학자인 스트로본은 "그들(프톨레마이오스 왕조)은 (가)의 풍습을 간직하고 있다."라고 적고 있다.
>
> -『클레오파트라』-

① 그리스 문화와 오리엔트 문화가 결합되었다.
② 건축, 토목, 법률 등 실용적인 분야가 발달하였다.
③ 관능적이고 역동적이며 현실적인 미를 추구하였다.
④ 개인주의적이고 세계 시민주의적인 경향이 나타났다.
⑤ 스토아 학파, 에피쿠로스 학파 등의 사상이 유행하였다.

05 다음 로마 공화정에서 시행되었던 법률에 대한 설명으로 옳은 것을 〈보기〉에서 고르면?

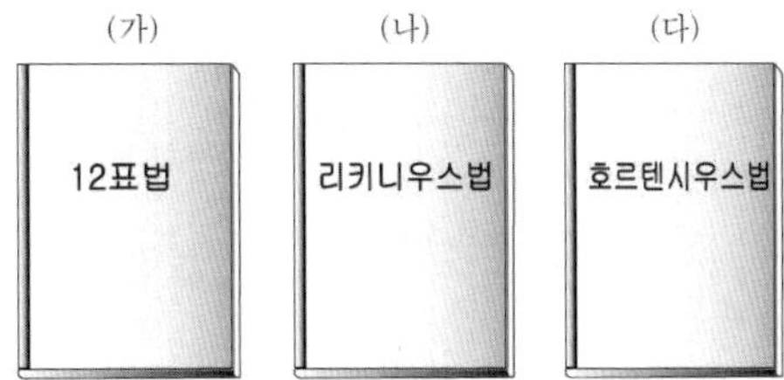

보기

ㄱ. (가)는 평민들의 권리 보호를 위해 제정되었다.
ㄴ. (나)로 인하여 평민도 집정관이 될 수 있었다.
ㄷ. (다) 이후 귀족이 호민관을 독점하였다.
ㄹ. (다)-(가)-(나) 순으로 제정되었다.

① ㄱ, ㄴ ② ㄱ, ㄷ
③ ㄴ, ㄷ ④ ㄴ, ㄹ
⑤ ㄷ, ㄹ

06 다음 사실을 연극으로 재구성한 장면으로 가장 적절한 것은?

> 오도아케르는 470년경 부족민들과 함께 이탈리아로 들어가 로마의 용병이 되었다. 그는 자기 휘하 군대의 추대를 받아 왕이 되었고 어린 황제를 폐위시켰다. 그는 로마 원로원의 지지를 얻어 추종자들에게 토지를 분배하였다.

① 카이사르가 살해당하는 모습
② 로마 군단이 갈리아 원정을 떠나는 모습
③ 노르만 인이 시칠리아 섬을 정복하는 장면
④ 시민들이 서로마 제국의 멸망을 애통해 하는 장면
⑤ 스파르타쿠스가 노예를 이끌고 반란을 일으키는 장면

07 선생님의 질문에 대한 학생의 발표 내용으로 옳은 것은?

교사 : 오토 1세의 업적으로 (가) 제국이 탄생했어요. 이 나라의 역사적 특징은 무엇일까요?

① 갑-황제가 없는 대공위 시대를 거쳤어요.
② 을-교황과 맞서기 위해 삼부회를 소집했어요.
③ 병-레판토 해전에서 오스만 제국을 격파했어요.
④ 정-비잔티움 제국을 계승한 나라라고 자처했어요.
⑤ 무-권리 장전을 마련하여 입헌 정치의 기틀을 확립했어요.

08 그림과 같은 촌락에서 살았던 농민들에 대한 설명으로 옳은 것은?

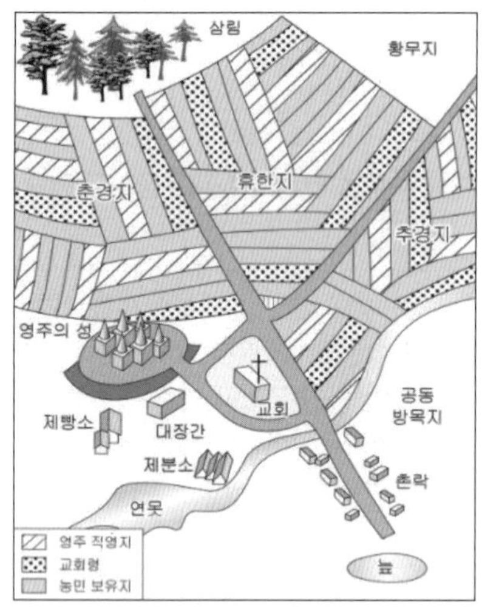

① 자기 재산을 소유할 수 없었다.
② 방앗간과 제빵소를 무료로 이용하였다.
③ 토지를 매개로 영주와 주종 관계를 맺었다.
④ 2년 경작하고 1년 묵히는 농법을 실시하였다.
⑤ 일정 기간이 지나면 다른 지역으로 이주하였다.

09 자료의 건축 양식이 반영된 건물을 〈보기〉에서 모두 고른 것은?

- 채색 유리와 궁륭(穹窿)*이 폭넓게 사용되어 로마네스크 양식의 교회와는 달리 성당 내부가 현란한 빛깔로 채워졌다.
- 전국에 좀더 가까이 가려는 당시 사람들의 염원이 반영되어 성당 정면에 높은 첨탑이 세워졌다.

* 궁륭 : 활이나 무지개같이 굽은 형상, 또는 그렇게 만든 천장이나 지붕

보기

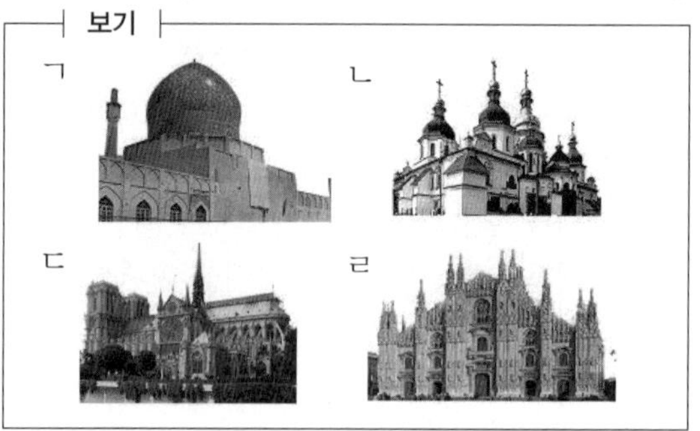

① ㄱ, ㄴ
② ㄱ, ㄷ
③ ㄴ, ㄷ
④ ㄴ, ㄹ
⑤ ㄷ, ㄹ

10 밑줄 친 '나의 주장'의 내용으로 옳은 것은?

카를 5세께서 답변을 요구하므로 솔직하게 말씀드리겠습니다. 참된 신앙이란 오직 성경에 의거한 믿음뿐입니다. 평범한 이성에 의해 확신을 가지지 못하는 한, <u>나의 주장</u> 가운데 어느 것도 철회할 수 없고 철회하지도 않을 것입니다. 왜냐하면 양심을 위배하는 것은 올바르지 않기 때문입니다. 하느님은 이곳 보름스 국회에 서 있는 나를 도우실 것입니다.

① 교황은 태양, 황제는 달이다.
② 성부와 성자와 성령은 일체(一體)이다.
③ 크리스트 교도는 황제를 숭배할 수 없다.
④ 예수의 성상(聖像)을 숭배하는 것을 금지해야 한다.
⑤ 면벌부로 형벌에서 벗어날 수 있다는 선전은 거짓이다.

11 (가), (나)에서 발달한 르네상스에 관한 설명으로 옳은 것을 〈보기〉에서 고른 것은?

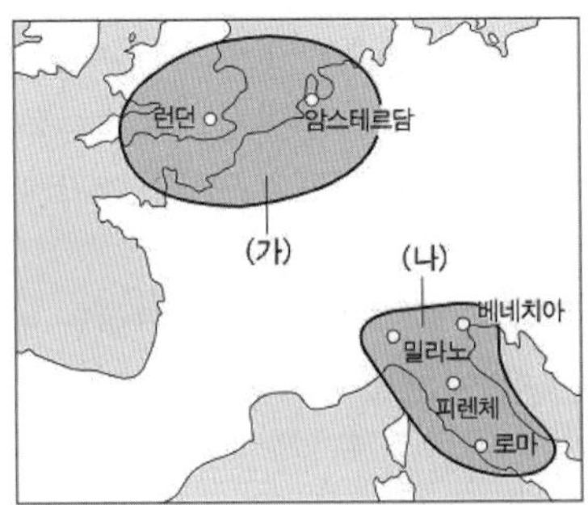

보기
ㄱ. (가)－마키아벨리는 강력한 군주제를 주장하였다.
ㄴ. (가)－자국어를 사용하는 국민 문학이 발달하였다.
ㄷ. (나)－대서양 무역이 경제적 기반을 제공하였다.
ㄹ. (나)－보카치오는 인간과 사회를 사실적으로 묘사하였다.

① ㄱ, ㄴ ② ㄱ, ㄷ
③ ㄴ, ㄷ ④ ㄴ, ㄹ
⑤ ㄷ, ㄹ

12 (가), (나) 인물에 대한 설명으로 옳지 않은 것은?

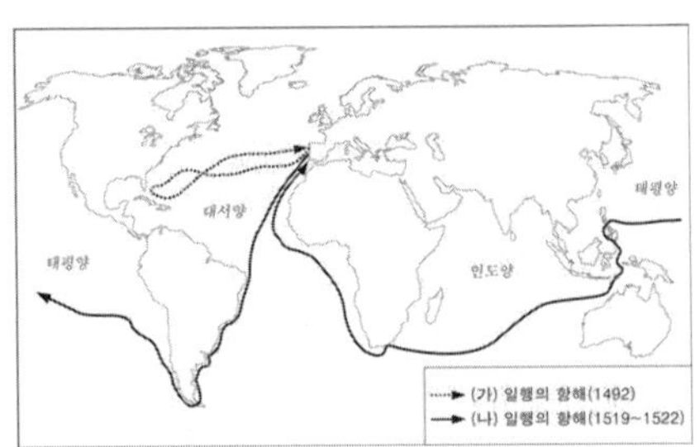

① (가)－잉카 문명을 파괴하였다.
② (가)－서인도 제도에 도착하였다.
③ (나)－항해 도중 필리핀에서 피살되었다.
④ (나)－지구가 둥글다는 사실을 입증하는 데 기여하였다.
⑤ (가), (나)－에스파냐의 후원으로 항해를 하였다.

13 그림과 같은 정치 형태가 나타난 시기의 유럽 상황으로 옳은 것을 〈보기〉에서 고르면?

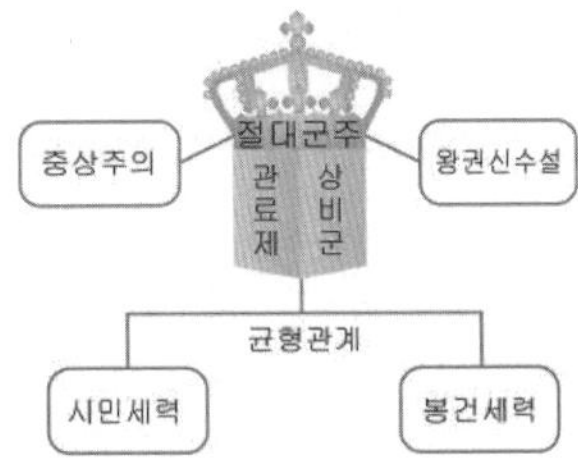

보기
ㄱ. 러시아의 알렉산드르 2세는 농노를 해방하고 군제를 개혁하였다.
ㄴ. 영국의 엘리자베스 1세는 영국 국교회를 확립하고 에스파냐의 무적함대를 격파하였다.
ㄷ. 프로이센의 비스마르크는 철혈 정책을 내세워 군비를 확장하여 독일 제국을 성립시켰다.
ㄹ. 프랑스의 루이 14세는 콜베르를 등용하여 국내 산업을 일으키고 베르사유 궁전을 지었다.

① ㄱ, ㄴ ② ㄱ, ㄷ
③ ㄴ, ㄷ ④ ㄴ, ㄹ
⑤ ㄷ, ㄹ

14 다음과 같은 사회 상황이 나타난 배경으로 가장 적절한 것은?

14세기 후반 잉글랜드에서 곡식을 거둘 일손을 구하려면 식사를 제공해 주고도 8펜스나 주어야 했다. 풀 베는 사람에게는 식사와 함께 10펜스를 주어야 했다. 일손을 구하지 못한 밭에서는 거두지 못한 작물들이 썩어갔다. …(중략)… 국왕은 일꾼들이 평소의 임금보다 더 많이 받아서는 안 되며 이를 어기면 처벌한다고 포고령을 내렸다. 그러나 일손이 턱없이 부족한 당시로서는 일꾼들의 요구를 들어 주지 않으면 농사를 포기해야 할 형편이었다.

① 장미 전쟁이 발발하였다.
② 인클로저 운동이 확산되었다.
③ 흑사병이 유럽 전역에 퍼졌다.
④ 노르만 족이 남쪽으로 이동하였다.
⑤ 청교도들이 신대륙으로 이주하였다.

15 다음 자료와 관련된 역사적 사건에 관한 설명으로 옳지 않은 것은?

> • "아메리카는 지금까지 영국과 결속하여 번영해 왔다. 앞으로도 그와 같은 결속이 필요하고, 그 결속은 똑같은 결과를 가져다 줄 것이다."라는 말을 들었다. 이처럼 어리석은 주장은 없다. 그러한 주장이 맞는다면 어린 아이가 우유를 먹고 잘 자랐으니까 결코 고기를 먹어서는 안 된다거나, ……
> – 토머스 페인 –
>
> • 여러분은 도대체 무엇을 원하는 것입니까? 쇠사슬과 노예의 대가로 얻어지는 값진 생명입니까? 아니면 달콤한 평화입니까? …… 나는 다른 사람이 어떤 길을 가려는지 알지 못합니다. 그러나 나에 관한 한, 나에게 자유를 달라, 그렇지 않으면 죽음을! – 패트릭 헨리 –

① 보스턴 차 사건이 계기가 되었다.
② 노예제를 폐지하여 국민적 통합을 이루었다.
③ 절대 왕정에 시달리던 유럽에 큰 영향을 끼쳤다.
④ 영국의 지배에서 벗어나 미합중국이 성립되었다.
⑤ 프랑스, 에스파냐 등 유럽 국가들의 지원을 받았다.

16 (가)에 들어갈 내용으로 적절한 것은?

> 우리는 벨푸어 선언에 따라 우리 선조가 살았던 땅으로 돌아온 것뿐입니다.
>
> 하지만 우리는 수천 년 동안 이 땅에서 살아왔습니다. 그리고 우리의 권리는 벨푸어 선언보다 앞서 ____(가)____

① 맥마흔 선언으로 승인되었습니다.
② 포츠담 선언에서 결정되었습니다.
③ 베르사유 조약으로 인정되었습니다.
④ 윌슨의 14개 조 원칙에서 천명되었습니다.
⑤ 샌프란시스코 강화 회의에서 승인되었습니다.

17 교사의 질문에 대한 학생의 답변으로 가장 적절한 것은?

> 프랑스의 왕인 샤를이 다음과 같이 명령한다.
> 1. 모든 일간지와 정기 간행물, 그리고 준정기 간행물은 저작자와 인쇄자가 각각 받은 허가에 근거해서만 발행할 수 있다.
> 2. 의회를 해산한다. 내무 장관이 이 명령을 집행한다.
>
> 교사 : 이 칙령에 반발해 파리에서 3일간 봉기가 일어났어요. 이 봉기의 결과에 대해서 말해 볼까요?

① 빈 체제가 붕괴되었어요.
② 루이 필리프가 왕정을 수립하였어요.
③ 그리스의 독립 전쟁이 시작되었어요.
④ 루이 나폴레옹이 대통령에 당선되었어요.
⑤ 사회주의자들이 파리 코뮌을 선포하였어요.

18 (가), (나)는 19세기의 서로 다른 두 국가에서 제기된 주장이다. 두 국가의 통일 과정에서 나타난 공통점으로 옳은 것은?

> (가) 빈 회의 이래 우리의 국경은 정상적인 국가에 어울리는 것이 아닙니다. 이 시대의 중요한 문제들은 언론이나 다수결에 좌우되는 것이 아니라 철(鐵)과 피[血]로써만 해결될 수 있는 것입니다.
> (나) 청년 이탈리아당은 진보와 의무를 믿고, 하나의 국민이 될 것이라는 확신을 가진 사람들의 형제적 결합체이다. … (중략) … 그들은 자유롭고 평등한 하나의 독립된 주권 국가로 재건한다는 위대한 목적에, 생각과 행동을 바치려는 확고한 각오로 이 결합체에 참가한다.

① 프랑스의 지원 약속을 받았다.
② 교황령을 점령한 후 수도를 옮겼다.
③ 의회 제도에 입각한 공화정이 수립되었다.
④ 관세 동맹의 체결로 경제적 통일을 이루었다.
⑤ 민족의 통합을 강조하는 민족주의의 영향을 받았다.

19 표의 (가), (나)국가에 대한 설명으로 옳은 것은?

국가	아프리카 분할 지역
(가)	이집트, 수단, 케냐, 로디지아, 남아프리카 연방
(나)	모로코, 알제리, 사하라, 마다가스카르

① (가)는 3B 정책을 추진하여 바그다드로 진출하였다.
② (가)는 인도차이나 반도로 진출하여 베트남을 지배하였다.
③ (나)는 20세기 초 두 차례 일본과 동맹을 체결하였다.
④ (나)는 세포이 항쟁을 진압하고 인도를 직접 통치하였다.
⑤ (가)와 (나)는 수단의 파쇼다에서 충돌하였다.

20 다음에서 비판하고 있는 중국의 근대화 운동에 대한 설명으로 옳은 것은?

> 중국에서는 애로 호 전쟁, 태평천국의 난 이래 증국번, 이홍장, 좌종당 등이 앞서서 서양의 근대 물질 문화를 받아들였으나, 부강을 이루지 못했다. 그것은 프랑스와 일본에게 계속 패한 것으로 분명하다. 그렇다면 어째서 실패하였는가? 가장 큰 원인은 일반 국민은 정치에 무관심하여 그저 국가를 위해 조세만 납부하고, 국가는 치안을 유지해 주기만 하면 충분하다고 여겨 왔기 때문이다.

① 부청멸양을 내걸고 반제국주의 운동을 전개하였다.
② 삼민주의를 바탕으로 공화정의 수립을 추진하였다.
③ 중체서용을 원칙으로 서양의 무기와 기술을 도입하였다.
④ 일본의 메이지 유신을 본받아 입헌 군주제를 추구하였다.
⑤ 멸만흥한을 내세우고 토지 균분과 남녀 평등을 주장하였다.

21 밑줄 친 ㉠의 내용으로 옳은 것은?

> 나는 ㉠독일 정부가 취한 최근의 행동이 사실상 미국에 대한 전쟁 행위라는 것을 의회가 선언해 주기를 희망합니다. …(중략)… 더불어 독일 제국 정부를 항복시키고 전쟁을 종식시키기 위한 즉각적인 조치를 취해 줄 것을 요청합니다.
> – 윌슨 대통령의 대독 선전 포고에 관한 연설문 –

① 모로코 사건을 일으켰다.
② 에스파냐 내전을 지원하였다.
③ 무제한 잠수함 작전을 전개하였다.
④ 소련과 불가침 조약을 체결하였다.
⑤ 국제 연맹을 탈퇴하고 재무장을 추진하였다.

22 다음의 (가)에 들어갈 사실로 적절한 것을 〈보기〉에서 고른 것은?

> 종법적 봉건제와 씨족 질서가 무너지면서 시작된 이 시대는 정치적으로는 각국이 상호 경쟁과 대립을 반복한 분열과 혼란의 시대였으나 사회 · 문화 · 경제적으로는 발전의 시대이기도 하였다.
> 사회 · 문화적인 측면에서는 제후들이 경쟁적으로 유능한 인재를 등용하여 부국강병을 추진하는 가운데 유가, 도가 등 다양한 학파와 사상가들이 등장하였다. 경제적인 측면에서도 다음과 같은 많은 변화와 발전이 나타났다.
> (가)

보기
ㄱ. 대외 무역이 활발해지면서 시박사가 설치되었다.
ㄴ. 철제 농기구의 사용으로 농업 생산력이 크게 향상되었다.
ㄷ. 석탄 사용이 보편화되어 도자기, 제철 등 수공업이 발달하였다.
ㄹ. 상업의 발달로 도전, 포전 등의 청동 화폐가 널리 사용되었다.

① ㄱ, ㄴ ② ㄱ, ㄷ
③ ㄴ, ㄷ ④ ㄴ, ㄹ
⑤ ㄷ, ㄹ

23 (가), (나)의 문자를 사용한 고대 문명에 대한 설명으로 옳은 것은?

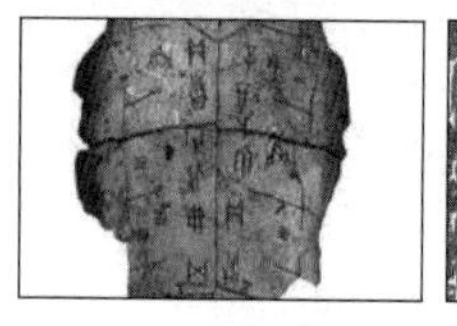
(가)

(나)

① (가)-지구라트라는 신전이 축조되었다.
② (가)-자연신을 찬미한 베다가 제작되었다.
③ (나)-영혼 불멸을 믿어 미라가 만들어졌다.
④ (나)-종법에 기초한 봉건 제도가 실시되었다.
⑤ (가), (나)-제정 일치의 신정 정치가 행해졌다.

24 지문의 주장에 따른 근대화 운동에 대한 설명으로 옳은 것은?

> 군주 전제 정치체제가 오늘날의 세상에 맞지 않는다는 것은 자명하다. 국가를 논하는 자는 그 정치체제가 전제의 성격을 가지고 있는가의 여부에 따라 문명의 높낮이를 판단한다. 20세기에 진실로 새로운 정치체제를 이끌려면 반드시 전제 정치를 남김없이 씻어 내야 한다. 중국이 이전에 여러 차례 혁명을 경험하였으나 좋은 결과를 얻지 못했던 것은 정치체제를 바꾸지 못했기 때문이다. 명나라가 원나라를 이겼으나 3백 년도 못 되어 우리 한족은 다시 쇠퇴하였다. 이제 이민족 정부가 제거되고 한족 정부가 들어선다고 하더라도 여전히 군주 전제 정치체제가 지속된다면 만족할 수 없다.

① 삼민주의를 바탕으로 중화민국을 건설하였다.
② 중체서용을 바탕으로 군수 산업을 육성하였다.
③ 신식 학당을 개설하고 신군을 창설하는 신정을 실시하였다.
④ 입헌 군주제의 수립을 목표로 하는 정치 제도의 개혁을 주장하였다.
⑤ 민주주의와 과학 정신의 수용을 주장하는 신문화 운동을 전개하였다.

25 (가)에 들어갈 적절한 내용을 〈보기〉에서 고른 것은?

단원 정리 : ㅇㅇ황제의 통치 정책을 작성하시오

ㅇㅇ 황제	정치	군현제 실시
	경제	(가)
	내외정책	고조선 정복 베트남 북부 정복
	문화	유교의 국교화 태학 설치

보기
ㄱ. 시박사 설치
ㄴ. 균수법 시행
ㄷ. 양세법 실시
ㄹ. 소금, 철 전매제 실시

① ㄱ, ㄴ
② ㄱ, ㄷ
③ ㄴ, ㄷ
④ ㄴ, ㄹ
⑤ ㄷ, ㄹ

26 (가)에 해당하는 제도가 당시 사회에 끼친 영향으로 옳은 것은?

> 위(魏) 문제(文帝)때 처음으로 (가) 을/를 시행하였다. 군읍에는 소중정을 설치하고, 주에는 대중정을 설치하였다. 소중정은 품에 따라 인재의 등급을 정하여 대중정에게 추천하였다. 대중정은 그 결과를 정리해서 사도(司徒)에게 추천하며 사도는 다시 정리한 후 상서로 회부하여 선발, 채용하였다.

① 형세호라 불리는 신흥 지주층이 출현하였다.
② 신사층이 각 지방의 사회와 경제를 주도하였다.
③ 제자백가로 불린 사상가들이 등장하여 활동하였다.
④ 사대부가 지배층으로 성장하여 면세의 특권을 누렸다.
⑤ 관직이 세습적으로 독점되면서 문벌 귀족이 형성되었다.

27 (가) 국가에서 실시된 제도로 옳지 않은 것은?

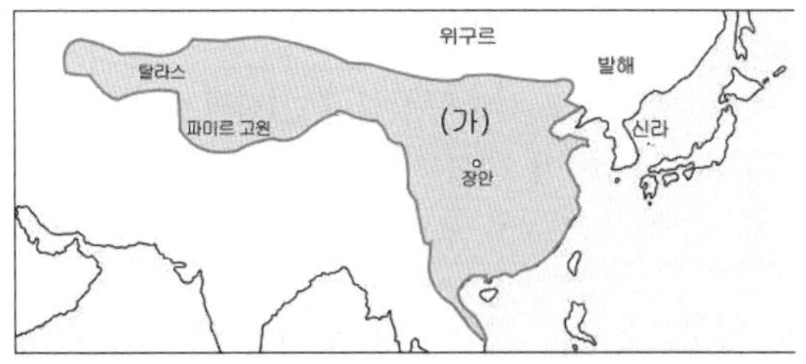

① 과거제 ② 균전제
③ 부병제 ④ 맹안 · 모극제
⑤ 조 · 조 제도

28 그래프의 (가) 시대에서 (나) 시대로의 변화와 함께 나타난 상황으로 적절하지 않은 것은?

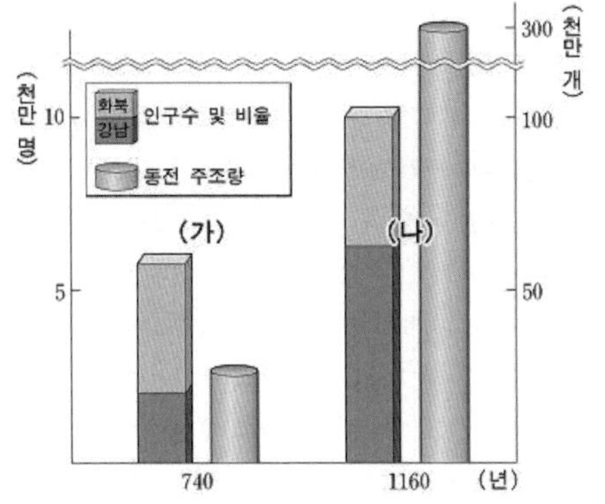

① 경제의 중심지가 양쯔 강 하류 지역으로 옮겨 갔다.
② 화폐의 유통이 활발해져 동전 외에 지폐도 사용되었다.
③ 세금은 인두세를 토지세에 포함시켜 은으로 징수하였다.
④ 비약적인 경제 발전과 도시의 성장으로 서민 문화가 발달하였다.
⑤ 새로운 벼 품종이 보급되고 농업 기술이 개선되어 생산력이 높아졌다.

29 다음과 같은 상황이 전개되던 시기에 볼 수 있었던 모습으로 옳은 것은?

> "머리털을 자르겠느냐, 아니면 죽겠느냐"하는 살벌한 문구가 적힌 게시문이 전국에 나붙었다. 이발 도구를 메고 다니면서 머리를 깎아주는 이발사를 시내에 순회시켜 머리를 기른 사람을 발견하면 붙잡아 놓고 강제로 앞머리를 깎게 했다. 만일 반항하는 자가 있으면 그 자리에서 목을 잘라 장대 끝에 매달았다. 머리를 자를 때는 앞머리 부분은 깎고, 뒷머리 부분은 머리털을 댕기머리처럼 길게 땋아 내리게 했다.

① 자연에 은둔하여 청담을 논하는 죽림 칠현
② 조 · 용 · 조의 세금을 현물로 납부하는 농민
③ 만주족을 비판하는 글을 써서 끌려가는 한인 관료
④ 시장에서 물건을 구입하고 교초를 지불하는 도시민
⑤ 중정관의 추천을 받아 중앙 관직에 나가는 지방 유력자

30 다음 복장과 문자가 출현했던 시기의 일본 사회 모습으로 가장 타당한 것은?

① 일본이라는 국호가 처음으로 사용되었다.
② 네덜란드를 통해 서양 문물이 수용되었다.
③ 국왕 중심의 중앙 집권 체제가 확립되었다.
④ 강력한 무사 세력을 거느린 쇼군이 정권을 장악하였다.
⑤ 문화가 당풍(唐風)에서 벗어나 고유의 색채를 띠게 되었다.

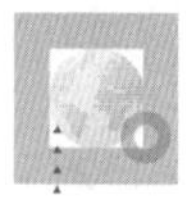

31 어느 영화의 줄거리 가운데 일부분이다. 이 장면의 역사적 배경으로 가장 적절한 것은?

> 푸꾸이의 딸 펑시아가 결혼을 한다. 새로운 혼인법에 따라 결혼식을 올리고, 마지막으로 마오쩌둥 사진을 향해 맹세한다. 펑시아가 출산할 무렵 의사들은 반혁명.반당(反黨)분자로 몰려 자아 비판을 당하는 신세가 된다. 펑시아가 출산 후 생명이 위독한데, 병원에 의사는 없고 홍위병 간호사들은 아는 게 없어 어쩔 줄 몰라 당황한다.

① 신문화 운동이 일어나 유교 중심의 전통문화를 비판하였다.
② 대약진 운동이 일어나 중국적인 사회주의 건설이 추진되었다.
③ 천안문에서 대학생들이 부정부패 일소와 민주화를 요구하였다.
④ 중화 인민 공화국이 수립되어 마오쩌둥이 주석으로 취임하였다.
⑤ 문화 대혁명이 발생하여 철저한 사회주의 혁명정신이 강조 되었다.

32 밑줄 친 '봉기'에 대한 설명으로 가장 적절한 것은?

> "새 탄약통을 지급하면서 힌두교도에게는 소기름을 바른 탄약통을 주었고, 이슬람교도에게는 돼지기름을 바른 탄약통을 주었다."라는 소문이 돌기 시작하였다. 이 소문은 꼬리에 꼬리를 물고 번져갔다. 마침내 미루트에서 용병 3개 연대가 봉기하였다. 그들은 노년의 무굴 황제를 내세우고, 황제의 이름으로 각지에 동참을 호소하였다.

① 플라시 전투 직후에 발생하였다.
② 인도 국민 회의의 지원을 받았다.
③ 스와데시 · 스와라지를 구호로 삼았다.
④ 롤럿(로래트) 법의 폐지를 요구하였다.
⑤ 영국이 인도를 직접 통치하는 계기가 되었다.

33 (가)에 들어갈 검색어로 옳은 것은?

> (가)
>
> 막부가 무너지고 국왕 중심의 중앙 집권 체제가 수립된 일본의 급진적 변혁으로 신분제 개혁, 징병제 실시, 근대 시설 도입 등을 추진하였음.

① 양무운동 ② 탄지마트
③ 다이카 개신 ④ 메이지 유신
⑤ 브나로드 운동

34 (가), (나) 시기에 대한 설명으로 옳지 않은 것은?

> 우리나라의 대세가 9번 변하여 무사의 시대가 되고, 무사의 시대가 5번 변하여 현재 에도 시대에 이르게 된 경위는 다음과 같다. …(중략)… 무사의 시대는 미나모토노 요리토모가 처음으로 (가) 막부를 열어 천하의 병권을 장악한 때부터 시작하는데, 이것이 첫 번째 변화이다. …(중략)… 아시카가 다카우지가 (나) 막부를 열고 12대 238년 동안 집권하였다. 이것이 세 번째 변화이다. 이 시기의 말기에는 오닌의 난이 일어나 천하가 크게 혼란에 빠져 쇼군의 정령이 전국에 미치지 못하였다.
>
> – 아라이 하쿠세키, 『독사여론』–

① (가) – 몽골의 침략을 받았다.
② (가) – 산킨고타이 제도가 실시되었다.
③ (나) – 중국과 감합 무역을 하였다.
④ (나) – 왜구가 중국과 한반도 연안을 노략질하였다.
⑤ (가), (나) – 토지를 매개로 주종 관계가 발달하였다.

35 다음 자료의 인물에 대한 설명으로 옳은 것은?

‖화폐 속 인물 열전‖

베트남의 건국 영웅 ○○○

20,000 Đong(동) 이 화폐에 등장하는 인물은 베트남의 건국 영웅으로 받들어지고 있는 ○○○이다. 본명은 응우옌 신 꿍이며, 1911년 프랑스로 건너가 영국, 미국 등을 거치며 공산주의 이론에 입각한 급진적 민족주의 사상을 확립하였다. 베트남으로 돌아와 베트남 독립 동맹을 결성하였다.

20,000 Đông(동)

① 통킹 의숙을 세웠다.
② 근왕 운동을 주도하였다.
③ 동유 운동을 시작하였다.
④ 월남 망국사를 저술하였다.
⑤ 프랑스와의 전쟁을 승리로 이끌었다.

36 (가), (나)에 대한 옳은 설명을 〈보기〉에서 고른 것은?

(가) 앙코르 와트

(나) 보로부두르

보기

ㄱ. (가)는 12세기 캄보디아 일대를 지배한 왕조가 건설하였다.
ㄴ. (가)는 전형적인 이슬람 건축 양식을 보여준다.
ㄷ. (나)는 인도네시아에 있는 불교 유적이다.
ㄹ. (나)에는 카스트 제도의 신분 차별이 반영되어 있다.

① ㄱ, ㄴ　② ㄱ, ㄷ
③ ㄴ, ㄷ　④ ㄴ, ㄹ
⑤ ㄷ, ㄹ

37 자료는 어느 왕조에 대한 역사 신문이다. (가)에 들어갈 기사의 제목으로 적절한 것은?

제 ○○호 **세계사 신문**

○○왕조 특집-개창에서 멸망까지
750년 미르완 2세를 무찌르고 왕조 개창
1258년 몽골족의 침입으로 멸망
○○왕조는 수도 바그다드를 중심으로 성장하여 탈라스 전투에서 승리하는 등 번영을 누렸으나 9세기에 접어 들면서 약화되다가 몽골족의 침입으로 멸망하였다. …(중략)… 이번 호에서는 ○○왕조의 기획 기사를 싣는다.

명소 탐방

○○왕조 기획 기사 -○○사원
정치 : ___(가)___ …2면
경제 : 비단길 장악 …3면
서평 : 아라비안 나이트…4면

① 셀주크 투르크, 술탄의 칭호 획득!
② 옴미아드 가문, 칼리프 지위를 세습!
③ 비아랍 인의 관직 진출, 드디어 허용!
④ 이슬람 세계, 시아파와 수니파로 분열!
⑤ 헤지라에서 돌아온 무함마드, 메카에 입성!

38 (가) 왕조의 문화에 대한 설명으로 옳은 것은?

요가는 명상과 호흡, 스트레칭 등이 결합된 복합적인 심신 수련 방법으로써 인도고유의 수행법입니다. 특히 힌두교가 성립되고 인도 고전 문화의 황금기였던 ___(가)___ 왕조시기에 수행 방법으로 제시되면서 체계화되었습니다.

① 산치 대탑이 세워졌다.
② 우파니샤드 철학이 등장하였다.
③ 산스크리트 문학이 발달하였다.
④ 간다라 미술 양식이 발생하였다.
⑤ 우르두 어가 일상 언어로 널리 사용되었다.

39 지도에 빗금으로 표시된 영토를 최대 영역으로 하였던 국가에 대한 설명으로 옳지 않은 것은?

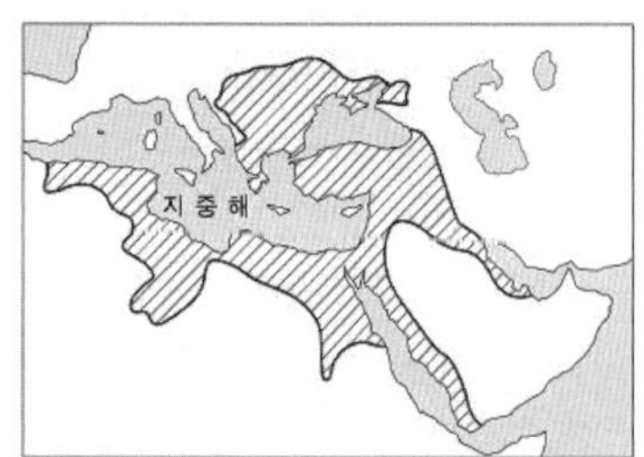

① 비잔티움 문화와 이슬람 문화를 융합 · 발전시켰다.
② 십자군에게 수도가 점령되고 약탈을 당하기도 하였다.
③ 탄지마트 개혁으로 헌법을 제정하여 입헌 정치를 실시하였다.
④ 전성기에 지중해의 제해권을 장악하여 막대한 무역 이익을 거두었다.
⑤ 정해진 세금을 납부하는 조건으로 크리스트 교도의 신앙을 인정해 주었다.

40 다음 자료에 나타난 제국에 대한 설명으로 옳은 것은?

> 무슬림인 악바르 대제는 힌두교도 공주와 결혼하였으며, 힌두교도 족장들에게 무슬림 귀족과 동등한 지위를 주었다. 또한 무슬림이 아닌 국민들에게 부과하는 세금인 지즈야도 폐지하였으며, 만삽다르라는 관료 조직을 통하여 제국의 중앙 집권 체제를 확립하였다.

① 타지마할이 건축되었다.
② 간다라 양식이 유행하였다.
③ '0'이라는 숫자가 만들어졌다.
④ 아잔타 석굴 사원이 건설되기 시작하였다.
⑤ 샤쿤탈라 등 산스크리트 문학이 발달하였다.

41 (가) 왕조에 대한 설명으로 옳은 것을 〈보기〉에서 고른 것은?

> POST CARD
>
> 
>
> 보고 싶은 ○○에게
> 오늘은 페르세폴리스에 다녀왔어. 페르세폴리스는 (가)의 다리우스 1세가 대제국의 위엄을 나타내기 위해 건설했다고 해. 지금은 황량한 흔적만 남아있지만 그 규모만으로도 화려했던 왕조의 모습을 상상해 볼 수 있었어. 내일은 다리우스 1세의 무덤에 가보려고 해.
>
> - 친구 △△ -

보기

ㄱ. 조로아스터교를 국교로 삼았다.
ㄴ. 정복지에 알렉산드리아라는 도시를 건설하였다.
ㄷ. '왕의 눈', '왕의 귀'로 불린 감찰관을 파견하였다.
ㄹ. 정복민의 고유 풍속을 존중하는 관용 정책을 실시하였다.

① ㄱ, ㄴ
② ㄱ, ㄷ
③ ㄴ, ㄷ
④ ㄴ, ㄹ
⑤ ㄷ, ㄹ

42 (가) 나라에 대한 설명으로 옳은 것은?

> 교사 : 히틀러가 (가)를(을) 침공하였고 이것이 발단이 되어 제2차 세계 대전이 시작되었어요.
>
> 
>

① 노르만 족이 건설하였다.
② 오스만 제국의 지배를 받았다.
③ 자유 노조의 활약으로 비공산 정권이 수립되었다.
④ 제3세계의 일원으로서 비동맹 외교를 주도하였다.
⑤ 동인도 회사를 설립하여 아시아 무역을 통해 번영하였다.

43 (가), (나) 인물에 대한 설명으로 옳은 것은?

(가) 그는 물가가 폭등하고 실업자가 증가하는 사회 혼란을 틈타 파시스트당을 조직하였다. 민족주의 여론을 등에 업고 소시민층에서 인기를 끌게 되자, 당의 행동대인 '검은 셔츠단'을 이끌고 정권을 장악하였다.
(나) 그는 아리안 인종의 우월함을 강조하며 베르사유 체제를 거부하고 재무장을 주장하였다. 그의 국가사회주의 당은 경기 침체로 중산층이 동요하고 사회가 혼란한 상황에서 선거를 통해 제1당이 되고 마침내 권력을 장악하였다.

① (가) – 모로코 사태를 일으켜 프랑스와 대립하였다.
② (가) – 세계 대공황의 경제 위기 속에 권력을 장악하였다.
③ (나) – 인민 전선 정부 구성을 주도하였다.
④ (가), (나) – 일본과 협력하여 대외 팽창을 시도하였다.
⑤ (가), (나) – 제1차 세계 대전 패배로 인한 혼란을 세력 확대에 이용하였다.

44 (가)~(다) 국가에 대한 설명으로 옳은 것은?

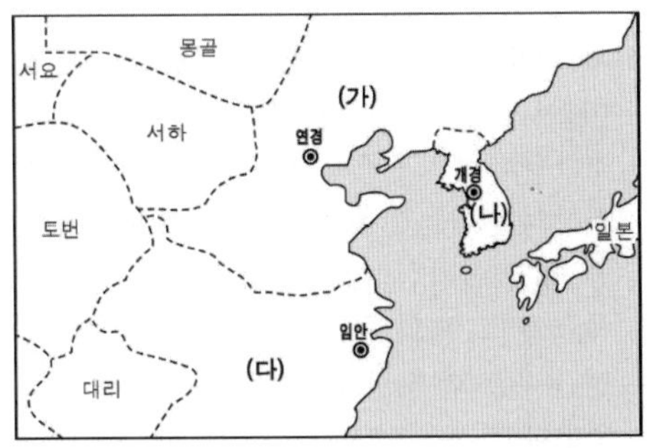

① (가) – 점령지에 다루가치를 파견하였다.
② (나) – 일본의 요청으로 통신사를 파견하였다.
③ (다) – 정화를 파견하여 조공 질서를 확대하였다.
④ (가), (나) – 연합군을 편성하여 일본을 공격하였다.
⑤ (가), (다) – 몽골의 침략으로 멸망하였다.

45 표를 통해 파악할 수 있는 시대 상황을 〈보기〉에서 모두 고른 것은?

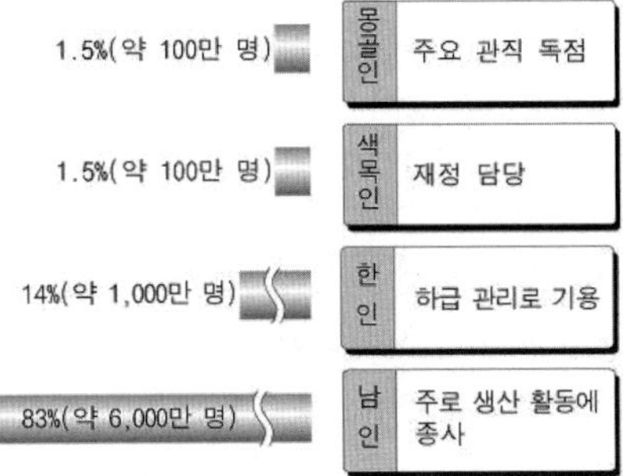

보기
ㄱ. 서역인이 관리로 중용되었다.
ㄴ. 옛 남송인들이 심한 차별을 받았다.
ㄷ. 한화 정책이 적극적으로 추진되었다.
ㄹ. 한족 통치를 위해 남면관제가 실시되었다.

① ㄱ, ㄴ
② ㄱ, ㄷ
③ ㄴ, ㄷ
④ ㄴ, ㄹ
⑤ ㄷ, ㄹ

46 밑줄 친 '이 나라'에 대한 설명으로 옳은 것은?

교사 : <u>이 나라</u>는 오랫동안 에스파냐의 식민 지배를 받았으나 19세기 말에 일어난 미국–에스파냐 전쟁 이후 미국의 지배하에 들어갔습니다.

① 근대화를 추구하는 동유 운동이 일어났다.
② '해방자' 볼리바르가 독립 운동을 주도하였다.
③ 아기날도가 무장 조직을 이끌고 독립 운동을 전개하였다.
④ 와하브(와하비) 운동이 전개되어 독립 정신이 고취되었다.
⑤ 브라모(브라흐마) 사마지 운동으로 민족의식이 고양되었다.

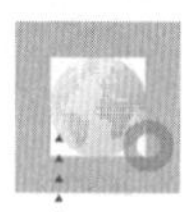

47 (가) 인물에 대한 설명으로 옳은 것은?

> 1. 미국의 제 37대 대통령
> 2. 괌에서 ___(가)___ 독트린을 발표하고 이후 미국 대통령으로써 중국을 처음 방문.
> 3. 소련과 전략 무기 제한 협정(salt-1)을 체결

① 베트남에 파병된 미군의 철수를 결정하였다.
② 대공황 극복을 위해 뉴딜 정책을 실시하였다.
③ 서유럽 경제 재건을 위한 마셜 계획을 발표하였다.
④ 소련의 핵미사일 기지 철수를 요구하며 쿠바를 봉쇄하였다.
⑤ 영국 수상과 국제 평화 구상을 담은 대서양 헌장을 발표하였다.

48 지도에 표시된 분쟁 지역에 대한 옳은 설명을 〈보기〉에서 고른 것은?

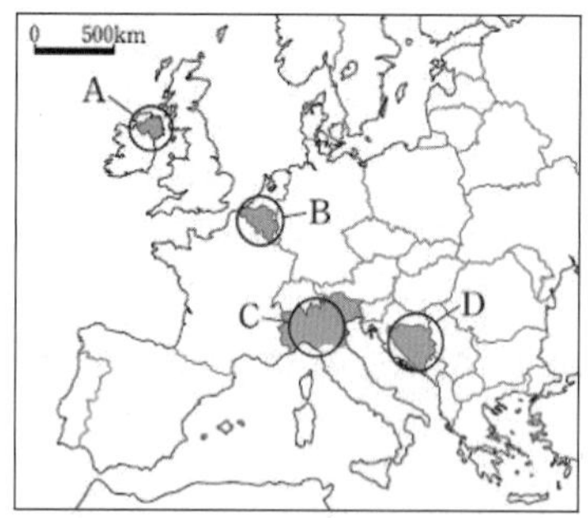

보기

> ㄱ. A－가톨릭교도와 개신교도 간의 갈등이 있었으나 최근에 정치적 타협이 있었다.
> ㄴ. B－서로 다른 언어를 사용하는 남부와 북부 지역 간의 갈등이 있다.
> ㄷ. C－연방의 해체와 더불어 분리 독립을 하였고 이슬람교도에 대한 탄압이 있었다.
> ㄹ. D－지역 간 경제적 격차로 인해 분리 독립을 하려는 움직임이 있었다.

① ㄱ, ㄴ　② ㄱ, ㄷ
③ ㄴ, ㄷ　④ ㄴ, ㄹ
⑤ ㄷ, ㄹ

49 지도에 표시된 국가에 대한 설명으로 옳지 않은 것은?

① A는 석유 수출국 기구(OPEC) 회원국으로 세계적 산유국이다.
② B는 찬란했던 잉카 문명의 중심지로 그 흔적이 곳곳에 남아 있다.
③ C에서는 포르투갈 어가 널리 사용되고, 대부분의 국민들이 가톨릭을 믿는다.
④ D는 우리 나라와 자유 무역 협정(FTA)을 체결한 최초의 국가이다.
⑤ E의 국민 대부분은 아메리카 원주민과 백인의 혼혈인 메스티소이다.

50 (가), (나) 조약에 대한 설명으로 옳지 않은 것은?

> (가) 제1조 양국 간에 외교 및 영사 관계를 수립한다.
> 제2조 1910년 8월 22일 및 그 이전에 대한 제국과 대일본 제국 간에 체결된 모든 조약 및 협정이 이미 무효임을 확인한다.
> (나) 대한민국 정부와 중화 인민 공화국 정부는 유엔 헌장의 원칙들과 주권 및 영토 보존의 상호 존중, 상호 불가침, 상호 내정 불간섭, 평등과 호혜, 그리고 평화 공존의 원칙에 따라 항구적인 선린 우호 협력 관계를 발전시켜 나갈 것에 합의한다.

① (가)로 한·일 간에 국교가 수립되었다.
② (가)는 샌프란시스코 강화 조약 직후 체결되었다.
③ (나)는 동아시아 냉전 완화의 산물이었다.
④ (나)로 한국과 타이완의 외교 관계가 단절되었다.
⑤ (가)와 (나)는 한국의 경제 성장에 영향을 주었다.

세계사능력검정시험 기출동형모의고사 초 · 중급

01 다음은 고대 그리스의 정치적 변화를 나타낸 것이다. (가)의 정치 체제에 대한 설명으로 옳지 않은 것은?

왕정 → 귀족정 → 금권정 → 참주정 → (가)

① 민회가 실질적인 입법권을 갖게 되었다.
② 정치에 참여하는 시민에게 수당을 지급하였다.
③ 솔론은 재산 정도에 따라 참정권을 부여하였다.
④ 재판관을 포함한 공직자를 추첨제로 선출하였다.
⑤ 여자, 외국인, 노예에게는 참정권이 주어지지 않았다.

02 다음 정책을 시행한 제국에 대한 옳은 설명을 〈보기〉에서 고른 것은?

- 정복지에 그리스인을 이주시키고, 그리스 도시와 마찬가지로 신전과 체육관, 극장을 만든다.
- 그리스어를 공용어로 사용하되, 지방에서는 그 지역의 언어 사용을 허락한다.
- 그리스 외의 민족도 능력이 있으면 군사로 뽑는다.
- 페르시아인을 관료로 채용한다.

보기

ㄱ. 조로아스터교를 국교로 하였다.
ㄴ. 관습법을 성문화한 12표법을 제정하였다.
ㄷ. 주요 지역에 알렉산드리아라는 도시를 건설하였다.
ㄹ. 개인주의적이고 세계 시민주의적인 경향이 나타났다.

① ㄱ, ㄴ ② ㄱ, ㄷ
③ ㄴ, ㄷ ④ ㄴ, ㄹ
⑤ ㄷ, ㄹ

03 다음 자료와 관련된 시기의 로마 사회 모습으로 옳은 것은?

카르타고와의 전쟁에서 로마의 승리는 나라의 부와 사치를 불러왔다. …(중략)… 그 결과 부자는 더욱 부유해지고 가난한 자는 여전히 가난했다. 아니, 실제로는 더 가난해졌다. 이러니 분쟁이 일어나는 것은 당연한 일이었다. 인간의 인내는 놀랄 만큼 강하지만 그 인내도 한계가 있으며, 일단 한계에 달하면 폭발하기 마련이다. – 세계사 편력 –

① 동·서 로마의 분열로 사회가 불안하였다.
② 크리스트 교가 로마에 널리 확산되고 있었다.
③ 유력자들의 토지 겸병으로 자영농이 몰락하였다.
④ 부자유 소작인에 의한 콜로나투스 제도가 등장하였다.
⑤ 군인 출신의 황제가 등장하고 속주의 반란이 자주 일어났다.

04 다음 주장이 영향을 끼친 사실로 옳은 것은?

교황은 예수의 바른 길을 밟지 않고 사탄의 잘못된 길을 걸어가고 있다. 예수께서 교황청이나 추기경 회의를 만드셨다는 말은 어디에도 없다. …(중략) … 설령 백 명의 교황이 있고 모든 수도사들이 추기경이 된다고 해도 신앙의 문제에서는 성서와 일치할 때에만 그들의 주장을 받아들여야 한다.

–위클리프–

① 니케아 공의회가 소집되었다.
② 교황청이 아비뇽으로 옮겨졌다.
③ 루터가 면벌부 판매를 비판하였다.
④ 교황과 황제 간에 서임권 투쟁이 시작되었다.
⑤ 성상 숭배 금지령을 둘러싼 논쟁이 야기되었다.

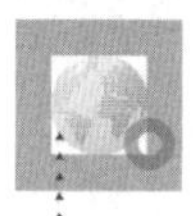

05 어느 위인전의 목차이다. 이 인물의 업적을 〈보기〉에서 모두 고른 것은?

추천사 : 부활한 유럽 통합의 영웅

보기

ㄱ. 궁정 학교를 세우고 라틴 문화를 장려하였다.
ㄴ. 서로마 황제로서 로마 교회의 보호자가 되었다.
ㄷ. 이탈리아 내전을 진압하여 신성 로마 황제가 되었다.
ㄹ. 롬바르드 왕국을 정벌하고 라벤나 지방을 교황에게 기증하였다.

① ㄱ, ㄴ ② ㄱ, ㄷ
③ ㄴ, ㄷ ④ ㄴ, ㄹ
⑤ ㄷ, ㄹ

06 지도에 표시된 영역을 차지했던 국가에 대한 옳은 설명을 〈보기〉에서 고른 것은?

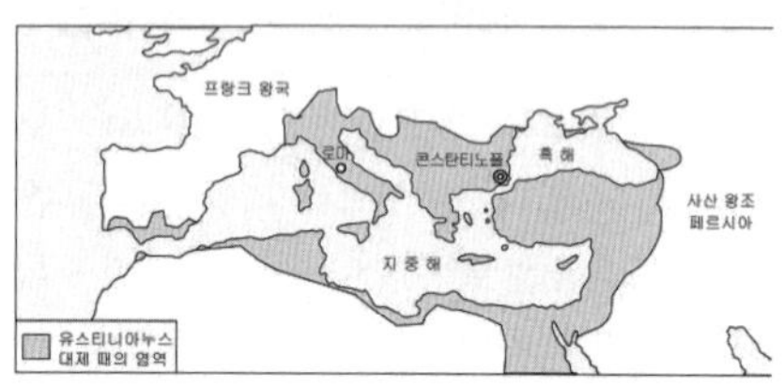

보기

ㄱ. 성 소피아 성당을 건축하였다.
ㄴ. 산스크리트 문학이 발달하였다.
ㄷ. 황제가 교회의 수장을 겸하였다.
ㄹ. 게르만 족의 이동으로 멸망하였다.

① ㄱ, ㄴ ② ㄱ, ㄷ
③ ㄴ, ㄷ ④ ㄴ, ㄹ
⑤ ㄷ, ㄹ

07 중세 유럽의 (가), (나) 무역권에 대한 옳은 설명을 〈보기〉에서 고른 것은?

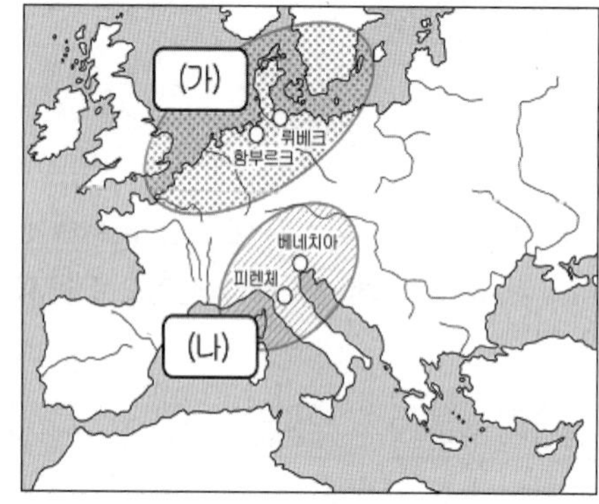

보기

ㄱ. (가)는 백년 전쟁으로 쇠퇴하였다.
ㄴ. (나)의 상인들은 르네상스의 후원자가 되었다.
ㄷ. (가)와 (나)는 내륙 무역권을 통해 연결되었다.
ㄹ. (가)와 (나)는 한자 동맹을 맺어 결속을 강화하였다.

① ㄱ, ㄴ ② ㄱ, ㄷ
③ ㄴ, ㄷ ④ ㄴ, ㄹ
⑤ ㄷ, ㄹ

08 다음 주장을 입증하기 위해 조사할 내용으로 적절한 것을 〈보기〉에서 고른 것은?

중세 서유럽의 봉건 국가들은 대체로 지방 분권적이었고, 국왕도 한 사람의 봉건 영주에 지나지 않아 왕권이 약하였다.

보기

ㄱ. 봉신이 가진 불입권
ㄴ. 신성 로마 제국의 황금 문서
ㄷ. 영국의 토지 대장인 둠스데이 북
ㄹ. 이베리아 반도에서 전개된 재정복 운동

① ㄱ, ㄴ ② ㄱ, ㄷ
③ ㄴ, ㄷ ④ ㄴ, ㄹ
⑤ ㄷ, ㄹ

09 다음 항해에 이용된 항로를 지도에서 고른 것은?

> 각하께서 하사하신 함대로 서인도 제도를 항해한 과정과 그 과정에서 발견한 여러 섬들에 대해 보고합니다. 제가 처음으로 발견한 섬의 이름은 구세주란 의미로 산살바도르라 지었습니다. … (중략) … 후아나 섬에 도착하자 저는 그 해안을 따라 서쪽으로 돌아갔는데, 이 내륙에 중국이 있을 것이라 예상했으나 나타나지 않았습니다.

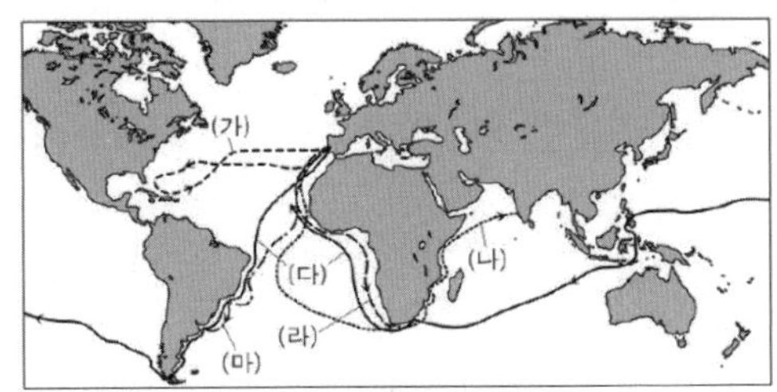

① (가) ② (나)
③ (다) ④ (라)
⑤ (마)

10 (가)에 대한 옳은 설명을 〈보기〉에서 고른 것은?

> 영국이 세계의 공장이 된 이후 경쟁적으로 여러 나라들에서도 (가) 이/가 진행되었다. 벨기에와 프랑스가 뒤를 이었고, 곧이어 미국과 독일도 뛰어들었다. 인류가 이룩한 진보적 성과는 1851년 런던에서 열린 만국 박람회에서 그대로 드러났다. 이 행사에는 각국이 자랑하는 최고의 제품들이 10만 점 이상 전시되었다.

보기

ㄱ. 인클로저 운동의 배경이 되었다.
ㄴ. 계몽 사상의 형성에 영향을 주었다.
ㄷ. 산업 자본가가 성장하는 계기가 되었다.
ㄹ. 러다이트(기계 파괴) 운동을 야기하였다.

① ㄱ, ㄴ ② ㄱ, ㄷ
③ ㄴ, ㄷ ④ ㄴ, ㄹ
⑤ ㄷ, ㄹ

11 종교 개혁의 과정에서 다음 주장을 내세운 교파에 관한 설명으로 옳은 것은?

> 모든 사람은 동일한 상태로 창조된 것이 아니며, 어떤 사람에게는 영원한 삶이, 또 어떤 사람에게는 영원한 벌이 예정되어 있다. 그러므로 성서가 명백히 밝히고 있는 바에 따라, 우리는 주님이 그 영원의 섭리로써 누구를 구제하려고 원하시고, 또한, 누구를 멸망에 이르게 하려고 하시는가를 그 영원 불변의 섭리 속에 미리 정해놓으셨다고 말하는 것이다.

① 국왕이 교회의 수장이 되었다.
② 예수회를 조직하여 해외 선교에 힘썼다.
③ 독일에서 형성되어 북유럽으로 전파되었다.
④ 상공업자와 시민 계층의 적극적인 지지를 받았다.
⑤ 아우크스부르크 화의를 통하여 신앙의 자유를 획득하였다.

12 다음 인물들의 공통점으로 옳은 것은?

- 포르투갈 합병
- 무적 함대 조직

- 통일령 반포
- 동인도 회사 설립

- 낭트 칙령 폐지
- 베르사유 궁전 건립

① 자국의 이익을 위해 30년 전쟁에 참여하였다.
② 강력한 왕권을 바탕으로 중상주의 정책을 실시하였다.
③ 중세 교회의 부패를 비판하고 종교 개혁을 지지하였다.
④ 계몽 군주임을 자처하며 봉건 사회의 후진성을 개혁하였다.
⑤ 지중해 무역의 발달을 바탕으로 학문과 예술을 지원하였다.

13 다음은 영국 혁명 과정에서 승인된 문서들이다. (가)와 (나) 의 승인 사이에 일어난 사실로 옳지 않은 것은?

> (가) 의회의 승인 없이 과세할 수 없고, 개인 집에서 병사를 숙박시킬 수 없으며, 자의적으로 인신을 구속할 수 없다.
> (나) 제1조 '국왕은 의회의 동의 없이 법의 효력을 정지시키거나, 법의 집행을 정지시킬 수 있는 권력이 있다'는 주장은 위법이다.
> 제4조 국왕이 대권을 구실로 하여 의회의 승인 없이 … (중략) … 왕이 쓰기 위한 금전을 징수하는 것은 위법이다.

① 왕당파와 의회파가 무력 충돌하였다.
② 왕정이 복고되어 찰스 2세가 즉위하였다.
③ 크롬웰은 호국경이 되어 독재 정치를 실시하였다.
④ 의회가 윌리엄과 메리를 공동 왕으로 추대하였다.
⑤ 수장령을 계기로 영국 교회가 교황으로부터 독립하였다.

14 다음 가상 편지에서 밑줄 친 '혁명'의 결과로 옳은 것은?

> ○○에게
> 혁명은 내 아틀리에에서 멀지 않은 곳에서 발생했어. 왕실 용병들이 무차별 사격을 가했지만, 봉기 가담자들은 당당하게 맞서 싸워 승리를 쟁취했지. 바리케이드가 내 시선을 사로잡더군. '영광의 3일'동안 내가 조국을 위해 직접 싸우지는 못했지만, 적어도 그 역사적 현장을 화폭에 담고 싶었어. 마침내 샤를 10세의 퇴위 소식을 듣고 붓과 팔레트를 집어 들었지.

① 메테르니히가 국외로 추방되었다.
② 루이 필리프가 국왕으로 즉위하였다.
③ 신성 동맹과 4국 동맹이 결성되었다.
④ 노동자와 사회주의자들이 파리 코뮌을 수립하였다.
⑤ 루이 나폴레옹이 선거를 통해 대통령으로 선출되었다.

15 다음은 어느 나라의 통일 과정을 도식화한 것이다. (가)에 대한 설명으로 적절하지 않은 것은?

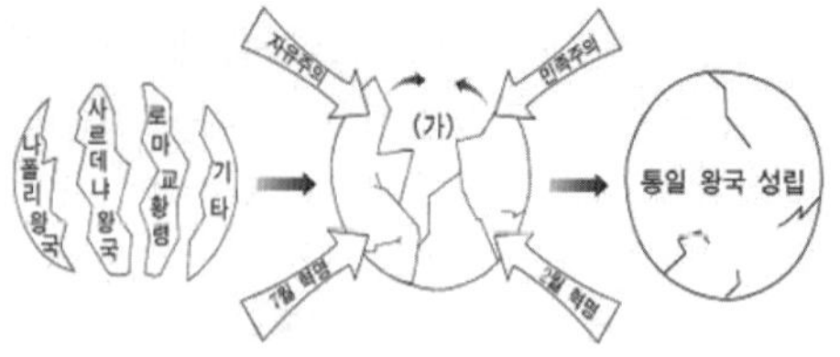

① 카보우르가 산업을 육성하고 군제를 개편하였다.
② 프로이센 · 오스트리아 전쟁 때 베네치아를 병합하였다.
③ 비스마르크가 철혈 정책으로 군비 확장을 추진하였다.
④ 프로이센 · 프랑스 전쟁을 이용하여 교황령을 통합하였다.
⑤ 가리발디가 의용군을 이끌고 시칠리아와 나폴리를 점령하였다.

16 지도가 보여주는 사건에 영향을 준 이념으로 적절하지 않은 것은?

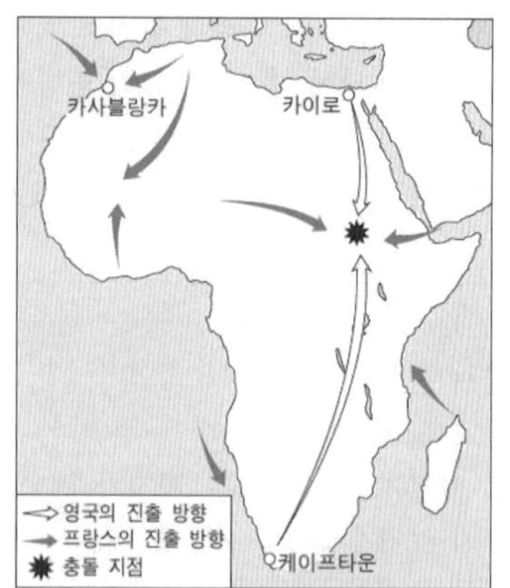

① 민족주의
② 인종주의
③ 전체주의
④ 제국주의
⑤ 사회 진화론

17 다음 전쟁의 결과로 옳은 것은?

> 제 ○○호 **세계사 신문**
>
> 진정한 평화, 무엇으로 가능한가?
>
> • 루스벨트와 처칠, 전후를 구상 : 미국과 영국의 정상이 북대서양 선상에서 만나 대서양 헌장을 발표하였다. 인류의 보다 나은 미래를 위한 전쟁 후 평화 수립 원칙 을 제시한 것이다.
>
> • 가공할 살상력에 전율 : 섬광이 번쩍! 순간 6만 6천 명이 형체도 없이 사라지고 뒤이은 낙진으로 도시 30만 인구 중 3분의 2가 사망하였다. 이로써 전쟁의 종결을 앞당기게 되었다.

① 국제 연맹이 창설되었다.
② 파리 강화 회의가 개최되었다.
③ 독 · 소 불가침 조약이 체결되었다.
④ 뉘른베르크와 도쿄에서 군사 재판이 열렸다.
⑤ 소비에트 사회주의 공화국 연방이 수립되었다.

18 그림은 어느 고대 문명에 대한 방송 안내이다. 방송에서 이 문명의 특징을 재현한 장면으로 적절한 것은?

> 고대 ○○ 문명은 유카탄 반도의 신전 도시 티칼의 발굴로 처음 그 존재가 증명되었다. ○○인들은 고구마 · 옥수수를 주로 경작하였고, 위가 평평한 계단식 신전 피라미드를 건축하였다. 특히 그들은 천문학 분야에서 뛰어났는데, 주기가 다른 3개의 톱니바퀴를 순환시켜 1년을 365일로 계산하는 달력을 사용하였다.
>
> 
> 고대 ○○ 천문대(치첸이트사 소재)

① 태양신 '라'를 위해 제사를 주관하고 있는 왕
② 자연신들을 찬미하는 노래인 베다를 짓는 신자
③ 지구라트 건설을 위해 진흙 벽돌을 만드는 노예
④ 파피루스 종이에 그려진 사자의 서를 묻는 사제
⑤ 20진법을 사용하여 작물의 수확량을 계산하는 농부

19 다음은 어느 인물에 대한 후세의 평가이다. 밑줄 친 '그의 업적'을 〈보기〉에서 모두 고른 것은?

> 이 사람은 극단적인 합리성과 비합리성이 기묘한 형태로 어우러져 있는 이중성을 지녔다. 밤낮으로 결재해야 할 분량을 정해 놓고 그것을 처리하기 전에는 쉬지 않았던 근면함과 인재를 중시하고 옳은 말이면 과감하게 시행하는 결단력이 있었으나, 한편으로는 "천성이 포악하고 강철같다."라는 사서(史書)의 평가대로 통일 후에는 지나치게 엄격한 법을 집행하여 백성들을 괴롭히는 악정을 펼치기도 하였다.
> 는 영토적으로 중국의 영역을 획정하였고 강력한 법치와 통일 정책을 통해 국가의 동질성과 기본 틀을 확립하였는데, <u>그의 업적</u>으로 인해 오늘날 중국을 뜻하는 China라는 명칭이 유래되었다.

> **보기**
>
> ㄱ. 화폐, 문자, 도량형을 통일하였다.
> ㄴ. 향거리선제를 통해 관리를 등용하였다.
> ㄷ. 유교 경전의 복원과 엄밀한 해석을 장려하였다.
> ㄹ. 흉노의 침입을 방지하기 위해 만리장성을 쌓았다.

① ㄱ, ㄷ　　② ㄱ, ㄹ
③ ㄴ, ㄷ　　④ ㄴ, ㄹ
⑤ ㄷ, ㄹ

20 연표의 (가)에 들어갈 경제 정책으로 옳은 것은?

> B.C. 139 장건을 대월지에 파견
> B.C. 129 흉노와 전면전 시작
> B.C. 126 장건 귀국
> B.C. 119 ______(가)______
> B.C. 110 지방에 균수관 파견, 중앙에 평준관을 둠
> B.C. 104 파미르 고원을 넘어 대완(페르가나) 정벌

① 균전제 실시　　② 양세법 시행
③ 대운하 건설 시작　　④ 왕안석의 신법 추진
⑤ 소금 · 철 전매 실시

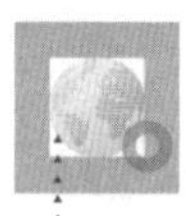

21 다음 과제를 수행하기 위해 탐구할 내용으로 옳은 것은?

> 수행 평가 과제
> 다음 연표의 (가) 시기에 일어난 변화상을 조사하여 보고서를 제출하시오.
>
> 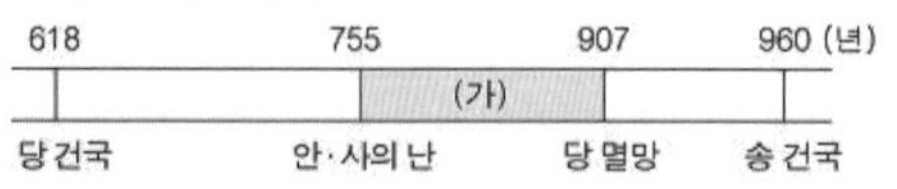
>

① 봉건제의 붕괴와 군현제의 실시
② 유학의 쇠퇴와 청담 사상의 유행
③ 조 · 용 · 조의 붕괴와 양세법의 실시
④ 시(詩)의 쇠퇴와 희곡 · 소설의 발달
⑤ 9품 중정제의 폐지와 과거제의 실시

22 다음 자료와 관련된 중국 근대화 운동이 시작된 시기를 연표에 서 옳게 고른 것은?

> 천 두슈 : 청년들이 자각하고 분연하게 투쟁하기를 바란다. … (중략) … 자주적이어야 하며, 노예적이지 않아야 한다. 진보적이어야 하며, 보수적이지 않아야 한다.
> 후스 : 문어체는 봉건 질서 속에서 기성 시대의 권위를 반영하는 것이다. 그러므로 구어체를 사용하는 것이야말로 문장이 사회성을 지니고 생명력을 얻을 수 있는 방법이다.

1840	1850	1898	1911	1919	1949
(가)	(나)	(다)	(라)	(마)	
제1차 아편 전쟁	태평 천국 운동	변법 자강 운동	신해 혁명	5 · 4 운동	중화 인민 공화국 수립

① (가) ② (나)
③ (다) ④ (라)
⑤ (마)

23 (가)에 들어갈 내용으로 적절한 것은?

> 〈특별 취재 - ◇ 왕조에 대한 조할 내용들〉
> √ 정치면 : 과거 제도 개혁 - 전시 도입
> √ 경제면 : ______(가)______
> √ 사회면 : 지배층 - 신사층
> √ 문화면 : 볼거리들 - 잡곡, 곡예
> √ 도시 탐방 : 수도 - 개봉

① 지폐 – 교초
② 무역 기구 – 공행
③ 동업 조합 – 행, 작
④ 수취 제도–조 · 용 · 조
⑤ 새로운 쌀의 주산지 – 쓰촨 분지

24 밑줄 친 '상인'이 볼 수 있었던 모습으로 가장 적절한 것은?

> "동방견문록"
> 이 책은 이탈리아의 <u>상인</u>이 동방을 여행하며 경험한 내용을 담고 있다. 그는 쿠빌라이 칸을 알현하고 17년 간 수도 대도를 비롯한 중국 각지를 여행하였다. 그 후 바닷길을 거쳐 베네치아로 돌아왔다. 이 책은 당시 유럽인들에게 동방에 대한 호기심을 불러일으켰다.

① 역참에서 말을 제공받는 관리
② 황건적의 난을 진압하는 장수
③ 지방의 인재를 추천하는 중정관
④ 왕안석의 개혁 정치를 반대하는 대지주
⑤ 흉노의 침입을 막기 위해 만리장성을 쌓는 농민

25 다음 자료에 나타난 사건을 설명한 것으로 옳지 않은 것은?

> 중국은 지상의 모든 나라들 위에 우뚝 섰다. 아시아, 아라비아, 아프리카, 인도양 등 사방 곳곳에서 왕과 사신들이 베이징으로 모여들었다. 한 치의 오차도 없이 정확히 대양을 항해하고 돌아온 거대한 선박들로 이루어진 선단이 황제에게 예를 표하러 오는 통치자와 사신들을 싣고 왔다.
> – 개빈 멘지스, 「1421 : 중국, 세계를 발견하다」 –

① 중국인의 해외 진출을 자극하였다.
② 동아시아 문화권 형성의 계기가 되었다.
③ 대외 팽창 정책의 일환으로 추진되었다.
④ 중국 중심의 조공 질서 확립에 기여하였다.
⑤ 중국인의 동남 아시아에 대한 지식을 확대시켰다.

26 다음 글을 발표한 단체가 전개했던 운동에 관하여 바르게 설명한 것을 〈보기〉에서 모두 고른 것은?

> 지금 서양인들은 통상 무역과 야소교(耶蘇敎, 기독교)의 전도로 백성의 농상 의식을 빼앗고 공자의 군신, 부자 간의 윤리를 폐기하며, 아편으로 중국 땅에 침입해 오고, 우리 조정을 모욕하고, 우리 도시를 점거하고, 우리 돈을 교묘히 갈취해 가고 있으며 나라 빚은 산더미보다 무겁다. …… 이미 대만(臺灣)을 할양하고, 교주(膠州)를 개항시켜 국토를 분단시키고 있다. …… 우리 의민(義民)은 이에 의병을 일으켜 국가의 치욕을 씻고자 한다. 서양인을 죽일 뿐이며 국가에 반기를 드는 것은 아니지만 관헌, 관병이라 할지라도 서양인의 앞잡이가 되면 용서하지 않겠다.

보기

ㄱ. 부청멸양(扶淸滅洋)을 구호로 내세웠다.
ㄴ. 신문화 운동의 직접적인 영향을 받았다.
ㄷ. 삼민주의(三民主義)를 강령으로 채택하였다.
ㄹ. 외국군이 베이징에 주둔하는 계기가 되었다.

① ㄱ, ㄷ　② ㄱ, ㄹ
③ ㄴ, ㄷ　④ ㄴ, ㄹ
⑤ ㄷ, ㄹ

27 다음과 같은 개혁을 시도했던 중국의 근대화 운동과 연관된 탐구 활동으로 타당한 것을 〈보기〉에서 모두 고른 것은?

> 촌락의 기본 단위는 양사마라는 향관에 의해 지도되는 25가(家)이며 나아가 5가구마다 오장을, 1가구마다 오졸을 둔다. 모든 토지는 농민들에게 일률적으로 평등하게 나누며 각자가 1년간 필요로 하는 곡물을 제외한 모든 잉여 생산물, 부업 제품, 은전(銀錢)을 국고에 넣고 관혼상제, 홀아비·과부의 양육비 등은 국고의 재물로 충당한다.

보기

ㄱ. 향용의 조직과 활동에 관하여 알아본다.
ㄴ. 천조전무 제도의 내용에 대해서 조사해 본다.
ㄷ. 중체서용의 원칙에 의한 개혁의 영향을 분석해 본다.
ㄹ. 철도 국유화 조치에 대한 민중의 반응을 파악해 본다.

① ㄱ, ㄴ　② ㄱ, ㄷ
③ ㄴ, ㄷ　④ ㄴ, ㄹ
⑤ ㄷ, ㄹ

28 교사의 질문에 대한 대답으로 가장 적절한 것은?

동아시아 3국의 개국

	조선	(가)	(나)
시기	1876	○○	○○
계기	운요호 사건	○○	페리의 입항
조약	강화도 조약	난징 조약	○○

교사 : (가)와 (나)의 개항에 대해 설명해 볼까요?

① (가)는 개항하면서 영토의 일부를 외국에 할양하였어요.
② (나)는 개항 이전에 공행을 통해 외국과 교역하였어요.
③ (나)의 개항이 (가)보다 빨랐어요.
④ (나)는 (가)와 달리 불평등 조약을 맺지 않았어요.
⑤ (가)와 (나) 모두 영국의 압력에 굴복하여 개항하였어요.

29 다음은 학생들이 제작한 역사 신문이다. (가)에 들어갈 제목으로 가장 적절한 것은?

> **세계사 신문**
>
> 1966년 8월 ○○일
>
> (가)
>
> 지난 4월 18일 중국 인민 기관지 「해방일보」는 마오쩌둥 사상의 위대한 깃발을 높이 받들자는 사설을 게재하였다. 마오쩌둥은 전통적인 문화, 사상, 풍속, 구습 등 네 가지 구악을 타파하고 새로운 네 가지를 수립한다는 '파사구(破四舊), 입사신(立四新)'을 천명하였다. 이는 일체의 문화유산과 자본주의를 부정하는 것으로 문화 운동이 강력한 정치 운동으로 변화하였음을 의미한다. 마오쩌둥이 조직한 홍위병은 지난 3월 1일 제11차 중앙위원 전체 회의에서 혁명 군중 조직으로 개편되어 합법적 단체가 되었다.

① 국민 혁명 시작되다
② 국·공 합작 결렬되다
③ 중화 인민 공화국 수립되다
④ 문화 대혁명의 서막 열리다
⑤ 새로운 중국의 정책, 실용주의

30 교사의 질문에 대한 학생의 답변으로 적절한 것은?

> 교사 : (가) 에서는 1782년 짜끄리 왕조가 수립되어 방콕을 수도로 삼았습니다. 시암이라고 불리기도 한 이 나라에 대해 말해 볼까요?
>
> 
>

① 쯔놈 문자가 만들어졌어요.
② 대승 불교의 중심지였어요.
③ 서구 열강의 식민 지배를 받지 않았어요.
④ 대표적인 유적으로는 보로부두르가 있어요.
⑤ 믈라카 왕조의 주도로 해상 무역이 발전하였어요.

31 (가), (나) 시기 사이에 있었던 역사적 사실을 〈보기〉에서 고른 것은?

> (가) 왕족, 귀족, 유학생 출신의 정치 세력이 소가씨 세력을 제거하고 다이카 개신을 단행하였다.
> (나) 8세기 말에 정치를 개혁하기 위해 수도를 헤이안으로 옮겼나. 헤이안 시대에는 가나 문자가 만들어지고 국풍 문화가 발전하였다.

> **보기**
>
> ㄱ. 야마토 정권이 출현하였다.
> ㄴ. '일본'이라는 국호가 등장하였다.
> ㄷ. 『고사기』, 『일본서기』가 편찬되었다.
> ㄹ. 가마쿠라 막부가 설치되고 쇼군이 등장하였다.

① ㄱ, ㄴ
② ㄱ, ㄷ
③ ㄴ, ㄷ
④ ㄴ, ㄹ
⑤ ㄷ, ㄹ

32 (가)에 들어갈 내용으로 적절한 것은

> **수행 평가 보고서**
>
> ○학년 ○반 ○○○
>
> 1. 주제 : 동남아시아 국가 [ ] 의 어제와 오늘
> 2. 역사적 특징
>   ○ 황제국임을 표방하였지만 중국과는 조공·책봉 관계를 유지하였다.
>   ○ 13세기에 세 차례 몽골의 침략을 받았으나 모두 물리쳤다.
> 3. 문화적 특징 : (가)
> 4. 한국과의 관계 : 1992년 수교 이래 한국 기업체가 다수 진출하여 경제 교류가 활성화되고 있다.

① 대표적인 유적으로 앙코르 와트가 있다.
② 유교와 한자 등 동아시아 문화를 공유하였다.
③ 인도로부터 힌두교를 적극적으로 수용하였다.
④ 소승 불교를 수용하여 독자적인 문화를 꽃피웠다.
⑤ 국왕이 이슬람 교로 개종한 후 급속히 이슬람화 되었다.

33 밑줄 친 '새로운 정부'가 추진한 정책으로 옳은 것은?

> 조슈 번과 사쓰마 번은 국가의 모든 정치 실권을 장악하고 있던 에도 막부를 비판하며 막부 타도를 위한 동맹을 결성하였다. 결국 쇼군 도쿠가와 요시노부가 국가 통치권을 천황에게 반환하면서 새로운 정부가 탄생하였다.

① 다이카 개신을 단행하였다.
② 산킨고타이제를 실시하였다.
③ 미 · 일 화친 조약을 체결하였다.
④ 중국과 감합 무역을 추진하였다.
⑤ 번을 폐지하고 현을 설치하였다.

34 다음 글에 따른 탐구 활동으로 적절하지 않은 것은?

> 지난 8월에 나는 아잔타, 엘로라, 날란다 세 곳의 유적들을 돌아볼 기회가 있었다. 매우 힘든 여정이었지만, 찬드라 굽타 2세와 그의 아들 쿠마라 굽타 1세에 걸쳐 북인도에 광대한 영역을 지배하고 고전 문화의 황금기를 이끌었던 이 왕조의 유산들이 매우 흥미롭게 다가왔다. 여행에서 돌아온 후 나는 이 왕조에 대해 더 조사해보기로 했다.

① 아소카 왕의 석주에 새겨진 내용을 조사하였다.
② 숫자 영(0)의 개념이 확립된 시기를 살펴보았다.
③ 산스크리트 어 문학 작품인 『사쿤탈라』를 조사하였다.
④ 힌두 교가 발달하고 불교가 쇠퇴한 배경에 대해 공부하였다.
⑤ 마누 법전이 당시 사람들의 생활에 끼친 영향을 알아보았다.

35 자료는 인도 근 · 현대사에 대한 내용이다. 밑줄 친 '이 단체'에 대한 설명으로 적절한 것을 〈보기〉에서 모두 고른 것은?

> 이 단체는 영국의 식민 지배 시기에 인도의 독립 운동을 주도하였으며 우리에게 잘 알려진 간디와 네루 역시 이 단체를 중심으로 활동하였다. 이 단체는 현재 인도의 집권 정당이기도 하다.

보기

ㄱ. 결성 초기에는 영국의 지배 정책에 협조하였다.
ㄴ. 브라모 사마지운동을 통해 민중계몽에 앞장섰다.
ㄷ. 영국의 벵골 분할령에 반발하여 반영 운동을 주도하였다.
ㄹ. 이 단체의 활동에 맞서 영국은 무굴 제국 황제를 폐위시켰다.

① ㄱ, ㄴ　② ㄱ, ㄷ
③ ㄴ, ㄷ　④ ㄴ, ㄹ
⑤ ㄷ, ㄹ

36 (가), (나) 왕조에 해당하는 내용으로 옳지 않은 것은?

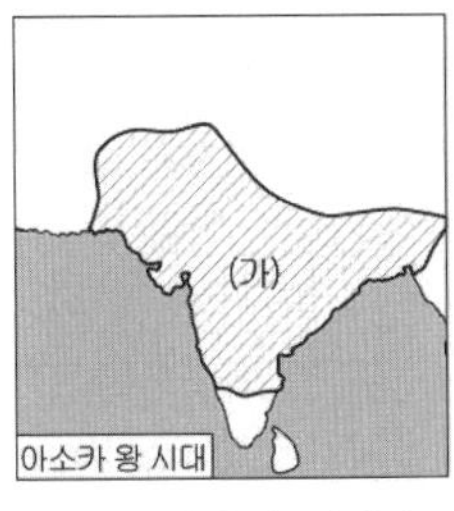

① (가) –개인의 해탈을 강조하는 불교가 유행하였다.
② (가) –각 지역에 법령과 조칙을 새긴 석주를 세웠다.
③ (나) –『마누법전』이 편찬되었다.
④ (나) –간다라 양식의 불상이 만들어졌다.
⑤ (가), (나) – 왕실의 지원으로 불경이 결집되었다.

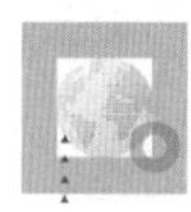

37 다음 문화 유산을 남긴 문명에 관한 탐구 활동으로 타당한 것을 〈보기〉에서 모두 고른 것은?

보기

ㄱ. 나일 강 유역의 자연 환경을 알아 본다.
ㄴ. 트로이 전쟁의 원인과 결과를 분석해 본다.
ㄷ. 피라미드와 미라를 만든 이유를 조사해 본다.
ㄹ. 쐐기문자를 사용했던 지역을 지도에 표시해 본다.

① ㄱ, ㄴ ② ㄱ, ㄷ
③ ㄴ, ㄷ ④ ㄴ, ㄹ
⑤ ㄷ, ㄹ

38 다음 왕조에 대한 설명으로 옳은 것은?

페르시아 문화의 중심지인 바그다드를 새로운 수도로 정하고 비아랍 인의 아랍화를 활발하게 추진하였다. 그 결과 비아랍 인들도 군인이나 관료로 등용됨으로써 소수의 아랍 인만이 특권을 누리던 체제가 점차 사라지게 되었다. 그리하여 아랍 민족 우월주의는 퇴색하고, 아랍, 시리아, 페르시아적 요소가 골고루 융합된 보다 폭넓은 이슬람 문화가 만들어졌다.

① 칼리프가 원로의 합의에 의해 선출되었다.
② 이슬람 세계가 시아파와 수니파로 분열되었다.
③ 당과의 전투에서 승리하여 비단길을 장악하였다.
④ 투르 · 푸아티에 전투에서 크리스트 교 세력에게 패하였다.
⑤ 술탄이 칼리프의 지위를 겸하는 술탄 · 칼리프제가 시행되었다.

39 밑줄 친 '우리 나라'에 대한 설명으로 옳은 것은?

군주 : 그대가 교황과 에스파냐의 연합 함대를 격파했다니 정말 대단하군. 이번에는 나를 위해 일해 보지 않겠나?
○○ : 제안은 고맙소. 하지만 비천한 이교도였던 나를 해군 제독에 임명해 준 우리나라의 은덕을 배반할 수 없소. <u>우리나라</u>에선 종교나 신분에 관계없이 능력에 따라 사람을 관직에 등용한다오.

① 헝가리를 정복하고 빈을 포위 공격하였다.
② 사산 왕조 페르시아와 이집트를 정복하였다.
③ 술탄 직을 창설하여 정치 권력을 위임하였다.
④ 이베리아 반도까지 제국의 영토를 확장하였다.
⑤ 사마르칸트를 차지하고 동서 무역의 중심지로 발전시켰다.

40 밑줄 친 '그'가 추진한 정책의 결과로 옳은 것은?

소련 공산당 서기장에 취임한 그는 당이 변화의 주체가 되기를 기대하면서 개혁적인 인사들을 고문으로 앉히고, 보수파 정치국원들을 퇴임시켜 인적 쇄신을 단행하였다. 그는 또한 페레스트로이카(개혁)와 글라스노스트(개방)를 내세우며 정치를 민주화하고 시장 경제 체제를 도입하려 하였다.

① 제3 세계가 등장하였다.
② 냉전 체제가 해체되었다.
③ 베를린 장벽이 건설되었다.
④ 유럽 경제 공동체(EEC)가 형성되었다.
⑤ 전략 무기 제한 협정(SALT)이 체결되었다.

41 다음 소설의 주인공이 목격할 수 있는 적절한 장면을 〈보기〉에서 고른 것은?

영국 신사 필리어스 포그는 80일 만에 세계 일주를 할 수 있을 만큼 지구가 좁아졌다고 주장하면서 세계 일주의 성공 여부를 두고 내기를 한다. 그의 일정은 런던 → 수에즈 → 콜카타 → 홍콩 → 요코하마 → 샌프란시스코 → 뉴욕 → 런던이다.
타임즈, 이브닝 스타 등 신문은 남북 전쟁이 끝난 후 6년이나 끌어오던 '앨라배마 호 사건'이 타결되어 미합중국과 화해를 이끌어 내었다는 소식과 포그의 세계 일주 소식을 특종으로 보도한다.

보기

ㄱ. 뉴욕 부두에서 일하는 흑인 노예
ㄴ. 홍콩에서 총독부로 출근하는 영국 관리
ㄷ. 수에즈 운하를 통과하여 홍해로 들어서는 증기선
ㄹ. 콜카타에서 반영 시위를 벌이는 인도 국민 회의 회원

① ㄱ, ㄴ　② ㄱ, ㄷ
③ ㄴ, ㄷ　④ ㄴ, ㄹ
⑤ ㄷ, ㄹ

42 다음 보기의 내용에 대한 설명으로 틀린 것을 고르면?

재정복 운동은 718년부터 1492년까지, 약 7세기 반에 걸쳐서 일어났다. 이 운동은 이베리아 반도 북부의 로마 가톨릭교회 국가들이 이베리아 반도 남부의 이슬람 국가를 축출하고 이베리아 반도를 회복하는 일련의 과정을 말하며, '국토 회복 운동'이라고도 한다. 이는 우마이야 왕조의 이베리아 정복에 의해 상실하였던 크리스트교 국가의 영토를 회복하였다는 의미를 갖는다.

① 재정복 운동은 보통 722년 코바동가 전투에서부터 시작한 것으로 본다.
② 포르투갈의 재정복 운동은 1249년에 아폰수 3세가 알가르브를 점령하였을 때 완료되었다.
③ 아폰수 3세는 '포르투갈과 알가르브의 국왕'이라는 칭호를 쓴 최초의 포르투갈 군주였다.
④ 동프랑크 왕국과 서프랑크 왕국이 합쳐져 통일 국가를 완성하였다.
⑤ 재정복 운동은 십자군 전쟁과 함께 서유럽 세계가 확대되는 운동의 일환이었다.

43 다음은 △△신문 기자의 유럽 취재기 일부이다. (가)→(나)→(다) 지역의 취재 경로를 지도상에 바르게 표시한 것은?

(가) 우리나라보다 훨씬 북쪽에 있고 겨울인데도 바다는 얼어 있지 않았다. 겨울이면 이웃 나라의 키루나에서 생산된 철광석이 이 항구를 통해서 수송된다.
(나) 라인 강 하구에 있는 항구로 들어서면서 보니 주변에는 거대한 석유 화학 공장들이 늘어서 있었고, 유럽의 관문이라는 항구 안에는 화물을 취급하는 도크가 곳곳에 보였다.
(다) 민족과 종교의 다양성이 가져온 아픔의 땅을 찾아왔다. 분리 독립과 내전의 쓰라림 속에 연방의 분열을 겪은 이 곳, 아직도 그 아픔의 흔적은 곳곳에 남아 있었다.

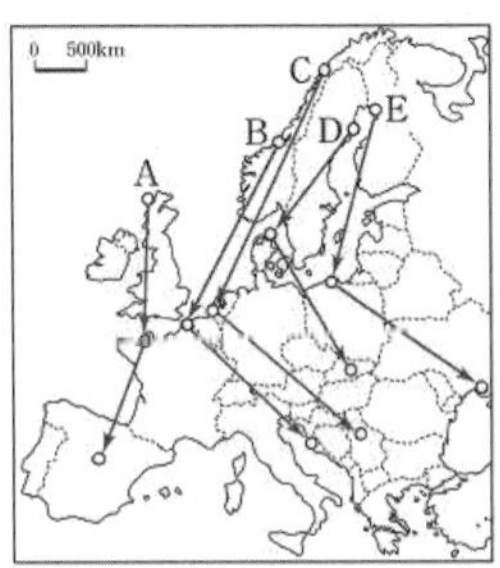

① A　② B
③ C　④ D
⑤ E

44 (가) 왕조에 대한 설명으로 옳은 것은?

> (가) 왕조는 이자성이 장악하고 있던 베이징을 점령한 후 변발령을 내렸다. 한족들은 이 조치를 중화 민족의 자존심을 짓밟는 치욕적인 일로 받아들였다. 특히 절강성을 중심으로 거센 반발이 일어났다. (가) 왕조는 '머리를 남기려는 자 머리칼을 남길 수 없고, 머리칼을 남기려는 자 머리를 남길 수 없다.'며 무력으로 탄압하였다. 이후 변발은 일반적인 풍습으로 자리 잡았다.

① 에도 막부에 통신사를 파견하였다.
② 타이완의 정성공 세력을 진압하였다.
③ 신라와 연합하여 고구려를 멸망시켰다.
④ 정화의 원정을 통해 조공 무역 체제를 확대하였다.
⑤ 정복지에 행성을 설치하고 다루가치를 파견하였다.

45 당이 밑줄 그은 '화번공주'를 이웃나라에 파견한 이유로 적절한 것은?

> 화번공주란 주변국의 왕에게 시집보낸 황제 또는 황족의 딸을 일컫는 말이다. 토번에 보낸 문성공주, 돌궐에 보낸 의성공주, 위구르에 보낸 함안공주 등이 이에 해당된다.

① 당이 자국 중심의 조공 · 책봉 체제를 요구하였다.
② 이민족을 이용해 다른 이민족 견제(이이제이)하기 위한 정책이다.
③ 대외적으로 정권의 정통성을 확인하기 위한 정책이다.
④ 발해와 신라를 견제하기 위한 정책이다.
⑤ 8세기 이후 군사적 열세에 놓이자 화친을 추진하기 위함이다.

46 다음과 같은 주장이 실현된 사례로 가장 적절한 것은?

> 일본 제국주의는 침략 전쟁을 일으켜 중화 민족을 멸망시키려 하고 있다. 조선의 민족 혁명 운동이 일본 제국주의를 동요시키고 중국이 결정적인 공격을 가한다면, 일본은 아무리 훌륭한 대포와 비행기를 동원한다고 해도 결국 패전할 것이다. 따라서 중국의 항일전과 조선의 민족 혁명 운동은 반드시 긴밀한 연계 속에서 진행되어야 한다.
>
> – 중국의 『○○일보』 –

① 근왕 운동이 일어났다.
② 태평천국 운동이 전개되었다.
③ 충칭에서 한국광복군이 창설되었다.
④ 급진 개화파가 갑신정변을 일으켰다.
⑤ 임오군란 때 청군이 조선에 파병되었다.

47 다음 포고문의 시행 결과 나타난 변화에 대한 설명으로 옳은 것은?

> 〈포고문〉
>
> 백성들이 칼, 단도, 조총, 기타 무기류를 소지하는 것을 엄하게 금지한다. 불필요한 도검류를 쌓아두고 연공이나 기타 세금의 납루를 꺼리거나 영주의 가신에게 불법행위를 하는 자들이 있다면 처벌하겠다. …(중략)…백성들이 농기구만을 가지고 경작에 전념할 수 있다면 자자손손 행복하게 살아갈 수 있을 것이다.

① 병농 분리를 통해 무사와 농민의 신분 구분이 분명해졌다.
② 장원이 늘어나고 장원의 농민을 관리하는 묘슈가 출현하였다.
③ 신흥 무인 세력과 사대부들의 주도로 왕조 교체가 이루어졌다.
④ 농민 발란이 자주 발생하면서 왕조의 지배력이 급속히 약해졌다.
⑤ 농민의 병역 의무를 바탕으로 한 국가 상비군 제도로 부병제가 성리되었다.

48 다음은 역사 동아리에서 계획하고 있는 해외 답사 일정표이다. 이 지역을 답사하기 위해 조사해야 할 내용으로 옳지 않은 것은?

> ○ 2018년 9월 7일
> 인천공항→캄보디아 프놈펜→캄보디아 바탐방(제1박)
> ○ 2018년 9월 8일
> 바탐방→앙코르 와트 답사→프놈펜(제2박)
> ○ 2018년 9월 9일
> 프놈펜→인도네시아 자바 섬→보로부두르 유적 답사→자카르타→인천공항

① 프랑스의 식민 지배 정책
② 동유 운동의 내용과 성격
③ 이슬람 상인의 활동과 영향
④ 불교와 힌두교 등 인도 문화의 영향
⑤ 이슬람 동맹을 중심으로 한 민족 운동

49 자료의 역사적 배경을 탐구하고자 할 때, 그 주제로 적절하지 않은 것은?

> 전운이 감도는 가자 지구
>
> 
> 팔레스타인 하니야 총리
>
> 팔레스타인 무장 단체가 자국 병사를 납치한데 대한 보복으로 시작된 이스라엘 군의 공세는 팔레스타인 고위 관료들을 대거 연행함으로써 팔레스타인 내각을 사실상 마비 상태에 빠뜨렸다. 더욱이 7월 2일 새벽, 가자지구의 이스마일 하나야 팔레스타인 총리 집무실을 미사일로 공격하기에 이르렀다. 이에 대해 팔레스타인 집권당이 하마스는 성명을 통해 이스라엘에 대한 무력 공격을 경고했다.

① 시오니즘의 내용과 영향
② 트루먼 독트린의 내용과 의도
③ 중동 전쟁의 발발 배경과 과정
④ 팔레스타인 해방 기구의 성립과 주장
⑤ 맥마흔 협정과 밸푸어 선언의 내용 비교

50 다음 개혁 칙령이 반포된 배경으로 적절한 것을 〈보기〉에서 고른 것은?

> 오스만 왕조 의 초기에는 쿠란의 빛나는 계율이나 제국의 법률이 늘 영광스러운 가운데 지켜져 왔다. … (중략) … 그러나 150년에 걸쳐 끊임없이 이어 온 여러 사건과 갖가지 분규로 … (중략) … 제국의 번영은 사라져 힘없고 가난한 처지가 되어 버렸다. 훌륭한 통치의 은혜를 베풀기 위해 우리는 오스만 제국을 구성하는 여러 주를 새로운 제도에 따라 운영하는 것이 현명하다고 생각한다.

보기

ㄱ. 수에즈 운하의 개통
ㄴ. 청년 튀르크 당의 결성
ㄷ. 영국과 러시아 등 서양 열강의 압박
ㄹ. 제국 내 여러 민족의 독립 운동 전개

① ㄱ, ㄴ
② ㄱ, ㄷ
③ ㄴ, ㄷ
④ ㄴ, ㄹ
⑤ ㄷ, ㄹ

세계사능력검정시험 기출동형모의고사 초 · 중급

01 자료 (가)와 (나)가 묘사하고 있는 시대에 대한 설명으로 적절하지 않은 것은?

> (가) 자연 상태의 돌멩이나 그것을 깨뜨려서 만든 뗀석기를 사용하였다. 이 시대의 인류는 점차 도구를 발전시켜 작살, 화살, 낚시 등을 발명하여 식량을 확보하였다.
> (나) 토기를 제작하고 직조와 방적 기술을 발명하였다. 간석기, 골각기 등 도구를 개량하였으며 풀과 나무, 돌을 이용하여 집을 지었다.

① (가) 시대에 네안데르탈 인은 시체를 매장하였다.
② (가) 시대에 호모 에렉투스는 불과 언어를 사용하였다.
③ (가) 시대에 사람들은 자연 숭배 의식에 이용하기 위해 거석 기념물을 만들었다.
④ (나) 시대에 사람들은 평야 지대로 이동하여 촌락을 만들었다.
⑤ (나) 시대에 사람들은 동물성 단백질을 좀 더 안정적으로 확보할 수 있게 되었다.

02 그래프는 고대 그리스 폴리스의 인구 구성비를 나타낸 것이다. (가), (나)의 폴리스에 대한 설명으로 옳은 것은?

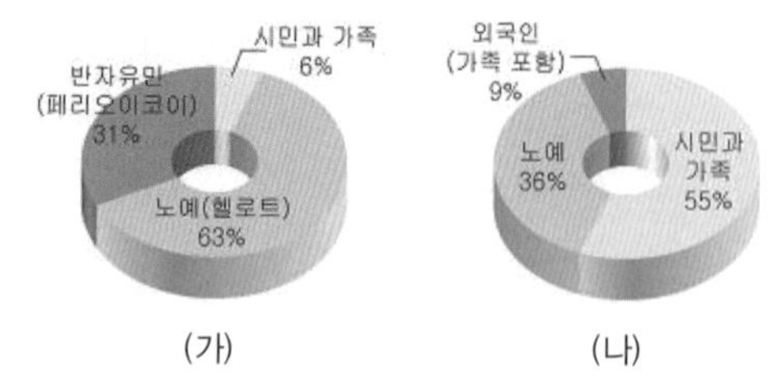

① (가) – 델로스 동맹의 맹주였다.
② (가) – 도편 추방법이 실시되었다.
③ (나) – 군국주의적 사회 체제가 형성되었다.
④ (나) – 농업 중심의 자급자족적 경제가 발달하였다.
⑤ (가)와 (나)는 연합하여 페르시아 전쟁에서 승리하였다.

03 로마에서 다음과 같은 논쟁이 일어나게 된 배경을 옳게 파악한 것은?

> • 이탈리아를 위해 싸우고 죽어가는 사람들이 가진 것이라고는 공기와 햇볕밖에 없으며 집도 안식처도 없이 처자를 이끌고 거리를 방황하고 있다. 그들은 다른 사람의 부귀와 사치를 위해 싸우다 죽지만 한 뼘의 땅도 갖지 못하고 있다. 귀족이나 유력자의 토지를 몰수하여 이들에게 재분배해야 한다.
> • 평민파임을 자처하면서 토지 점유자들을 내쫓기 위해 농지법을 통과시키고자 하는 자들은 공화국의 주춧돌을 깎아 없애고 있다. 귀족은 기사의 지지를 바탕으로 공화국을 수호해야 한다.

① 참정권을 둘러싸고 귀족과 평민의 대립과 갈등이 심화되었다.
② 군인 황제 시대의 장기화로 정치 사회적 혼란이 심화되고 있었다.
③ 부자유 소작인에게 토지를 경작하게 하는 콜로나투스 제도가 등장하였다.
④ 포에니 전쟁에 종군했던 자영농이 대거 몰락하고 라티푼디움이 발달하였다.
⑤ 동방적 전제 군주제를 도입하고 제국을 4등분하여 각각 두 명의 황제와 부황제를 두었다.

04 다음과 같은 사실로 인하여 나타난 결과는?

알렉산더 대왕은 그리스 군대를 이끌고 동방 원정을 단행하여 페르시아를 정벌하고 인더스 강 유역까지 진출하였다. 그는 각지에 '알렉산드리아'라는 도시를 건설하여 그리스 인을 이주시키고, 이들과 페르시아 인의 결혼을 권장하는 등 동서 사회의 융합을 시도하였다.

① 세계 시민주의와 개인주의가 발달하였다.
② 토목, 법률 등 실용적인 문화가 발달하였다.
③ 세계 최초의 청동기 해양 문명이 발달하였다.
④ 인간 모습을 지닌 올림포스의 12신을 숭배하였다.
⑤ 상대적인 진리를 중시하는 소피스트가 출현하였다.

05 다음 글의 ㉠~㉤에 대한 설명으로 옳지 않은 것은?

㉠프랑크 왕국의 분열 후 서유럽 사회는 ㉡이민족의 침입으로 극심한 정치적 혼란에 빠졌다. 이러한 상황에서 ㉢농촌 경제를 기반으로 봉건 제도가 형성되었다. 봉건 제도는 주종제와 장원제를 특징으로 한다. 주종제는 주군과 봉신 등 ㉣지배층 상호간의 쌍무적 계약 관계를 토대로 하였다. ㉤농노제에 입각한 장원제는 봉건 제도의 사회 · 경제적 기반이었다.

① ㉠은 카롤루스 대제 사후의 일이다.
② ㉡의 사례로 노르만 족의 이동을 들 수 있다.
③ ㉢은 촌락 중심의 자급자족적 수준이었다.
④ ㉣에서 주군은 봉신의 재판권에 간섭할 수 있었다.
⑤ ㉤에서 농노는 영주의 시설물에 대한 사용료를 내야 했다.

06 다음 글의 밑줄 친 '의무'로 가장 적절한 것은?

윌리엄 백작은 기사에게 "너는 진정 나의 봉신이 되고 싶은가?"라고 물었다. 기사는 "되고 싶습니다."라고 대답하고, 백작의 대변인에게 "나는 지금부터 백작님께 충성할 것이며 신의로써 의무를 성실히 이행할 것을 굳게 약속합니다."라고 맹세하였다. 기사는 성인의 유품함에 손을 얹고 같은 말을 되풀이하였다. 백작은 그를 봉신으로 서임하였다.

① 주군이 전쟁에 나가면 함께 참전한다.
② 재판권을 행사할 때는 주군과 협의한다.
③ 가족과 함께 주군의 영지에서 생활한다.
④ 조세를 징수할 때는 주군의 감독을 받는다.
⑤ 주군의 보호를 받지 못하더라도 충성을 다한다.

07 다음 글이 쓰여지게 된 계기로 가장 적절한 것은?

사도의 왕이신 성 베드로여,
우리의 목소리에 귀 기울여 주십시오.
당신의 능력과 존엄에 의지하면서 저는 전능하신 성부와 성자와 성령의 이름으로 교회의 명예를 지키고 교회를 수호하기 위해, 교회에 대해 전대미문의 오만함을 드러내며 반항하고 있는 하인리히 4세로부터 독일 및 이탈리아의 통치권을 거두어들이고, 모든 크리스트 교도가 앞으로 그를 군주로 받드는 것을 금지하겠습니다.

① 황제가 교회에 성상 숭배 금지령을 내렸다.
② 교황의 타락을 비판하는 종교 개혁이 일어났다.
③ 황제와 교황이 성직자 서임권을 둘러싸고 대립하였다.
④ 교황은 성직자 과세 문제로 세속 군주와 갈등을 벌였다.
⑤ 황제는 공의회를 통해 교회의 대분열을 종식시키고자 하였다.

08 다음 글의 (가)에 들어갈 사실로 알맞은 것은?

POST-CARD
□□□-□□□
TO : 보고 싶은 친구 ○○

나는 지금 이스탄불에 있는 어느 건축물 앞에 서 있단다. 비잔티움 제국의 유스티니아누스 황제가 약 5년 동안 10만여 명을 동원하여 건축한 성당인데, 이후 그리스 정교의 중심이 되었대. 대단하지? 이 성당은 외부의 웅장한 돔과 내부의 화려한 모자이크 벽화를 특징으로 하는 비잔티움 양식의 대표적인 건축이란다. 비잔티움 제국이 멸망한 뒤로는 이슬람 사원으로 사용되었대.

그리스 정교는 ＿＿(가)＿＿을(를) 계기로 로마 가톨릭과 갈라선 종교래. 성경의 연구나 설교보다는 성찬식을 중요시하고, 교회의 사회적 역할보다 개인의 수행을 미덕으로 여긴대. …… 나는 이번 여행에서 역사 공부를 많이 하는 것 같아. 너랑 같이 왔으면 더 좋았을 걸. 또 소식 전할께. 안녕.

FROM : 이스탄불에서 ○○

① 성상 숭배 금지령 ② 카노사의 굴욕
③ 보름스 협약 ④ 아비뇽 유수
⑤ 콘스탄츠 공의회

09 다음 주장에 호응하여 전개된 사건의 결과로 옳지 않은 것은?

여러분들이 살고 있는 이 땅은 사람들이 너무 몰려 있기 때문에 가난해졌다. …… 예수의 성묘(聖廟)가 있는 곳으로 가지 않겠는가? '젖과 꿀이 흐르는 땅'은 신이 여러분들에게 내린 땅이다. 그곳을 이교도 무리로부터 해방시켜 우리들의 것으로 만들지 않겠는가?

① 교황의 권위 실추
② 국왕의 세력 강화
③ 동방 무역의 발달
④ 기사 계급의 몰락
⑤ 한자 동맹의 약화

10 다음 수업 장면에서 학생의 답변으로 적절하지 않은 것은?

교사 : 르네상스 중심지는 (가)지역에서 (나)지역으로 이동했어요. (가)지역 르네상스와 비교되는 (나)지역 르네상스의 특징을 반영한 작품을 말해 볼까요?

르네상스
○ 지역별 대표적 그림

(가)지역

(나)지역

① 현실 사회를 비판한 유토피아가 있습니다.
② 성직자의 위선을 풍자한 우신 예찬이 있습니다.
③ 모국어를 사용하여 저술한 돈키호테가 있습니다.
④ 대중적인 화풍으로 그려진 브뤼겔의 그림이 있습니다.
⑤ 자연의 아름다움을 노래한 페트라르카의 서정시가 있습니다.

11 (가)~(다) 국가에 대한 설명으로 옳은 것은?

제국주의 국가의 아시아 분할
- (가) : 미얀마 식민지화, 말레이 연방 수립
- (나) : 베트남 · 캄보디아 · 라오스 지배
- (다) : 에스파냐와의 전쟁에서 승리하여 필리핀 차지

① (가) – 알제리와 마다가스카르를 차지하였다.
② (나) – 아프리카에서 종단 정책을 실시하였다.
③ (다) – 일본을 압박하여 개항시켰다.
④ (가), (나) – 모로코를 둘러싸고 상호 대립하였다.
⑤ (나), (다) – 파쇼다 사건을 일으켰다.

12 (가)~(마)의 주장을 펼친 각 인물에 대한 설명으로 옳지 않은 것은?

> (가) 진심으로 회개하는 크리스트 교도는 모두 면벌부 없이도 벌이나 죄에서 완전히 해방될 수 있다.
> (나) 우리는 주님이 … (중략) … 누구를 구제하려고 원하시고 또한 누구를 멸망에 이르게 하시는가를 그 영원불변의 섭리 속에 미리 정해 놓으셨다고 말하는 것이다.
> (다) 잉글랜드 교회의 최고 수장은 국왕이다. 교황에게 바치던 감사 헌금을 폐지한다.
> (라) 참된 하느님의 아들들이여, 예수회로 모여라. 크리스트의 참 정신을 다시 배워라.
> (마) 예수께서 교황청이나 추기경 회의를 설립하셨다는 말은 어디에도 기록되어 있지 않다.

① (가) – 성서를 독일어로 번역하였다.
② (나) – 구원에 대한 예정설을 주장하였다.
③ (다) – 수도원을 해산시키고 그 재산을 몰수하였다.
④ (라) – 교황과 교회법을 부정하였다.
⑤ (마) – 성서에 기반을 둔 신앙을 강조하였다.

13 교사의 질문에 대한 학생의 대답으로 옳은 것은?

> ○ 장원의 해체
> • 농업 생산력 증대
> • 상품 화폐 경제의 발달
> • 도시의 발달
> • ____(가)____
>
> 교사 : (가)에 들어갈 사실을 말해 볼까요?

① 라티푼디움이 확산되었습니다.
② 농노의 지위가 향상되었습니다.
③ 콜로나투스 제도가 나타났습니다.
④ 은대지 제도가 보편화되었습니다.
⑤ 보호 무역 정책이 시행되었습니다.

14 다음 주장을 바탕으로 성립된 정치 체제에 대한 적절한 탐구 활동을 〈보기〉에서 고른 것은?

> 신은 거룩함 그 자체이시며, 선(善) 그 자체이시며, 권능 그 자체이시다. 이러한 모든 것들 속에 신의 주권이 있다. 그러므로 왕은 신 이외에는 누구에 대해서도 책임지지 않으며, 신이 왕보다 위에 있는 것과 마찬가지로 왕은 다른 인간들보다 훨씬 위에 있다. 군주는 사사로운 개인으로 간주되지 않는다.

> **보기**
> ㄱ. 권리 선언이 끼친 영향을 알아본다.
> ㄴ. 대헌장(마그나 카르타)의 내용을 분석한다.
> ㄷ. 콜베르가 추진한 경제 정책에 대해 조사한다.
> ㄹ. 영국이 동인도 회사를 세운 목적을 파악한다.

① ㄱ, ㄴ　　② ㄱ, ㄷ
③ ㄴ, ㄷ　　④ ㄴ, ㄹ
⑤ ㄷ, ㄹ

15 밑줄 친 '변화'의 내용으로 옳은 것은?

> 최초의 수력 면방적 공장인 '크롬퍼드 밀'은 잉글랜드 중부의 더웬트 계곡에 설립되었다. 이 공장은 아크라이트에 의해 방적기 50대 규모로 설립되었고, 이후 계곡을 따라 24km에 걸쳐 대규모 공장과 노동자 숙소가 속속 들어섰다. 계곡 주변은 거대한 산업 단지로 변모하였고, 이러한 대량 생산 시스템은 점차 다른 지역으로 확산되어 유럽 사회에 큰 변화를 가져왔다.
>
> 
> 유네스코 세계 유산으로 등재된 더웬트 계곡의 크롬퍼드 밀

① 길드가 등장하였다.
② 제1차 인클로저 운동이 시작되었다.
③ 심사법과 인신 보호법이 제정되었다.
④ 산업 자본가 계급과 노동자 계급이 성장하였다.
⑤ 아메리카의 은이 대량 유입되어 가격 혁명이 일어났다.

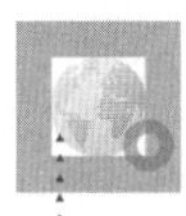

16 (가), (나) 사이의 시기에 있었던 사실로 옳은 것을 〈보기〉 에서 고른 것은?

(가) 나는 오늘 의회를 무시한 찰스 1세를 반역죄로 처형하였습니다. (크롬웰)
(나) 나는 독일에서 성장하여 영국 사정에 어두워 의회에 정치를 맡기고자 합니다. (조지 1세)

보기

ㄱ. 수장법이 발표되었다.
ㄴ. 권리 장전이 승인되었다.
ㄷ. 와트 타일러의 난이 발생하였다.
ㄹ. 심사법과 인신 보호법이 제정되었다.

① ㄱ, ㄴ ② ㄱ, ㄷ
③ ㄴ, ㄷ ④ ㄴ, ㄹ
⑤ ㄷ, ㄹ

17 (가) 인물에 대한 옳은 설명을 〈보기〉에서 고른 것은?

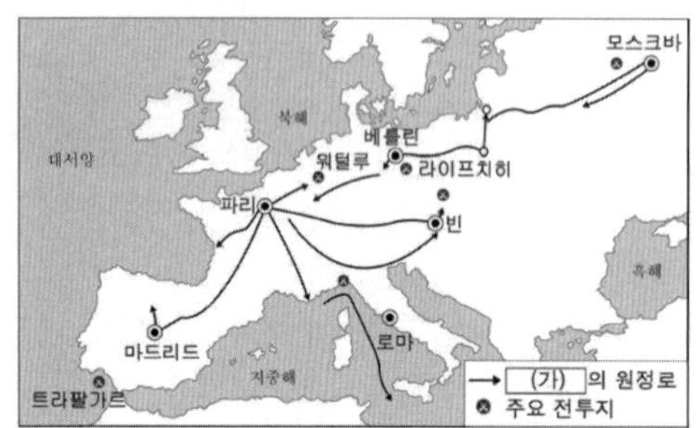

보기

ㄱ. 콜베르를 등용하였다.
ㄴ. 대륙 봉쇄령을 내렸다.
ㄷ. 베르사유 궁전을 지었다.
ㄹ. 국민 투표로 황제가 되었다.

① ㄱ, ㄴ ② ㄱ, ㄷ
③ ㄴ, ㄷ ④ ㄴ, ㄹ
⑤ ㄷ, ㄹ

18 (가)에 들어갈 장면으로 적절한 것은?

〈역사 드라마 기획서〉

자유는 우리의 것

■ 기획 의도
프랑스 시민과 노동자들이 전제 정치에 저항하며 펼친 투쟁과 삶, 그리고 19세기 자유주의 운동이 갖는 의미를 조명한다.

■ 사건 순서에 따른 회차별 주요 장면
1회 : 샤를 10세의 전제 정치에 저항하는 파리 시민
2회 : 입헌 군주제 실시에 따라 왕으로 추대되는 루이 필리프
… (중략) …
6회 : 소수의 부르주아가 독점하는 정치에 불만을 드러내는 노동자
7회 : ______(가)______
8회 : 공화정이 수립되어 대통령에 취임하는 루이 나폴레옹

① 바스티유 감옥을 습격하는 파리 시민
② 파리 코뮌을 수립하고 기뻐하는 노동자
③ 선거권 확대를 요구하는 중소 시민과 노동자
④ 국왕에게 권리 청원의 승인을 요구하는 의원
⑤ 루이 16세가 처형되는 모습을 지켜보는 군중

19 다음 (가)에 들어갈 사례로 옳지 않은 것은?

○○ 체제의 발전

1. 시작 - 트루먼 독트린
2. 격화 - ______(가)______
3. 완화 - 닉슨 독트린
4. 종식 - 사회주의권의 붕괴

① 쿠바 위기 ② 베를린 봉쇄
③ 6 · 25 전쟁 ④ 사라예보 사건
⑤ 베트남 전쟁

20 (가) 국가의 통일 과정에서 일어난 사실로 옳지 않은 것은?

> ___(가)___ 이/가 현재의 과제를 수행하기 위해 눈여겨보아야 할 것은 자유주의가 아니라 군비입니다. 빈 회의 이래 우리의 국경은 정상적인 국가에 어울리지 않습니다. 오늘날 중요한 문제들은 언론과 다수결로 결정되는 것이 아닙니다. 그렇게 생각했던 것이 1848년과 1849년의 중대한 오류였습니다. 이러한 문제들은 피와 무기로만 해결될 수 있습니다.

① 오스트리아와의 전쟁에서 승리하였다.
② 킬 군항에서 수병들이 반란을 일으켰다.
③ 관세 동맹의 체결로 경제적 통일이 달성되었다.
④ 프랑크푸르트 국민 의회는 통일 방안을 논의하였다.
⑤ 빌헬름 1세가 베르사유 궁전에서 제국 수립을 선포하였다.

21 다음의 조세 제도가 당대(唐代)에 실시된 배경으로 가장 적절한 것은?

> 전국의 백성을 현재 거주하는 지역의 호적에 등록하고, 정남 혹은 중남에 관계없이 토지와 재산의 많고 적음에 따라 지세와 호세를 부과하되, 여름과 가을에 나누어 징수하였다.

① 자영농이 성장하면서 부농이 출현하였다.
② 한전제를 실시하여 대토지 소유를 억제하였다.
③ 안사의 난으로 인하여 호구 수가 크게 줄어들었다.
④ 국가가 농민들에게 토지를 균등하게 분배하였다.
⑤ 대규모의 토목 공사와 대외 원정으로 국가 재정이 궁핍해졌다.

22 다음 글에 나타난 역사적 사실에 대한 각 국가의 대응으로 옳은 것은?

> 1929년 10월 세계금융 시장이 급격히 무너졌다 거래하던 회사의 사장이 나에게 200만 달러를 빌려 줄 수 있는지 물었다. 나는 이 시기에 나와 절친한 친구들을 보호해야 했기 때문에 그 요정을 거절했다. 사장이 가지고 있던 주당 115달러의 주식은 2달러로 폭락했다. 어제까지만 해도 고급차를 몰고 다니던 사람들이 지금은 운이 좋아야 버스 요금을 치를 수 있었다.

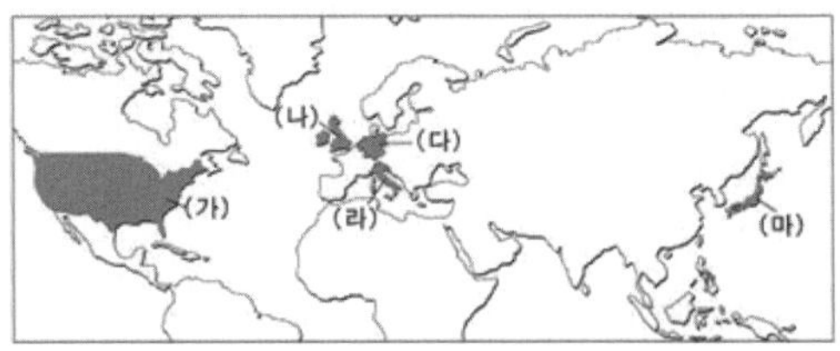

① (가)는 경기 침체를 해결하기 위해 중국을 침략하였다.
② (나)는 뉴딜 정책을 통해 위기를 극복하였다.
③ (다)는 나치 당이 집권하여 전체주의 체제를 수립하였다.
④ (라)는 무솔리니가 쿠데타로 집권하여 독재 체제를 만들었다.
⑤ (마)는 배타적인 경제 블록을 형성하여 산업을 보호하였다.

23 다음 (가) 시기에 나타난 사실로 옳은 것은?

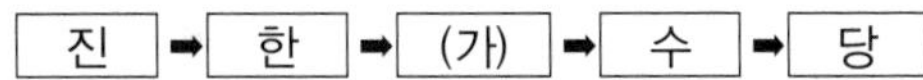

① 제국 통치를 위해 역참제를 정비하였다.
② 국제적이고 서민적인 문화가 발달하였다.
③ 상업이 발달하여 어음인 비전을 사용하였다.
④ 세속을 탈피하려는 노장·청담 사상이 유행하였다.
⑤ 행·작 등 동업 조합을 결성하여 이익을 도모하였다.

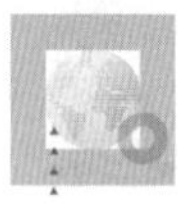

24 다음 자료와 관련된 사건의 배경으로 가장 적절한 것은?

> 지금 일본은 파리 강화회의에서 칭다오를 집어 삼키고 산둥의 모든 이권을 관리하겠다는 요구를 제시하였습니다. 바야흐로 그것은 성공을 거둘 참입니다. 그들의 외교는 크게 승리했습니다.
> 우리의 외교는 크게 실패했습니다.
> … (중략) …
> 나라가 망하려 합니다!
> 동포여, 일어납시다!

① 일본이 만주를 무력으로 점령하고 괴뢰 정권을 세웠다.
② 마오쩌둥이 이끄는 중국 공산당이 대장정에 성공하였다.
③ 캉 유웨이 등이 정치 제도 전반에 걸친 개혁을 주장하였다.
④ 국민당과 공산당이 내전을 중지하고 항일 전쟁을 시작하였다.
⑤ 천 두슈 등이 청년의 의식을 변화시킨 신문화 운동을 전개하였다.

25 다음 유물이 만들어진 시기의 상황으로 옳은 것은?

> 허난 성 안양의 유적지에서 대량으로 발견되었다. 국가의 큰 행사 등에 앞서 신의 뜻을 알아보기 위한 것으로, 거북 껍질이나 짐승 뼈에 구멍을 뚫어 불에 굽고, 여기에 나타난 균열을 통해 신의 뜻을 읽었다. 제사의 날짜, 제물의 종류와 수, 날씨, 전쟁 등의 내용이 담겨 있다.
>
> 

① 평준법과 균수법이 실시되었다.
② 제정일치의 신정 정치 사회였다.
③ 화폐, 문자, 도량형을 통일하였다.
④ 종이를 만드는 기술이 발명되었다.
⑤ 구품 중정제에 의해 관료를 선발하였다.

26 (가)에 들어갈 옳은 내용을 〈보기〉에서 고른 것은?

> ○○○○시대에 대한 역사 신문을 만들기로 했어요
> 여러분들이 만든 신문 기사를 이곳에 올려 주세요
>
> 4. 춘추 5패와 전국 7웅의 형세
> 3. 제후들의 부국 병책
> 2. 철제 농기구와 농업의 발달
> (가)

보기
ㄱ. 훈고학의 특징
ㄴ. 제자백가의 활동
ㄷ. 평준법과 균수법의 시행
ㄹ. 상업의 발달과 청동 화폐

① ㄱ, ㄴ　② ㄱ, ㄷ
③ ㄴ, ㄷ　④ ㄴ, ㄹ
⑤ ㄷ, ㄹ

27 밑줄 친 '황제'가 실시한 정책을 〈보기〉에서 고른 것은?

> 농업은 장려되고 말업은 억제되니 백성이 부유해졌다. 온 천하가 한마음 한뜻이 되었다. 기기의 규격이 통일되고 문자도 통일되었다. … (중략) … 사람의 발길이 닿는 곳에 신복(臣服)하지 않는 자가 없다. 황제의 공덕은 오제보다 뛰어나고 그 은혜는 소와 말에게까지 미친다. – 낭야대석각 –

보기
ㄱ. 흉노를 토벌하고 만리장성을 쌓았다.
ㄴ. 3차에 걸친 고구려 원정을 단행하였다.
ㄷ. 분서갱유를 단행하여 사상을 통제하였다.
ㄹ. 토지를 국유화하고 노비 매매를 금지하였다.

① ㄱ, ㄴ　② ㄱ, ㄷ
③ ㄴ, ㄷ　④ ㄴ, ㄹ
⑤ ㄷ, ㄹ

28 다음의 서술 체제를 갖춘 사서가 편찬된 왕조에 대한 설명으로 옳은 것은?

구분	편수	내용
본기(本紀)	12편	오제(五帝)에서 무제(武帝)까지 제왕의 연대기
표(表)	10편	삼대(하, 은, 주) 등 역대 연표
서(書)	8편	역대 제도와 문물의 연혁
세가(世家)	30편	월왕 구천 등 제후의 연대기
열전(列傳)	70편	백이, 숙제 등 대표적인 인물의 전기

① 제자백가라 불리는 사상가들이 나타났다.
② 과거제를 시행하여 귀족 세력을 견제하였다.
③ 왕이 죽었을 때 순장하는 풍습이 유행하였다.
④ 사상을 엄격히 통제하고 분서갱유를 단행하였다.
⑤ 흉노를 토벌하기 위해 장건을 서역에 파견하였다.

29 자료에 나타난 문제점을 해결하기 위해 시행된 정책으로 옳지 않은 것은?

> 송나라는 요나라 및 서하와 여러 번 전쟁을 벌였지만 패하였다. 그 결과, 송나라는 해마다 이웃 나라에게 막대한 양의 비단, 은, 차를 선물로 보내게 되어 국가의 재정 부담이 가중되었다. 또한, 사회경제면에서 대토지 소유가 확대되고, 이에 따라 자영 농민이 파산하였으며, 대상인의 횡포로 중소 상공업자가 몰락하여 심각한 사회 문제로 제기되었다.

① 변방 절도사의 권한을 강화하였다.
② 농민들에게 식량과 종사를 대여하였다.
③ 중소 상인들에게 적은 이자로 돈을 빌려 주었다.
④ 농민들에게 말을 빌려주어 군마로 기르도록 하였다.
⑤ 실업자를 모집하여 역에 충당하고 임금을 지급하였다.

30 다음 정책을 실시한 왕조에서 있었던 사실로 옳지 않은 것은?

> • 포고가 있은 후에 경성(베이징) 안팎에서는 열흘을 기한으로 하고, 직할지 및 지방의 각 성에서는 포고문이 도착한 날부터 열흘을 기한으로 해서 한 사람도 빠짐없이 머리털을 깎아라.
> • 천하가 평정된 지 오래되어 호구가 날로 번창하니 인정(人丁)을 헤아려 정세를 부과하기 어렵다. 인정은 늘더라도 토지는 늘지 않으니 현재의 세역 장부에 등재된 인정 수를 늘리거나 줄이지 말고 영구히 고정하라. 그리고 지금 이후 태어나는 인정에 대해서는 꼭 정세를 거둘 필요는 없다.

① 향촌 사회를 이갑제로 조직하였다.
② 광저우의 공행에게 서양과의 무역을 허락하였다.
③ 전례 문제를 계기로 서양 선교사들을 추방하였다.
④ 국경 문제 해결을 위해 러시아와 네르친스크 조약을 맺었다.
⑤ 관인과 학위 소지자를 포함한 신사가 향촌 사회를 지배하였다.

31 다음 가상 회고록이 쓰인 시기에 일본에서 있었던 사실로 옳은 것은?

> 십 년 전 우리 사절단이 중국에 갔을 때, 중국에서는 견당사 중단 이후 오백수십 년 만에 파견된 공식 사절단이라고 하여 성대한 환영식을 열어 주었다. 황제는 왜구 진압에 진력한 쇼군의 공로를 치하하면서 '일본 국왕'으로 임명해 주었다. 홍무제 이래 계속된 우리의 노력이 드디어 결실을 맺은 것이었다.

① 난학이 발달하였다.
② 몽골이 침략하였다.
③ 일본이라는 국호가 채택되었다.
④ 일본 고유의 국풍 문화가 나타났다.
⑤ 무로마치 막부가 명과 감합 무역을 하였다.

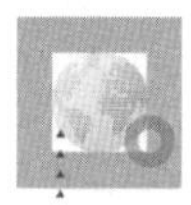

32 다음 글의 저자가 여행한 시기에 해당하는 중국 왕조에 대한 설명으로 옳은 것은?

> 여행자에게는 중국이 가장 안전하고 좋은 고장이다. 한 사람이 단신으로 거금을 소지하고 9개월간이나 돌아다녀도 걱정할 것 없다. 그들의 여행 질서를 보면 전국의 모든 역참에는 여인숙이 있는데, 관리자가 자신의 서기와 함께 여인숙에 와서 전체 투숙객의 이름을 등록하고는 일일이 확인 도장을 찍은 다음 여인숙 문을 잠근다. …… 그리고는 사람을 파견해 다음 역참까지 안내를 한다.
>
> – 이븐 바투타, 여행기 –

① 연운 16주를 둘러싸고 요와 대립하였다.
② 색목인에 대한 우대 정책을 실시하였다.
③ 인간과 우주를 탐구하는 성리학이 성립하였다.
④ 이원적 지배 체제인 맹안 모극제를 실시하였다.
⑤ 현장, 의정 등 인도를 순례하는 구법승의 활동이 증가하였다.

33 밑줄 친 '이 제도'와 관련된 설명으로 옳지 않은 것은?

> 인도에서 <u>이 제도</u>는 법적으로 이미 폐지되었으나, 아직도 대부분의 농촌에서는 결혼이나 교육, 직업 선택 등에 강한 영향을 미치고 있다. 특히 관혼상제 등의 예식과 친목 교류는 거의 동일한 신분끼리 이루어지고 있다. 이런 관례를 깨고 결혼한 경우, 부모나 친척들에 의해 살해당하는 일이 종종 발생하기도 한다.

① 이슬람 교의 영향으로 강화되었다.
② 업과 윤회 사상을 바탕으로 하고 있다.
③ 『마누 법전』에 엄격히 규정되어 있다.
④ 브라만과 크샤트리아 계급이 지배층을 형성하였다.
⑤ 아리아 인이 갠지스 강 유역에 정착할 무렵에 성립하였다.

34 다음 연설과 관련된 인도의 민족 운동으로 옳은 것은?

> 우리들이 자유를 원한다면 자유로워질 수 있다. 우리에게 무기 같은 것은 필요하지 않다.…(중략)…우리는 세금을 징수하고 평화를 유지한다는 영국에 도움을 주지 않을 것이다. 우리는 그들이 인도 국경 밖에서 인도인의 피와 돈을 가지고 싸우는 것을 돕지 않을 것이며 …(중략)… 우리 자신의 법정을 가질 수가 없다면 세금을 내지 않을 것이다.
>
> – 틸라크의 연설, 1907 –

① 세포이 항쟁을 일으켰다.
② 마라타 동맹을 결성하였다.
③ 시크 교도가 반란을 일으켰다.
④ 스와라지, 스와데시를 추진하였다.
⑤ 브라모 사마지 운동을 전개하였다.

35 밑줄 친 '이 나라'에 대한 설명으로 옳은 것은?

> <u>이 나라</u>는 아케메네스 왕조의 부흥을 외치며 등장하였다. 서쪽으로는 비잔티움 제국과 대립하였으며 동쪽으로는 인더스 강까지 진출하였다. <u>이 나라</u>에서는 미술 · 공예 분야가 매우 발달하였는데 서쪽으로는 로마, 동쪽으로는 한국, 일본에까지 전파되었다. 한때는 동서 무역로를 장악하며 번영하였으나 점차 쇠퇴하여 마침내 7세기 중엽 이슬람 세력에게 멸망하였다.

① 함무라비 법전을 제정하였다.
② 고대 서아시아 세계를 최초로 통일하였다.
③ 북아프리카와 이베리아 반도까지 진출하였다.
④ 그리스 알파벳의 기원이 된 표음 문자를 만들어 사용하였다.
⑤ 광명의 신을 주신으로 삼는 조로아스터 교를 국교로 삼았다.

36 (가), (나) 왕조에 대한 설명으로 옳은 것은?

(가) 태조는 재상제를 폐지하고 대명률을 제정하였다. 또한 과거제와 학교제를 부활하고 육유(六諭)를 반포하였다. 3대 영락제는 수도를 금릉에서 베이징으로 옮기고 내 각 대학사를 두었으며, 환관을 중용하였다. 아울러 대 외 팽창 정책을 펴 주변 여러 나라와는 조공 질서를 확립하였다.

(나) 태종은 내몽고를 점령하였으며, 국호를 바꾸었다. 4대 강희제는 삼번*의 세력이 커지자 이들을 제거하려 하였다. 이에 삼번의 난이 일어나자 이를 진압하고 타이완의 정씨 세력까지 정벌하였다. 또한 러시아와 네르친스크 조약을 체결하였다.

* 삼번 : 건국 초기에 남방 지역에 대한 장악력이 부족하자 유력한 한인 무장 3인을 번왕으로 봉하고 우대하였다.

① (가) – 시베리아 지역으로 진출하여 영토를 확장하였다.
② (가) – 정화의 원정으로 화교의 동남 아시아 진출의 계기가 마련되었다.
③ (나) – 귀족 연합 정치가 확립되었다.
④ (나) – 강남 지역에서 흥기하여 중국을 통일한 왕조이다.
⑤ (나) – 중국의 전통 문화를 탄압하고 민족별 신분 제도를 실시하였다.

37 다음 글의 밑줄 친 '새로운 군대'에 대하여 옳게 설명한 것을 〈보기〉에서 모두 고른 것은?

19세기 중반 중국 상숙 지방에 양아호라는 가난한 농민이 살고 있었다. 그는 생활이 매우 어려워 집도 없고 사흘 중 하루는 걸식을 해야 했다. 어느 날 마을에 <u>새로운 군대</u>가 들어온 이후 몇 무(畝)의 토지와 기와집 한 칸을 받아 살기가 좋아졌다. 마을을 지배하게 된 이 군대는 농민들에게 토지를 똑같이 나누고 남녀가 평등한 사회를 건설하려고 하였다. 양아호는 언제나 이웃 사람들에게 "내가 즐겁게 살 수 있게 된 것은 이 군대 때문이다."라고 말하였다.

보기

ㄱ. 부청멸양(扶淸滅洋)을 구호로 내세웠다.
ㄴ. 신사층이 조직한 향용에 의해 진압되었다.
ㄷ. 대동 사상과 크리스트 교의 영향을 받았다.
ㄹ. 외국 군대의 지원을 받아 세력을 확장하였다.

① ㄱ, ㄴ ② ㄱ, ㄷ
③ ㄴ, ㄷ ④ ㄴ, ㄹ
⑤ ㄷ, ㄹ

38 (가), (나) 국가의 역사에 대한 옳은 설명을 〈보기〉에서 고른 것은?

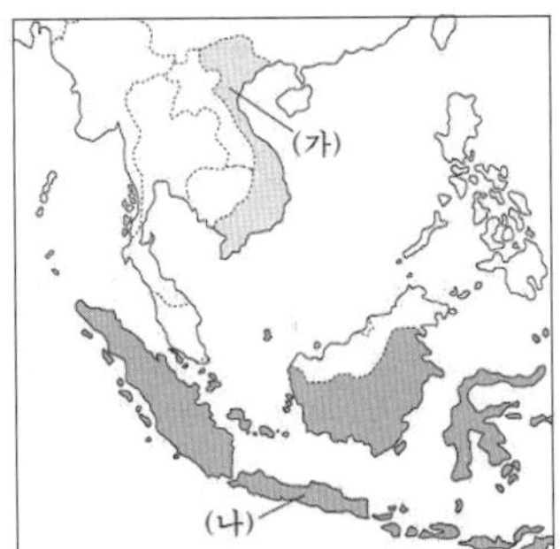

보기

ㄱ. (가) – 한자를 기초로 하여 쯔놈 문자를 만들었다.
ㄴ. (가) – '사원의 도시'라는 뜻을 가진 앙코르 와트를 세웠다.
ㄷ. (나) – 대표적 문화 유산으로 보로부두르 사원이 있다.
ㄹ. (나) – 힌두 문화와 이슬람 문화가 융합된 타지마할을 세웠다.

① ㄱ, ㄴ ② ㄱ, ㄷ
③ ㄴ, ㄷ ④ ㄴ, ㄹ
⑤ ㄷ, ㄹ

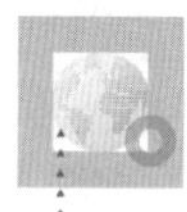

39 자료의 (가) 왕조에 대한 설명으로 옳은 것은?

인도의 국기 중앙에는 진리의 수레바퀴가 그려져 있다. 이 진리의 수레바퀴 형상은 전륜성왕으로 칭송받는 __(가)__ 왕조의 아소카왕이 각지에 세운 석주의 장식에서 유래한다.

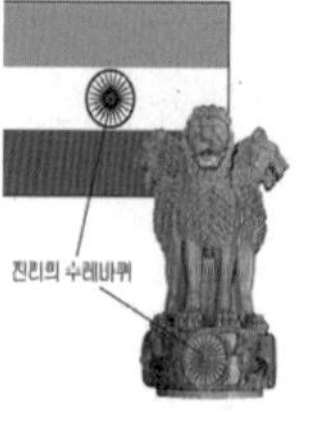

① 아잔타 석굴 사원을 축조하였다.
② 불경을 결집하고 스투파(불탑)를 건립하였다.
③ 중생 구제를 지향하는 대승 불교를 장려하였다.
④ 『사쿤탈라』, 『라마야나』 등 산스크리트 문학이 발달하였다.
⑤ 그리스 미술의 영향을 받은 간다라 양식의 불상을 제작하였다.

40 그림은 어떤 왕조를 소재로 구성한 홈페이지 화면이다. 이 왕조에 대한 설명으로 옳은 것은?

○○왕조의 역사

서유럽으로 진출 ▶투르 · 푸아티에 전투

아프리카를 정복한 후 서남부 유럽 쪽으로 진출을 꾀하던 코르도바 총독은 프랑스 아키텐을 공격하였으나 투르 시를 방어하던 카롤루스 마르텔에 의해 푸아티에 근처에서 전사하였다. 이후 이슬람 세력은 피레네 산맥 남쪽으로 물러났다.

① 이슬람력의 기원이 되는 헤지라를 단행하였다.
② 세습 칼리프가 정치와 종교의 대권을 계승하였다.
③ 비잔티움 제국을 공격하여 십자군 전쟁을 유발하였다.
④ 당과의 탈라스 전투에서 승리하여 비단길을 장악하였다.
⑤ 사산 왕조 페르시아를 정복하고 북아프리카로 진출하였다.

41 (가), (나) 국가에 대한 설명으로 옳은 것은?

동아시아사 신문

시필 가한*, 이연에게 지원 약속

__(가)__ 은/는 막대한 인력을 동원한 대운하 건설과 대외 원정의 패배로 위기에 빠졌다. 그 신하인 이연은 자신의 세력을 확대하기 위해 __(나)__ 의 시필 가한에게 편지를 보냈다. 시필 가한은 조공을 통해 이연의 군주와 우호 관계를 맺은 적도 있었으나 이연을 지원하기로 약속하였다. 이에 동아시아 정세가 크게 변하였다.

* 가한(可汗) : 유목 군주의 칭호

① (가) – 히미코 여왕을 책봉하였다.
② (가) – 군대를 파견하여 백강에서 싸웠다.
③ (나) – 북주와 북제의 조공을 받았다.
④ (나) – 30여 차례 일본에 사신을 파견하였다.
⑤ (가), (나) – 위구르에 화번 공주를 보냈다.

42 다음 주장을 펼친 인물에 대한 설명으로 옳지 않은 것은?

지금 전개되고 있는 대혁명은 사회주의 혁명을 완수하기 위한 새로운 단계이다. 우리의 목적은 자본주의의 길을 걷는 실용주의자들과 싸우고, 교육과 문화 예술을 개혁함으로써 사회주의 제도를 굳건히 뿌리박고 발전시키는 것이다.

① 토지 개혁과 기업의 국유화를 단행하였다.
② 소련과 사회주의 노선을 둘러싸고 분쟁을 벌였다.
③ 농공업 생산 증대를 위해 대약진 운동을 주도하였다.
④ 민주화를 요구하는 톈안먼 시위를 무력으로 진압하였다.
⑤ 국민당 세력을 물리치고 중화 인민 공화국을 수립하였다.

43 밑줄 친 '혁명'의 배경으로 적절한 것을 〈보기〉에서 고른 것은?

> 세계의 화폐 : 아이티 편
>
> 화폐 속 인물 소개
>
> 
>
> 노예였던 투생 루베르튀르는 다른 노예들을 이끌고 프랑스군을 비롯한 유럽 군대에 대항하며 혁명을 성공적으로 이끌어 갔다. 또한 그는 뛰어난 통솔력으로 산 도밍고에서 노예제를 복원하려는 식민주의 세력의 시도를 막아 냈다.

보기

ㄱ. 알렉산드르 2세가 농노 해방을 단행하였다.
ㄴ. 노예제를 반대한 링컨이 대통령으로 선출되었다.
ㄷ. 프랑스에서 인간과 시민의 권리 선언이 발표되었다.
ㄹ. 플랜테이션 농장의 흑인 노예가 지속적으로 늘어났다.

① ㄱ, ㄴ ② ㄱ, ㄷ
③ ㄴ, ㄷ ④ ㄴ, ㄹ
⑤ ㄷ, ㄹ

44 (가), (나) 사이의 시기에 일어난 사실로 옳지 않은 것은?

> (가) 일본이 아산만 앞바다에 주둔하던 청 군대를 습격함으로써 전쟁이 발발하였다.
> (나) 일본과 러시아는 미국 루스벨트 대통령의 중재를 받아들여 미국 포츠머스에서 강화 조약을 조인하였다.

① 청은 공행을 폐지하였다.
② 일본은 경부선을 완공하였다.
③ 조선은 국외 중립을 선언하였다.
④ 러시아는 삼국 간섭을 주도하였다.
⑤ 미국은 일본의 한반도 지배를 인정하였다.

45 자료의 (가), (나) 두 사절단의 공통점으로 옳은 것은?

> 사진과 그림으로 보는 동아시아사
>
> (가) 일본은 이와쿠라 도모미를 특명 전권 대사로 임명하여 1871년에 사절단을 파견하였다. 총 인원 48명으로 메이지 정부의 주요 인사들이 포함되었다.
>
> 
>
> (나) 조선은 김기수를 수신 정사로 임명하여 1876년에 1차로 사절단을 파견하였다. 1880년에 김홍집을 2차 사절단으로 파견하였다.
>
> 

① 중국에 파견되었다.
② 정기적으로 파견되었다.
③ 근대 문물을 시찰하였다.
④ 상대국과 통상 조약을 체결하였다.
⑤ 동유 운동의 과정에서 파견되었다.

46 다음 자료 속 국가에 대한 설명으로 옳은 것을 고르면?

> • 사파비 왕조(1502~1736) : 페르시아 계, 중앙 집권 체제 미비, 종교적 단결 유지, 동서 무역으로 번성
> • 카자르 왕조(1779~1925) : 러시아와 교역, 영국과 러시아의 침입으로 많은 이권 상실
> • 국제 관계 : 최근 핵 문제로 국제 사회와 대립하고 있음

① 군사적 봉건제인 이크타 제도가 실시되었다.
② 상인과 이슬람 교 지도자를 중심으로 전국적인 담배 이권 반대 운동이 일어났다.
③ 비잔티움 양식을 도입한 술레이만 사원을 건립하였다.
④ 스와라지, 스와데시 운동이 발생한 국가이다.
⑤ 판보이쩌우가 주도한 근대화 운동이 일어났다.

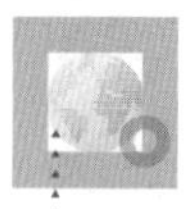

47 (가), (나) 정책에 대한 설명으로 옳지 않은 것은?

> • 마오쩌둥이 사망한 후 덩 샤오핑이 정권을 장악하여 ___(가)___ 을/를 펴면서 중국은 점차 사회주의적 시장 경제로 나아가게 되었다.
> • 베트남은 1975년에 통일을 이루었지만, 오랜 전쟁의 후유증으로 경제적으로 매우 어려운 상태였다. 베트남 정부는 이러한 문제를 해결하기 위해 1980년대 후반부터 ___(나)___ 을/를 채택하였다.

① (가) – 인민 공사에 의해 추진되었다.
② (가) – 국영 기업을 사유화하는 조치를 취하였다.
③ (나) – 외국 자본을 적극적으로 유치하였다.
④ (나) – 농업 부문에서 현저한 성과를 거두었다.
⑤ (가), (나) – 경제가 고도로 성장하는 원동력이 되었다.

48 (가), (나)에 해당하는 국가를 지도의 A~E에서 골라 바르게 짝지은 것은?

> (가) 19세기 초, 영국인이 교역소를 개설하면서 개발되었다. 국민은 다양한 민족으로 구성되어 있으며, 그중 화교(華僑)가 70% 이상을 차지하고 있다.
> (나) 열대림이 넓게 분포하여 목재, 제지 산업 등이 발달하였다. 국민의 85% 이상이 이슬람교를 신봉하며, 신도 수는 이슬람권 국가 중 가장 많다.

	(가)	(나)		(가)	(나)
①	A	B	②	B	E
③	C	D	④	D	A
⑤	E	C			

49 (가)에 들어갈 수 있는 사실로 옳은 것을 〈보기〉에서 고른 것은?

> 그는 1930년에 출생하였다.
> 1982년 서독의 6번째 총리로 취임한 후 16년 동안 독일의 정치를 이끌었다. 그는 고르바초프의 개혁을 지지하면서 냉전의 종식에 기여하였고,
> 미테랑과 공조하여 유럽 연합 (EU)을 탄생시켰다. 그의 중요한 정치적 업적으로 ___(가)___ 등을 들 수 있다.
>
> 

보기
ㄱ. 독일 통일 완수
ㄴ. 베를린 장벽 건설 추진
ㄷ. 마스트리히(흐)트 조약 체결 주도
ㄹ. 북대서양 조약 기구(NATO) 창설에 기여

① ㄱ, ㄴ　② ㄱ, ㄷ
③ ㄴ, ㄷ　④ ㄴ, ㄹ
⑤ ㄷ, ㄹ

50 (가), (나) 사이의 시기에 있었던 사실로 옳은 것은?

> (가) 알 만수르는 왕조의 수도를 티그리스 강변에 있는 바그다드로 옮겼다. 전략적 요충지이며 무역로의 교차로였던 바그다드는 '정원'이라는 뜻 외에도 '평화의 도시'라는 의미를 가지고 있다.
> (나) 동쪽에서 온 기마병이 바그다드를 점령하였다. 도시는 무자비하게 약탈되고 유린되었으며 불탔다. 칼리프가 처형되고 아바스 가문의 통치는 끝났다.

① 이슬람 군이 투르-푸아티에에서 패배하였다.
② 셀주크 튀르크가 비잔티움 제국을 침략하였다.
③ 무함마드가 아라비아 반도의 대부분을 통일하였다.
④ 오스만 제국은 술탄의 친위 부대인 예니체리를 조직하였다.
⑤ 칼리프 후계에 대한 대립으로 시아파와 수니파가 생겨났다.

세계사능력검정시험 기출동형모의고사 초 · 중급

01 (가), (나)가 제작되었던 시기의 생활 모습으로 옳은 것은?

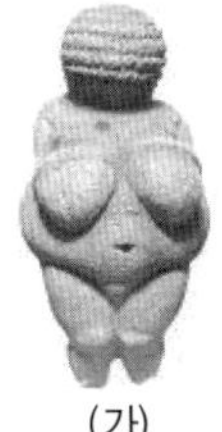
(가)

(나)

① (가) – 간석기와 토기가 널리 사용되었다.
② (가) – 풍요와 다산을 기원하는 풍습이 있었다.
③ (나) – 시체를 매장하기 시작하였다.
④ (나) – 일정한 주거지가 없어 동굴이나 숲에서 생활하였다.
⑤ (가), (나) – 주된 경제생활 수단으로 농경과 목축을 하였다.

02 다음은 고대 중국의 왕조 변천 과정을 나타낸 것이다. (가)와 (나) 시대의 공통점으로 옳은 것은?

은 → 주 → (가) → 진 → 한 → (나) → 수

① 문벌 귀족 사회가 형성되었다.
② 노장 사상과 청담 사상이 유행하였다.
③ 정치적으로 분열과 혼란이 지속되었다.
④ 불교가 융성하고 불교 미술이 발달하였다.
⑤ 과거제를 실시하여 능력있는 인재를 등용하였다.

03 다음은 중국사의 전개 과정을 나타낸 것이다. (가) 문화의 영향으로 옳은 것을 〈보기〉에서 고르면?

위 · 진 · 남북조 시대 → (가) → 당 → 5대 10국

보기

ㄱ. 이 나라의 관리 선발 방식은 고려에서도 채택되었다.
ㄴ. 이 나라의 법률 체제는 동아시아 여러 나라의 모범이 되었다.
ㄷ. 이 때 만들어진 대운하는 현재까지 중요한 교통로로 이용되고 있다.
ㄹ. 이 시기에 발명된 화약은 유럽의 역사를 변화시키는 큰 원동력이 되었다.

① ㄱ, ㄴ　② ㄱ, ㄷ
③ ㄴ, ㄷ　④ ㄴ, ㄹ
⑤ ㄷ, ㄹ

04 다음 대화가 있었던 시대에 대한 설명으로 옳은 것은?

- 요즘 헤이안코에서는 가나로 쓰여진 겐지 이야기와 와카가 유행이라지
- 새로운 문자인 가나는 우리 일본 특유의 정서를 더욱 구체적으로 표현할 수 있어서 여인들이 즐겨 사용한다더군

① 고사기가 편찬되었다.
② 다이카 개신이 단행되었다.
③ 막부의 쇼군이 실질적인 지배권을 행사하였다.
④ 일본 고유의 색채를 강조한 국풍 문화가 발달하였다.
⑤ 일본이라는 국호를 공식적으로 사용하기 시작하였다.

05 다음 사자성어(四字成語)의 배경이 된 시대의 사회 모습에 관한 설명으로 옳은 것은?

> • 존왕양이(尊王攘夷) : '왕실의 권위를 높이 받들고 오랑캐를 막는다'는 의미로, 주(周)의 평왕이 도읍을 동쪽으로 옮긴 후 제(齊)와 같은 강력한 국가들이 주 왕실의 권위를 높이고 평화를 유지한다는 명분을 내세운 것에서 비롯되었다.
> • 합종연횡(合縱連衡) : '강한 적에 대항하기 위하여 여러 세력들이 동맹과 분열을 반복하는 어지러운 상황'을 일컫는 말로, 강대해진 진(秦)에 대항하기 위하여 6국의 연합을 주장한 소진의 합종설과 이에 대항하여 진(秦)이 6국과 개별적으로 동맹을 맺어야 한다고 주장한 장의의 연횡설에서 비롯되었다.

① 3성 6부를 설치하여 중앙 집권 체제를 확립하였다.
② 과거제를 실시하여 능력에 따라 인재를 등용하였다.
③ 잦은 전쟁으로 인하여 상업과 화폐 사용이 부진하였다.
④ 철제 농기구와 우경의 보급으로 잉여 생산물이 증가하였다.
⑤ 유교 경전을 정리하고 주석을 붙이는 훈고학이 발달하였다.

06 다음을 통해 알 수 있는 문명의 유물 · 유적으로 알맞은 것은?

> 기원전 2500년경에 매우 발달된 도시 문명이 나타났다. 이곳에서 발견된 '죽은 자의 언덕' 이란 의미의 모헨조다로에는 흙벽돌로 쌓은 성곽 내부에 몇 개의 구획이 있고, 포장된 도로와 잘 갖추어진 하수구가 있으며, 도로 양편에는 공중 목욕탕, 집회소, 제분소, 개인 주택과 같은 건물과 시장이 들어서 있다.

①

②

③

④

⑤

07 표의 (가)~(다) 종교에 관한 설명으로 옳은 것을 〈보기〉에서 고르면?

(가)	• 밀라노 칙령으로 신앙의 자유가 인정되었다. • 니케아 종교 회의에서 삼위 일체설을 정통으로 인정하였다.
(나)	• 첨탑과 둥근 지붕이 특징인 모스크를 건축하였다. • 인간과 절대자 사이의 영적(靈的) 중간 존재를 인정하지 않는다.
(다)	• 헤브라이 인이 창시하였다. • 신자들은 「탈무드」를 생활 지침서로 삼고 있다.

보기

ㄱ. (가)의 구약 성서는 창시자의 가르침을 정리한 것이다.
ㄴ. (나)의 창시자가 메디나로 이주한 것을 '헤지라'라 한다.
ㄷ. (다)는 평등사상을 강조하여 세계 종교로 발전하였다.
ㄹ. (가), (나), (다)는 모두 유일신을 믿고 있다.

① ㄱ, ㄹ
② ㄱ, ㄷ
③ ㄴ, ㄷ
④ ㄴ, ㄹ
⑤ ㄷ, ㄹ

08 다음 종교의 성립 배경으로 옳은 것을 〈보기〉에서 고른 것은?

> 인간이라면 누구나 불성(佛性)을 지니고 있다. 고통의 바다에서 헤어나기 위해 바른 방법으로 도를 닦으면 모두 부처가 될 수 있다. 누구나 8정도의 실천을 통해 생로병사의 윤회에서 벗어나 해탈할 수 있다.

보기
ㄱ. 자연을 찬미한 베다가 만들어졌다.
ㄴ. 최초의 통일 제국인 마우리아 왕조가 성립되었다.
ㄷ. 정복 전쟁이 활발하여 크샤트리아의 세력이 강해졌다.
ㄹ. 농업과 상업의 발달로 바이샤의 경제력이 향상되었다.

① ㄱ, ㄴ ② ㄱ, ㄷ
③ ㄴ, ㄷ ④ ㄴ, ㄹ
⑤ ㄷ, ㄹ

09 다음에서 설명하고 있는 민족의 활동을 〈보기〉에서 모두 고른 것은?

> 이들은 흔히 최고의 항해 민족으로 알려져 있으며, 그리스인들의 해상 활동이 활발해질 때까지 600여 년 동안 지중해의 해상권을 독차지하여 무역과 식민 활동에 뛰어난 활약을 보였다. 이들은 염색, 유리 등의 제품을 만들어 해외에 수출하였으며, 이들의 최대 식민지 카르타고는 기원전 8세기경부터 번성하였다.

보기
ㄱ. 오리엔트 문명을 유럽에 전파하였다.
ㄴ. 알파벳의 기원이 되는 표음 문자를 만들었다.
ㄷ. 오리엔트 지역에 최초로 철기 문화를 보급하였다.
ㄹ. 오리엔트를 최초로 통일하여 대제국을 건설하였다.

① ㄱ, ㄴ ② ㄱ, ㄷ
③ ㄴ, ㄷ ④ ㄴ, ㄹ
⑤ ㄷ, ㄹ

10 다음은 그리스의 어떤 폴리스에 살았던 시민의 일생을 정리한 것이다. 이 폴리스에 대하여 잘못 설명한 것은?

> • 7세 : 부모 곁을 떠나 공동 교육소(agoge)에 입소
> • 14세 : 모의 전쟁을 통한 본격적인 군사 훈련 시작
> • 19세 : 인내력을 향상하기 위한 특수 훈련 시작
> • 21세 : 공동 교육소 졸업. 군인으로 전투에 참여
> • 30세 : 결혼 후 단체(phidition)에 가입하여 공동 생활
> • 60세 : 병역의 의무에서 면제

① 강력한 군사 통치 체제를 구축하였다.
② 경제면에서 상공업보다 농업이 발달하였다.
③ 시민들에게 통제된 집단 생활을 강요하였다.
④ 소수의 시민이 다수의 예속민을 지배하였다.
⑤ 참주의 출현을 막기 위해 도편 추방법을 실시하였다.

11 밑줄 친 '전쟁'에 대한 설명으로 옳은 것은?

> 스파르타 인들은 헬라스의 대부분이 아테네의 통제 아래 들어가는 것을 보고 아테네의 세력이 더욱더 커지지 않을까 두려워하였다. … (중략) … 스파르타에 동조하는 코린토스의 대표는 이렇게 말했다. "동맹의 맹주는 자신의 이익은 물론이고 공동의 이익도 챙겨야 합니다. 헬라스에서 참주로 군림하는 아테네와의 전쟁은 이제 불가피합니다. 일제히 칼을 들어 저항합시다."
> – 투키디데스, 『역사』 –

① 페리클레스 시대 민주정이 발전하는 배경이 되었다.
② 델로스 동맹 체제에 대한 불만이 고조되어 일어났다.
③ 아테네가 그리스의 패권을 차지하는 결과를 가져왔다.
④ 아케메네스 왕조 페르시아가 멸망하는 원인이 되었다.
⑤ 클레이스테네스가 도편 추방제를 제정하는 계기가 되었다.

12 다음 글의 (가)~(다)에 알맞은 정치 기구를 바르게 나열한 것은?

> 로마의 정치 기구는 서로 교묘하게 조절되어 세력 균형을 이루도록 권력이 배분되어 있다.
> ___(가)___ 은(는) 중요한 사건을 입법 기관에 제출하고 법령을 집행한다. 싸움터에 병사를 이끌고 나가는 경우에는 거의 무제한의 권력을 갖는다.
> ___(나)___ 은(는) 국고를 관리하며 수입과 지출을 통제한다. 그리고 개인이나 동맹국들 사이에 일어난 분쟁을 해결하고 형벌을 부과한다.
> ___(다)___ 은(는) 평민에게 불리한 입법이 이루어질 경우 이를 거부할 수 있다.

	(가)	(나)	(다)
①	원로원	호민관	집정관
②	집정관	민회	호민관
③	원로원	집정관	민회
④	집정관	원로원	호민관
⑤	민회	원로원	집정관

13 다음과 같은 유학이 중국에서 크게 발달하였던 당시의 사실로 옳은 것은?

> 유교의 기본 정신을 살리면서 인간의 심성과 우주의 생성원리를 탐구하고, 이를 바탕으로 한 정신 수양과 실천 윤리를 강조하였다. 군신(君臣), 부자(父子), 화이(華夷)를 강조하는 대의명분을 중시하였으나, 명분론에 지나치게 집착하여 국수적이고 형식적인 면도 있었다.

① 제후들이 다투어 인재를 등용하였다.
② 문치주의 실시로 황제권이 강화되었다.
③ 문벌 귀족이 지배층으로 특권을 누렸다.
④ 귀족적이고 국제적인 문화가 발달하였다.
⑤ 향거리선제 실시로 호족이 관직을 독점하였다.

14 밑줄 친 내용을 조사하기 위한 탐구 활동으로 적절한 것을 〈보기〉에서 모두 고르면?

> 수 · 당의 통일 제국은 대영토를 확보하고 주변의 여러 민족과 활발하게 교류하였다. 특히 당대의 한자, 율령, 유교, 불교 등은 주변국의 정치, 문화 발전에 커다란 영향을 끼쳤다. 중국 주변의 국가들도 당과 교류하면서 당의 제도를 선택적으로 수용하여 중앙 집권적인 국가를 만들고 문화를 발전시켰으므로, 이 과정에서 <u>동아시아 문화권의 공통된 문화 요소</u>가 정착하게 되었다.

보기

ㄱ. 신라 지배층의 문자를 알아본다.
ㄴ. 발해의 중앙 정치 조직을 살펴본다.
ㄷ. 금의 맹안 · 모극제를 분석해 본다.
ㄹ. 일본의 다이카 개신을 조사해 본다.

① ㄱ, ㄴ
② ㄱ, ㄷ
③ ㄷ, ㄹ
④ ㄱ, ㄴ, ㄹ
⑤ ㄴ, ㄷ, ㄹ

15 (가), (나) 왕조의 통치정책에 대한 설명으로 옳지 않은 것은?

> (가) 10세기 초 발해를 멸망시키고 화북 지방의 연운 16주를 점령 하여 송과 대립하였다. 만주와 몽골 고원, 연운 16주를 지배하는 제국으로 성장하였으나, 국력이 급속히 쇠퇴하여 멸망하였다.
> (나) 12세기 초 만주 동부지역에서 건국된 후 송과 연합하여 요를 멸망시키고 화북 지방으로 진출하였다. 수도를 베이징으로 옮긴 뒤에 점차 북방 민족의 강건한 기상이 사라지면서 결국 100여 년 만에 멸망하였다.

① (가) – 남면관 · 북면관제로 제국을 통치하였다.
② (가) – 세폐를 받는 조건으로 송과 화친을 맺었다.
③ (나) – 맹안 · 모극제와 군현제로 나누어 통치하였다.
④ (나) – 중앙 아시아로 진출하여 4한국을 건설하였다.
⑤ (가), (나) – 고유 문자를 만들어 사용하게 하였다.

16 다음의 (가)에 들어갈 답변으로 적절한 것은?

> 설교자 : 새로운 생명체는 자신이 전생에서 쌓은 업(業)에 따라 그 지위가 결정됩니다. 즉, 착한 업을 많이 쌓으면 높은 지위로, 악한 업을 많이 쌓으면 낮은 지위로 태어나는 것입니다. 결국 여러분의 현재 카스트는 모두 여러분 자신이 전생에 쌓은 업에서 비롯된 것이지요.
> 신 도 : 그렇다면 우리는 현세에서 어떻게 해야 합니까?
> 설교자 : ______(가)______

① 라마단의 단식 등 5행을 실천하십시오.
② 마누 법전의 계율을 엄격하게 지켜야 해요.
③ 조상을 숭배하고 인(仁)을 실천해야 합니다.
④ 어둠의 신을 믿지 말고 광명의 신을 따르세요.
⑤ 부활을 확신하며 구세주의 재림을 기다려야 합니다.

17 다음 설명에 해당하는 문화유산으로 옳은 것은?

> '언덕 위의 승방'이라는 뜻을 가진 이 사원은 사이렌드라 왕조 때 만들어진 대승 불교 사원이다. 사원의 회랑에는 시계 방향으로 부처의 탄생을 비롯한 그의 일생과 행적, 가르침이 정교하게 새겨져 있다. 유네스코의 지원으로 복원되었으며, 세계 문화 유산으로 지정되었다.

① 
② 
③ 
④ 
⑤ 

18 다음은 중세 독일 남부 지역 농민의 1년 생활을 정리한 것이다. 이 지역의 농업 생활 모습으로 옳은 것은?

> • 1~2월 : 소금에 절인 고기나 콩으로 식량을 대신함
> • 3월 : 포도 씨뿌리기, 포도나무 가지치기
> • 4월 : 춘경지 경작, 씨뿌리기
> • 5월 : 경작지를 돌보기
> • 6월 : 휴경지에 쟁기질하기
> • 7월 : 풀베기(겨울 가축 먹이용)
> • 8월 : 보리 수확
> • 9월 : 추경지 경작, 씨뿌리기
> • 10월 : 포도 수확, 포도주 제작
> • 11~12월 : 가축 방목, 장작 패기

① 농작물로는 주로 벼와 보리가 재배되었다.
② 농경지는 지력을 고려하여 삼포제로 경작되었다.
③ 농민들의 대다수는 자기 토지를 소유한 자영농이었다.
④ 높은 농업 생산력으로 농민들은 넉넉한 생활을 하였다.
⑤ 겨울철에 농민들은 장원을 벗어나 상공업 활동을 하였다.

19 다음 서약을 한 인물에 대한 설명으로 옳은 것은?

> 나는 당신의 자비를 간청했고, 당신은 큰 호의로써 나를 당신의 보호 아래 있을 수 있게 해주었습니다. 나는 당신의 안전을 위해 최선의 노력을 다할 것입니다. 내 충성의 대가로 당신은 봉토를 제공하고 나를 보호해야 합니다. 나는 살아 있는 한 당신에게 자유인 신분으로서 할 수 있는 봉사와 복종을 다할 것이며, 당신의 권력과 보호 아래 남아 있을 것입니다.

① 프랑스에서는 제3신분에 속했다.
② 공납과 부역의 의무를 지고 있었다.
③ 종법에 의해 주군과의 관계가 규정되었다.
④ 거주 이전과 직업 선택의 자유가 제한되었다.
⑤ 영지의 재판과 징세에 대해 주군의 간섭을 받지 않았다.

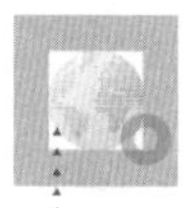

20 밑줄 친 '이 국가'에 대한 설명으로 옳은 것은?

이 국가의 황제는 군사적 · 정치적으로 최고 지배자였을 뿐만 아니라 교회에 대해서도 막강한 영향력을 행사하였다. 그는 콘스탄티노플 교회의 수석 대주교를 임명하는 권한과 종교 교리상의 논쟁에서 최종 결정을 내리는 권한을 가지고 있었다. 그러므로 황제를 모욕한다는 것은 신성 모독으로 간주되었으며, 그의 권위에 도전하는 경우에는 파문을 감수해야 했다.

① 군관구제와 둔전병제를 실시하였다.
② 군사적 봉건제인 티마르제를 시행하였다.
③ 성직자, 귀족, 평민 대표로 삼부회를 구성하였다.
④ 이슬람 세력을 축출하기 위한 재정복 운동을 주도하였다.
⑤ '왕의 길'로 불리는 도로를 건설하고 역참제를 정비하였다.

21 자료에 나타난 사실이 당시 서유럽 사회에 끼친 영향을 옳게 설명한 것은?

그리스도가 태어나신 지 1348년이 되었을 때, 이탈리아에서도 가장 아름다운 도시 피렌체에 무서운 역병이 덮쳤습니다. 이 역병은 천체의 작용에 의한 것인지, 아니면 우리들 인간을 올바르게 만드시기 위해 하느님이 내린 정의의 노여움에 의한 것인지 알 도리가 없지만, 몇 해 전에 동방에서 시작되어 수많은 사람의 목숨을 빼앗고, 그칠 줄 모르고 잇달아 번져 서방에까지 번져왔습니다.

– 보카치오, 『데카메론』 –

① 교황의 권위가 높아졌다.
② 삼포제 농법이 도입되었다.
③ 영주의 직영지가 확대되었다.
④ 노르만 족의 이동이 촉발되었다.
⑤ 농노의 사회적 지위가 향상되었다.

22 지도의 빗금 친 지역에서 성립된 고대 문명에 대한 설명으로 옳은 것을 〈보기〉에서 고르면?

보기

ㄱ. 유일신을 숭배하였다.
ㄴ. 그림 문자를 사용하였다.
ㄷ. 신전과 궁전을 축조하였다.
ㄹ. 미라와 '사자의 서'를 남겼다.

① ㄱ, ㄴ　② ㄱ, ㄷ
③ ㄴ, ㄷ　④ ㄴ, ㄹ
⑤ ㄷ, ㄹ

23 다음 사실의 결과로 만들어진 교역로에 대한 설명으로 옳은 것을 〈보기〉에서 고르면?

북방 민족인 흉노는 춘추 전국 시대 이래 중국에 매우 골치 아픈 존재였다. 한나라 때는 이들을 정벌하기 위해 흉노와 적대 관계였던 대월지와 동맹을 맺고자 사신을 파견하였다. 사신은 비록 목적을 이루지 못하고 돌아왔으나 그가 왕래한 행로가 한나라에 알려졌다.

보기

ㄱ. 중국의 제지술이 이슬람에 전파되었다.
ㄴ. 몽고의 바투가 유럽 원정에 이용하였다.
ㄷ. 인도의 대승 불교가 중국에 전래되었다.
ㄹ. 스키타이 인의 청동기 문화가 흉노에게 전해졌다.

① ㄱ, ㄴ　② ㄱ, ㄷ
③ ㄴ, ㄷ　④ ㄴ, ㄹ
⑤ ㄷ, ㄹ

24 밑줄 친 '이들'에 대한 설명으로 옳은 것은?

> 이들은 휴직 · 퇴직 관료 등 관직 경력자와 거인, 감생 등 관직에 나가지 못한 학위 소지자들로, 학교와 과거제가 결합되면서 형성되었다. 주로 향촌에 거주하였는데 종신토록 그 자격을 보장받았기 때문에 그 수가 크게 증가하였다. 이들은 중앙과 지방의 통치력이 약화되어 이갑제가 붕괴되는 과정에서 세금 징수, 치안 유지, 민중 교화의 역할을 담당하면서 사회 지배층으로 성장하였다.

① 부역 면제 · 경범죄 면책 등의 특권을 누렸다.
② 구품중정제를 통해 문벌 귀족으로 성장하였다.
③ 신흥 지주층인 형세호라고 불리며 장원을 확대하였다.
④ 추천제인 향거리선제를 통해 중앙 정계에 진출하였다.
⑤ 봉토를 지급 받고 왕에게 공납과 군사력을 제공하였다.

25 (가), (나) 조세 제도에 대한 설명으로 옳은 것은?

> (가) 전국의 백성을 현재 거주하는 지역의 호적에 등기하고, 정남 혹은 중남에 관계없이 토지와 재산의 많고 적음에 따라 지세와 호세를 부과하되, 여름과 가을에 나누어 징수한다.
> – 『신당서』, 식화지 –
>
> (나) 한 주(州)나 현(縣)의 부역을 모두 합치고, 토지의 넓이를 측량하고 인정(人丁)의 수를 세어 …… 여러 잡다한 세목을 한 가지 조목으로 만들어 (토지와 인정 단위로) 은으로 징수해 관청에 바친다.
> – 『명사』, 식화지 –

① (가) – 균전제를 토대로 실시되었다.
② (가) – 자영농을 육성하기 위해 시행되었다.
③ (나) – 정세를 폐지하고 지세만 거두었다.
④ (나) – 은 본위 화폐 제도를 배경으로 실시되었다.
⑤ (가), (나) – 인구가 급격히 증가하는 계기가 되었다.

26 다음과 같은 시기의 일본 문화에 관한 설명으로 옳은 것은?

> 처음에는 무역을 보호 · 장려하기 위하여 크리스트교를 방임하였으나, 17세기 초 전국에 금지령을 내려 신자들에게 박해를 가하고 무역을 제한하였다. 그리하여 1633년에는 일본 선박도 특별 허가를 받은 것 이외에는 해외로 가는 것을 금지하였다. 또한, 포르투갈 선박의 내항을 금지하고, 네덜란드와의 교역을 나가사키 항으로 국한하여 허용하면서도 일본인과의 자유로운 교류는 금지하였다. 이후 일본은 약 200년 동안 네덜란드, 중국, 조선 이외의 나라들과는 교섭을 끊는 쇄국 정책을 시행하였다.

① 가부키와 같은 조닌 문화가 발달하였다.
② 불교를 받아들여 아스카 문화가 융성하였다.
③ 일본서기가 편찬되고 가나 문자가 제작되었다.
④ 근대 문화가 수용되어 서양식 건물과 철도가 들어섰다.
⑤ 견당사가 폐지되어 일본 고유의 국풍 문화가 성립하였다.

27 (가) 인물에 대한 설명으로 옳은 것은?

> 
>
> '구르'는 묘, '아미르'는 지배자라는 의미로 '구르 아미르'는 지배자의 묘를 뜻한다. 이 묘는 (가) 이/가 1404년에 손자인 무함마드의 죽음을 애도하기 위해 사마르칸트에 지었다. 자신도 1405년 명나라를 〈구르 아미르〉 정벌하려고 떠났다가 오트라르에서 병사하여 이곳에 묻혔다.

① 오리엔트 세계를 최초로 통일하였다.
② 비잔티움 제국의 계승자임을 주장하였다.
③ 티무르 왕조를 개창하고 동서 무역을 장악하였다.
④ 남인도를 점령하여 제국의 최대 영토를 확보하였다.
⑤ 사산 왕조 페르시아를 정복하여 대제국을 건설하였다.

28 밑줄 친 '이 제국'에 대한 설명으로 옳은 것은?

> 이 황금 사원은 시크교의 중요한 성지 가운데 하나이다. 이 제국의 3대 황제인 악바르 대제 시기에 건설되었다. 첨탑과 뒤집힌 연꽃 모양의 돔은 당시 건축물에 나타나는 전형적인 모습이다.
>
> 

① 인도 · 이슬람 문화가 발달하였다.
② 시아파 이슬람교를 국교로 하였다.
③ 종교 공동체인 밀레트를 운영하였다.
④ 산스크리트 어를 공용어로 사용하였다.
⑤ 헬레니즘 양식의 영향을 받은 간다라 미술이 등장하였다.

29 다음 수업에서 학생의 답변으로 적절하지 않은 것은?

> ○○와 유럽 세계의 확대
>
> ○ 배경 :
> - 경제적인 욕구
> - 동방에 대한 호기심 증가
> - 조선술과 항해술 등 과학 기술의 발달
>
> ○ 결과 및 의미 :
> - 동 · 서양의 활발한 접촉
> - 아메리카 토착 문명의 파괴
>
> → 유럽 중심의 세계사 성립
>
> 교사 : ○○가 유럽에 끼친 영향은 무엇일까요?

① 해외 식민지 획득을 위한 경쟁이 치열해졌습니다.
② 이탈리아의 도시들이 경제적으로 번영하였습니다.
③ 감자, 옥수수 등의 새로운 작물이 전래되었습니다.
④ 해외 시장이 확대됨으로써 상업 혁명이 일어났습니다.
⑤ 막대한 금과 은의 유입으로 물가가 크게 상승하였습니다.

30 그림의 대화가 이루어졌을 당시 유럽 문화에 대한 설명으로 옳은 것은?

> 토마스 모어 : 「우신예찬」의 완성을 축하드립니다.
> 에라스무스 : 고맙습니다. 토머스 모어 경의 도움으로 집필을 끝낼 수 있었습니다.

① 이성을 중시한 계몽사상이 확산되었다.
② 우아하고 섬세한 로코코 양식이 유행하였다.
③ 슈베르트 등 낭만주의 음악가가 활동하였다.
④ 금욕주의를 강조하는 스토아 학파가 형성되었다.
⑤ 부패한 사회와 타락한 교회를 비판하는 작품들이 쓰여졌다.

31 다음에 공통적으로 반영된 사상의 특징으로 옳은 것은?

> • 국민의 행복은 군주의 어떤 이익보다 중요하다. 생각건대 군주는 결코 자기 백성의 절대적 주인이 아니라 국가 제일의 공복에 지나지 않기 때문이다. …… 인간은 자기의 안전 및 생존을 유지하기 위해 …… 우두머리를 내세워 자신들의 서로 다른 이해관계를 하나의 공동 이해로 합칠 필요를 느낀 것이다.
> • 국민이 군주를 위해 만들어진 것이 아니라 군주가 국민을 위해 만들어진 것이다. …… 군주 정치의 진정한 목적은 무엇인가? 백성들에게 그들이 타고난 자유를 빼앗는 것이 아니라 가장 높은 선에 이르도록 그들을 올바로 이끄는 것이다.

① 인간의 이성과 사회의 진보를 강조하였다.
② 자유 방임적 시장 경제 체제를 비판하였다.
③ 인류의 역사를 계급 투쟁의 역사로 파악하였다.
④ 자연이나 현실 생활을 사실 그대로 표현하였다.
⑤ 개인의 감정과 창조적 가능성에 관심을 기울였다.

32 밑줄 친 '우리 제국'에 대한 설명으로 옳은 것은?

> 14△△년 ○월 ○일
> 마침내 오늘, 콘스탄티노플을 포위한 지 50여일 만에 우리 예니체리 군대가 성을 함락하였다. 이것은 그동안 술탄이 교란 작전을 펴고 성을 사방에서 공격해서 얻은 성과였다. 술탄은 "이제 이곳을 우리 제국의 새로운 수도로 정하노라. 그리고 이름은 이스탄불로 하겠다."라고 선언하셨다. 아! 이슬람의 도시라니, 정말 감격스러운 날이었다.

① 십자군과 오랜 전쟁을 벌였다.
② 옴미아드 왕조의 부활을 내세웠다.
③ 술탄이 칼리프의 칭호를 획득하였다.
④ 이슬람 교단이 수니 파와 시아 파로 분열되었다.
⑤ 아우랑제브 때 인두세를 부활하고 개종을 강요하였다.

33 자료와 같은 항해 활동이 당시 유럽에 끼친 영향으로 가장 적절한 것은?

> 저는 국왕과 여왕께서 하사하신 함대로 33일 동안 서인도 제도를 항해한 과정과 발견한 수많은 섬에 대해 다음과 같이 보고합니다. …(중략)… 그곳 사람들은 부서진 꽃병이나 유리 조각, 낡은 가죽끈 같이 쓸모 없는 것을 받고도 마치 세상에서 제일가는 보석을 얻기라도 한 듯 좋아합니다. 어느 선원은 혁대 하나를 주고 2.5카스티라노스의 금을 얻었다는 말을 들었습니다.

① 한자 동맹이 결성되었다.
② 사회 계약설이 확산되었다.
③ 대륙 봉쇄령이 선포되었다.
④ 카노사의 굴욕 사건이 일어났다.
⑤ 가격 혁명, 상업 혁명이 발생하였다.

34 (가), (나) 국왕에 대한 설명으로 옳은 것은?

> • 귀족들이 사치스러운 직물을 구하려고 얼마나 많은 돈을 외국에 지출하고 있는가? 프랑스는 그런 물품을 생산할 능력과 원료가 있고, 외국에서 수입하는 것보다 훨씬 더 싼 값으로 공급할 수 있다. 그래서 짐, 곧 태양왕은 직물 공장의 설립을 결정하였다.
> – (가)의 회고록 –
>
> • 국왕 폐하는 마땅히, 또 실제로 법적으로도 영국 교회의 수장이시다. …(중략)… 영국 교회 수장의 권위에 부속된 모든 영예, 존엄, 지위, 재판권, 특권, 수익, 재화를 소유하며 향유한다.
> – (나)의 수장법 –

① (가) – 재정 위기를 타개하기 위해 삼부회를 소집하였다.
② (가) – 낭트 칙령을 발표하여 위그노 전쟁을 종결시켰다.
③ (나) – 무적 함대를 격파하고 영국 국교회를 확립하였다.
④ (나) – 수도원을 해산하고 그 토지와 재산을 몰수하였다.
⑤ (가), (나) – 계몽 전제 군주를 자처하였다.

35 (가)에 들어갈 대화 내용으로 적절한 것은?

> • 프로테스탄트와 가톨릭의 동등권을 인정한다.
> • 영주가 자신이 지배하는 영토의 종교를 결정한다.
>
> 시민1 : 이제 전쟁이 끝났나 봐?
> 시민2 : ________(가)________

① 30년 동안의 전쟁은 정말 끔찍했어.
② 누구나 마음대로 종교를 선택할 수 있겠네.
③ 헨리 8세의 결단이 드디어 성공을 거두었군.
④ 루터를 지지하는 제후들의 세력이 커지겠어.
⑤ 이제 예정설이 정식으로 인정을 받게 되겠지.

36 다음과 같은 시대 상황을 배경으로 나타난 사실을 〈보기〉에서 모두 고른 것은?

공장이 출현하면서 새로운 도시가 생기고 농촌의 인구가 대량으로 유입되었다. 노동자는 열악한 작업 한경과 낮은 임금에 시달렸으며, 부녀자와 아동까지 생계를 위해 취업해야 했으며 도시의 위생 상태도 아주 불량하였다. 1840년대 맨체스터 시민들의 평균 수명은 기껏 24세 정도였다.

보기

ㄱ. 길드가 도시의 상공업 활동을 주도하였다.
ㄴ. 자본가와 노동자 계층의 대립이 심화되었다.
ㄷ. 가격 혁명으로 인해 도시 물가가 폭등하였다.
ㄹ. 사유 재산을 부정하는 사회주의가 대두하였다.

① ㄱ, ㄴ
② ㄱ, ㄷ
③ ㄴ, ㄷ
④ ㄴ, ㄹ
⑤ ㄷ, ㄹ

37 다음 사상이 등장하게 된 배경을 알아보기 위한 탐구 활동으로 가장 적절한 것은?

영국의 오언과 프랑스의 생시몽, 푸리에 등은 계몽과 설득을 통하여 모든 사람이 공동으로 생산과 소비를 하는 이상 사회를 건설하려 하였다. 이에 대하여 독일의 마르크스와 엥겔스는 「공산당 선언」과 「자본론」에서 유물 사관을 제시하고, 인류의 역사는 계급 투쟁의 역사이며 프롤레타리아 계급의 혁명으로 자본주의가 전복되고 공산주의 사회가 도래할 것이라고 주장하였다.

① 산업 혁명으로 야기된 노동 문제를 조사한다.
② 신항로의 개척이 가져온 경제적 변화를 파악한다.
③ 나로드니키가 전개한 브 나로드 운동의 결과를 조사한다.
④ 영국에서 일어난 제1차 인클로저 운동의 결과를 조사한다.
⑤ 메테르니히의 주도 하에 형성된 빈 체제의 성격을 파악한다.

38 다음 선언이 미국 사회에 끼친 영향으로 옳은 것은?

현재 미국에 반대하여 반란 상태에 있는 모든 주(州) 또는 주의 일부 지역에서 노예 상태에 있는 모든 사람들은 1863년 1월 1일 이후로 영원히 노예 상태로부터 해방될 것이다. 육 · 해군을 포함하여 미국 행정부는 이러한 사람들의 자유를 인정하고 지킬 것이며, 이들이 진정한 자유를 얻고자 최선의 노력을 기울일 때 이들을 억압하는 어떠한 조치도 취하지 않을 것이다.

① 삼권 분립의 원칙에 입각한 공화국이 수립되었다.
② 남녀 평등의 보통 선거가 시행되는 계기가 되었다.
③ 서부 개척으로 영토가 태평양 연안까지 확장되었다.
④ 남부 7주가 연방에서 탈퇴하여 별도의 헌법을 제정하였다.
⑤ 국제 여론이 남부와 전쟁 중인 북부에 유리하게 전개되었다.

39 연표의 (가) 시기에 일어난 사실로 옳은 것은?

1789년	1791년	1792년	1795년	1799년
국민의회 결성	입법의회 소집	국민공회 소집	총재정부 수립	통령정부 수립

(가): 1792년 ~ 1795년

① 파리 민중들이 바스티유 감옥을 습격하였다.
② 공화정이 선포되고 루이 16세가 처형되었다.
③ 프랑스 인권 선언을 발표하여 혁명 이념을 천명하였다.
④ 혁명 전쟁 과정에서 성장한 나폴레옹이 쿠데타를 일으켰다.
⑤ 법 앞에 모든 국민의 평등을 보장하는 나폴레옹 법전이 편찬되었다.

40 19세기에 영국에서 제기된 (가), (나) 주장에 대한 설명으로 옳은 것을 〈보기〉에서 고른 것은?

(가) 자유민의 의무를 수행하고 있는 우리는 마땅히 자유민의 특권도 누려야 한다. 그러므로 우리는 보통 선거권을 요구한다. 부유한 자의 매수나 힘 있는 자의 폭력에서 벗어나기 위해 투표는 비밀로 치러져야 한다.

(나) 외국산 곡물의 수입을 막고 국내의 곡물 가격을 인위적으로 올리는 법률에 의해 주요 제조업이 큰 위기에 놓여 있음을 선언하는 바이다. … (중략) … 우리는 이러한 법률의 전면적이고 신속한 폐기를 목적으로 끊임없이 노력할 것을 굳게 맹세한다.

보기

ㄱ. (가)의 결과 1차 선거법 개정이 이루어졌다.
ㄴ. (나)는 자유 무역 체제의 확립에 기여하였다.
ㄷ. (가)는 노동자, (나)는 산업 자본가의 지지를 받았다.
ㄹ. (가), (나)는 나폴레옹의 유럽 지배에 반발하여 나타났다.

① ㄱ, ㄴ ② ㄱ, ㄷ
③ ㄴ, ㄷ ④ ㄴ, ㄹ
⑤ ㄷ, ㄹ

41 표의 (가)에 들어갈 내용으로 옳은 것은?

Ⅱ. 두 차례 세계 대전 사이의 세계
○ 상황 : ______(가)______
○ 대응책
가. 미국 : 농업 조정법 · 산업 부흥법 · 와그너법 실시
나. 영국 : 오타와 회의 개최, 파운드 블록 형성
나. 프랑스 : 프랑 블록 형성

① 레닌의 11월 혁명 성공
② 경제 공황의 전 세계 파급
③ 히틀러의 나치당 권력 장악
④ 일본의 하와이 진주만 기습
⑤ 이탈리아, 독일, 일본의 3국 방공 협정 체결

42 다음 입장에서 전개된 중국의 근대화 운동에 관한 설명으로 옳은 것은?

청 · 프 전쟁, 청 · 일 전쟁에서 왜 패하였는가? 그것은 일반 국민이 정치에 무관심하고 또 정부가 민의를 존중하지 않으면 우수한 기계를 들여와도 잘 운용될 리 없기 때문이다. …… 부강을 이룩하자면 하정(下情)의 상달(上達)을 꾀하기 위하여 제도의 개혁을 행하지 않으면 안 된다. …… 제도의 개혁에 임해서는 서양의 제도를 배워야 한다. 서양 근대의 의회 정치야말로 군민 일체와 상하 일심의 정치를 이룩하는 것으로서 중국이 바야흐로 채용해야 할 제도이다.

① 삼민주의에 입각한 민주 공화정을 지향하였다.
② 반봉건 운동으로 토지 균분, 남녀 평등을 주장하였다.
③ 메이지 유신의 영향을 받아 입헌 군주제를 추구하였다.
④ 열강의 침략에 저항한 반크리스트 교, 반제국주의 운동이었다.
⑤ 중체서용(中體西用)에 입각하여 서양의 무기와 기술을 도입하였다.

43 다음 글의 밑줄 친 '새로운 주장'으로 적절한 것은?

1854년 에도 막부는 미국과 화친 조약을 체결하고 외국과의 교역을 시작하였다. 그러나 이 시기 일본의 무역은 해외로 나가 교역하는 것이 아니라 개항장을 드나드는 외국 상인과 상품을 거래하는 방식이었다. 그런데 해외 무역으로 값싼 면사와 직물이 들어와 일본의 직물업자에게 타격을 주었고, 물가의 폭등을 가져와 서민과 하급 무사들의 생활을 위협하였다. 이러한 상황에서 사쓰마 · 조슈 번 등의 무사들이 새로운 주장을 제기하였다.

① 막부를 타도하고 천황을 받들자.
② 의회를 설립하고 민선 의원을 선출하자.
③ 대동아 공영권을 조성하여 서구에 대항하자.
④ 러시아의 남하를 막기 위해 영국과 동맹을 맺자.
⑤ 언론 자유를 확대하고 시민의 기본권을 확립하자.

44 다음 자료와 관련된 대외 정책의 경제적 배경으로 옳은 설명을 〈보기〉에서 고른 것은?

> • 약한 개인과 집단 유기체는 더 강한 집단에게 예속된다. 이것이 자연의 법칙이다. 각자는 생존 경쟁에 따라 위치가 결정된다. 한 동물이 다른 동물보다 약하다면 다른 동물의 먹이가 되는 것과 마찬가지로 한 사회가 다른 사회보다 약할 때 그 사회는 다른 사회에 예속된다. – 노비코프, 『국제 정치』 –
> • (우리 회사는) 만 명의 노동자, 67개 도시에 걸친 특허권, 매일 5천 톤 이상 생산되는 석탄, 모든 채굴장과 작업장, 공장으로 연결되어 있는 철길이 있어요. 오, 그럼요! 그렇고 말구요! 거기에 돈이 있어요! – 에밀 졸라, 『제르미날』 –

보기

ㄱ. 잉여 자본을 투자하기 위한 새로운 시장이 필요하였다.
ㄴ. 중화학 공업 중심의 소수 거대 기업이 시장을 독점하였다.
ㄷ. 자유 무역 체제를 강화하기 위해 세계 무역 기구가 발족되었다.
ㄹ. 악화된 경제 상황을 해결하기 위해 신경제 정책(NEP)이 추진되었다.

① ㄱ, ㄴ ② ㄱ, ㄷ
③ ㄴ, ㄷ ④ ㄴ, ㄹ
⑤ ㄷ, ㄹ

45 다음 조약이 유럽에 끼친 영향으로 옳은 것은?

> • 내부 국경이 없는 단일 영역의 구축, 경제적 · 사회적 단합의 강화, 궁극적으로 단일 통화를 보유하는 경제 및 통화 연합의 수립 등을 통해서 본 조약의 조항들에 합치되는 균형 있고, 지속적인 경제 · 사회 발전을 촉진할 것.
> • 적절한 시기에 이르러 공동 방위를 실현하게 될 공동 방위 정책을 포함, 외교 및 안보 분야의 공동 보조를 통해서 국제 사회에서 유럽의 정체성을 확립할 것.

① 동독이 서독에 편입됨으로써 독일 통일이 완성되었다.
② 프랑스는 냉전 체제에서 벗어나 독자 외교 노선을 걸었다.
③ 오스트리아는 유럽 연합에 가입한 후 유로화(1)를 통용시켰다.
④ 러시아는 사회주의 경제를 포기하고 시장 경제를 받아들였다.
⑤ 북대서양 조약 기구가 결성되어 집단 안보 체제가 구축되었다.

46 (가)에 들어갈 내용으로 가장 적절한 것은?

> **수행 평가 과제**
> 1. 수행 과제 : 세계사 신문 사설 작성하기
> 2. 사설 주제 : ______(가)______
> 3. 위 주제와 관련된 사설의 사례(제목만 예시)
>   ○ 케네디와 흐루시초프, 그 악수의 의미
>   ○ 베오그라드의 비동맹, 양극 체제를 흔들다.
>   ○ 닉슨의 중국 방문, 죽의 장막 걷히나
>   ○ 전략 무기 제한 협정(SALT), 세계 평화의 소금이 돼야
> 4. 분량 : A4 용지 반 장
> 5. 제출 기한 : ○○월 ○○일까지

① 냉전의 완화
② 제3세계의 등장
③ 유럽 연합(EU)의 탄생
④ 국제 연합(UN)의 성립
⑤ 지역 경제 협력체의 형성

47 (가)에 들어갈 조직으로 옳은 것은?

영희 : (가) 은/는 관세 및 그 밖에 무역 장벽을 낮추고 국제 무역 관계에서 차별 대우를 없애려는 목적을 지니고 있어. 이로써 자유 무역 체제가 크게 강화되었어
철수 : (가) 은/는 제2차 세계대전 이후 반세기 가까이 존속한 '관세 및 무역에 관한 일반 협정(GATT)'을 대신한 것이기도 해. 유럽 연합은 모든 시장이 이 조직을 거쳐 개방되어야 한다고 말하기도 했어

① 국제 연합(UN)
② 세계 무역 기구(WTO)
③ 국제 통화 기금(IMF)
④ 유럽 경제 공동체(EEC)
⑤ 북미 자유 무역 협정(NAFTA)

48 밑줄 친 '이 전쟁'과 관련된 설명으로 옳은 것을 〈보기〉에서 고른 것은?

독일 제국 정부는 모든 법적 · 인도적 제한에서 벗어나 잠수함을 이용해 독일의 적국들에 접근하려 하는 선박들을 격침시킬 것이라 선언한 바 있습니다. … (중략) … 독일 제국 정부가 취한 최근의 행동이 사실상 미국 정부에 대한 선전 포고라고 여기는 바이며, 이에 나는 미국 국민의 안전을 책임져야 할 의무가 있는 미국의 대통령으로서 독일 제국 정부를 항복시키고 이 전쟁을 종식시키기 위한 즉각적인 조치를 의회가 취해 줄 것을 권고합니다.

– 미국 대통령의 의회 연설 –

보기

ㄱ. 배경 : 3국 방공 협정의 체결로 긴장 고조
ㄴ. 발단 : 사라예보 사건을 계기로 전쟁 시작
ㄷ. 경과 : 일본의 진주만 공격으로 전쟁 확대
ㄹ. 결과 : 세계 평화를 지향하는 국제 연맹 창설

① ㄱ, ㄴ　　② ㄱ, ㄷ
③ ㄴ, ㄷ　　④ ㄴ, ㄹ
⑤ ㄷ, ㄹ

49 자료를 바탕으로 연극을 만들 경우, 적절한 대사를 〈보기〉에서 모두 고른 것은?

• 시기 : 20세기 초
• 장소 : 인도 콜카타
• 상황 : 영국의 벵골 분할령 발표로 반영 운동이 확산되고 있는 상황에서 사람들이 대화를 나누고 있다.

보기

갑 : 벵골 분할령은 힌두 교와 이슬람 교의 갈등을 더욱 심화시키려는 거야.
을 : 그래서 인도 국민 회의에서는 콜카타 대회를 열어 4대 강령을 내걸고 반영 운동을 전개하고 있어.
병 : 동인도 회사에 고용된 세포이들도 반영 항쟁에 참여한다더군.
정 : 이러다가 무굴 제국이 곧 멸망할 것 같아.

① 갑, 을　　② 갑, 병
③ 을, 병　　④ 을, 정
⑤ 병, 정

50 다음 인물에 대한 설명으로 옳은 것은?

"가장 위대한 무기는 평화입니다"
1918 템부 족 추장의 아들로 출생
1962 아파르트헤이트에 맞서다 투옥
1990 27년 6개월 만에 석방
1993 노벨 평화상 수상
1994 대통령 취임
2013 사망

① 와하브 운동을 전개하였다.
② 수에즈 운하를 국유화하였다.
③ 팔레스타인 해방 기구를 조직하였다.
④ 흑인과 백인의 평화로운 공존을 도모하였다.
⑤ 자유 노조를 이끌어 비공산 정권을 수립하였다.

세계사능력검정시험 기출동형모의고사 초 · 중급

01 다음 (가), (나)와 관련된 고대 문명에 관한 설명으로 옳은 것은?

> (가) "길가메시여, 당신은 생명을 찾을 수 없을 것입니다. 신들이 인간을 만들 때 인간에게 죽음도 함께 붙여 주었습니다. 생명만은 그들이 보살피도록 남겨 두었지요. 좋은 음식으로 배를 채우십시오. 밤낮으로 춤추며 즐기십시오. 잔치를 벌이고 기뻐하십시오."
>
> – 길가메시의 서사시 –
>
> (나) "저는 도둑질하지 않았습니다. …… 저는 게으른 사람이 아닙니다. 저는 남을 울린 일이 없으며 남의 땅을 억지로 빼앗은 일도 없습니다. 저는 사람을 죽인 일이 없으며 저울의 눈금을 속인 일이 없습니다."
>
> – 사자의 서 –

① (가) – 강의 범람을 예측하는 과정에서 태양력을 만들었다.
② (가) – 개방적인 지형 조건으로 인하여 이민족의 침략을 자주 받았다.
③ (나) – 유일신을 믿고 우상 숭배를 금지하였다.
④ (나) – 모헨조다로, 하라파 등의 도시를 건설하였다.
⑤ (가), (나) – 쐐기 문자를 사용하였다.

02 다음은 세계사 수업 장면이다. 교사의 질문에 대한 학생의 답변으로 가장 적절한 것은?

> 교사 : 아래와 같은 정책들을 실시한 공통적인 목적은 무엇일까요?
>
> 〈진의 발전〉
>
> 1. 상앙의 개혁에 따른 부국강병책 실시
> 2. 시황제의 정책
>   • 군현제와 관료제 실시
>   • 화폐와 도량형 통일
>   • 만리장성 축조
>   • 문자 통일

① 갑 : 재정을 확보하기 위해서입니다.
② 을 : 문치주의를 확립하기 위해서입니다.
③ 병 : 통일 국가를 확립하기 위해서입니다.
④ 정 : 북방 외적의 침입을 막기 위해서입니다.
⑤ 무 : 자유로운 학문 연구를 보장하기 위해서입니다.

03 다음 '이 사람'에 관한 설명으로 옳은 것은?

> 기원전 3세기, <u>이 사람</u>은 남부 일부를 제외한 전 인도를 통일하였다. 그는 통일 전쟁의 과정에서 수많은 사람들을 살생한 것을 참회하며 불교를 믿었다. 그리고 불경을 결집하여 교리를 정리하고, 전국에 스투파와 석주(石柱)를 세우는 등 불교를 장려하였다.

① 아잔타 석굴 같은 대규모 사원을 건립하였다.
② 말라카 해협을 장악하여 동서 무역을 주도하였다.
③ 개인의 해탈을 강조하는 소승 불교를 장려하였다.
④ 중앙 아시아, 중국, 일본 등으로 포교승을 파견하였다.
⑤ '왕의 눈', '왕의 귀'라 불린 감찰관을 지방에 파견하였다.

04 다음 종교에 관한 바른 설명을 〈보기〉에서 모두 고른 것은?

> 세상은 선한 세력과 악한 세력이 싸우는 전쟁터이다. 인간이 어느 쪽을 선택하는가에 따라 자신의 운명이 결정된다. 사람이 죽은 후 4일이 되면, 천사가 지난 행위를 저울에 올려놓고 심판을 한다. 그 영혼이 악한 쪽으로 기울면 지옥에 가고, 선한 쪽으로 기울면 낙원으로 간다. 세상의 종말이 올 때 구세주가 나타나, 천국과 지옥에 있는 모든 인간을 부활시켜 최후의 심판을 행한다. 이때 악한 세력은 영원히 사라지고, 선한 세력은 새로운 세상으로 갈 수 있다. 불은 빛과 순결을 상징하는 것으로 모든 신도는 이를 숭배해야 한다.

보기

ㄱ. 브라만의 특권을 강화시키는 데 기여하였다.
ㄴ. 계율과 고행을 통한 정신적 깨우침을 중시하였다.
ㄷ. 크리스트교와 이슬람교의 성립에 큰 영향을 끼쳤다.
ㄹ. 인간을 스스로 생각하고 판단할 능력을 가진 존재로 파악하였다.

① ㄱ, ㄷ ② ㄱ, ㄹ
③ ㄴ, ㄷ ④ ㄴ, ㄹ
⑤ ㄷ, ㄹ

05 (가), (나)의 문화 유산이 만들어진 시대에 관한 설명으로 옳은 것은?

(가)

(나)

① (가) : 유럽과 아시아, 아프리카에 걸친 대제국이 건설되었다.
② (가) : 법률, 토목, 건축 등 실용적인 문화가 발달하였다.
③ (나) : 세계 시민주의와 개인주의 철학이 발달하였다.
④ (나) : 수사와 변론을 가르치는 소피스트가 출현하였다.
⑤ (가), (나) : 동방의 전제 군주제가 도입되었다.

06 다음 문명에 관하여 조사하고자 할 때, 답사해야 할 장소의 위치를 지도에서 찾으면?

> • 발달한 오리엔트 문명의 영향을 받아 기원전 2,000년경 성립한 청동기 해양 문명이다.
> • 영국의 고고학자 에반스는 20세기 초 크노소스 유적지를 발굴하여 이 문명의 실체를 밝혀내는 데 성공하였다.
> • 크소노스 궁전은 전설에 나오는 '미노스 왕의 미궁(迷宮)'으로 알려져 있으며, 3층 또는 4층의 대리석 건물로 수백 개의 작은 방에 바다와 육지를 소재로 한 벽화가 그려져 있다.

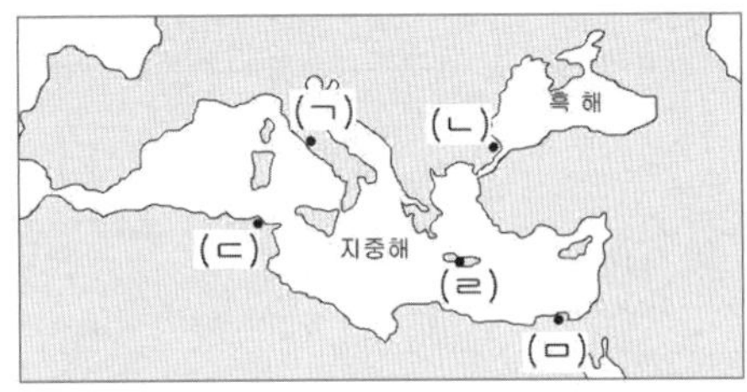

① (ㄱ) ② (ㄴ)
③ (ㄷ) ④ (ㄹ)
⑤ (ㅁ)

07 다음은 어느 학생이 로마 사회의 변화를 조사하기 위하여 정리한 연표이다. 그의 관심 주제를 타당하게 파악한 것은?

시기	내용
기원전 494년	호민관 설치
기원전 472년	평민회 설치
기원전 450년	12표법 제정
기원전 367년	리키니우스 법 제정
기원전 287년	호르텐시우스 법 제정

① 공화정의 붕괴
② 평민권의 신장
③ 삼두 정치의 성립
④ 군인 황제의 등장
⑤ 로마의 평화 시대의 전개

08 다음 시기의 중국 지배층에 대한 설명으로 옳은 것을 〈보기〉에서 고르면?

> 화북 지방은 북방 민족들의 침입으로 분열 상태가 계속되다가 선비족이 세운 나라에 의해 통합되었다. 강남 지방은 북에서 쫓겨 온 한족 왕조가 교체되면서 화북의 이민족 왕조들과 대치하였다.

보기

ㄱ. 구품 중정제를 통해 관직에 진출하였다.
ㄴ. 혼란기를 이용하여 대토지를 소유하였다.
ㄷ. 성리학을 수용하여 사상적 기반으로 삼았다.
ㄹ. 안사의 난을 계기로 정치 · 군사 권력을 장악하였다.

① ㄱ, ㄴ ② ㄱ, ㄷ
③ ㄴ, ㄷ ④ ㄴ, ㄹ
⑤ ㄷ, ㄹ

09 다음 사건 이후 나타난 사회 변화로 옳은 것은?

> 양국충은 현종에게 안녹산이 모반하려 하므로 소환하도록 요구하였다. 755년 11월, 안녹산은 거란 등 이민족의 정예 8,000여 기(騎)를 중심으로 한병(漢兵) · 번병(蕃兵) 20만의 대군을 이끌고 양국충 토벌을 구실로 범양에서 거병하여 낙양으로 진격하였다. 당시 태평에 젖은 당나라 군(軍) · 관(官)은 제대로 싸우지도 못하고 패전하여 다음 달 낙양이 안녹산의 수중에 들어갔다.

① 부병제를 실시하여 국방 강화를 도모하였다.
② 균전제를 실시하여 자영 농민을 육성하였다.
③ 빈부 차에 따라 세액을 정하는 양세법을 실시하였다.
④ 추천에 의해 관리를 등용하는 향거리선제를 실시하였다.
⑤ 문벌 귀족 세력을 억압하기 위해 토지 소유를 제한하였다.

10 다음은 중국 어느 왕조의 상황을 역사 신문 기사로 꾸민 것이다. 이 시기의 사실로 가장 적절한 것은?

> 과거 시험의 열기가 대단하다. 요즘 여인들의 혼수품 중 청동거울의 뒷면에 '오자등과(五子登科)'라는 글귀를 흔히 볼 수 있다. 아들 다섯을 낳아 모두 과거에 합격시켰으면 하는 바람을 나타낸 것이다. 과거에 합격만 하면 관리가 되어 앞날이 보장될 수 있다니 정말 세상이 많이 바뀌었다. 과거 시험은 지방에서 일단 1차 시험을 통과한 뒤 수도에 올라와서 2차 시험을 치러야 한다. 요즘에는 황제 앞에서 치르는 이른바 전시(殿試)가 추가되었다.

① 국제적이고 귀족적인 문화가 발달하였다.
② 천명 사상과 덕치주의 이념이 등장하였다.
③ 경서와 자구 해석에 치중하는 유학이 발달하였다.
④ 황제 독재권이 강화되고 사대부 계층이 등장하였다.
⑤ 문헌에 근거하여 실증적으로 사실을 규명하려는 학풍이 나타났다.

11 밑줄 친 '2관 8성제'가 수립된 시기 일본의 상황으로 옳은 것은?

> 일본 정부는 국왕 중심의 체제를 건설하고자 율령을 제정하였다. 수도를 헤이조쿄로 옮길 무렵에 율령에 근거하여 <u>2관 8성제</u>를 만들었다. 이 관제에서는 태정관이 행정을 담당하고 신기관이 제사를 관장하였다.

① 몽골의 침입을 받았다.
② 산킨고타이제를 실시하였다.
③ 가부키 등 조닌 문화가 발달하였다.
④ 견당사를 파견하여 중국 문화를 받아들였다.
⑤ 무사들이 지배권을 확보하여 막부 체제를 수립하였다.

12 (가)~(다) 정책에 대한 설명으로 옳지 않은 것은?

(가) 정홍, 정황, 정남, 정백의 4기(旗)를 조직하고 다시 양홍, 양황, 양남, 양백의 4기를 증설하여 8기로 확대하였다.
(나) 300호를 모극으로 하고 10모극을 맹안으로 하였다. 장정들은 평시에는 생업에 종사하고 전시에는 병사로 활약하도록 하였다.
(다) 95개의 천호를 두고 그 하위 조직으로 십호, 백호를 두고 그 상위 조직으로 만호를 두었다. 제국 건국에 공이 큰 장수를 천호장, 백호장으로 임명하였다.

① (가)는 만주족이 중국을 지배하는 군사적 기반이 되었다.
② (나)는 요가 연운 16주를 획득하는 데 기여하였다.
③ (다)에 의해 편성된 부대는 초원길을 따라 유럽 원정에 나섰다.
④ (가), (나), (다)는 부족제를 기반으로 군사 조직을 정비하였다.
⑤ (나), (다), (가)의 시기 순으로 실시되었다.

13 다음 종교가 성립된 왕조에 있었던 사실로 옳은 것은?

〈시바 신〉

브라만 교와 불교 및 인도의 민간 신앙이 융합된 다신교로서 인도인의 모든 생활을 지배하였다. 이 종교는 특정한 창시자가 없으며, 브라만 · 비슈누 · 시바를 주신으로 숭배하였다.

① 개인의 해탈을 추구하는 소승 불교가 성립되었다.
② 인도 고유의 특색이 강조된 굽타 양식이 나타났다.
③ 아리아 인이 남하하여 인더스 강 유역에 정착하였다.
④ 셀주크 투르크의 침략으로 이슬람 문화의 영향을 받았다.
⑤ 인도 문화와 헬레니즘이 융합된 간다라 미술이 발달하였다.

14 세계사 수업의 판서 내용이다. (가) 국가에 대한 설명으로 옳은 것은?

(가) 의 성장

- 지리적 위치 : 동남아시아
- 리(李)왕조의 성립 : 국호 '대월', 과거제도 실시
- 쩐(陳)왕조의 성립 : 남진 정책 추진(참파와 대립) 몽골 침입 격퇴

① 한자, 유교 등 중국 문물을 수용하였다.
② 앙코르 톰, 앙코르 와트 같은 문화 유산을 남겼다.
③ 믈라카 해협을 지배하며 동서 교역으로 번영하였다.
④ 대승 불교를 받아들여 보로부두르 사원을 건축하였다.
⑤ 힌두 교의 영향권에 있었으나 점차 이슬람 국가로 변하였다.

15 다음 글의 밑줄 친 '대제국'에 대한 설명으로 옳은 것은?

…… 7세기 전반에 아라비아 반도의 대부분을 통일한 뒤, 이후 약 1세기 사이에 비잔티움 제국으로부터 시리아, 팔레스타인, 이집트를 빼앗고, 사산 왕조 페르시아를 정복하는 등 크게 영토를 확장함으로써 중앙아시아에서 북아프리카를 거쳐 이베리아 반도에 이르는 대제국을 건설하였다.

① 칼리프가 정교 일치의 지배권을 행사하였다.
② 쌍무적 계약 관계를 기본으로 한 주종 관계가 성립되었다.
③ 법률, 토목, 건설 등 실용적인 방면에서 많은 유산을 남겼다.
④ 거듭되는 외침에 대비하여 군관구 제도와 둔전병 제도를 실시하였다.
⑤ 그리스 문화, 헬레니즘 문화를 융합하여 서양 고전 문화를 완성하였다.

16 (가), (나)에 대한 옳은 설명을 〈보기〉에서 모두 고른 것은?

(가) 영주의 허락 없이 마음대로 이사를 하거나 직업을 선택할 수 없었다.

(나) 길드를 조직하여 사업 독점권을 확보하는 등 조합원들의 권익을 보호하였다.

보기

ㄱ. (가) – 흑사병의 유행으로 사회적 지위가 열악해졌다.
ㄴ. (가) – 노동 지대가 화폐 지대로 바뀌면서 신분적 예속이 완화되어 갔다.
ㄷ. (나) – 도시에 거주하면서 자치를 누렸다.
ㄹ. (나) – 자유 시장 경제의 발전을 주도하였다.

① ㄱ, ㄴ　　② ㄱ, ㄷ
③ ㄴ, ㄷ　　④ ㄴ, ㄹ
⑤ ㄷ, ㄹ

17 다음은 중세 유럽의 두 문화권을 비교한 것이다. (가), (나)에 대한 설명으로 옳은 것은?

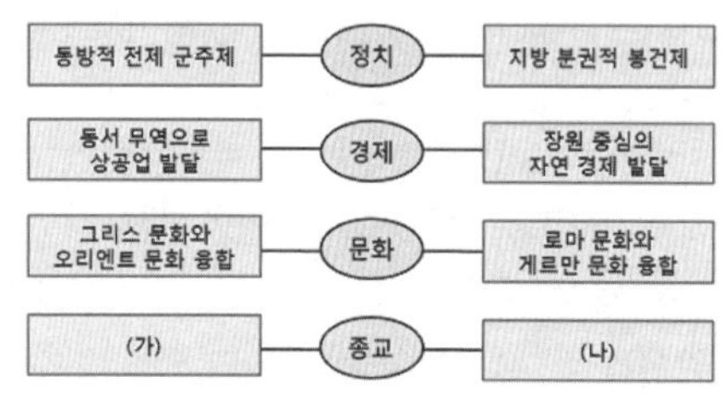

① (가)–로마 교황이 교회의 우두머리였다.
② (가)–낭트 칙령으로 신앙의 자유가 허용되었다.
③ (나)–삼위 일체를 부정하였다.
④ (나)–슬라브 족에게 전파되어 동유럽 문화권 형성에 기여하였다.
⑤ (가)와 (나)는 성상 숭배 문제로 반목하였다.

18 다음과 같은 건축 양식이 등장할 무렵 서유럽의 문화에 대한 옳은 설명을 〈보기〉에서 고른 것은?

보기

ㄱ. 자국어를 사용한 국민 문학이 발달하였다.
ㄴ. 교수나 학생들의 길드에 의해 대학이 설립되었다.
ㄷ. 이성과 신앙의 조화를 추구하는 철학이 유행하였다.
ㄹ. 육체의 아름다움을 있는 그대로 표현하는 미술이 성행하였다

① ㄱ, ㄴ　　② ㄱ, ㄷ
③ ㄴ, ㄷ　　④ ㄴ, ㄹ
⑤ ㄷ, ㄹ

19 밑줄 친 '이 법전'을 편찬한 인물에 대한 설명으로 옳은 것은?

<u>이 법전</u>은 교회에 대하여 황제가 가지는 권위를 명시하였다. 법전의 내용을 보면 교회에 대한 황제의 지배권을 강조하며 모든 교회법은 황제에게서 나옴을 분명히 하였다. 로마법을 집대성한 <u>이 법전</u>은 이후 유럽 대부분 국가의 법전에 영향을 주었다.

① 항해법을 제정하였다.
② 밀라노 칙령을 반포하였다.
③ 티마르 제도를 실시하였다.
④ 마자르 족의 침입을 격퇴하였다.
⑤ 콘스탄티노폴리스에 성 소피아 성당을 세웠다.

20 자료는 어떤 전쟁과 관련된 것이다. 중세 서유럽 사람들이 이 전쟁에 참여한 동기에 대한 설명으로 적절하지 않은 것은?

> 동방의 크리스트교 국가가 구원을 요청하였다. (중략) 성지의 형제들을 구하라. 크리스트 교도들이여, 지위가 높건 낮건, 재산이 많건 적건 동방의 크리스트 교도의 구원에 힘쓰라. 신의 정의를 위하여 싸우다 쓰러지는 자는 그 죄가 사함을 받을 것이다. (중략) 예수의 성묘(聖廟)가 있는 곳으로 가지 않겠는가? '젖과 꿀이 흐르는 땅'은 신이 그대들에게 내린 토지이다. 그 곳을 이교도 무리로부터 해방시켜 우리들의 것으로 만들지 않겠는가?
>
> – 교황 우르반 2세의 연설문 중에서 –

① 교황 – 동방에 대해 종교적 영향력을 행사하고자 하였다.
② 국왕 – 그리스 정교회와 연계하여 교황을 견제하고자 하였다.
③ 기사 – 새로운 영지를 획득하려고 하였다.
④ 농민 – 영주의 구속에서 벗어날 수 있는 기회로 여겼다.
⑤ 상인 – 동방 무역을 통해 상업 이익을 확대하고자 하였다.

21 다음 문화를 남긴 사람들의 모습으로 옳은 것은?

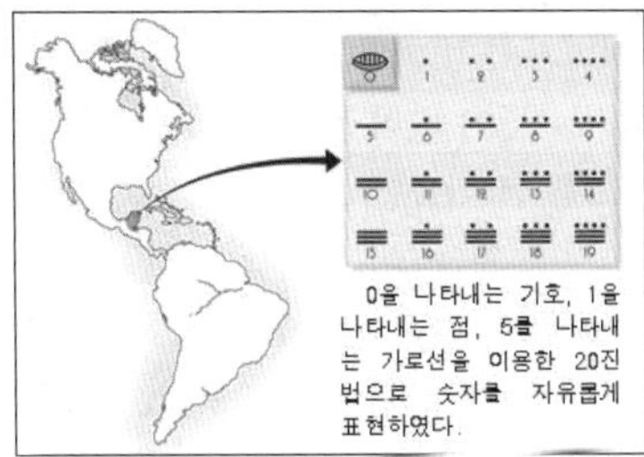

0을 나타내는 기호, 1을 나타내는 점, 5를 나타내는 가로선을 이용한 20진법으로 숫자를 자유롭게 표현하였다.

① 이슬람 상인과 교류하였다.
② 신전 피라미드를 건축하였다.
③ 올림피아 제전을 개최하였다.
④ 자연을 찬미하는 베다를 지었다.
⑤ 죽은 자를 위해 사자의 서를 만들었다.

22 자료는 중세 도시의 구조를 나타낸 것이다. 이 도시의 상황을 추론한 것으로 적절하지 않은 것은?

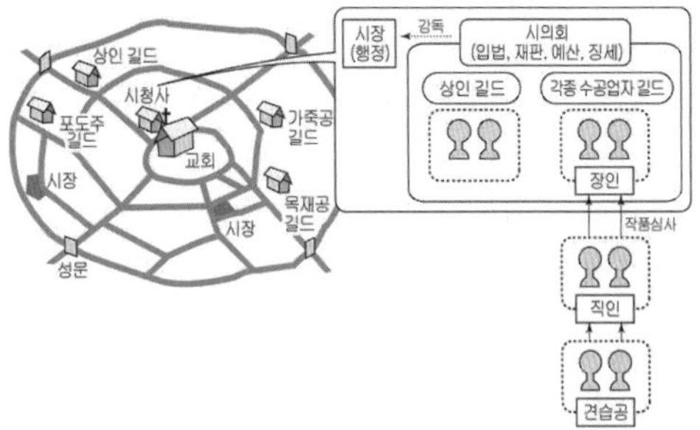

① 국왕이나 영주로부터 자치권을 획득하였을 것이다.
② 상인 길드와 수공업자 길드는 도시 행정에 참여하였을 것이다.
③ 누구든지 자유롭게 물건을 생산하고 판매할 수 있었을 것이다.
④ 수공업자 길드는 직종별로 조직되었고 엄격한 위계 질서가 있었을 것이다.
⑤ 상인 길드와 수공업자 길드는 각각 공동의 이익과 안전을 위해 결성되었을 것이다.

23 다음 여행자가 볼 수 있는 상황으로 적절한 것은?

> 이븐 바투타는 메카 순례라는 종교적 의무를 수행하고 새로운 세계를 경험하기 위하여 기나긴 여행을 떠났다. 그 여정은 오늘날의 이란, 이라크, 러시아의 킵차크 초원, 부하라, 사마르칸트, 아프가니스탄, 인도의 델리 등 그가 살던 시대의 이슬람 세계를 거의 아우르는 것이었다. 또한 술탄의 사절 자격으로 몽골의 대칸이 머무는 대도(현재의 베이징)에도 방문하였다.

① 원정을 준비하는 정화의 함대
② 레판토 해전에 참가하는 이슬람 병사들
③ 델리의 술탄 궁전에서 근무하는 관리들
④ 지즈야(인두세)를 징수하는 아우랑제브
⑤ 계몽 군주를 자처하며 통치하는 예카테리나 2세

24 다음 제도를 시행한 왕조의 통치 정책에 대한 설명으로 옳은 것은?

> 인접한 농가 110호를 1리(里)로 조직한다. 그 가운데 부유한 지주 10호(戶)를 선발하여 이장호(里長戶)로 삼고, 나머지 100호를 갑수호(甲首戶)로 편성하여 이를 10호씩 10갑(甲)으로 나눈다. 매년 이장 1인과 갑수 10인이 돌아가면서 리(里)의 역(役)을 담당하도록 한다.

① 몽고인 제일주의를 추구하여 한족을 차별하였다.
② 맹안모극제를 시행하여 이중 통치 체제를 갖추었다.
③ 문치주의 정책을 실시하여 절도사 세력을 약화시켰다.
④ 9품 중정제를 실시하여 호족 세력을 억제하려 하였다.
⑤ 6유(六諭)를 제정하여 유교적 도덕 지침을 마련하였다.

25 표는 어느 왕조의 한족 지배 정책을 나타낸 것이다. (가), (나)에 대한 설명으로 옳은 것은?

> 한족 지배 정책
> • 변발과 호복 강요, 금서 정책…………… (가)
> • 만 · 한 병용책, 『고금도서집성』 편찬 … (나)

① (가) – 실천적 유학 발달의 계기가 되었다.
② (가) – 홍건적의 난이 일어나는 원인이 되었다.
③ (나) – 한인 지식인층을 회유하기 위한 것이었다.
④ (나) – 원의 민족별 신분 제도를 계승한 것이었다.
⑤ (가), (나) – 유목민과 한족을 분리 통치하려는 것이었다.

26 밑줄 친 '이 시대'에 나타났던 사실로 옳지 않은 것은?

> 이 시대에 일본은 쇼군(將軍)이 통치하는 직할지와 다이묘(大名)들이 지배권을 가지는 영지로 구분되었다. 다이묘는 1년마다 자신의 영지와 에도에 교대로 거주하였고, 처자는 인질로서 에도에 상주하였다. 이렇게 일본은 봉건 제도를 유지하면서 중앙 집권 체제를 강화하였으며, 사무라이[武士]가 지배자로서 여러 특권을 가지고 있었다.

① 통신사를 통해 조선의 문화를 받아들였다.
② 네덜란드 인을 통해 서양 문물을 받아들였다.
③ 만엽집을 편찬하고 가나 문자를 만들어 사용하였다.
④ 무사 외에 상인이나 농민의 자식도 읽고 쓰는 법을 배웠다.
⑤ 조닌이 도시의 중산층으로 성장하면서 가부키가 발전하였다.

27 밑줄 친 '황제'의 업적으로 옳은 것은?

> 이슬람 신학자와 법학자들이 "황제께서 이슬람교를 육성하시려는 뜻에 비춰 볼 때, 제국 내의 힌두 교도, 시크 교도 등 비이슬람 교도로부터 지즈야를 다시 징수하는 것이 이슬람법에 맞고, 이슬람 교도를 위해서도 꼭 필요하다고 판단됩니다."라고 건의하니, 황제가 이를 받아들여 지즈야 부활을 명령하였다.

① 산치 대탑을 세웠다.
② 타지마할을 건설하였다.
③ 마라타 동맹을 해체시켰다.
④ 세포이 항쟁을 진압하였다.
⑤ 제국의 영토를 최대로 확장하였다.

28 밑줄 친 '이 나라'에 대한 설명으로 옳지 않은 것은?

> 전성기 이 나라의 영토는 유럽 대륙에 있는 것만 해도 프랑스와 에스파냐를 합친 것보다 컸으며, 남쪽으로 홍해와 페르시아 만까지, 동쪽으로 카스피 해 부근까지 다다랐다. 그러나 유럽의 여러 나라는 16세기 후반 동 지중해의 레판토에서 이 나라의 강력한 함대를 격파하였다. 17세기 말에는 다뉴브 강 유역에서 오랫동안 두려움의 대상이었던 이 나라의 총공격을 막아 내었다. 이를 계기로 마침내 유럽은 대외적으로 강한 자신감을 얻었다.

① 『유스티니아누스 법전』을 만들어 유럽에 영향을 주었다.
② 영토 내의 여러 민족에게 종교적 · 문화적 관용을 베풀었다.
③ 이슬람 문화를 바탕으로 동 · 서의 여러 문화를 융합하였다.
④ 술탄이 칼리프를 겸하는 정 · 교 일치의 군주권을 확립하였다.
⑤ 19세기에 국가 체제의 근대화를 위하여 탄지마트를 추진하였다.

29 도표의 (가)~(다)에 해당하는 내용으로 옳지 않은 것은?

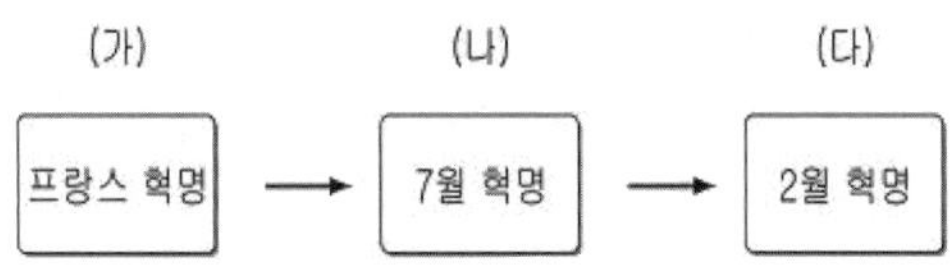

① (가) – 직접적 원인은 재정 문제였다.
② (가) – 국민의회는 인권선언문을 발표하였다.
③ (나) – 샤를 10세의 반동 정치에 대항하였다.
④ (나) – 루이 나폴레옹을 대통령으로 선출하였다.
⑤ (다) – 노동자들이 선거권의 확대를 요구하였다.

30 밑줄 친 '이 나라'에 대한 옳은 설명을 〈보기〉에서 고른 것은?

> 이 나라는 신항로 개척 이후 북방 무역의 중심지로 성장하였으며, 에스파냐의 강압적 종교 정책에 반발하여 독립 전쟁을 일으켰다. 또한 아프리카 남단의 케이프 식민지를 건설하여 동양 무역의 중계 지점으로 삼았으며, 서인도 회사를 세워 북미 대륙 동해안에 식민지를 건설하였다.

보기

ㄱ. 18세기에 대서양의 노예 무역을 독점하였다.
ㄴ. 대상인의 지원을 받아 초기 르네상스를 주도하였다.
ㄷ. 크롬웰의 항해법으로 중개 무역에 큰 타격을 받았다.
ㄹ. 상인들이 칼뱅의 직업 윤리를 적극적으로 수용하였다.

① ㄱ, ㄴ ② ㄱ, ㄷ
③ ㄴ, ㄷ ④ ㄴ, ㄹ
⑤ ㄷ, ㄹ

31 (가)에 들어갈 내용으로 가장 적절한 것은?

> 이번 달 독서의 공통 주제 : (가)
> 과제 : 정해진 3권 중 1권을 읽고 20자 서평을 써 주세요
> 갑 : 이탈리아 반도의 통일을 지도함
> 새로운 군주의 출현을 열망함
> 을 : 천국, 연옥, 지옥에 대한 놀라운 상상!
> 인간성에 대한 위대한 통찰!
> 병 : 세속적 삶과 인간의 욕망에 대한 보카치의 솔직한 이야기 100편!

① 흑사병의 창궐과 농노제의 쇠퇴
② 고전 문화의 부활과 인문주의의 발전
③ 시민 계급의 등장과 절대주의의 확립
④ 신교의 등장과 크리스트 교 세계의 분열
⑤ 낭만주의 문학의 유행과 민족주의의 확산

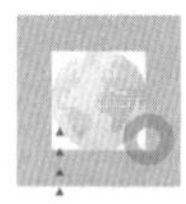

32 자료의 시대적 배경으로 적절한 것은?

> • 교황이 면벌부로 인간이 모든 형벌을 면제받는다고 주장하는 설교사는 잘못을 범하고 있는 것이다.
> • 동전이 헌금상자에 떨어져 땡그랑 소리를 내자마자 영혼이 천국으로 올라간다고 말하는 자는 인간적인 어리석음을 설교하는 것이다.…교회의 진정한 보배는 우리 주의 거룩한 복음이며 은총이다.
>
> – 95개조 반박문 –

① 로마 교황이 민족 이동기의 혼란을 수습하고 교회 조직을 정비하였다.
② 서방 라틴 교회와 동방 그리스 정교회가 치열한 교리 논쟁을 전개하였다.
③ 신성 로마 제국 황제와 교황이 성직자 임명을 둘러싸고 다투고 있었다.
④ 로마 교황청의 독일 지역에 대한 경제적 착취가 심해 불만과 비판의 목소리가 높았다.
⑤ 합리주의 철학과 자연과학의 발달로 교회가 가르치는 우주관과 세계관이 동요하였다.

33 (가), (나) 인물에 대한 설명으로 옳은 것은?

> (가) 사람들은 모든 권리가 잘 보장되도록 정부를 세우는 데 합의를 하지만 권리가보장되지 않는다면 그 정부를 혁명에 의해 타도 할 수 있다네
>
> 
>
> (나) 국가의 모든 힘을 이끌 수 있는 것은 일반 의지뿐이오 주권은 일반 의지의 행사이므로 결코 남에게 양도될 수 없습니다.
>
> 

① (가)는 왕권신수설을 옹호하였다.
② (가)는 직접 민주주의를 추구하였다.
③ (나)는 프랑스 혁명에 영향을 주었다.
④ (나)는 법의 정신에서 삼권 분립을 주장하였다.
⑤ (가)와 (나)는 자연 상태를 무질서의 혼란 상태로 파악하였다.

34 다음은 극화 학습 대본의 일부이다. 대화에 나타난 '황제'에 대한 옳은 설명을 〈보기〉에서 모두 고른 것은?

> 이발사 : 황제께서 모든 귀족의 턱수염을 자르라 명을 내리셨습니다.
> 귀 족 : 이봐, 나는 수염을 깎고 싶지 않아!
> 이발사 : 그래요, 그렇다면 수염세를 내셔야 할 텐데요.
> 귀 족 : 이것 참, 황제께서는 우리 러시아의 풍습까지도 서구화하려는구먼.

> 보기
>
> ㄱ. 서유럽의 문물을 적극적으로 수용하였다.
> ㄴ. 국가의 주권은 국민에게 있다고 주장하였다.
> ㄷ. 새로운 도시 상트 페테르부르크를 건설하였다.
> ㄹ. 러시아의 후진성을 극복하고자 농노를 해방시켰다.

① ㄱ, ㄴ　② ㄱ, ㄷ
③ ㄴ, ㄷ　④ ㄴ, ㄹ
⑤ ㄷ, ㄹ

35 다음과 같은 입장에서 전개된 중국의 근대화 운동에 대한 설명으로 옳은 것은?

> • 우리의 인륜과 도리를 근본으로 삼고, 서양 각국의 우수한 기술로 이를 보완한다.
> • 기(器)는 서양에서 취하지만, 도(道)는 이미 우리 것에 갖추어져 있다. 공자의 도는 만세불변이기 때문이다.

① 청 왕조 타도를 목표로 삼았다.
② 토지의 균등 분배를 주장하였다.
③ 입헌 군주제의 실현을 추구하였다.
④ 청·일 전쟁의 패배로 한계를 드러내었다.
⑤ 서태후 등 보수파의 정변으로 실패하였다.

36 (가), (나)와 관련된 옳은 설명을 〈보기〉에서 고른 것은?

> (가) 아시아 · 아프리카의 각 지역과 섬 … (중략) … 잉글랜드와 기타 제국의 식민지에서 생산, 제조된 물자들을 잉글랜드 공화국과 아일랜드 본국 및 여러 속령에서 수입할 때는 본 공화국이나 식민지의 국민이 정식 선주인 배로만 한다.
> (나) 제1조 영국의 여러 섬을 대륙으로부터 봉쇄할 것을 선언한다.
> 제2조 영국과 행하는 모든 무역 활동과 통신을 금지한다.
> 제7조 영국이나 그 식민지에서 온 모든 배는 대륙의 어떤 항구에도 들어올 수 없다.

보기

ㄱ. (가) – 명예 혁명을 계기로 시행되었다.
ㄴ. (가) – 네덜란드의 중계 무역에 타격을 주었다.
ㄷ. (나) – 빈 체제의 붕괴를 초래하였다.
ㄹ. (나) – 나폴레옹이 러시아를 공격하는 구실로 삼았다.

① ㄱ, ㄴ ② ㄱ, ㄷ
③ ㄴ, ㄷ ④ ㄴ, ㄹ
⑤ ㄷ, ㄹ

37 다음 연설이 행해진 시기를 연표에서 옳게 고른 것은?

> 현 상황에서 우리는 임시 정부에 대한 지원을 중단하고, 이원화되어 있는 권력을 하나로 집중시켜 소비에트 정부를 수립해야 합니다.

피의 일요일 사건	(가)	두마 (의회) 설치	(나)	제1차 세계 대전 개전	(다)	3월 혁명 발발	(라)	독일과 강화 조약 체결	(마)	신경제 정책 실시

① (가) ② (나)
③ (다) ④ (라)
⑤ (마)

38 다음은 시민 혁명 과정에서 나타난 문서이다. 이에 대한 설명으로 옳은 것은?

> 1. 국왕이 의회의 동의 없이 법의 효력을 정지하거나 법의 집행을 정지하는 것은 위법이다.
> 4. 국왕이 의회의 승인 없이 세금을 징수하는 것은 위법이다.
> 5. 국민이 국왕에게 청원을 했다고 구금되거나 박해를 받는 것은 위법이다.
> 6. 의회의 동의 없이 상비군을 징집하여 유지하는 것은 위법이다.
> 9. 의회 내에서 토론하고 논의하는 것은, 의회 아닌 어떤 곳에서도 고발당하거나 심문 당하지 않는다.

① 미국 독립 선언의 영향을 받았다.
② 프랑스 혁명 과정에서 발표되었다.
③ 루소와 볼테르의 사상적 영향을 받았다.
④ 국왕이 귀족의 특권을 승인해 준 문서이다.
⑤ 의회를 중심으로 한 입헌 군주정의 토대가 되었다.

39 다음 문서가 작성된 시기의 상황으로 적절한 것은?

> 지금까지 수백 년 동안 태평하여 방비가 허술한 상황에서 막부는 교활한 서양 오랑캐의 함포에 놀라 경솔하게 첫 조약을 맺었습니다. 그로부터 8년이 지난 오늘날 민심의 불화가 심해져 애석하기 그지없습니다. 이러한 불화가 생긴 근원을 찾아보면 우리 조정의 결정이 내려지지 않은 상황에서 막부가 조약을 맺었기 때문입니다.

① 국풍 문화가 발달하였다.
② 폐번치현 조치가 단행되었다.
③ 이와쿠라 사절단이 서양에 파견되었다.
④ 하급 무사들이 존왕양이 운동을 펼쳤다.
⑤ 헌법에 따라서 제국 의회가 결성되었다.

40 (가)~(라)에 해당하는 내용으로 옳은 것을 〈보기〉에서 고른 것은?

영국 산업 혁명

1. 배경
   가. ___(가)___ : 풍부한 노동력 확보
   나. ___(나)___ : 세계 무역의 패권 장악
2. 기술의 혁신
   가. 방적기와 방직기의 발명
   나. ___(다)___
3. 영향
   가. 인구 증가와 도시화의 진행
   나. ___(다)___ : 자본주의 비판

노동 운동을 사상적으로 뒷받침

보기

ㄱ. (가) – 제2차 인클로저 운동 발생
ㄴ. (나) – 레판토 해전에서 오스만 제국 격파
ㄷ. (다) – 제임스 와트의 증기 기관 개량
ㄹ. (라) – 계몽주의 사상의 등장

① ㄱ, ㄴ ② ㄱ, ㄷ
③ ㄴ, ㄷ ④ ㄴ, ㄹ
⑤ ㄷ, ㄹ

41 밑줄 친 '우리나라'의 민족 운동에 대한 설명으로 옳은 것은?

1908년 4월 응우옌 툭 콘은 일본으로 유학을 떠났다. 일본에 간 지 1년도 안 되었을 때이다. 프랑스는 유학생들에게 돈을 보내지 못하도록 하였고 일본 정부를 통해 유학생의 활동을 통제하였다. 이 때문에 <u>우리나라</u>의 유학생들은 모두 유학 자금이 바닥나 버렸다. 그도 또한 학비 곤란으로 어쩔 수 없이 일본을 떠나 중국으로 건너갔다. –『○○ 의열사』–

① 지식인들이 동유 운동을 전개하였다.
② 탄지마트라는 근대적 개혁이 시도되었다.
③ 벵골 분할령에 맞서 스와라지 운동이 전개되었다.
④ 아기날도가 독립을 선언하고 공화국을 선포하였다.
⑤ 이슬람교도를 중심으로 와하비(브) 운동이 일어났다.

42 다음 자료의 (가), (나) 사상에 대한 설명으로 옳은 것은?

시대를 이끈 사상가

___(가)___의 대표자 볼테르
불테르는 전통에 항거하고 구체제 하의 사회악을 과감히 비판한 이 사상의 대표적인 인물이다. 그에 따르면 국가란 지배자 개인의 영광과 욕심을 위해서가 아니라 민(民)의 필요와 희망을 충족시키는 도구이다.

___(나)___를 노래한 시인, 바이런
바이런은 위선과 사회적 속박을 비웃은 시인이었다. 직선적이며 대담한 표현을 사용하는 등 그의 시는 이 사상의 정신을 가장 잘 표현하였다. 그는 1823년 그리스 독립 운동에 참가했다가 그곳에서 세상을 떠났다.

① (가)는 '최대 다수의 최대 행복'을 추구하여 자유주의 발달에 기여하였다.
② (가)는 인간의 무의식과 잠재 의식을 분석함으로써 심리학의 발달에 영향을 끼쳤다.
③ (나)는 프랑스를 중심으로 나타났으며 시민 혁명의 사상적 배경이 되었다.
④ (나)는 민족주의와 결합하여 자국의 역사와 전통에 대한 관심을 고취시켰다.
⑤ (나)는 자유 분방하고 개인의 감정을 중시한 (가)에 대한 반발로 나타났다.

43 다음은 미국 어느 주(州)에서 제정한 법령의 일부 내용들이다. 이 주의 정책에 대하여 적절하게 추론한 것은?

- 연방 의회는 국내 제조업을 보호한다는 취지로 외국 수입품에 관세와 수입세를 부과하면서 특정 계층의 이익을 옹호하고 그 외의 사람들에게 희생을 강요하고 있으며, 연방 의회의 권한을 남용하고 있다. – 1832년 법령 –
- 연방 정부는 각 주들 간의 계약에 의해 수립되었다. 그 계약에서 가장 중요한 것은, "어떤 주에서 노예가 다른 주로 도망할 경우에 이주한 주의 법이나 규정으로 노예를 해방시킬 수 없으며, 원래 주인이 요구할 경우에는 그에게 인도해야 한다."라는 조항이다. 이 조항이 없었다면 그 계약은 체결될 수 없었을 것이다. – 1860년 법령 –

① 대농장 경영을 후원하였을 것이다.
② 남북 전쟁 때 북부 측에 가담하였을 것이다.
③ 노예제 폐지를 강력하게 요구하였을 것이다.
④ 보호 무역을 통해 상공업을 육성하였을 것이다.
⑤ 분권주의보다는 연방주의를 채택하였을 것이다.

44 다음 원칙을 바탕으로 진행된 국제 회의의 결과로 옳은 것은?

- 외교는 항상 공개적으로 진행되어야 한다.
- 각국의 군비를 국내 안전에 필요한 최저선까지 축소해야 한다.
- 식민지 주권과 같은 모든 문제를 결정할 때에는 해당 식민지 주민의 이해와 정부의 정당한 요구가 대등한 비중을 가져야 한다.
- 모든 국가의 정치적 독립과 영토 보전의 상호 보장을 위해 국제기구가 구성되어야 한다.

① 미국과 소련 중심의 냉전 체제가 형성되었다.
② 독일의 나치즘과 침략 정책이 비판을 받았다.
③ 제3세계 국가들이 비동맹 노선을 표방하였다.
④ 체제 유지를 위해 신성 동맹과 사국 동맹이 결성되었다.
⑤ 국제 평화와 안전 유지를 위해 국제 연맹이 창설되었다.

45 자료에서 주장하는 대외 정책에 대한 옳은 설명을 〈보기〉에서 고른 것은?

오늘날 유럽 각국은 군사력 증강과 경제적 성장을 통해 치열한 경쟁을 벌이고 있습니다. 이 같은 상황에서 아프리카나 오리엔트로 향한 모든 팽창을 덫이나 모험처럼 여기는 것은 강대국의 위상을 스스로 포기하는 짓입니다. 이것은 첫 줄에서 세 번째, 네 번째 줄로 밀려나는 것입니다.
– 쥘 페리의 연설(1885년) –

보기

ㄱ. 절대 왕정의 재정 확충을 위해 추진되었다.
ㄴ. 사회 진화론, 인종주의 등과 더불어 확산되었다.
ㄷ. 식민지 확보를 위해 적극적인 팽창 정책을 폈다.
ㄹ. 각국의 사회주의 정당으로부터 전폭적인 지지를 받았다.

① ㄱ, ㄴ
② ㄱ, ㄷ
③ ㄴ, ㄷ
④ ㄴ, ㄹ
⑤ ㄷ, ㄹ

46 다음 문서의 밑줄 친 ㉠에 해당하는 지역을 지도에서 바르게 찾은 것은?

우리는 유럽 열강의 식민지나 속령에 대하여 간섭한 적이 없고, 또 간섭하지도 않을 것이다. 다만 ㉠이미 독립을 선언하고 그 상태를 유지하고 있으며, 또 우리가 독립을 승인한 정부들에 대해서는, 유럽 열강이 이를 억압하거나 간섭하면, 우리는 그것을 모두 미국에 대한 비우호적인 의지를 드러낸 것이라고 간주할 수밖에 없다. –1823년 12월 2일–

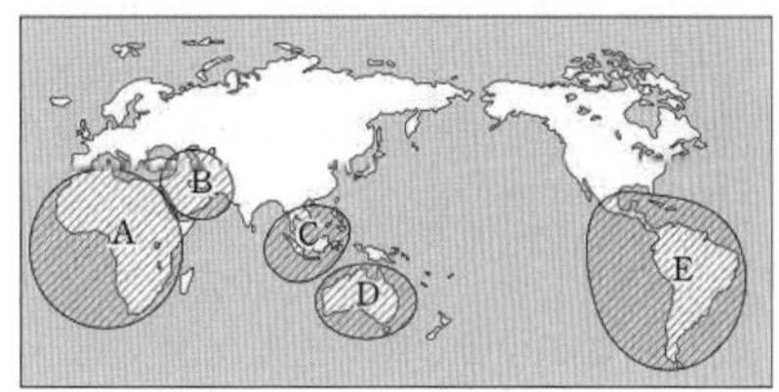

① A
② B
③ C
④ D
⑤ E

47 다음 주장이 나타나게 된 배경을 〈보기〉에서 고른 것은?

> 지금 일본은 칭다오를 삼키고 산둥에서의 모든 권리를 손에 넣는 데 성공하기 일보 직전에 와 있다. 산둥을 잃는 것은 중국이 망하는 것이다.
> 조선은 독립을 꾀해 '독립하지 못하면 차라리 죽겠다.'라고 하였다. 전 국민이 일제히 일어나 밖으로는 주권 수호를 위해 싸우고 안으로는 국가의 적을 제거하자. 중국이 살아남느냐 망하느냐 하는 것은 오직 이번 일에 달려 있다. 중국 영토는 정복될지언정 넘겨 줄 수 없다. 중국 국민은 죽을지언정 머리를 숙일 수 없다.

보기

ㄱ. 쑨원의 제안으로 국민당과 공산당의 합작이 이루어졌다.
ㄴ. 파리 강화 회의에서 중국의 요구가 받아들여지지 않았다.
ㄷ. 유교적 전통 문화를 비판하는 신문화 운동이 전개되었다.
ㄹ. 청조의 철도 국유화 조치에 대한 반발이 전국으로 확산되었다.

① ㄱ, ㄴ　② ㄱ, ㄷ
③ ㄴ, ㄷ　④ ㄴ, ㄹ
⑤ ㄷ, ㄹ

48 다음 상황을 극복하기 위한 정책으로 옳지 않은 것은?

> 이 시기 미국에서는 이상한 현상이 나타났다. 상점과 창고에는 물건이 산더미처럼 쌓였는데도 사람들은 굶주림과 추위에 떨었다. …… 물건이 팔리지 않아 재고가 쌓이니 공장주들은 생산량을 줄였고 실업자는 점점 더 늘어났다. 가족들을 먹여 살리기 위해 노동자들은 일자리를 구하러 거리를 배회했지만 일할 곳은 너무 적었다. 한편 오렌지 값이 곤두박질치자 농장주들은 오렌지를 땅에 묻었다.

① 노동자들의 단결권과 단체 교섭권을 인정하였다.
② 대규모 공공 사업을 전개하여 고용 증대를 꾀하였다.
③ 선린 외교 정책을 펼쳐 해외 상품 시장을 확대하였다.
④ 농업 생산을 제한하여 생산과 소비의 균형을 유지하였다.
⑤ 대륙 횡단 철도를 부설하여 지역 간 경제 통합을 꾀하였다.

49 노인이 살았던 시기에 일어난 사건을 〈보기〉에서 고른 것은?

> Q : 강제 수용소에 갇힌 적이 있으시죠?
> A : 내가 스무 살 되던 해에 독일이 폴란드를 침공하여 전쟁이 일어났어요. 그리고 얼마 후 나는 아우슈비츠로 끌려갔지요 수많은 사람들이 단지 유대인이라는 이유로 한 철조망 안에 갇혔지요. 그곳 생활은 정말 참혹했어요. 지금처럼 집에서 편하게 TV를 보고 인터넷을 하는 사람들은 상상도 할 수 없을걸요.

보기

ㄱ. 독일, 오스트리아, 이탈리아가 삼국 동맹을 체결하였다.
ㄴ. 미국이 유럽 경제 재건을 위한 마셜 계획을 발표하였다.
ㄷ. 세르비아 민족주의자가 오스트리아 황태자를 저격하였다.
ㄹ. 독일이 오스트리아를 합병하고 수데텐 지방을 요구하였다.

① ㄱ, ㄴ　② ㄱ, ㄷ
③ ㄴ, ㄷ　④ ㄴ, ㄹ
⑤ ㄷ, ㄹ

50 다음 연설에 대한 설명으로 가장 적절한 것은?

> 오늘날 중국은 여전히 제국주의의 압박에 시달리고 있습니다. 그리고 공화정이 수립된 지 10여 년이 지났지만, 여전히 군벌이 전횡을 일삼고 있습니다. 이 역경을 극복하기 위해서는 모든 민족의 역량을 모아 국민 혁명을 완수해야 합니다. 모든 민족의 마음을 하나의 당으로 모아야 합니다. 오로지 국민당만이 보편적인 국민혁명당이 될 수 있으며, 국민 혁명을 이끌어 민족을 해방하고 민권을 회복하며 민생을 편안하게 하는 책임을 질 수 있습니다.
>
> – 리다자오 –

① 시안 사건 이후 발표되었다.
② 쑨원의 임시 대총통 추대를 요구하였다.
③ 도쿄에서 혁명 단체의 통합을 촉구하였다.
④ 중국 국민당과 중국 공산당의 합작을 지지하였다.
⑤ 장제스가 중국 국민당의 실권을 장악하는 계기를 마련하였다.

세계사능력검정시험 기출동형모의고사 초 · 중급

01 (가)~(라)에 들어갈 적절한 내용을 〈보기〉에서 고른 것은?

모둠별 발표 계획서
– 신석기 시대의 생활 탐구 –

모둠	발표 항목	탐구 활동
갑	주거 생활	(가)
을	경제 생활	(나)
병	신앙 생활	(다)
정	예술 생활	(라)

보기

ㄱ. (가) – 움집의 용도를 알아본다.
ㄴ. (나) – 우경의 보급 과정을 파악한다.
ㄷ. (다) – 애니미즘과 토테미즘의 내용을 살펴본다.
ㄹ. (라) – 빌렌도르프의 비너스를 만든 시기를 조사한다.

① ㄱ, ㄴ ② ㄱ, ㄷ
③ ㄴ, ㄷ ④ ㄴ, ㄹ
⑤ ㄷ, ㄹ

02 (가)~(다)의 고대 문명에 대한 설명으로 옳지 않은 것은?

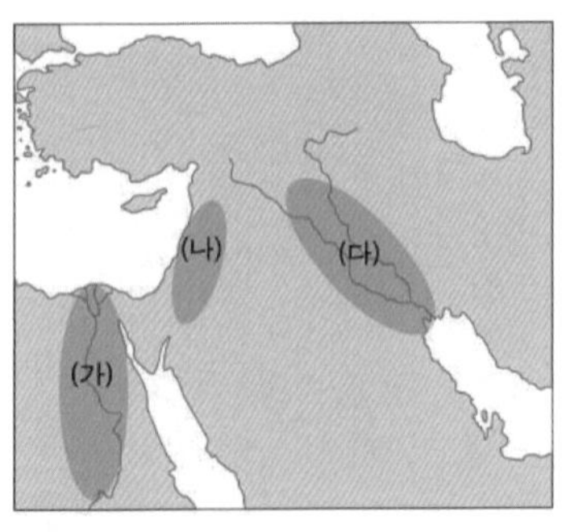

① (가) – 측량술과 천문학 등이 발달하였다.
② (나) – 아시리아에 정복당하였나.
③ (나) – 고안된 문자가 (가), (다)에 전파되었다.
④ (다) – 영혼 불멸과 내세를 믿지 않았다.
⑤ (가), (다) – 신정 정치를 실시하였다.

03 다음은 알렉산드로스 대왕을 주제로 하여 어느 학생이 쓴 소설 작품의 일부이다. 밑줄 친 내용 중 역사적 사실과 일치하는 것을 모두 고른 것은?

> 알렉산드리아의 거리에는 (가)<u>페르시아 여자를 아내로 맞이한 그리스인들</u>이 삼삼오오 짝을 지어 걸어가고 있다. 먼 곳을 바라보던 알렉산드로스는 (나)<u>로마를 정복한 그의 아버지</u> 모습을 떠올렸다. 암살당한 아버지의 마지막 모습이 떠올라 침울했던 알렉산드로스는 갑자기 고개를 들어 소리를 내지른다.
> "아버지! 보십시오. 제가 아버지의 못 다 이룬 꿈을 이루었습니다. (다)<u>페르시아는 나의 땅입니다!</u>"
> 이 때 숨을 헐떡이며 들어오는 신하가 알렉산드로스에게 아뢴다.
> "폐하! 기뻐하십시오. (라)<u>폐하의 군대가 인도 전역을 점령하였다</u>고 합니다."
> 알렉산드로스의 입가에 미소가 번진다.

① (가), (나) ② (가), (다)
③ (나), (다) ④ (나), (라)
⑤ (다), (라)

04 (가), (나) 지역을 답사하기 위한 사전 조사 내용으로 적절한 것을 〈보기〉에서 고른 것은?

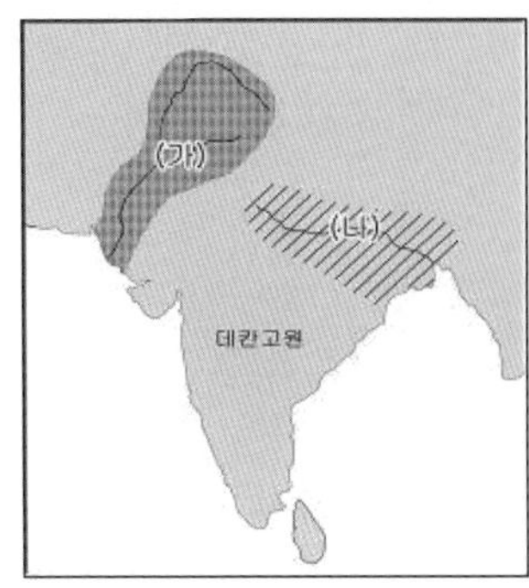

보기

ㄱ. (가) – 석가모니의 탄생과 불교의 발생
ㄴ. (가) – 헬레니즘 미술의 영향을 받은 불상의 제작
ㄷ. (나) – 모헨조다로, 하라파 등의 고대 유적지
ㄹ. (나) – 아리아 인의 정착과 카스트 제도의 성립

① ㄱ, ㄴ ② ㄱ, ㄷ
③ ㄴ, ㄷ ④ ㄴ, ㄹ
⑤ ㄷ, ㄹ

05 다음 자료와 관련된 나라에서 발생한 사실로 옳은 것은?

돈과 곡식을 담당하는 관청에서 소금, 철을 담당한 관리의 의견을 황제에게 올렸다. "백성을 모집하여 비용을 스스로 감당하게 하고 관청에서 가지고 있는 도구로 철을 주조하게 하며, 소금을 굽는 사람에게는 관청에서 수당이나 도구를 주시기 바랍니다. …(중략)… 멋대로 철기를 만들거나 소금을 만드는 사람들은 왼발에 족쇄를 채우고 그 기물을 몰수하십시오."
– 사기 –

① 강남에서는 2년 3모작이 발달하였다.
② 유학이 관학화되고 훈고학이 발달하였다.
③ 화북과 강남을 잇는 대운하를 완성하였다.
④ 분서 갱유를 단행하여 사상을 통제하였다.
⑤ 봉건 질서를 유지하기 위해 종법이 만들어졌다.

06 (가), (나) 유물에 대한 설명으로 옳은 것은?

(가)

(나)

보기

ㄱ. (가) – 아소카왕의 지원으로 제작되었다.
ㄴ. (가) – 아라베스크 무늬로 장식되어 있다.
ㄷ. (나) – 헬레니즘 문화의 영향을 받았다.
ㄹ. (나) – 힌두 · 이슬람 양식이 반영되었다.

① ㄱ, ㄴ ② ㄱ, ㄷ
③ ㄴ, ㄷ ④ ㄴ, ㄹ
⑤ ㄷ, ㄹ

07 자료와 관련된 종교에 대한 설명으로 옳은 것은?

태초에 앙그라 마이뉴는 악을 선택하여 그에 수반되는 파괴 · 불의 · 죽음의 힘을 얻었고, 스펜다 마이뉴는 선을 선택하여 진리 · 정의 · 생명의 속성을 얻었다. …(중략) … 짜라투스트라가 죽고 3000년이 되면 세상의 종말이 오는데, 그 때 구세주가 나타나 천국과 지옥에 있는 모든 인간이 부활하고, 최후의 심판이 행해진다.
–『아베스타』–

① 사산 왕조 페르시아에서 국교로 채택하였다.
② 창시자 무하마드를 최후의 예언자로 규정하였다.
③ 콘스탄티누스 황제가 밀라노 칙령을 통해 공인하였다.
④ 윤회 사상에 기반을 두어 폐쇄적인 신분제를 합리화하였다.
⑤ 고행을 통한 구제와 철저한 불살생주의를 기본으로 하였다.

08 고대 중국 사상가들의 주장이다. 이와 연관된 설명으로 타당한 것을 〈보기〉에서 모두 고른 것은?

(가) 덕으로써 백성들을 인도하고 예로써 백성들을 평등하게 다스리면, 저마다 마음속으로부터 참 인간으로서 양심적인 수치심을 느끼고 올바르게 행동하여 끝내는 선에 이르게 될 것이다.
(나) 장차 천하를 차지하고자 인위적인 노력을 한다면 아무 일도 이루지 못할 것임을 나는 안다. 왜냐하면 천하는 불가사의하고 오묘한 그릇과 같아서 사람이 하려고 하는 대로 되지 않기 때문이다.
(다) 명철한 군주는 신하로 하여금 법을 벗어날 궁리를 못하게 하고, 또 법 안에서는 은혜를 생각하지 못하게 하고, 모든 행동은 법에 따르지 않는 것이 없게 한다.
(라) 모든 사람들을 널리 사랑하도록 만든다면, 국가 간에 서로 공격하는 일이 없고, 도둑이나 상해도 없어지고, 군신·부자 모두가 서로 공경할 것이다. 이렇게 된다면 세계는 평화롭게 유지될 것이다.

보기
ㄱ. (가) – 차별없는 사랑과 평화를 주장하였다.
ㄴ. (나) – 중국인의 예술과 종교에 큰 영향을 끼쳤다.
ㄷ. (다) – 진시황이 통일 국가를 이루는 데 기여하였다.
ㄹ. (라) – 한 무제가 국가 통치의 이념으로 중시하였다.

① ㄱ, ㄴ ② ㄱ, ㄷ
③ ㄴ, ㄷ ④ ㄴ, ㄹ
⑤ ㄷ, ㄹ

09 다음 (가)의 특징을 〈보기〉에서 모두 고른 것은?

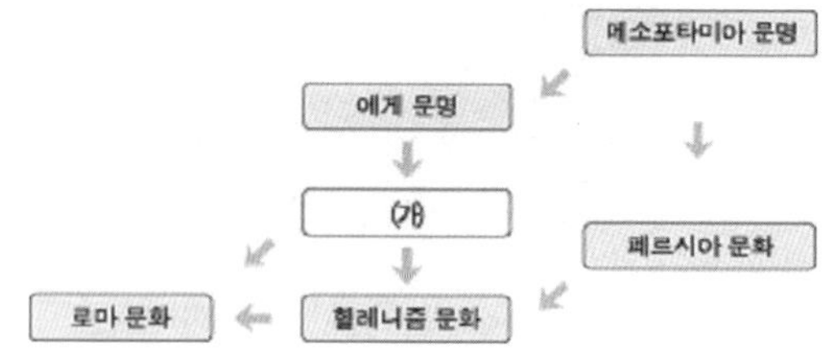

보기
ㄱ. 실용적 방면에 많은 유산을 남겼다.
ㄴ. 조각에서 조화와 균형의 미가 추구되었다.
ㄷ. 크리스트교롤 수용하여 서양 고전 문화를 완성하였다.
ㄹ. 인간 중심적이며 현세 긍정적 성격의 문화를 발전시켰다.

① ㄱ, ㄴ ② ㄱ, ㄷ
③ ㄴ, ㄷ ④ ㄴ, ㄹ
⑤ ㄷ, ㄹ

10 (가) 인물에 대한 설명으로 옳은 것은?

(가) 은/는 매우 현명한 청년으로서, 일찍이 카이사르가 저질렀던 잘못을 되풀이하지 않았다. 그는 로마 시민들이 얼마나 권력 투쟁에 기가 질려 있는지를 잘 알고 있었기 때문에 로마에 돌아와 매우 온건한 행동을 취했다. 그리고 남들처럼 독재자가 되고 싶어 하지 않았다. 하지만 몇 년 후 원로원이 그에게 '아우구스투스'라는 칭호를 붙여주자 굳이 거부하지는 않았다.

① 제국을 4등분하여 분할 통치하였다.
② 카르타고와의 전쟁을 승리로 이끌었다.
③ 삼두 정치를 종식시키고 제정 시대를 열었다.
④ 농민에게 토지를 재분배하기 위한 개혁을 시도하였다.
⑤ 집정관 1인을 평민 중에서 선출하는 법을 제정하였다.

11 자료를 통해 추론할 수 있는 내용으로 적절하지 않은 것은?

> 선비족이 세운 북위에서 처음 시행된 균전제는 수와 당 중기까지 영향을 주었다. 북위의 균전제는 15세 이상의 남자(정남)에게 곡식을 심는 노전(露田) 40무(畝), 처에게는 20무를 지급하였다. 노비와 소를 소유한 경우, 그 수량에 따라 정남에게 토지를 별도로 지급하였다.…(중략)…노전은 매매와 세습이 불가능하고 사망하거나 70세에 이르면 국가에 반납하였다. 이 밖에 정남에게 상전(桑田) 20무를 주어 뽕나무를 심도록 하였고, 이는 자손에게 상속할 수 있게 하였다. 뽕나무를 심기에 적합하지 않은 곳에는 마전(麻田) 10무를 지급했다.

① 유력자의 대토지 소유를 인정하는 결과를 낳았을 것이다.
② 자영농을 육성하여 국가 재정을 확충하려고 하였을 것이다.
③ 중국 경제의 중심지가 화북에서 강남으로 이동하였을 것이다.
④ 선비족의 유목 경제가 점차 농업 경제로 전환되었을 것이다.
⑤ 곡물뿐만 아니라 비단, 삼베도 정책적으로 생산하였을 것이다.

12 밑줄 친 '이 전쟁'이 동아시아 각국에 미친 영향으로 옳은 것은?

> 청의 홍타이지가 군신 관계를 거부한 조선을 침략하면서 시작된 <u>이 전쟁</u>에서 조선은 청에 맞서 천혜의 요새인 남한산성에서 항전하였다.

① 조선 – 북벌 운동이 추진되었다.
② 조선 – 신식 군대인 별기군이 설치되었다.
③ 청 – 삼번의 난이 발생하였다.
④ 청 – 정성공이 반청 운동을 일으켰다.
⑤ 일본 – 100여 년간 분열된 전국 시대가 통일되었다.

13 지도에 표시된 대토목 공사가 행해진 결과로 옳은 것은?

① 바닷길이 새롭게 개척되었다.
② 한족의 이주로 강남 개발이 시작되었다.
③ 정치 중심지가 화북에서 강남으로 이동되었다.
④ 정치 · 경제 · 군사 중심지가 긴밀하게 연결되었다.
⑤ 재정 악화에 대응하여 균수법, 평준법이 시행되었다.

14 표의 중앙 행정 조직을 갖춘 왕조의 정책으로 옳은 것은?

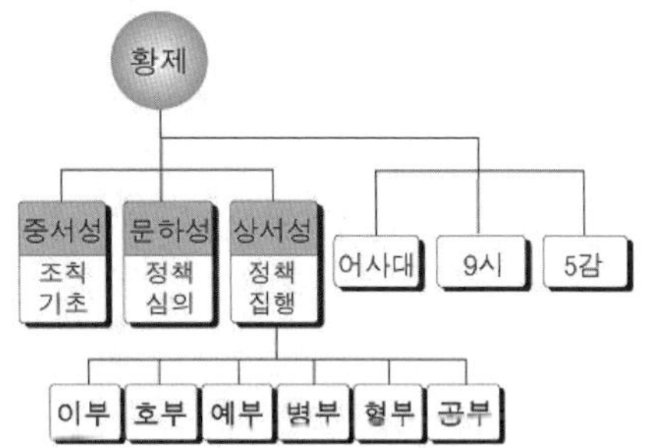

① 율령 체제를 확립하였다.
② 균수 · 평준법을 실시하였다.
③ 문치주의로 황제권을 강화하였다.
④ 구품 중정제로 관리를 선발하였다.
⑤ 주현제와 맹안 · 모극제를 병행하였다.

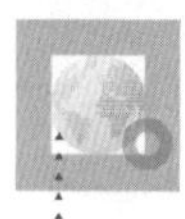

15 다음 개혁을 실시한 목적으로 옳은 것을 〈보기〉에서 모두 고른 것은?

> • 청묘법은 상평창의 미곡 매입 자금을 청묘전으로 돌려 이것을 집집마다 나누어 주어 낮은 이자를 받도록 하는 것이다.
>
> • 보갑법은 향촌의 백성을 호적에 등록하고 2정(丁)당 1정을 취하고, 10가(家)를 1보(保)로 하고 보정(保丁)에는 모두 활을 주고 그들에게 진을 치는 법을 가르치는 것이다.

보기

ㄱ. 국방력의 강화
ㄴ. 국가 재정의 확충
ㄷ. 호족 세력의 억압
ㄹ. 대지주, 대상인 육성

① ㄱ, ㄴ　② ㄱ, ㄷ
③ ㄴ, ㄷ　④ ㄴ, ㄹ
⑤ ㄷ, ㄹ

16 다음에 해당하는 왕조의 문화적 특징으로 옳은 것은?

> 북방 민족의 침략으로 화이허 이북 지방을 빼앗기자, 고종은 수도를 항저우로 옮기고, 화의를 맺은 다음 강남 개발에 주력하였다. 그러면서 강남이 산업, 문화 등에서 화북을 앞지르게 되었다.

① 경세치용의 실용성을 강조하는 실학이 유행하였다.
② 지행합일의 실천성을 강조하는 양명학이 발달하였다.
③ 실증적인 연구 방법을 중시하는 고증학이 성립되었다.
④ 경서의 자구 해석과 주석에 주력하는 훈고학이 등장하였다.
⑤ 인간 본성과 우주의 원리를 연구하는 성리학이 발달하였다.

17 다음 정책을 시행한 왕조에 대한 설명으로 옳은 것은?

> 알 림
>
> 앞으로 강남과 화북 전역에서 거래되는 물품에 관한 세금 일체를 교초로 징수한다. 옛 남송의 회자는 더 이상 사용할 수 없다.
>
> ○○년 △월
>
> 농민1 : 쿠빌라이 칸이 추진하는 정책이라더군.
> 농민2 : 우리 한족의 경제까지 완전히 장악하려나 보네

① 사고전서를 편찬하였다.
② 맹안·모극제를 시행하였다.
③ 러시아와 네르친스크 조약을 체결하였다.
④ 조세를 은으로 걷는 일조편법을 실시하였다.
⑤ 색목인을 등용하여 재정 업무를 담당하게 하였다.

18 다음은 일본의 발전 과정을 파악하기 위해 만든 연표이다. 각 시기에 있었던 사실로 옳은 것은?

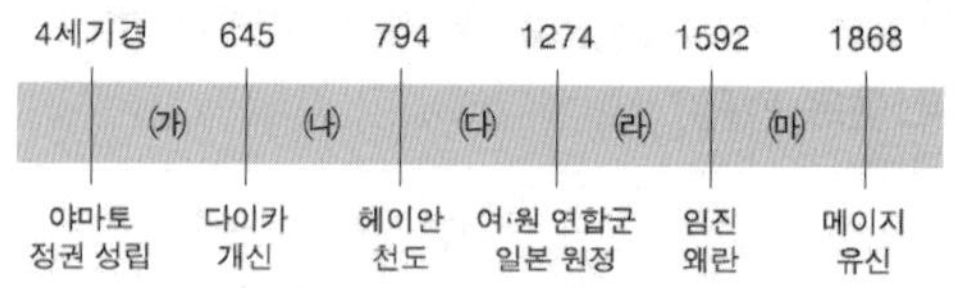

① (가) – 일본 문자인 가나가 제정되었다.
② (나) – 율령 체제를 갖추며 동아시아 문화권에 편입되었다.
③ (다) – 삼국의 문화를 수용하여 아스카 문화를 발전시켰다.
④ (라) – 강력한 중앙 집권 체제가 확립되었다.
⑤ (마) – 무사 계급이 주도한 봉건제가 처음 성립되었다.

19 다음은 세계사 수업 시간에 학생이 쓴 가상 일기의 일부이다. 역사적 사실로 적절하지 않은 것은?

> 기원전 ○○○년 ○월 ○일 날씨 덥고 습함
> 오늘도 신전 공사에 끌려가 힘들게 일을 했다. 하마터면 목숨을 잃을 뻔했다. ㉠브라만 사제들이 어렵고 복잡한 예식을 주관하며 '베다'를 읽기에 신기해서 몰래 쳐다보다가 사제와 눈이 마주쳤다. 사제는 불경스럽다고 마구 화를 냈지만 다행히 용서해 주었다. 아주 먼 옛날에는 브라만도 수드라도 없었다고 하는데, ㉡유목을 주로 하던 아리아 인들이 갠지스 강에 정착하면서 이 숨막히는 신분 제도가 만들어졌다고 한다.
> ㉢크샤트리아만이 정치와 군사를 담당할 수 있고, 바이샤는 농사와 수공업 같은 힘든 일을 한다. 같은 인간의 모습을 하고 있어도 사는 건 너무 다르다. ㉣브라만, 크샤트리아, 바이샤는 같은 계급끼리만 먹고 자며 우리 수드라와는 밥도 같이 먹으려 하지 않는다.
> 그래도 나에게는 희망이 있다. ㉤장군님의 따님이 나에게 마음을 주고 있으니, 결혼만 하면 나도 크샤트리아가 되어 지금까지 나를 무시한 놈들을 혼내줄 수 있다. 아가씨! 내 꿈 꾸세요.

① ㉠ ② ㉡
③ ㉢ ④ ㉣
⑤ ㉤

20 다음 특징이 나타난 시대의 서유럽 문화에 관한 설명으로 옳지 않은 것은?

> • 정치적 : 왕권 약화 및 지방 분권화
> • 군사적 : 주군과 봉신의 쌍무 계약적 주종 관계
> • 사회 · 경제적 : 자급자족적 경제 단위인 장원제

① 기사 문학이 발달하였다.
② 교회가 일상 생활을 지배하였다.
③ 자치권을 누리는 대학이 설립되었다.
④ 건축에서 아라베스크 무늬가 유행하였다.
⑤ 신앙과 이성의 조화를 추구하는 철학이 나타났다.

21 다음 전기문의 (가)에 들어갈 내용으로 적절한 것은?

> 천사 가브리엘이 그에게 나타나 "예언자여, 너는 알라의 사도이니라. 주님의 은혜를 이야기하라."라고 명령하였다. 알라의 예언자가 된 그는 '신 앞에 모든 인간은 평등하다.'는 내용을 담은 설교를 하였다. 이로 인해 보수적인 귀족층의 박해를 받게 된 그는 메디나로 피신을 하였다. … (중략) … 헤지라에서 돌아온 이후 그는 ____(가)____

① 칼리프 선출을 둘러싼 내분을 종식시켰다.
② 비 아랍 인들도 군인이나 관료로 등용하였다.
③ 이베리아 반도의 코르도바를 수도로 정하였다.
④ 동서 무역의 주도권을 놓고 당과 싸워 승리하였다.
⑤ 정치 · 종교적으로 아라비아 반도의 대부분을 통일하였다.

22 자료에서 밑줄 친 '이 도시'를 수도로 삼았던 제국을 〈보기〉에서 모두 고른 것은?

> 이 도시는 육로 혹은 해로를 통해 세계 각지에서 교역을 위해 뻔질나게 찾아오는 상인들로 북새통을 이루고 있다. (중략) 이곳에 필적할 만한 곳은 이슬람 제국의 수도뿐이다. 여기에는 그리스 정교의 본산인 성 소피아 성당이 있다. 도시 내부에는 1년의 날짜만큼이나 많은 제단이 있고, 근처의 도시와 농촌에서 바치는 공물이 매년 늘어 헤아릴 수가 없다.

> 보기
> ㄱ. 무굴 제국 ㄴ. 오스만 제국
> ㄷ. 비잔티움 제국 ㄹ. 티무르 제국

① ㄱ, ㄴ ② ㄱ, ㄷ
③ ㄴ, ㄷ ④ ㄴ, ㄹ
⑤ ㄷ, ㄹ

23 다음 여행기의 소재가 된 유적으로 옳은 것은?

〈인도네시아 여행기〉

2015년 ○월 ○일

오늘은 자와 섬 중앙에 있는 대승 불교 사원을 다녀왔다. 9세기 경 샤일렌드라 왕조에 의해 조성된 이 사원은 수많은 탑이 모여 하나의 거대한 탑의 형상을 이루고 있었다. 현재 국민의 다수가 이슬람교도인 이 나라에 과거의 불교 유적이 잘 보존되어 있는 것을 보며 다양함이 공존하는 동남아시아의 모습을 볼 수 있었다.

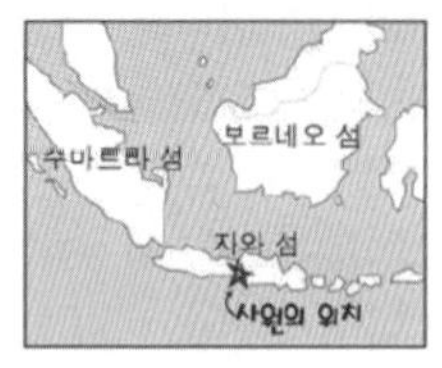

① 
② 
③ 
④ 
⑤ 

24 다음은 어느 고등학교의 세계사 학습지이다. 과제 수행의 결과로 옳은 것은?

자료 : A왕조의 동서 문화 교류

유럽에서 아시아에 걸치는 대제국의 성립으로 동서 교류는 더욱 활발히 이루어졌다. A왕조는 광대한 영역을 통치하기 위하여 역참제를 정비하고 색목인을 재무 관료로 기용하였다.

과제 : A왕조에서 나타난 동서 문화 교류의 사례를 조사해 보자

① 윈강 · 룽먼 석굴 사원이 조성되었다.
② 세계 지도인 곤여만국전도가 제작되었다.
③ 현장이 서역에서 불경을 가져와 번역하였다.
④ 이슬람 역법을 개량한 수시력이 만들어졌다.
⑤ 서양 화법이 소개되고 원명원이 설계되었다.

25 도표는 서유럽 봉건 제도의 성립 과정을 나타낸 것이다. ㉠~㉤과 관련된 설명으로 옳지 않은 것은?

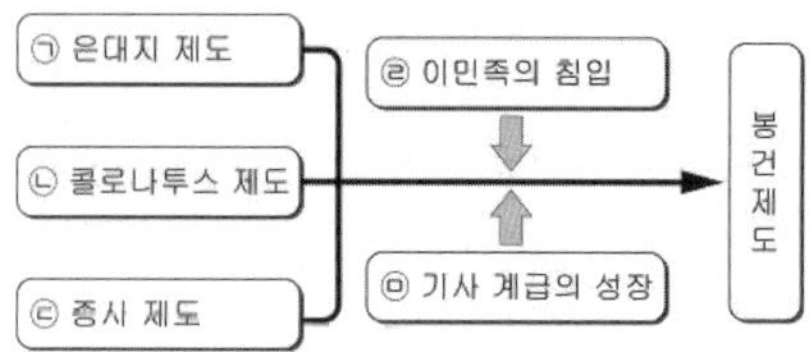

① ㉠ – 로마 황제가 게르만 용병에게 토지를 지급한 것에서 기원하였다.
② ㉡ – 로마의 귀족들은 노예를 이용하여 대농장을 경영하였다.
③ ㉢ – 전통적으로 게르만 전사들은 족장의 명령에 복종하였다.
④ ㉣ – 노르만 족과 마자르 족의 침입으로 농민들은 귀족이나 유력자에게 의탁하는 경우가 많았다.
⑤ ㉤ – 프랑크 왕국은 이슬람 세력에 대항하기 위해 기병을 양성하였다.

26 밑줄 친 '이 원정'이 시작된 시기의 유럽 상황으로 옳은 것은?

이슬람 세계는 이 원정을 시리아, 팔레스타인 및 이집트 등의 해안에서 일어나는 부차적인 사건으로 보았다. 이라크, 중앙아시아, 이집트 등의 지역에 정치적 영향은 없었으며 주민들 또한 피해를 입지 않았다.

원정군은 팔레스타인 해안 지역을 점령한 후 여러 개의 작은 나라를 세웠으나 내륙에 있는 여러 소왕국들과 대립하면서 힘겹게 유지되었다. -『중동사』-

① 아비뇽 유수 이후 교황권이 쇠퇴하였다.
② 오스만 제국이 비잔틴 제국을 위협하였다.
③ 인구의 증가로 새로운 토지가 필요하였다.
④ 상업과 농업이 쇠퇴하면서 실업자가 증가하였다.
⑤ 동방 무역의 중심이 대서양 연안으로 이동하였다.

27 다음 대화에서 언급하고 있는 건축물로 옳은 것은?

> 수환 : 야, 멋있다! 저 건물을 유스티니아누스 대제가 만들었다며?
> 영혜 : 건물을 다 짓고 나서 그가 이런 말을 했대. '솔로몬이여! 나는 그대를 능가했노라!'
> 현태 : 동유럽의 슬라브 문화권에서도 이러한 양식의 건축물을 찾아볼 수 있어.
> 영혜 : 내부에 모자이크 벽화가 있었다지. 자, 안으로 들어가 보자.

① 
② 
③ 
④ 
⑤ 

28 다음과 같은 영역의 변화를 가져온 전쟁을 탐구하기 위한 조사 내용으로 옳은 것을 〈보기〉에서 고른 것은?

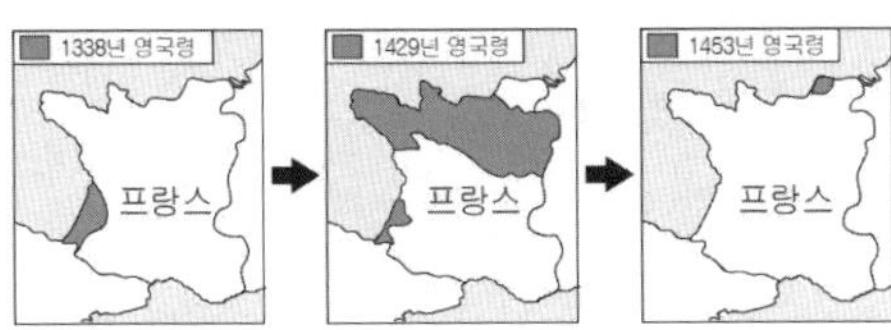

보기

ㄱ. 아비뇽 유수의 배경
ㄴ. 델로스 동맹의 영향
ㄷ. 잔 다르크의 등장과 활약
ㄹ. 프랑스 왕위 계승권을 둘러싼 갈등

① ㄱ, ㄴ ② ㄱ, ㄷ
③ ㄴ, ㄷ ④ ㄴ, ㄹ
⑤ ㄷ, ㄹ

29 밑줄 친 '이 지역'을 지도에서 옳게 고른 것은?

> <u>이 지역</u>의 토착 문명이 쉽게 무너진 것은 피사로를 비롯한 유럽인들의 침략과 천연두의 창궐이 중요한 이유였다. 특히 천연두는 '한 걸음에 7리그*를 달려가는 구두를 신었다.'라고 말할 정도로 전염 속도가 빨랐다. 유럽에서 들어온 천연두와 여러 질병으로 인해 원주민의 수는 믿기 어려울 정도로 급감하였다.
> * 1리그 : 약 5.6 km

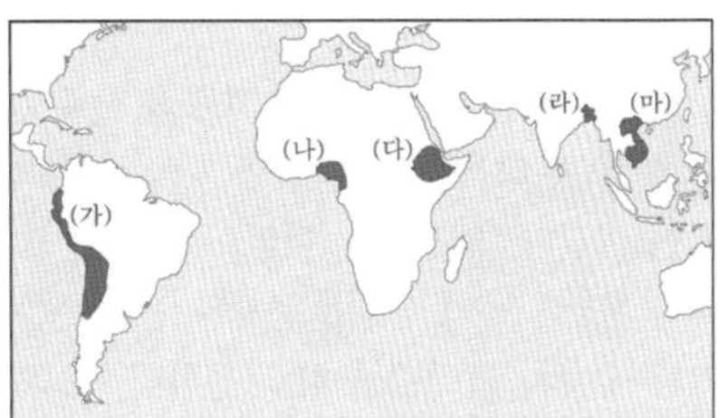

① (가) ② (나)
③ (다) ④ (라)
⑤ (마)

30 자료와 관계 깊은 명 · 청대 사회 계층에 대하여 옳게 설명한 것은?

> • 학교와 과거제를 통하여 형성되었다.
> • 향촌 사회에서 민중 교화, 조세 징수, 치안 유지 등에 참여하였다.
> • 대토지 소유의 확대와 전호에 대한 지나친 수탈로 사회적 문제를 낳기도 하였다.

① 이민족의 지배에 맞서다 각종 사회적 특권을 상실하였다.
② 서양 문물을 적극적으로 수용하여 화이 사상에서 탈피하였다.
③ 지방의 군사 · 재정 · 행정을 장악하고 중앙 정부에 대항하였다.
④ 유교의 권위를 부정하고 개인의 자유 분방한 삶을 추구하였다.
⑤ 국가적인 대규모 편찬 사업에 참여하여 중국 전통 문화를 집대성하였다.

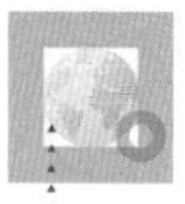

31 (가), (나)의 제도가 시행되어 나타난 공통된 결과로 옳은 것은?

(가) 한 주나 현의 부역을 모두 합치고, 토지의 넓이를 측량하고 남자 일꾼의 수를 세어 그것을 하나도 빠짐없이 관청에 알리게 하고 …… 여러 비용에서부터 공납으로 바치는 지방 특산물에 이르기까지 모두 합쳐 한 가지 조목으로 만들어, 밭의 넓이에 따라 은으로 징수해 관청에 바친다. – 명사 –

(나) 천하가 평정된 지 오래되어 호구가 날로 번창하니 인정(人丁)을 헤아려 정세(丁稅)를 부과하는 일이 어렵다. 인정은 늘더라도 토지는 늘지 않으니 현재의 세역 장부에 등재된 인정 수를 늘리거나 줄이지 말고 영구히 고정하라. 그리고 지금 이후 태어나는 인정에 대해서는 꼭 정세를 거둘 필요가 없다. – 성조실록 –

① 국가의 재정 수입이 감소하였다.
② 은 본위 화폐 제도가 발달하였다.
③ 호적에 기록된 인구가 감소하였다.
④ 농민의 부담이 증가하고 농민 반란이 빈번해졌다.
⑤ 대토지 소유가 억제되고 자영농의 수가 급증하였다.

32 밑줄 친 '이 원정'의 결과로 옳은 것은?

정화는 영락제의 명을 받아 1405년부터 1433년까지 7차례에 걸쳐 해외 원정을 단행하였다. 원정대는 동남아시아, 인도, 아라비아 반도, 아프리카 동해안의 말린디(케냐)까지 항해하였다. 이 원정은 서양의 인도 항로 발견보다 60여 년이나 앞선 것이었다.

① 초원길이 개척되었다.
② 한사군이 설치되었다.
③ 남월국(남비엣)이 멸망하였다.
④ 조로아스터교가 중국에 전래되었다.
⑤ 중국 중심의 조공 질서가 확대되었다.

33 (가)에 들어갈 내용으로 옳은 것은?

○○ 제국의 성립과 발전
• 건국자 : 티무르의 후손 바부르
• 영토 확장
– 악바르 황제 : 인도 북부 지역 통일
– 아우랑제브 황제 : 남인도 정복, 최대 영토 확보
• 문화 : ______(가)______

① 타지마할 건립
② 자이나교 창시
③ 마누 법전 편찬
④ 간다라 미술의 탄생
⑤ 우파니샤드 철학 등장

34 지도는 15~16세기 유럽의 신항로 개척과 관련된 상황을 보여준다. 이에 대한 설명으로 옳지 않은 것은?

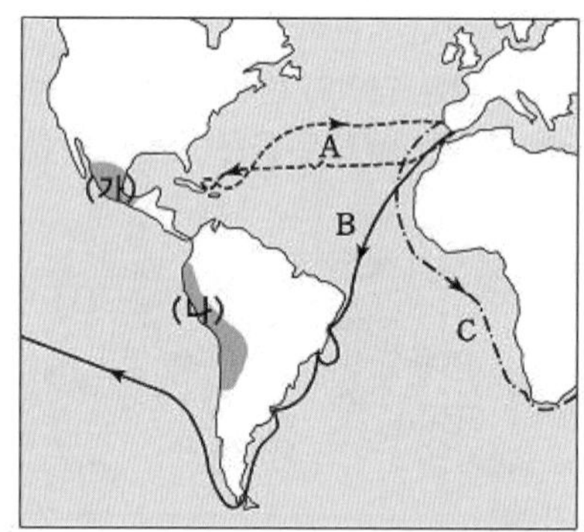

① 에스파냐는 (가)지역의 문명을 멸망시켰다.
② 포르투갈은 (나)지역에 식민지를 건설하였다.
③ 콜럼버스는 A 항로를 통해 신대륙에 도착하였다.
④ 마젤란은 B 항로를 따라 최초로 세계 일주를 하였다.
⑤ 바스코 다 가마는 C 항로를 따라 인도 항로를 개척하였다.

35 다음 글에 제시된 문화 운동의 내용으로 적절한 것은?

대략 14~16세기 이탈리아에서 새로운 문화 운동이 대대적으로 일어났다. 역사가 부르크 하르트에 따르면 이 운동의 본질은 명백히 "세계와 인간의 재발견"에 있었다. 이 운동은 자연을 있는 그대로 보고 그 아름다움을 즐기려고 했다는 점에서 세계의 재발견을 의미하였다. 또한 이 운동은 인간을 개성적인 존재로 파악하고 존중했다는 점에서 인간의 재발견을 의미하였다.

① 만물의 근원을 탐구하는 자연 철학이 탄생하였다.
② 고전을 수집하고 연구하는 인문주의가 발전하였다.
③ 개인의 자연권에 바탕을 둔 사회 계약론이 출현하였다.
④ 인간 이성과 사회 진보를 믿는 계몽사상이 확산되었다.
⑤ 개인주의적이면서도 세계 시민주의적인 문화가 유행하였다.

36 (가)에 들어갈 내용으로 옳은 것은?

국왕은 앤 불린과 결혼하기 위해 아라곤의 캐서린과의 이혼을 허락해 달라고 로마 교황에게 요청하였다. 하지만 교황은 캐서린의 조카인 신성 로마 제국 황제 카를 5세의 눈치를 보며 시간을 끌었다. 국왕은 이에 반발하여 성직자 회의에서 자신이 교회의 수장이라고 선포하고 의회에서 결혼 무효 결정을 통과시켰다. 더불어 그는 ____(가)____

① 30년 전쟁에서 신교 편에 가담하였다.
② 로욜라가 조직한 예수회의 해외 선교 활동을 지원하였다.
③ 수도원을 해산하고 그 토지와 재산을 매각하라고 명령하였다.
④ 낭트 칙령을 반포하고 위그노에게 신앙의 자유를 허락하였다.
⑤ 항해법을 발표하고 청교도 정신에 입각한 독재 정치를 펼쳤다.

37 다음 정치 사상과 부합하는 역사적 사실이 아닌 것은?

모든 권력은 신으로부터 유래하며 군주는 지상에서 신의 사자, 신의 대리인으로서 행동한다. 국왕의 인격은 신성한 것으로 그에게 반역하는 것은 곧 신을 모독하는 것이다.

– 보쉬에, 성서에서 인용한 정치 –

① 신대륙에 유입되는 막대한 귀금속으로 에스파냐의 국부가 증대되었다.
② 헨리 8세는 수도원을 해산하고 그 재산을 몰수하여 재정 기반을 확충하였다.
③ 콜베르는 관세 장벽으로 국내 산업을 보호하고 수출을 장려하여 국부를 증대시키고자 하였다.
④ 표트르 대제는 국내의 반발을 억누르고 서유럽의 선진 문화를 도입하여 부국강병책을 추진하였다.
⑤ 애덤 스미스는 '보이지 않는 손'으로 조절되는 자유 시장 경제 체제가 국부를 증대시킨다고 주장하였다.

38 (가) 나라에 대한 설명으로 옳은 것은?

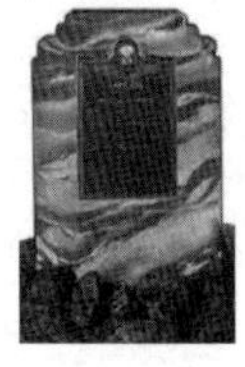

이 기념비는 막탄 섬에 있습니다. 비문에 "이곳에서 1521년 4월 27일 라푸라푸와 그의 부하들은 마젤란을 죽이고, 에스파냐의 침략자들을 물리쳤다. 라푸라푸는 유럽 인의 침략을 물리친 최초의 __(가)__인이 되었다."라고 적혀 있습니다.

① 와하브(비) 운동이 전개되었다.
② 볼리바르가 독립 운동을 전개하였다.
③ 호세 리살이 민족 운동을 전개하였다.
④ 서구 열강의 식민 통치를 받지 않았다.
⑤ 브라모(브라흐마) 사마지 운동이 전개되었다.

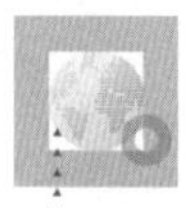

39 밑줄 친 '이 나라'에 대한 옳은 설명을 <보기>에서 고른 것은?

> 이 나라는 신항로 개척 이후 북방 무역의 중심지로 성장하였으며, 에스파냐의 강압적 종교 정책에 반발하여 독립 전쟁을 일으켰다. 또한 아프리카 남단의 케이프 식민지를 건설하여 동양 무역의 중계 지점으로 삼았으며, 서인도 회사를 세워 북미 대륙 동해안에 식민지를 건설하였다.

보기
- ㄱ. 18세기에 대서양의 노예 무역을 독점하였다.
- ㄴ. 대상인의 지원을 받아 초기 르네상스를 주도하였다.
- ㄷ. 크롬웰의 항해법으로 중개 무역에 큰 타격을 받았다.
- ㄹ. 상인들이 칼뱅의 직업 윤리를 적극적으로 수용하였다.

① ㄱ, ㄴ ② ㄱ, ㄷ
③ ㄴ, ㄷ ④ ㄴ, ㄹ
⑤ ㄷ, ㄹ

40 (가)~(다) 국가에 대한 설명으로 옳은 것은?

> 제국주의 국가의 아시아 분할
> • (가) : 미얀마 식민지화, 말레이 연방 수립
> • (나) : 베트남 · 캄보디아 · 라오스 지배
> • (다) : 에스파냐와의 전쟁에서 승리하여 필리핀 차지

① (가) – 알제리와 마다가스카르를 차지하였다.
② (나) – 아프리카에서 종단 정책을 실시하였다.
③ (다) – 일본을 압박하여 개항시켰다.
④ (가), (나) – 모로코를 둘러싸고 상호 대립하였다.
⑤ (나), (다) – 파쇼다 사건을 일으켰다.

41 자료에서 밑줄 친 부분들에 대한 설명으로 적절하지 않은 것은?

> 19세기에는 ㉠민족주의와 ㉡자유주의가 유행하고, ㉢산업 혁명을 통해 경제가 발전하였지만, 다른 한편 ㉣노동자들의 앞길에는 어두운 그늘이 드리워지기도 하였다. 또한 이 시기에 자연 과학의 비약적 발전에 자극 받아 ㉤철학, 사회학, 역사학 등 인문사회 과학이 본격적으로 발달하기 시작하였다.

① ㉠의 발전에 영향을 준 요인 중 하나가 낭만주의 문학이다.
② ㉡의 제도적 발전에 기여한 사상 중 하나가 공리주의이다.
③ ㉢의 결과를 반영한 고전 경제학이 영국에서 더욱 발전하였다.
④ ㉣의 현실을 관찰하며 비판하는 사실주의 문학 작품들이 나왔다.
⑤ ㉤의 예로서 실존주의 철학과 실용주의 철학을 들 수 있다.

42 (가), (나)는 두 나라의 시민 혁명 과정에서 발표된 것이다. 이에 대한 설명으로 옳지 않은 것은?

> (가) 잉글랜드, 스코틀랜드, 아일랜드로 이루어진 공화국 및 그에 속한 영토의 입법상의 최고 권한은 단지 한 사람 및 의회에 소집된 인민에게 있다. 이 단 한 사람의 칭호는 호국경이라 한다.
> (나) 우리 합중국의 국민은 더욱 완벽한 연방을 만들고 정의를 수립하고, 국내의 안녕을 보장하고 공동의 방위를 갖추고, 국민의 복지를 증진하고, 우리와 우리의 후손이 자유의 혜택 을 확실히 누릴 수 있게 해줄 목적으로 이 헌법을 제정한다.

① (가) – 명예 혁명의 결과로 발표되었다.
② (가) – 크롬웰이 독재 정치를 전개하는 배경이 되었다.
③ (나) – 계몽 사상의 영향을 받았다.
④ (나) – 삼권 분립의 원칙을 분명히 하였다.
⑤ (가), (나) – 공화정의 정치 체제를 지향하였다.

43 밑줄 친 '이 시기'의 사실로 옳은 것을 <보기>에서 고른 것은?

> 이 시기는 '천재의 세기'라고 불릴 만큼 자연 과학 분야에서 뛰어난 인물들이 배출되었다. 뉴턴은 만유 인력의 법칙을 발견하였고, 하비는 혈액 순환의 원리를 밝혀냈다. '과학 혁명'이라고 불리는 이러한 발전은 인류의 의식에도 많은 변화를 가져왔다.

보기

ㄱ. 영국에서는 경험주의 철학이 등장하였다.
ㄴ. 마르크스와 엥겔스에 의해 과학적 사회주의가 확립되었다.
ㄷ. 베르사유 궁전과 같은 바로크 양식의 건축물이 유행하였다.
ㄹ. 신앙과 이성의 조화를 추구하는 스콜라 철학이 성립되었다.

① ㄱ, ㄴ ② ㄱ, ㄷ
③ ㄴ, ㄷ ④ ㄴ, ㄹ
⑤ ㄷ, ㄹ

44 다음 사실들과 관련 있는 사건의 영향으로 옳지 않은 것은?

- 존 케이가 자동 북을 발명하여 1명의 직공이 방적공 10명분의 면사를 생산하였다.
- 하그리브스가 제니 방적기를 발명하여 1명의 직공이 8가닥의 면사를 동시에 뽑아냈다.
- 크롬프턴이 뮬 방적기를 발명하여 가늘고 튼튼한 면사를 뽑아 냈다.
- 카트라이트가 직조기를 발명하여 증기 기관을 동력으로 사용하여 옷감을 짰다.

① 기계를 파괴하는 러다이트 운동이 일어났다.
② 자본주의를 비판하는 사회주의 사상이 등장하였다.
③ 노동자들이 인민 헌장을 발표하고 차티스트 운동을 벌였다.
④ 선거법을 개정하여 신흥 상공 계층에게 참정권을 부여하였다.
⑤ 네덜란드 무역에 타격을 가하기 위하여 항해법을 제정하였다.

45 자료와 관련된 유럽의 정치 질서에 반발하여 일어난 사건으로 옳지 않은 것은?

> 4국은 제2차 파리 평화 조약을 성실히 이행하며 1814~1815년의 모든 약속을 다시 확인한다. 또한 프랑스가 혁명 원칙을 어떠한 형태로든지 다시 들고 나와 타국의 안전을 위협하거나, 보나파르트나 그 가족이 프랑스의 지배자가 되는 경우에 4국은 서로 협조해 필요한 조치를 취한다.

① 독일에서는 대학생들이 학생 조합 운동을 전개하였다.
② 이탈리아에서는 카르보나리 당이 혁명 운동을 전개하였다.
③ 프랑스는 대륙 봉쇄령을 통해 영국과의 통상을 금지하였다.
④ 그리스는 유럽 지식인들의 지지를 받으며 독립을 달성하였다.
⑤ 미국은 아메리카 대륙에 대한 유럽의 간섭을 배격하는 먼로선언을 발표하였다.

46 밑줄 친 '이 회사'의 활동으로 옳지 않은 것은?

> 1600년에 설립된 이 회사는 영국 국왕으로부터 특허장을 얻어 인도 무역을 독점하였다. 처음에는 향신료 등을 구입하여 본국과 유럽 각지에 판매하다가 17세기에는 면직물을, 18세기 중엽 이후에는 중국의 차(茶)를 주로 취급하였다. 그러나 이 회사의 용병이었던 세포이가 항쟁을 일으키자 영국 정부는 회사를 해체시켰다.

① 인도에서 아편을 재배하여 중국에 판매하였다.
② 북아메리카 식민지에서 차 무역을 독점하였다.
③ 플라시 전투를 계기로 인도 벵골 지방의 징세권을 확보하였다.
④ 인도의 반영 운동을 약화시키기 위하여 벵골 분할을 시도하였다.
⑤ 인도에서 면화를 사들이고 대량 생산된 영국산 면직물을 팔았다.

47 (가), (나) 사이의 시기에 있었던 사실로 옳은 것은?

(가) 최근 독일은 산둥 지역의 일부를 점거하였습니다. 각국이 계속 중국의 빈틈을 엿보고 있어서 참으로 망국의 위기가 눈앞에 닥쳐왔습니다. 이 난국을 타개하기 위해서는 제도국을 설치하시고 헌법을 제정하시는 것이 최선이라고 생각합니다.
(나) 2년 전 열강의 연합군이 베이징을 점령하자, 이듬해 우리나라는 4억 5천만 냥이라는 막대한 배상금을 그들에게 지불하는 조약을 맺었습니다. 서양 세력을 막아 내기 위해서는 그들의 제도를 참고하여 우리 나라 군대의 문제점을 개선하고 신군을 편성해야 합니다.

① 타이완이 일본의 식민지가 되었다.
② 중국 동맹회가 무장 봉기를 일으켰다.
③ 청조를 지지하는 농민들이 철도를 파괴하였다.
④ 베트남에 대한 종주권을 두고 청 · 프 전쟁이 발발하였다.
⑤ 러시아가 일본의 팽창을 막기 위해 삼국 간섭을 추진하였다.

48 다음과 같은 만행을 저지른 전쟁의 시발점이 된 사건은?

제2차 세계대전이후 난징대학살에 참가한 어느 일본군의 일기가 발견되었는데, 일기내 용에서는 "심심하던 중 중국인을 죽이는 것으로 무료함을 달랜다."면서 "산 채로 묻어버리거나 장작불로 태워 죽이고 몽둥이로 때려죽이기도 했다.'고 적혀 있었다. 즉, 일본군들은 군인포로들이나 민간인들 가릴 것 없이 무차별적으로 잔인하게 학살을 하였다.

① 국민당 정부는 수도를 충칭으로 옮겨 난징에 대한 방어가 허술하였다.
② 미국이 중국을 적극 지원하여 중국이 성장하자 이에 위협을 느낀 일본이 선제공격을 감행하였다.
③ 중국 공산당이 급격히 성장하자 이를 저지하기 위하여 국민당과 연합하여 공산당을 토벌하였다.
④ 국 · 공합작을 통하여 강해진 중국군이 일본에 선제 공격을 하였다.
⑤ 1937년 베이징 근처 루거우차오에서 중 · 일 양국 군대가 충돌하였다.

49 (가), (나) 발표 사이의 시기에 있었던 사실로 옳은 것은?

(가) 전쟁 상황은 호전되지 않고 세계의 대세도 우리에게 불리하다. 게다가 미국의 새로운 폭탄으로 많은 백성들이 피해를 입었으니, 짐이 무슨 수로 백성을 보호할 수 있겠는가. 이것이 제국 정부로 하여금 공동 선언에 응하도록 한 까닭이다.
(나) 일본과 각 연합국과의 전쟁 상태는 현 조약이 시행되는 날부터 중지된다. 연합국은 일본과 그 영해에 대한 일본 국민의 완전한 주권을 인정한다. 일본은 한국의 독립을 승인하고 제주도, 거문도 및 울릉도를 포함한 한국에 대한 모든 권리 · 권원 및 청구권을 포기한다.

① 6 · 25 전쟁이 발발하였다.
② 강화도 조약이 체결되었다.
③ 일본이 미국에 개항하였다.
④ 아시아 · 태평양 전쟁이 일어났다.
⑤ 일본이 한국을 강제로 병합하였다.

50 (가) 정책에 대한 설명으로 옳은 것은?

〈20세기 중반 이후 베트남의 주요 사건〉

- 1954년 제네바 협정으로 프랑스의 식민 지배로부터 독립
- 1964년 통킹 만 사건을 계기로 미국 전투 부대의 침공
- 1975년 베트남 전쟁의 종결
- 1976년 베트남 사회주의 공화국 수립
- 1986년 경제 성장을 위한 (가) 정책 도입
- 1992년 한국과 수교

① 개혁과 개방을 표방하였다.
② 문화 대혁명의 배경이 되었다.
③ 주요 기업의 국유화를 촉진시켰다.
④ 중국 공산당의 대장정에 영향을 미쳤다.
⑤ 일본과 영토 분쟁이 일어나는 원인이 되었다.

세계사능력검정시험 기출동형모의고사 초 · 중급

01 다음과 같은 사회 질서가 성립된 왕조의 정치적 특징으로 옳은 것은?

> 부계 혈통의 종족 구성 에서는 '대종(大宗)'과 '소종(小宗)'의 엄격한 구분이 있었다. 천자의 적장자만이 천자가 될 수 있었는데 이것이 대종이고, 그 나머지 자식들은 소종이라 하여 신분이 한 등급 낮았다. 이 원리는 제후 · 대부 · 사에게도 동일하게 적용되었으며, 전국적인 통치 제도에 이용되었다.

① 국가 통치 규범으로 율령제가 확립되었다.
② 천명 사상으로 왕권을 합리화하였다.
③ 전국을 군현으로 나누고 지방관을 파견하였다.
④ 군현제와 봉건제를 병용한 군국제를 실시하였다.
⑤ 점을 쳐서 국가의 중대사를 결정하는 신정 정치가 이루어졌다.

02 밑줄 친 '황제'가 집권하던 시기 동아시아의 상황으로 옳은 것은?

> 제목 : 장건의 대월지 파견과 비단길
> <u>황제</u>의 명을 받고 대월지로 파견되었다. 장건의 원정로를 따라 가며 비단길의 개척 과정을 살펴보고 동서 교역에 끼친 영향과 역사적 의미를 알아본다.

① 한반도에서 불교가 공인되었다.
② 베트남에서 남비엣이 멸망하였다.
③ 중국에서 한화 정책이 시행되었다.
④ 일본에서 야마토 정권이 수립되었다.
⑤ 한반도에서 고구려, 백제, 신라가 대립하였다.

03 다음에서 알 수 있는 고대 문명의 문화유산으로 옳은 것은?

> • 여러 도시에 수호신의 주거 공간으로 지구라트라는 계단식 신전을 세웠다.
> • 불규칙한 범람으로 물길이 자주 바뀌는 티그리스 강과 유프라테스 강의 치수를 위해 노력하였다.
> • 달이 지구를 한 바퀴 도는 시간을 기준으로 하는 역법과 60을 기본 단위로 하는 수 체계를 사용하였다.

① ② ③ ④

⑤

04 빈칸에 들어갈 내용으로 옳은 것은?

> 이베리아 반도에 위치한 에스파냐와 포르투갈은 지중해 무역에서 소외되었던 상황을 극복하고 경제적 이익을 확대하기 위해 신항로 개척을 적극 후원하였다. 15세기 후반 포르투갈과 에스파냐의 신항로 개척 이후 대서양 연안의 국가들은 해양 진출을 서둘렀다. 그 결과＿＿＿＿＿＿＿＿＿＿

① 마르코 폴로의 동방견문록이 저술되었다.
② 유럽에 노르만 계통의 국가가 확대되었다.
③ 종교적 열정이 더해져 십자군 전쟁이 발발하였다.
④ 아메리카와 아시아의 여러 지역이 유럽의 식민지로 전락하였다.
⑤ 이 국가들은 포에니 전쟁을 계기로 지중해 무역을 장악하였다.

05 지도와 같이 여러 나라가 분립할 당시의 상황으로 옳은 것은?

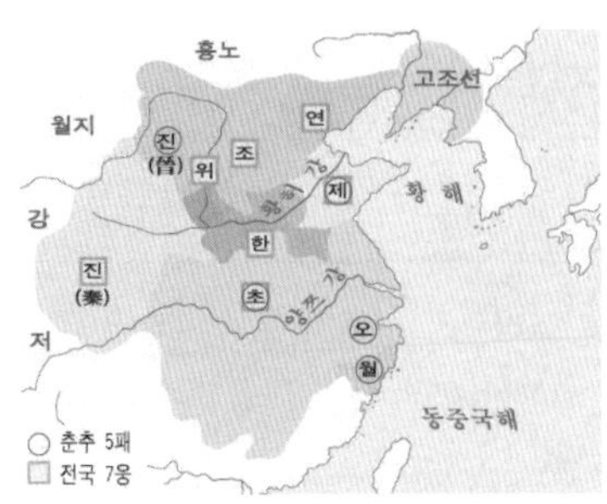

① 유교 경전에 주석을 붙이는 훈고학이 발달하였다
② 군현을 설치하고 지방관을 파견하였다.
③ 제후들이 부국강병을 위해 능력 중심으로 인재를 등용하였다.
④ 중앙 집권 체제 확립을 위한 사상 통제가 이루어졌다.
⑤ 혈족이나 공신에게 분봉하는 봉건제가 도입되었다.

06 (가) 왕조와 관련된 옳은 설명을 〈보기〉에서 고른 것은?

(가) 왕조에서 유행한 양식의 불상

보기

ㄱ. 아소카 왕 시기에 전성기를 맞이하였다.
ㄴ. 중생 구제를 목표로 하는 대승 불교가 발달하였다.
ㄷ. 산스크리트 어를 사용한 샤쿤탈라 등의 작품이 나왔다.
ㄹ. 중국, 인도, 이란을 연결하는 중계 무역으로 번영하였다.

① ㄱ, ㄴ ② ㄱ, ㄷ
③ ㄴ, ㄷ ④ ㄴ, ㄹ
⑤ ㄷ, ㄹ

07 (가) 국가에 대한 설명으로 옳은 것은?

영국인 오스틴 헨리 레어드는 어린 시절 『아라비안나이트』와 『바빌로니아 여행기』를 읽고 심취하여 메소포타미아 유적 발굴에 나섰다. 그는 ___(가)___의 수도인 니네베 궁전터에서 세계인을 깜짝 놀라게 하는 유적을 발굴하였다. 바로 아슈르바니팔 왕이 세운 기록 보관실인데, 그곳에는 진흙을 구워 쐐기 모양 글자를 새긴 점토판이 2,500개나 묻혀 있었다. 이곳은 지금까지 알려진 최고(最古)의 도서관으로, 당시 우수한 철제 무기와 기병을 바탕으로 오리엔트를 처음으로 통일한 국가의 위세를 자랑하는 듯했다.

① 세계주의적 종교인 마니교가 나타났다.
② 페르시아 어와 페르시아 문자를 사용하였다.
③ 유일신 여호와를 믿는 유대교를 성립시켰다.
④ 강압적인 통치로 피지배 민족의 반란을 초래하였다.
⑤ 한과 형제의 관계를 맺고 황실의 여인과 공물을 받았다.

08 다음을 통해 알 수 있는 전쟁이 끼친 영향으로 가장 적절한 것은?

페르시아의 3차 침입에 대비하여 테미스토클레스는 해군 양성에 주력할 것을 호소하였다. 그리스가 적의 거대한 지상군을 상대로 마라톤에서와 같은 승리를 더 이상 거둘 수 없다는 것을 간파하였기 때문이다. 그리스 인들은 라우리움에서 발견된 거대한 은광에서 재원을 조달하여 함대를 건설하였고, 이 함대로 페르시아군을 살라미스에서 대파하였다.

① 도편 추방제가 도입되었다.
② 대농장인 라티푼디움이 확산되었다.
③ 그라쿠스 형제의 개혁이 추진되었다.
④ 알렉산드로스의 동방 원정이 시작되었다.
⑤ 아테네를 중심으로 한 델로스 동맹이 결성되었다.

09 표는 어느 개혁에 따라 아테네 시민에게 부여한 참정권의 범위를 나타낸 것이다. 이 개혁의 배경으로 옳은 것은?

시민 계급	재산 기준	참정권의 범위					
		민회 의원	군사 복무	재판소 배심	하위 관직	집정관	회계관
제1 계급	연 수입 110석* 이상						
기사 계급	연 수입 65석 이상						
농민 계급	연 수입 32석 이상						
노동 계급	빈민 · 노동층						

* 석 : 곡식을 세는 단위

(회색 칸) : 참여 가능 (줄무늬 칸) : 때에 따라 참여 가능

① 부족제 개편으로 귀족의 영향력이 약화되었다.
② 아테네가 델로스 동맹의 맹주로 번영을 누렸다.
③ 부유한 평민이 중장 보병으로 군대의 주력이 되었다.
④ 민중의 지지를 받아 참주가 무력으로 정권을 장악하였다.
⑤ 페르시아 전쟁에 수군으로 참여한 빈민층의 역할이 커졌다.

10 (가)에 들어갈 내용으로 적절한 것을 〈보기〉에서 고른 것은?

> 안내원 : 우리는 지금 윈강 석굴 사원에 와 있습니다. 이 석굴이 조성된 시대에 중국에서는 ______(가)______

보기

ㄱ. 문벌 귀족이 형성되고 있었습니다.
ㄴ. 북조와 남조가 병존하고 있었습니다.
ㄷ. 만한 병용제가 시행되고 있었습니다.
ㄹ. 절도사의 권한이 약화되고 있었습니다.

① ㄱ, ㄴ ② ㄱ, ㄷ
③ ㄴ, ㄷ ④ ㄴ, ㄹ
⑤ ㄷ, ㄹ

11 연표의 (가), (나) 시기에 나타난 사실을 〈보기〉에서 모두 고른 것은?

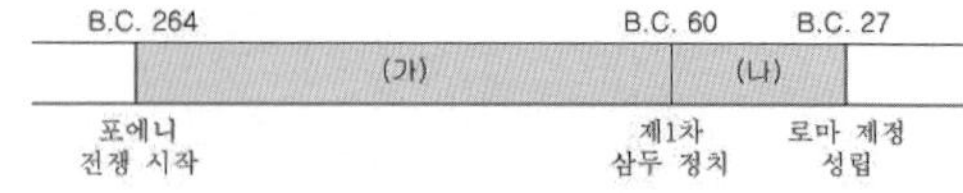

보기

ㄱ. (가) – 그라쿠스 형제가 토지 개혁을 추진하였다.
ㄴ. (가) – 성산 사건을 계기로 호민관 제도가 시행되었다.
ㄷ. (나) – 옥타비아누스가 악티온 해전에서 승리하였다.
ㄹ. (나) – 라티푼디움이 붕괴되고 콜로나투스가 나타났다.

① ㄱ, ㄴ ② ㄱ, ㄷ
③ ㄴ, ㄷ ④ ㄴ, ㄹ
⑤ ㄷ, ㄹ

12 대화의 소재가 되고 있는 전쟁에 대한 설명으로 옳은 것은?

> • 일본 학생 : 일본에서는 벽제관 전투, 울산성 전투, 사천성 전투를 이 전쟁의 3대 대첩이라고 이야기해.
> • 한국 학생 : 우리는 진주 대첩, 한산도 대첩, 행주 대첩을 꼽고 있어. 서로 자기 나라의 관점에서 전쟁을 바라보는구나.

① 가마쿠라 막부가 쇠퇴하는 요인이 되었다.
② 일본이 타이완을 차지하는 결과를 낳았다.
③ 조선의 요청으로 명이 원군을 파병하였다.
④ 친명배금 정책이 배경이 되어 발발하였다.
⑤ 신라가 삼국을 통일하는 과정에서 일어났다.

13 (가)와 (나)에 관련된 나라에 대한 설명으로 옳지 않은 것은?

(가) 왕조 후반기, 환관과 외척이 정치를 어지럽히자 지방 정치도 문란해졌다. 몰락한 농민들이 각지에서 반란을 일으켰다. 대표적인 것이 황건적의 난이다.
(나) 안·사의 난 이후 중앙에서는 환관이 정치를 좌우하였고 지방에서는 절도사들이 세력을 확대하여 중앙 정부의 통제에서 벗어났다. 이러한 가운데 몰락한 농민들이 중심이 된 황소의 난이 일어났다.

① (가)에서는 신비주의가 도가 사상과 결합하여 태평도, 오두미도 등이 나타났다.
② (나)에서는 수도 장안을 중심으로 동서 문화가 활발히 교류되었다.
③ (가)에서는 『한서』가, (나)에서는 『자치통감』이 저술되었다.
④ (가)에서는 종이가 발명되었고, (나)에서는 제지술이 서아시아로 전래되었다.
⑤ (가)에서는 비단길을 따라 불교가 들어왔으며, (나)에서는 불교 경전의 번역이 활발하였다.

14 다음 제도가 성립되었던 당시 인도의 사회 모습으로 가장 적절한 것은?

신은 브라만에게 「베다」를 가르치고 제사지내는 일을 맡기셨다. 크샤트리아에게는 백성들을 보호하고 다스릴 것을, 바이샤에게는 농사를 짓고 짐승을 기를 것을 명령하셨다. 마지막으로 수드라에게는 다른 세 신분에 속한 사람들에게 봉사하는 임무를 명령하셨다.

① 인도 최초의 통일 제국이 형성되었다.
② 하라파와 모헨조다로가 대도시로 번성하였다.
③ 그리스 문화의 영향을 받아 불상이 제작되었다.
④ 범아일체를 주장하는 우파니샤드 철학이 발달하였다.
⑤ 자연신을 섬기고 제사 의식을 중시하는 종교가 성립되었다.

15 (가)에 들어갈 건축물로 옳은 것은?

○○의 문화
• 법률
 - 12표법과 시민법
 - 제국의 확대로 인해 만민법으로 발전
• 과학
 - 천동설을 주장한 프톨레마이오스
• 역사
 - 플루타르크의 『영웅전』
 - 카이사르의 『갈리아 전기』
• 건축
 - 도시 건축 발달
* 대표적인 건축물
 (가)

① 
②  
③ 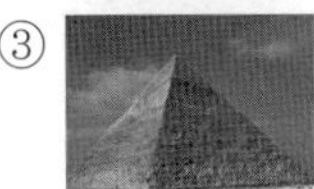
④  
⑤ 

16 시기적으로 (가), (나) 사이에 일어난 사실로 옳은 것은?

(가) 동독 정부는 베를린에 장벽을 건설하였다.

(나) 베를린 장벽이 철거되자 독일 국민들이 환호하였다.

① 나치스의 집권
② 먼로 독트린 발표
③ 바이마르 공화국 수립
④ 베르사유 체제의 성립
⑤ 고르바초프의 개혁·개방 정책 표방

17 (가)에 들어갈 내용으로 적절한 것을 〈보기〉에서 고른 것은?

> △△ 역사학회 학술 대회
>
> 주제 : 성리학의 성립과 동아시아 확산
>
> [발표 순서]
>
> • 제1발표 : 성리학의 철학적 체계와 성립 과정
> – 불교적 논리 체계 수용과 성리학의 성립
>
> • 제2발표 : 성리학의 동아시아 확산에 대한 사례 연구
> – ______(가)______

보기

ㄱ. 동중서의 사상과 황제권 강화
ㄴ. 정도전의 사상과 조선의 건국
ㄷ. 천 두슈의 사상과 신문화 운동
ㄹ. 하야시 라잔의 사상과 에도 막부의 지배 이념

① ㄱ, ㄴ ② ㄱ, ㄷ
③ ㄴ, ㄷ ④ ㄴ, ㄹ
⑤ ㄷ, ㄹ

18 다음 가상 편지 속의 국왕이 추진했던 정책으로 옳은 것은?

> 폐하도 아시다시피 에스파냐 함대는 패배가 없다는 뜻에서 '무적함대'로 불리곤 했습니다. 함대의 진용은 군함이 127척, 대포2,500문, 수군 8,000명, 육군 1만 9,000명 정도였습니다. 이 어마어마한 함대를 맞아 우리는 고작 전함 80척과 8,000여 명의 병력으로 기적을 이루어 내고야 말았습니다. 저들이 63척의 배를 잃고 1만 8,000여 명의 전사자를 냈을 때 우리는 겨울 배 1척과 장병 100명 정도만을 잃었습니다. 폐하! 우리 장병들의 노고를 크게 치하해 주십시오.

① 수장법을 발표하여 교황으로부터 독립하였다.
② 항해법을 제정하여 네덜란드에 타격을 주었다.
③ 귀족의 요구를 받아들여 대헌장을 승인하였다.
④ 동인도 회사를 설립하고 해외 진출을 도모하였다.
⑤ 차티스트 운동의 영향을 받아 선거법을 개정하였다.

19 (가), (나) 왕조에 대한 설명으로 적절한 것은?

> • ___(가)___의 부족민에게 다른 요역은 부과되지 않았고, 성인 남자는 모두 병사가 되었다. 부족장을 패근이라 하고 군대를 지휘하게 되면 맹안, 모극이라 하였다. 맹안은 천부장, 모극은 백부장의 역할을 담당하였다.
>
> • 호랑이해 초봄에 테무친은 장엄하게 쿠릴타이를 열어 많은 사람의 축복을 받으며 보좌에 앉았다. '강하고 단단한 대군주'라는 의미의 칭기즈 칸이란 칭호가 테무친에게 봉헌되었고, 그는 ___(나)___을/를 함께 세우며 노력한 이들에게 상으로 천 호씩 나누어 맡겼다.

① (가) – 이갑제로 향촌 질서를 유지하였다.
② (가) – 파스파 문자를 만들어 사용하였다.
③ (나) – 남면관과 북면관을 설치하여 운용하였다.
④ (나) – 역참 제도를 정비하여 통치에 활용하였다.
⑤ (가), (나) – 중정관이 올린 향품에 따라 인재를 등용하였다.

20 다음은 동아시아사 모둠 학습 장면이다. (가)에 들어갈 내용으로 적절하지 않은 것은?

> 학습 주제 : 7~8세기 동아시아 문화권
>
> 학생A : 이 시기 동아시아 문화의 공통 요소에는 무엇이 있을까?
>
> 학생B : 유교, 율령, 한자, 불교 등이 있어. 하지만 각 나라들은 각 요소를 자신들의 상황에 맞게 변형해서 운영했어
>
> 학생C : 맞아, ______(가)______

① 신라는 관리 선발 제도로 독서삼품과를 실시했어.
② 일본은 한자의 음을 빌려 만든 만요 가나를 사용했어.
③ 일본은 풍부한 목재를 이용하여 주로 목탑을 만들었어.
④ 북위는 균전제를 시행하여 백성들에게 토지를 지급했어.
⑤ 발해는 6부를 3부씩 나누어 좌사정과 우사정이 관할하도록 했어.

21 (가)에 대한 탐구 활동으로 가장 적절한 것은?

> (가)
>
> 동중국해 상의 섬들로 이루어져 있으며, 면적은 2,255 km™ 이다. …(중략)… 14세기 후반부터 명에 조공하여 책봉을 받았다. 사쓰마 번의 침략 이후 중국과 일본 양쪽에 조공하는 양속 관계를 유지하였으나, 메이지 시대에 들어와 일본이 강제로 자국의 영토로 편입시켰다. 제2차 세계 대전 이후 미국이 점령하고 있다가 1972년 일본에 반환하였다.

① 에스파냐가 전개한 갈레온 무역의 거점을 살펴본다.
② 정성공이 반청 운동의 근거지로 삼은 지역을 찾아본다.
③ 왜구 문제를 해결하기 위하여 조선이 정벌한 섬을 알아본다.
④ 명의 해금 정책 실시 후 중계 무역으로 번영한 지역을 조사한다.
⑤ 에도 막부가 네덜란드 인에게 개방하여 교역을 허용한 지역을 파악한다.

22 (가)에 들어갈 내용으로 옳은 것은?

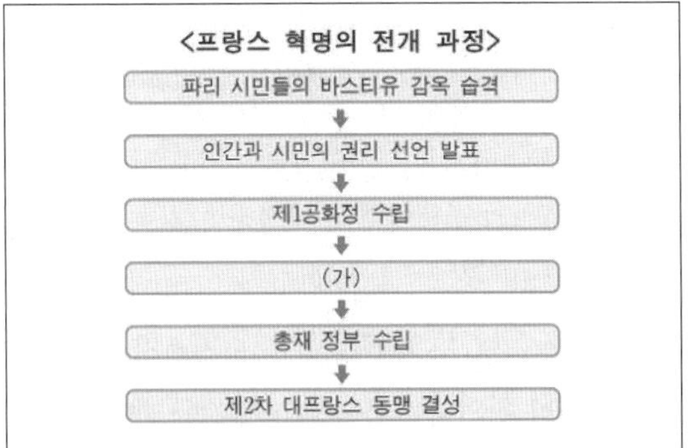

<프랑스 혁명의 전개 과정>
파리 시민들의 바스티유 감옥 습격
인간과 시민의 권리 선언 발표
제1공화정 수립
(가)
총재 정부 수립
제2차 대프랑스 동맹 결성

① 공포 정치 실시
② 입법 의회 구성
③ 대륙 봉쇄령 실시
④ 테니스 코트의 서약
⑤ 가톨릭 교도 해방령 실시

23 (가)에 들어갈 내용으로 옳은 것은?

> 제 ○○호 **세계사 신문**
>
> 셀주크 튀르크,
> 바그다드에 입성하다!
>
> 
>
> 셀주크튀르크가 이슬람교로 개종 후 급속히 세력을 확장하고 있다. 이슬람 제국의 심장이라 할 수 있는 바그다드에 입성한 이에 ______(가)______ 이로서 이슬람 서력이 새로운 지배자로 인정을 받게 된 셀주크투르크는 지중해 지역으로 진출할 것으로 보인다.
>
> – ○○○ 기자 –

① 칼리프의 직위를 독점적으로 세습하였다.
② 칼리프로부터 술탄이라는 칭호를 얻었다.
③ 이베리아 반도에서 후우마이야 왕조를 열었다.
④ 헤지라를 통하여 메디나에 거점을 마련하였다.
⑤ 시아파를 이용하여 우마이야 왕조를 멸망시켰다.

24 가상 대화에서 (가) ~ (다)인물이 주장한 사상에 대한 설명으로 옳은 것은?

> (가) 군주는 신으로부터 권력을 부여받았으므로 누구도 군주를 거역할 수 없다네.
>
> (나) 내 생각은 다르네. 군주에게 복종해야 하는 것은 인간이 '만인 대 만인의 투쟁'에서 벗어나기 위해 자신의 자유를 군주에게 양도했기 때문이라네.
>
> (다) 그렇지 않다네. 지배자가 인간의 자연권을 침해한다면 인간은 정부를 교체할 수 있다네.

① (가) – 영국의 명예 혁명을 옹호하였다.
② (나) – 미국 혁명에 사상적 기반을 제공하였다.
③ (다) – 인민 주권에 입각한 직접 민주 정치를 표방하였다.
④ (가), (나) – 군주의 절대권을 인정하였다.
⑤ (가), (나), (다) – 정부의 성립을 계약으로 설명하였다.

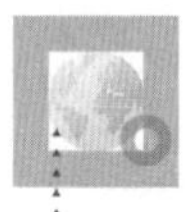

25 밑줄 친 (가)와 (나)에 대한 옳은 설명을 〈보기〉에서 고른 것은?

• 프랑스에서는 왕위 계승을 둘러싸고 신교 · 구교 사이에 대립이 발생하더니 급기야 전쟁으로 확대되었다. 그들의 대립은 앙리 4세가 즉위하여 (가) 칙령을 발표함으로써 끝이 났다.
• 독일에서는 아우크스부르크 화의로 종교적 대립이 일단락되는 듯하였으나 여러 가지 이유로 (나) 전쟁이 발발하였다. 이 전쟁은 신교 측에 덴마크 · 스웨덴 · 프랑스가, 구교 측에 에스파냐가 가담하면서 국제 전쟁으로 확대되었다.

보기

ㄱ. (가) 칙령으로 프랑스의 산업이 발달하게 되었다.
ㄴ. (가) 칙령으로 위그노가 신앙의 자유를 얻게 되었다.
ㄷ. (나) 전쟁이 종식된 결과 독일 통일의 기초가 마련되었다.
ㄹ. (나) 전쟁 이후 가톨릭 교회는 트리엔트 공의회를 열어 개혁에 나섰다.

① ㄱ, ㄴ ② ㄱ, ㄷ
③ ㄴ, ㄷ ④ ㄴ, ㄹ
⑤ ㄷ, ㄹ

26 자료를 이용한 탐구 활동으로 적절한 것은?

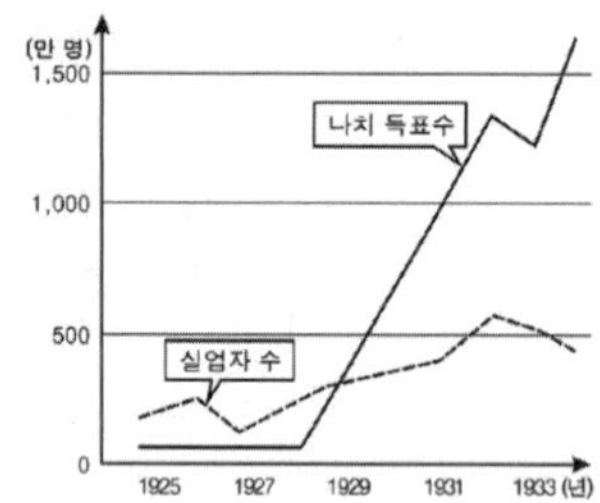

① 관세 동맹의 체결 목적을 분석한다.
② 북독일 연방의 성립 계기를 찾아본다.
③ 전체주의 정당의 집권 배경을 파악한다.
④ 바이마르 공화국의 수립 과정을 알아본다.
⑤ 3국 동맹과 3국 협상의 대립 양상을 조사한다.

27 (가), (나)에 들어갈 발표 주제로 적절한 것을 〈보기〉에서 고른 것은?

제 ○ 회 정기 학술 대회

14 ~ 16세기 르네상스 시대의 문화
• 일시 : 2014. 9. ○○ 14 : 00 ~ 18 : 00
• 장소 : △△대학교 소회의실
• 발표 주제
 – 1부 : 인문주의의 부활, 이탈리아 르네상스
 (가)
 – 2부 : 사회 개혁으로 나아간 북유럽 르네상스
 (나)

보기

ㄱ. (가) – 우신예찬에 나타난 사회상 탐구
ㄴ. (가) – 레오나르도 다빈치의 작품 세계 고찰
ㄷ. (나) – 페트라르카의 삶과 작품 연구
ㄹ. (나) – 유토피아에 나타난 토마스 모어의 사회 인식

① ㄱ, ㄴ ② ㄱ, ㄷ
③ ㄴ, ㄷ ④ ㄴ, ㄹ
⑤ ㄷ, ㄹ

28 밑줄 친 '식민지인들'에 대한 설명으로 옳은 것은?

1776년에 차, 종이, 페인트 등 각종 상품에 관세를 부과하는 타운센트법이 발표되자, 식민지인들의 조직적인 저항 운동이 일어났다. 이에 찻세 조항을 제외한 나머지 타운센트법이 철회되었다. 하지만, 이들은 찻세마저 철폐할 것을 주장하며 '차 마시지 않기 운동'을 벌였다.

① 잉카 문명과 아스텍 문명을 파괴하였다.
② 에스파냐 왕의 후원을 받아 신항로를 개척하였다.
③ 테니스 코트의 서약을 하고 국민 의회를 조직하였다.
④ 프랑스 등 유럽 국가의 지원을 받아 독립을 쟁취하였다.
⑤ 국왕의 자의적 과세에 반대하여 권리 청원을 제출하였다.

29 다음 경제적 변화가 미친 영향으로 옳은 것을 〈보기〉에서 고른 것은?

영국에서는 수력 방적기, 역직기 등이 발명되어 면 공업 분야에서 제품의 대량 생산이 이루어졌다. 면 공업의 발전은 이와 관련된 제철업, 석탄 산업 및 원료와 제품 수송을 위한 운송 수단의 지속적인 발전을 이끌었다. 이러한 과정을 거치며 18세기 후반기에는 전반기에 비해 면직물 생산은 60배 이상, 강철 생산은 6배 이상 증가하였다. 이와 같은 기계의 발명과 기술의 혁신으로 시작된 산업상의 대변혁은 급속도로 유럽 각국으로 확산되었다.

보기
ㄱ. 길드가 등장하였다.
ㄴ. 노동조합이 결성되었다.
ㄷ. 사회주의 사상이 확산되었다.
ㄹ. 제1차 인클로저 운동이 시작되었다.

① ㄱ, ㄴ ② ㄱ, ㄷ
③ ㄴ, ㄷ ④ ㄴ, ㄹ
⑤ ㄷ, ㄹ

30 다음은 18세기 어느 경제학자의 말이다. 이 학자의 사상을 대표할 수 있는 주장은?

과수원을 경영하는 농부가 열심히 과일을 재배하는 것은 돈을 벌겠다는 개인적인 욕망에 바탕을 둔 행동이지만, 사회 전체로 보았을 때에는 많은 사람들이 그 농부의 노력으로 좋은 과일을 먹을 수 있으니 더 없이 좋은 일이다. 이와 같이 사람들이 모두 자기의 이익을 위해 최선을 다할 때 사회는 가장 이상적으로 발전한다.

① 국부(國富)의 원천은 금의 보유에 있다.
② 시장 경제에는 '보이지 않는 손'이 작용한다.
③ 해외의 넓은 식민지는 국가 발전의 기반이 된다.
④ 국가는 경제 활동에 대한 간섭권을 가지고 있다.
⑤ 국내 산업을 보호 육성하는 것이 국가의 책무이다.

31 다음 헌장의 배경으로 옳은 것을 〈보기〉에서 고른 것은?

인민 헌장
- 21세 이상 모든 남자의 선거권 인정
- 유권자 보호를 위한 비밀 투표제 실시
- 하원 의원의 재산 자격 조항 폐지
- 하원 의원에 대한 보수 지급
- 인구 비례에 의한 평등한 선거구 결정
- 의원의 임기를 1년으로 하여 매년 선거 실시

보기
ㄱ. 1848년 2월 혁명
ㄴ. 제1차 선거법 개정
ㄷ. 과학적 사회주의의 등장
ㄹ. 산업화로 인한 노동자 계급의 성장

① ㄱ, ㄴ ② ㄱ, ㄷ
③ ㄴ, ㄷ ④ ㄴ, ㄹ
⑤ ㄷ, ㄹ

32 (가), (나)에 대한 설명으로 옳지 않은 것은?

(가) • 광저우, 샤먼, 푸저우 등 5개 항구를 개항한다.
• 영국 상인에게 개방한 항구에서 공평하게 정해진 출입 관세를 설정한다.

(나) • 시모다 항구 외에 나가사키, 효고 등을 개항한다.
• 일본에 대하여 범법 행위를 한 미국인은 미국 영사 재판소에서 조사하여 미국이 법으로 처벌한다.

① (가)는 아편 전쟁의 결과로 체결되었다.
② (가)로 인해 청은 영국에 영토를 할양하였다.
③ (나)는 메이지 정부 시기에 체결되었다.
④ (나)는 미국의 압력에 굴복하여 체결되었다.
⑤ (가), (나)는 불평등 조약이었다.

33 (가), (나) 근대화 운동에 대한 설명으로 옳지 않은 것은?

> (가) 김옥균, 박영효 등은 정부의 개화 정책이 후퇴하자 이에 불만을 품고 정변을 일으켰다. 이들은 청과 연결되어 있던 집권 세력을 제거하고 능력에 따른 인재 등용, 조세 제도의 개혁 등을 모색하였으나 3일 만에 실패하였다.
> (나) 캉 유웨이, 량 치차오 등은 중국의 현실에 위기를 느끼며 전면적인 개혁을 주장하였다. 광서제에 의해 관직에 등용된 이들은 정치, 경제, 군사, 문화, 교육 등 여러 방면에서 개혁을 추진하였으나 결국 100여 일 만에 막을 내려야 했다.

① (가) – 톈진 조약 체결의 계기가 되었다.
② (가) – 청·프 전쟁을 배경으로 일어났다.
③ (나) – 보수파 관료의 반발을 초래하였다.
④ (나) – 잡지 신청년을 통해 유교를 비판하였다.
⑤ (가), (나) – 메이지 유신을 근대화의 모델로 삼았다.

34 (가)에 들어갈 내용으로 적절한 것은?

> 쑨 원 선생님께 질문하겠습니다.
> 지난 국민당 전국 대표 회의에서 국민당 조직을 개편하여 공산당원들을 받아들이셨는데, 그 이유가 무엇입니까?
> 현재 중국은 여러 세력에 의해 분열된 상태입니다. 사회주의자들과 힘을 합쳐 제국주의 열강을 몰아내고, ______(가)______

① 만주국을 타도하기 위해서입니다.
② 외세와 결탁한 군벌을 제압하기 위해서입니다.
③ 5·4 운동을 성공적으로 지도하기 위해서입니다.
④ 청조를 타도하여 공화국을 수립하기 위해서입니다.
⑤ 중·일 전쟁을 도발한 일본을 응징하기 위해서입니다.

35 연표의 (가), (나)에 들어갈 옳은 내용을 〈보기〉에서 모두 고른 것은?

> **보기**
> ㄱ. (가) – 미국에서 수정 자본주의 정책이 시행되었다.
> ㄴ. (가) – 미국은 최대 채권국이 되어 경제적 번영을 누렸다.
> ㄷ. (나) – 영국, 프랑스는 각각 경제 블록을 형성하였다.
> ㄹ. (나) – 독일, 이탈리아, 일본이 대외 팽창을 꾀하였다.
> ㅁ. (나) – 러시아에서 혁명이 일어나 소비에트 정권이 수립되었다.

① ㄱ, ㄴ　　② ㄴ, ㄷ
③ ㄱ, ㄹ, ㅁ　　④ ㄴ, ㄷ, ㄹ
⑤ ㄷ, ㄹ, ㅁ

36 (가) 기구에 대한 설명으로 옳은 것은?

> ______(가)______ 헌장
> 제23조 안전 보장 이사회는 15개 회원국으로 구성된다. 중화민국, 프랑스, 소비에트 사회주의 공화국 연방, 영국, 미합중국은 안전 보장 이사회의 상임 이사국이다.
> 제42조 안전 보장 이사회는 정해진 조치로 불충분하다고 인정할 때 국제 평화와 안전을 유지하고 회복하는 데 필요한 육·해·공군의 행동을 취할 수 있다.

① 마스트리히트 조약의 체결로 창립되었다.
② 인도네시아 반둥에서 평화 10원칙을 발표하였다.
③ 서유럽 경제를 재건하려는 마셜 계획을 추진하였다.
④ 미국과 서유럽 국가들의 집단 방어 체제를 구축하였다.
⑤ 평화 유지군을 창설하여 여러 분쟁 지역에 개입하였다.

37 다음 보고서의 (가)에 들어갈 내용으로 적절한 것은?

> 수행 평가 보고서
>
> ○학년 ○반 ○○○
>
> ○ 주제 : 레닌의 경제 정책
> ○ 배경 : • 1921년 초 기근과 대규모 농민 폭동 발생
> • 크론쉬타트 해군 기지에서 군대 반란 발발
> • 급속한 공산화 정책으로 인한 생산력의 저하
> ○ 정책 : ______(가)______

① 경제 회복을 위해 사회주의 체제를 강화하였다.
② 국가가 곡물을 징발하고 식량 배급제를 실시하였다.
③ 경공업에서의 소규모 기업 경영을 개인에게 허용하였다.
④ 외국의 다국적 기업들이 국내에 진출하도록 허용하였다.
⑤ 국가가 중심이 되어 경제 개발 5개년 계획을 추진하였다.

38 밑줄 친 '이 왕조' 시기에 있었던 사실로 옳지 않은 것은?

> 쿠샨 왕조가 멸망한 이후 이민족의 침입으로 혼란스러웠던 북인도는 이 왕조에 의해 통일되었다. 이 과정에서 민족의식이 싹텄으며 그 결과 인도의 고전 문화가 절정을 맞이하였다. 아잔타 석굴의 벽화는 옷 주름의 선을 완전히 생략하고 인체의 윤곽을 그대로 드러내어 인도 고유의 색채를 뚜렷하게 보여주고 있다.

① 힌두교가 융성하였다.
② 지구라트가 건설되었다.
③ 마누 법전이 편찬되었다.
④ 영(0)과 10진법이 사용되었다.
⑤ 산스크리트 문학이 발달하였다.

39 밑줄 친 '회의'에 대한 설명으로 옳은 것을 〈보기〉에서 고른 것은?

> 인도네시아 반둥에서 인도, 미얀마, 중국 등 아시아 · 아프리카 29개국이 참가한 회의가 열렸다. 참가국들은 전후 냉전 체제의 고착에 반대하며 강대국 중심의 세계 질서에 이의를 제기하였다. 이들은 국제 연합 존중, 평등과 평화, 자주와 정의의 실현 등을 촉구하였다.

보기
ㄱ. 트루먼 독트린에 영향을 주었다.
ㄴ. 식민주의와 인종주의에 반대하였다.
ㄷ. 참가국들은 비동맹 국가(제3 세계)라고 불렸다.
ㄹ. 세계 무역 기구(WTO)의 창설을 적극 지지하였다.

① ㄱ, ㄴ　② ㄱ, ㄷ
③ ㄴ, ㄷ　④ ㄴ, ㄹ
⑤ ㄷ, ㄹ

40 (가)~(다) 시대에 대한 설명으로 옳은 것은?

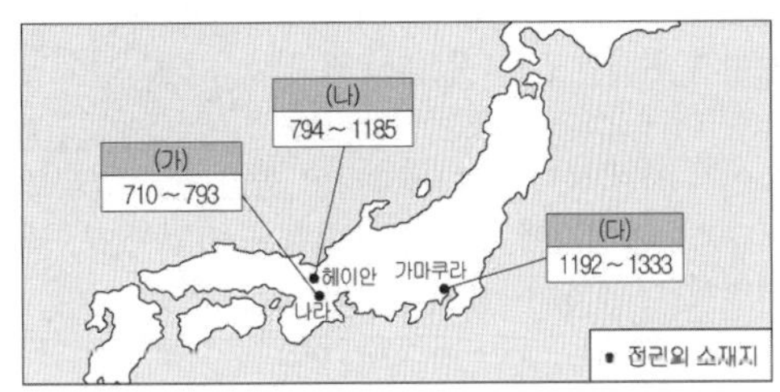

① (가) - 『일본서기』가 편찬되었다.
② (나) - 몽골의 두 차례 침입을 받았다.
③ (다) - 중국과 감합 무역을 전개하였다.
④ (가), (나) - 쇼군이 실질적인 권력을 행사하였다.
⑤ (나), (다) - 견당사와 견신라사를 파견하였다.

41 다음은 중국 어느 시기의 경제 상황을 보여주는 자료이다. 당시 사회 모습으로 옳은 것은?

> • 뱃길이 통하지 않는 지역은 지폐인 회자로 세금을 내는 것이 허용되었다. 양쯔강 인근 주군(州郡)의 경우, 받은 회자로 받은 동전으로 냈다. 토지, 집, 말, 소, 배, 수레를 매매할 경우에도 회자가 사용되었다.
> • 새로 도입된 참파벼는 가뭄이나 태풍의 피해를 입기 전에 수확할 수 있었고, 윤작이나 2기작도 가능하게 되었다. 이 때문에 참파벼는 강남 지역 80~90%의 논에서 재배되었다.

① 공행을 통해 국제 교역이 이루어지고 있다.
② 행(行), 작(作) 등 동업 조합이 운영되고 있다.
③ 양쯔강 하류 지역에서 면직물 수공업이 발달하였다.
④ 농민들은 조 · 용 · 조의 세법에 따라 납부하고 있다.
⑤ 강남과 화북을 잇는 대운하의 건설이 시작되고 있다.

42 자료를 통해 알 수 있는 국가에 대한 설명으로 옳은 것은?

> 〈쯔놈 문자로 쓰여진 책〉
>
> 
>
> 쯔놈 문자는 쩐 왕조가 한자와 유교 등 중국 문물을 적극 수용하여 발전하는 가운데 문화의 자주성을 높이기 위하여 만든 것이다. 쩐 왕조 이래로, 쯔놈 문자는 이 문자로 쓰여진 시가 국어시(國語詩)라고 불릴 만큼 널리 쓰이다가, 20세기에 들어와 로마자 표기법이 보편화되면서 더 이상 사용되지 않게 되었다.

① 동서 교역이 발달하면서 이슬람화되었다.
② 불교 사원인 보로부두르 사원을 축조하였다.
③ 마누 법전을 생활과 종교의 지침으로 삼았다.
④ 대월사기를 편찬하여 자국의 역사를 정리하였다.
⑤ 믈라카 해협을 장악하고 해상 무역으로 번성하였다.

43 (가)~(마) 발표에 들어갈 사례로 적절하지 않은 것은?

> 학술 심포지엄
>
> 동 · 서 문화의 교류에서 서아시아 세계의 역할
> (가) 아시아에 선파된 사산 왕조 페르시아의 공예
> (나) 중국에 전파된 이슬람의 자연 과학
> (다) 유럽에 소개된 중국의 발명품
> (라) 인도에 전파된 이슬람의 건축 양식
> (마) 다양한 문화의 종합판, 이슬람 문화

① (가) – 한국에서 페르시아의 유리 그릇이 발견되었다.
② (나) – 중국에서 수시력이 만들어졌다.
③ (다) – 유럽에서 종이와 화약이 제조되었다.
④ (라) – 인도에서 간다라 양식이 발달하였다.
⑤ (마) – 아라비안 나이트가 완성되었다.

44 다음 가상 보고서가 묘사하는 시기에 볼 수 있는 모습으로 적절한 것을 〈보기〉에서 고른 것은?

> 황제 폐하, 양쯔 강 중류 지역은 여름에 큰 홍수를 겪어 수확이 너무 적습니다. 이 때문에 양쯔 강 하류 지역에서는 시장에 쌀 공급이 줄어 값이 폭등할 가능성이 높습니다. 한편 30여 년 전부터 광저우에서만 무역을 허락받은 서양 상인들은 올해도 공행을 통해서 엄청난 양을 상품을 구매하였고 그 덕분에 많은 양의 은이 국내에 들어왔습니다.

> 보기
>
> ㄱ. 이갑제 실시 준비로 분주한 관리
> ㄴ. 카스틸리오네의 그림을 감상하는 황제
> ㄷ. 신장(동투르키스탄)의 임지로 떠나는 장군
> ㄹ. 정화의 원정이 끝난 뒤 고향에 돌아온 병사

① ㄱ, ㄴ　② ㄱ, ㄷ
③ ㄴ, ㄷ　④ ㄴ, ㄹ
⑤ ㄷ, ㄹ

45 **자료와 관련된 전쟁의 결과 나타난 서유럽 사회의 변화로 옳지 않은 것은?**

모 집

성지 탈환을 위해 십자 휘장을 붙이고 젖과 꿀이 흐르는 땅으로 갈 병사를 모집합니다.

• 마감 : 1270년 ㅇㅇ월 ㅇㅇ일

• 주관 : 교황청

① 교황의 권위가 실추되었다.

② 지방 분권 체제가 강화되었다.

③ 제후와 기사 계급이 몰락하였다.

④ 동방 무역이 활발해져 이탈리아의 도시가 번성하였다.

⑤ 이슬람 · 비잔티움 세계와의 접촉으로 문화적 자극을 받았다.

46 **자료를 통해 알 수 있는 제국에 대한 설명으로 옳은 것은?**

제국의 수도 콘스탄티노폴리스는 대단히 번성한 도시이다. 그 곳에는 성 소피아 성당이 있는데, 그리스 인들의 교회 수장이 기거한다. 그리스 인들은 로마 교황을 따르지 않기 때문이다.

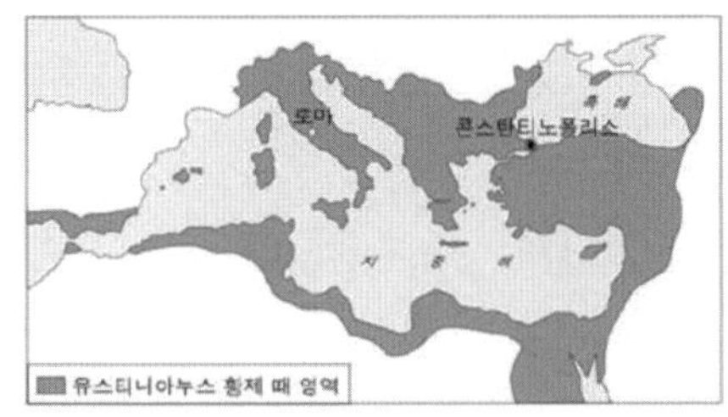

– 『여행기』 –

① 둠즈데이 북을 작성하였다.

② 우파니샤드 철학이 발달하였다.

③ 헬레니즘 문화 형성에 기여하였다.

④ 군관구제와 둔전병제를 실시하였다.

⑤ 베르됭조약과 메이르선 조약에 의해 분열되었다.

47 **자료를 읽고 중세 도시에 대해 추론한 내용으로 적절한 것만을 〈보기〉에서 있는 대로 고른 것은?**

짐은 아브빌의 시민들에게 다음과 같은 일정한 특권을 주는 것을 승인했노라. … (중략) …그런 이유로 짐은 앞에서 말한 탄원인들이 짐에게 보여준 진정한 사랑과 복종을 고려해 모두에게 엄명하노라. 앞에서 말한 도시의 모든 시민들이 앞에서 말한 지방의 모든 도시와 시골과 경계를 다니면서 소금 등 모든 종류의 상품을 거래하도록 허용해야 한다. 또한 어떤 종류의 특별세도 짐과 짐의 신하나 관리들에게 내도록 강요해서는 안 된다. – 샤를 5세의 명령, 1370년 –

보기

ㄱ. 도시민에 대한 영주의 간섭이 약화되었을 것이다.

ㄴ. 주변 지역과 연계된 무역권을 형성하였을 것이다.

ㄷ. 도시민들이 국왕으로부터 특허장을 획득하였을 것이다.

ㄹ. 시장의 자유 경쟁에 따라 상품 가격을 결정하였을 것이다.

① ㄱ, ㄴ　　② ㄱ, ㄷ

③ ㄱ, ㄴ, ㄷ　　④ ㄴ, ㄷ, ㄹ

⑤ ㄱ, ㄴ, ㄷ, ㄹ

48 **밑줄 친 ㉠의 배경으로 적절한 것은?**

왕실의 내분으로 왕권이 약화되자 실질적인 권력이 궁재에게 넘어갔다. 아버지의 뒤를 이어 궁재가 된 그는 실권자가 왕이 되어야 한다는 명분을 내세우며 ㉠왕위에 올랐다. 메로베우스 왕조의 힐데리히 3세는 장발이 잘린 채 수도원으로 쫓겨나고 새로운 왕조가 개창되었다.

① 교황이 피핀을 지지하였다.

② 베르 조약으로 왕국이 분열되었다.

③ 카롤루스 대제가 정복지에 교회를 세웠다.

④ 이탈리아 일부 지역이 교황령으로 기증되었다.

⑤ 클로비스가 아타나시우스파 크리스트교로 개종하였다.

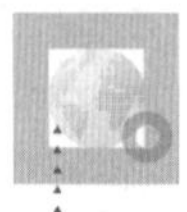

49 (가), (나)는 중세 크리스트교와 관련된 주요 사건들이다. 이에 대한 설명으로 옳지 않은 것은?

(가) 교황 그레고리우스 7세는 성직 매매와 성직자의 결혼 금지를 재확인하는 칙령을 반포하고, '교황은 무결점의 존재이자 교회와 세계의 주인'이라고 주장하였다. 이에 반발한 신성 로마 제국 황제 하인리히 4세가 교황의 폐위를 선언하였고, 교황은 이에 맞서 황제를 파문하였다.
(나) 프랑스 왕 필리프 4세는 성직자에 대한 과세권과 재판권을 놓고 교황 보니파키우스 8세와 대립하였다. 교황은 '세속 권력은 영적 권력에 종속된다'며 보편적 우월성을 내세웠다. 이에 왕은 국민의 지지를 바탕으로 교황을 굴복시켰고, 이후 교황청을 아비뇽으로 옮겼다.

① (가)의 결과 카노사에서 황제가 교황에게 굴복하였다.
② (가)는 성직자 서임권을 둘러싼 갈등이 주요 원인이었다.
③ (나) 이후 로마 가톨릭 교회의 대분열이 전개되었다.
④ (나)로 인해 교황은 카롤루스에게 황제 대관을 해주고 보호를 요청하였다.
⑤ (가), (나) 사이의 시기에 십자군 전쟁이 전개되었다.

50 밑줄 친 '변화'의 내용으로 옳은 것을 〈보기〉에서 고른 것은?

이 그래프에서는 14세기 유럽 전역에 유행하였던 흑사병으로 인한 인구 변동을 볼 수 있다. 이러한 인구 변동과 함께 서유럽의 장원제에도 변화가 나타났다.

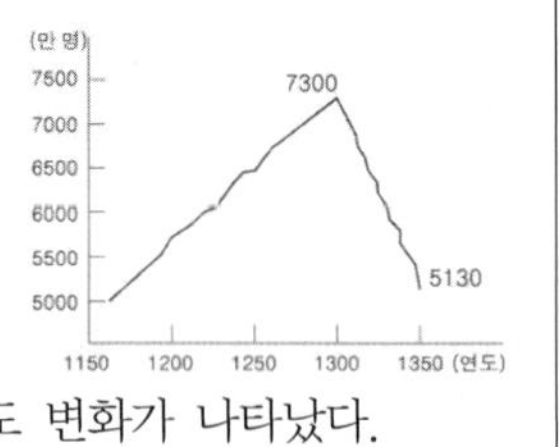

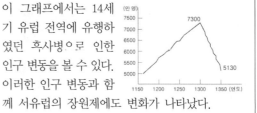

보기
ㄱ. 농노의 지위가 상승하였다.
ㄴ. 삼포제 농법이 도입되었다.
ㄷ. 지대의 금납화가 확산되었다.
ㄹ. 봉건 영주의 직영지가 확대되었다.

① ㄱ, ㄴ
② ㄱ, ㄷ
③ ㄴ, ㄷ
④ ㄴ, ㄹ
⑤ ㄷ, ㄹ

02

단답형 핵심문제

초·중급

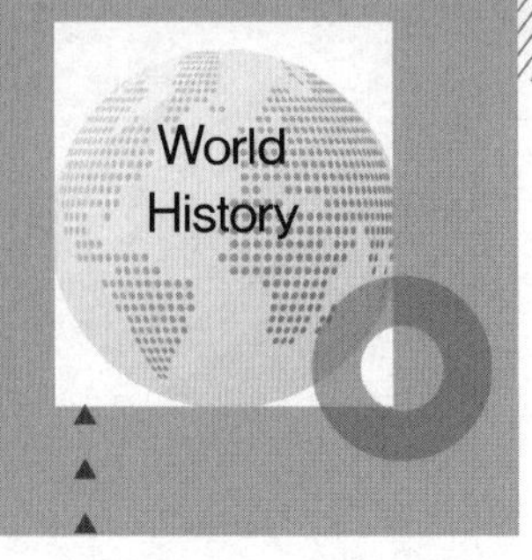

세계사능력검정시험
단답형 핵심문제 초 · 중급

01 인류의 진화와 고대 문명

01 약 300만 년 전 지구상에 출현한 최초의 인류는?

02 우리의 직접적인 조상으로 현생 인류에 해당하는 인류는?

03 인류가 처음 사용한 도구는 돌을 깨뜨려서 만든 (　　　　)였다. 인류는 이를 이용하여 사냥과 채집을 하며 살았는데, 이 시기를 (　　　　)(이)라고 한다.

04 신석기 시대가 구석기 시대와 구분되는 경제 활동 모습은 무엇인지 쓰시오.

05 신석기 시대에 농경과 목축을 시작함으로써 일어난 여러 가지 변화를 무엇이라 하는지 쓰시오.

06 문명이 처음으로 발생하여 발달하게 된 시대는?

07 문명이 최초로 일어난 지역의 지리적 공통점은?

08 청동기를 사용하고 신권 정치를 펼쳤던 중국 최초의 왕조는?

09 상(商)의 후기 수도로 청동기를 비롯한 유물이 많이 출토된 곳은?

10 상(商)에서 거북이 등딱지나 소뼈에 기록한 문자로, 오늘날 한자의 기원이 된 것은?

11 주나라 봉건 제도의 특징은?

12 기원전 2000년경부터 이동을 시작하여 우수한 무기와 전술로 인더스 문명을 파괴하고 오늘날 인도의 주류를 형성한 민족은?

13 아리아 인이 갠지스 강 유역으로 진출할 무렵 원주민 사회를 지배하기 위해 만든 엄격한 제도는?

14 인도 문명은 (　　　　) 유역에서 일어나 아리아 인의 침입 후, (　　　　) 유역으로 옮겨 갔다.

15 아리아 인이 인도에 정착하는 과정에서 발생한 종교는?

16 인도 카스트 제도의 신분 중 가장 높은 계층은?

17 브라만 교의 계급 차별과 형식적인 종교 의식을 비판하면서 성립된 종교는?

18 불교를 창시한 사람은?

19 메소포타미아는 (　　　　)와(과) (　　　　) 사이의 기름진 평야 지대이다.

20 메소포타미아 문명을 처음 이룩한 민족은?

21 수메르 인들이 진흙판에 갈대 끝을 뾰족하게 만들어 쓴 문자는?

22 메소포타미아의 관습과 규범을 모아 편찬한 성문 법전은?

23 고대 오리엔트 문명에서 정치와 종교가 결합되어 강력한 왕권을 행사하는 정치 형태는?

24 이집트 지방은 ( )의 정기적인 범람으로 농경이 발달하였다.

25 이집트 인이 죽은 후의 세계를 믿었던 사실을 증명해 주는 유적 세 가지는?

26 이집트에서 태양신의 아들로 숭배된 지배자의 명칭은?

27 표음 문자를 만들어 사용하여 알파벳의 기원이 되게 한 민족은?

28 여호와를 유일신으로 하는 유대 교를 신봉하는 민족은?

29 세계 최초로 철기 문화를 소유한 민족은?

02 동아시아 세계의 형성

01 춘추 전국 시대에는 ( )이(가) 보급됨에 따라 농업 생산력이 크게 증가하였다.

02 춘추 전국 시대에 발달하였던 제자 백가 사상이 공통적으로 추구하였던 목표는?

03 중국 최초의 통일 제국을 건설한 황제는?

04 황제가 전국에 관리를 보내 직접 다스리는 중앙 집권적인 통치 제도는?

05 제자 백가 중 시황제가 채택하여 전국을 통일하는 데 이용했던 사상은?

06 한대 사회의 중심 세력이었던 향촌의 세력가는?

07 한대에 이르러 정치 사상과 기본 학문으로 채택되어 중국 문화의 기반이 된 사상은?

08 한대 사마천이 쓴 역사책으로 후대 역사 서술의 모범이 된 책은?

09 한대에 발달한 유교의 경전 해석에 힘쓴 유학의 학풍은?

10 남북조 시대의 사회 중심 세력은?

11 원강, 룽먼, 둔황의 대규모 불교 유적이 만들어진 시기는?

12 위 · 진 시대에 지방 호족들로부터 인재를 추천받아 관리로 임용하였던 관리 선발 제도를 무엇이라 하는지 쓰시오.

13 남북조 시대에는 세속을 떠나 자연 속에서 생활하려는 노장 사상과 ( ) 사상이 유행하여 문학과 예술의 발달에 영향을 주었다.

14 수의 양제는 화북 지방과 강남 지방을 연결하는 ( )을(를) 건설하였다.

15 수 · 당대의 관리 선발 제도는?

16 당대에 당을 중심으로 신라, 일본, 베트남 등이 동아시아 문화권을 형성하였다. 동아시아 문화권을 형성한 공통적인 문화 요소 네 가지는?

17 당나라는 ( )을(를) 계기로 국력이 기울기 시작하였다.

18 당 말기에 일어난 농민 반란으로 당 멸망의 결정적인 계기가 되었던 사건은?

03 동아시아 전통 사회의 변화와 발전

01 송나라가 문신 중심의 정책으로 문치주의 정치를 실시함으로써 등장한 새로운 지식층은?

02 송대에 국가 재정과 군사력을 강화하기 위해 개혁 정치를 꾀한 인물은?

03 송대 문화의 특징은?

04 남송의 주희에 의해 이룩된 유학으로, 우주의 원리와 인간의 본성을 연구하여 인간 행동의 기준을 찾으려 했던 학문은?

05 송대에 발명되어 무기와 항해술의 발전을 가져온 것 두 가지는?

06 몽골 고원의 동쪽에서 유목 생활을 하던 (　　　　) 은(는) 요를 세웠으며, 중국 서북쪽의 탕구트 족은 (　　　　)을(를) 세웠다.

07 요와 금은 (　　　　)을(를) 실시하여 유목 민족은 부족제로, 한족은 군현제로 다스렸다.

08 몽골이 광대한 제국을 통치하기 위해 설치한 교통 · 통신 조직은?

09 원나라가 그들이 정복한 여러 민족을 지배하기 위해 폈던 정책은?

10 원대의 천문학, 지리학, 수학 등 과학 기술이 발달하게 된 것은 어느 문화의 영향을 받은 것인지 쓰시오.

11 유교적 교양을 지닌 지식인들로 명나라 때 등장한 새로운 지배 계층은?

12 명나라는 복잡한 세법을 간편하게 하여 토지세와 부역을 은으로 납부하게 하는 (　　　　)을(를) 실시하였다.

13 명대에는 (　　　　)(으)로 하여금 여러 차례 대함대를 이끌고 동남 아시아 해안 일대와 인도양을 거쳐 아프리카 동북 해안까지 진출하게 하여 이 지역에 (　　　　)의 진출과 중국 문화가 확산되었다.

14 명 태조가 직접 백성들을 교육하기 위하여 발표한 여섯 가지 교훈은?

15 명 후기에 발달한 학문으로 지식과 실천의 일치를 주장했던 유학은?

16 청은 세금의 은납화가 한층 강화되어 토지세에 부역을 통합하여 은으로 내는 (　　　　)이(가) 실시되었다.

17 중국인들의 세계관을 바꾸는 데 영향을 준 한자로 표기된 최초의 과학적인 세계 지도는?

18 청대에는 실증적이고 과학적인 방법으로 학문을 탐구하는 (　　　　)이(가) 발달하였다.

19 7세기 중엽 일본이 중앙 집권적 율령 체제를 갖추게 된 것을 무엇이라 하는지 쓰시오.

20 조선과의 국교를 회복하고 성리학을 공인하였으며, 크리스트 교를 금지하고 외국과의 무역도 크게 제한하였던 일본의 막부 시대는?

21 에도 막부 시대에 네덜란드를 통하여 들어온 유럽의 근대 학문은?

04 인도와 동남 아시아의 발전

01 전 인류의 구원을 최고의 이상으로 삼은 불교의 종파는?

02 불교를 적극 장려하여 동남 아시아에 소승 불교를 전파한 마우리아 왕조의 왕은?

03 인도 북부에서 그리스 문화와 불교 문화를 융합한 (　　　) 미술이라는 독특한 미술이 발달하였다.

04 4세기 초 분열된 북인도 지역을 통일하고 인도 고유 문화의 부흥에 힘써 인도 문화의 황금 시대를 이룩하였던 왕조는?

05 다음 내용과 관련 있는 인도의 왕조를 쓰시오

> • 외래 문화 대신에 전통 문화를 장려하여 인도의 고전 문화를 꽃피웠다.
> • 아잔타 석굴 사원의 불상과 벽화가 유명하다.

06 인도 고대 문학으로 브라만의 언어로 쓰여진 「사쿤탈라」와 같은 문학을 무엇이라 하는지 쓰시오.

07 인도 · 이슬람 문화의 특성을 잘 보여 주는 대표적인 건축물은?

08 16세기 초 나나크가 힌두 교와 이슬람 교를 절충하여 우상과 카스트 제도를 부정하는 (　　　)을(를) 만들었다.

09 브라만 교에 민간 신앙을 흡수하고, 불교의 장점을 받아들여 성립된 종교는?

10 무굴 제국에서는 인도·이슬람 문화의 발달로 힌두 어와 페르시아 어, 아랍 어를 혼합하여 만든 (　　　) 어가 널리 사용되었다.

11 이슬람 교도와 힌두 교도 사이의 화합 정책을 추진하여 무굴 제국의 전성기를 이룩한 왕은?

12 16세기에 이르러 티무르의 후손 바베르가 중앙 아시아에서 인도로 침입하여 델리를 점령하고 (　　　)을(를) 세웠다.

13 (　　　)은(는) 10세기 초, 당이 멸망한 뒤 독립하여 이씨 왕조, 진씨 왕조, 여씨 왕조 등 여러 왕조를 세웠다.

14 15세기 초 말레이 반도에 세워진 이슬람 교를 동남 아시아에 전파하는 데 중요한 역할을 했던 왕조는?

15 사이렌드라 왕조의 (　　　) 불탑은 대승 불교의 대표적인 유적이다.

05 서아시아 문화권의 형성과 발전

01 오리엔트 지역을 최초로 통일한 나라는?

02 이민족에게 관용 정책을 폄으로써 오랫동안 오리엔트를 지배한 나라는?

03 페르시아의 국교로서 불을 숭배했던 종교는?

04 유일 신 알라를 믿으며 평등을 강조한 종교는?

05 이슬람 교의 기원 원년이 된 사건은?

06 마호메트의 후계자를 가리키는 말은?

07 이슬람 문화에서 특히 발달하여 유럽 문화 발전에 큰 영향을 끼친 분야는?

08 이슬람 사원의 내부를 장식한 무늬가 무엇인지 쓰시오.

09 마호메트가 신으로부터 받은 계시의 내용을 담은 이슬람 교의 경전은?

10 이슬람 상인이 주로 이용한 동서 교통로는 (　　) 이었다.

11 이슬람 문화권을 이룩하는 데 바탕이 된 두 가지 요소는?

12 알리바바, 알라딘, 신드바드 이야기가 담긴 이슬람의 대표적인 문학 작품은?

13 초원길을 따라 서쪽으로 이동하여 게르만 족의 대이동을 유발시킨 민족은?

14 초원길을 통하여 동북 아시아에 청동기 문화를 전해 준 민족은?

15 둥근 지붕과 뾰족한 탑을 특징으로 하는 이슬람의 건축은?

16 인도의 불교와 간다라 미술이 중국에 전해지는 데 이용된 육상 교통로는?

06 고대 지중해 세계

01 그리스에서는 기원전 8세기부터 작고 고립된 촌락들이 점차 도시 국가로 성장하였는데, 이것을 (　　　)(이)라고 불렀다.

02 그리스의 폴리스에서는 부녀자, 외국인, (　　) 을(를) 제외한 모든 구성원이 정치에 직접 참여하는 직접 민주 정치가 이루어졌다.

03 아테네에서 폭군이 될 가능성이 있는 인물을 투표를 통해 10년간 국외로 추방하였던 제도는?

04 펠로폰네소스 전쟁은, 아테네가 이끄는 (　　) 동맹과 스파르타가 주도하는 펠로폰네소스 동맹 사이에 일어난 전쟁이다.

05 그리스 시대에 지어진 아테네 아크로폴리스에 세워진 신전은?

06 그리스의 철학자로 객관적 진리의 중요성을 강조하고, “너 자신을 알라.”라고 말한 사람은?

07 (　　) 대왕은 20세의 나이에 마케도니아의 왕위에 올라 페르시아, 이집트를 거쳐 인도의 인더스 강까지 이르는 대제국을 건설하였다.

08 알렉산더 제국의 동방 원정으로 성립되었으며, 그리스 문화와 동방 문화의 융합으로 탄생한 문명은?

09 헬레니즘 미술은 인도에 전해져 (　　) 미술의 성립에 영향을 주었다.

10 로마는 카르타고와의 3차에 걸친 (　　) 전쟁의 승리로 지중해 세계를 장악할 수 있었다.

11 로마 발전의 바탕이 되었으며, 왕정·귀족정·민주정의 요소가 균형을 이루면서 서로 견제하도록 되어 있었던 정치 체제는?

12 (　　) 형제는 부유층의 대토지를 몰수하고 농지 개혁을 실시하여 자영농을 육성하려 하였으나, 실패하였다.

13 로마의 공화정은 (　　) 이후 제정으로 변화하였다.

14 로마의 ( )은(는) 귀족들이 더 이상 관습법을 자신들에게 유리하게 적용하지 못하도록 규정한 법이다.

15 로마 시대에 세계적인 종교로 발전하기 시작한 종교는?

16 크리스트 교는 콘스탄티누스 황제가 313년에 ( )(으)로 공인한 후 교세가 더욱 확장되었다.

07 유럽 세계의 성립과 발전

01 지중해 중심의 고대 세계는 ( )의 이동으로 무너지고, 새로운 중세 유럽 세계가 형성되었다.

02 원래 스칸디나비아 반도에 살았으며, 바이킹이라고도 불리어진 민족으로, 유럽으로 이동하여 봉건 사회의 성립을 촉진시킨 민족은?

03 프랑크 왕국의 ( ) 왕은 크리스트 교로 개종하여 왕국 발전의 기틀을 마련하였다.

04 프랑크 왕국은 카롤루스 대제가 죽은 뒤 세 나라로 분열되었는데 오늘날 프랑스, ( ), 이탈리아의 기원이 되었다.

05 중세 유럽 시대에 형성된 ( ) 제도는 지방 분권적인 통치 제도와 장원 제도, 주종 관계를 특징으로 한다.

06 중세 유럽의 장원에 소속된 농민을 무엇이라고 하는지 쓰시오.

07 중세 유럽의 봉건 제도는 ( ) 관계에 바탕을 두었다.

08 서양 중세의 촌락을 단위로 하는 자급 자족의 사회 · 경제적 공동체는?

09 중세 유럽의 봉건 제도는 봉토를 매개로 주군과 가신 간의 ( ) 관계를 형성하였다.

10 중세 유럽에서 그레고리우스 7세와 하인리히 4세 간의 대립으로 결국 교황권이 황제권보다 우위에 있었음을 상징적으로 보여 주는 사건은?

11 중세 유럽에서는 이성보다 신앙을 중시하는 ( ) 철학이 유행하였다.

12 토마스 아퀴나스는 ( )에서 이성과 신앙의 조화를 주장하였다.

13 중세 유럽 시대에 널리 읽혀진 「아서 왕 이야기」, 「롤랑의 노래」 등은 보통 ( ) 문학이라고 한다.

14 중세 유럽 시대에 지어진 쾰른 성당, 노트르담 성당 등은 ( ) 양식의 대표적인 건축물이다.

15 비잔티움 제국의 수도로써 아시아와 유럽이 만나는 곳에 위치하여 무역과 상업 활동이 활발하였던 도시는?

16 비잔티움 제국의 ( ) 황제는 옛 로마의 영토를 회복하고, 「로마법 대전」을 편찬하였다.

08 중세 유럽의 변화

01 ( )의 예루살렘 순례 금지를 구실로 십자군 전쟁이 일어났다.

02 ( )(으)로 동방과의 교역이 활발하게 되어 상공업 도시가 발달하였다.

03 십자군 전쟁 이후 기사 계급과 (　　　　)의 세력이 약화되었다.

04 중세 유럽을 특징짓는 가장 중요한 요소 두 가지는?

05 중세 도시의 전형적인 경제 조직으로, 도시민들의 상호 협조와 보호를 목적으로 결성된 조직을 무엇이라고 하는지 쓰시오.

06 중세 유럽에서 농민 숫자의 급격한 감소를 가져온 결정적 원인이었으며, 일명 '페스트'라고 불리우는 전염병의 이름은?

07 (　　　　)의 해체, 새로운 무기의 도입, 기사 계급의 몰락으로 중세 봉건 사회는 붕괴되었다.

08 국왕은 (　　　　)와(과) 상비군을 바탕으로 국가의 기반을 다진 후, 시민 계급과 손잡고 통일 국가를 이룩하였다.

09 영국에서는 13세기 초 (　　　　)을(를) 선포함으로써 의회 제도가 등장하게 되었다.

10 프랑스에서는 14세기 초 교회 재산에 대한 세금 부과 수단으로서 (　　　　)이(가) 창설되었다.

11 (　　　　)을(를) 거치면서 프랑스의 중앙 집권화가 더욱 촉진되었다.

12 프랑스의 (　　　　)은(는) 백년 전쟁 때 신의 계시를 받아 전쟁에 참전하여 영국군을 물리쳤다.

13 (　　　　)(으)로 영국의 봉건 귀족이 몰락함으로써 중앙 집권 체제가 강화되었다.

14 (　　　　)와(과) 포르투갈은 식민지 개척과 적극적인 해상 활동을 전개하였다.

09 서양 근대 사회의 시작

01 14~16세기 유럽에서 그리스·로마 문화를 부활시키고, 이를 바탕으로 학문·예술·사상 등에 새로운 문화 운동이 일어났는데, 이것을 (　　　　)(이)라 한다.

02 이탈리아의 르네상스에서 가장 활기를 띠었던 분야는?

03 르네상스의 기본 정신은 인간의 개성과 능력을 강조하는 (　　　　)였다.

04 알프스 이북의 르네상스의 특징은?

05 네덜란드 출신으로 「우신 예찬」을 지어 교회의 부패를 날카롭게 지적했던 인문주의자는?

06 교황청의 (　　　　) 판매에 반대하면서 독일의 종교 개혁 운동이 일어났다.

07 루터 파에게 종교의 자유를 승인한 회의는?

08 독일에서는 (　　　)이(가), 스위스에서는 (　　　　)이(가) 종교 개혁을 주도하였다.

09 신의 은총과 선택에 따라 구원이 결정된다는 칼뱅의 교리를 무엇이라 하는지 쓰시오.

10 칼뱅의 사상을 환영했던 계층은?

11 네덜란드의 독립과 칼뱅 파에게 종교의 자유를 부여한 조약은?

12 신교와 구교의 끊임없는 분쟁은 독일의 (　　　　) 전쟁과 같은 종교 전쟁을 일으켰다.

13 신항로 발견에 앞장섰던 두 나라는?

14 신항로의 발견으로 무역의 중심이 ( )에서 ( )(으)로 옮겨갔다.

15 「동방 견문록」을 써서 동양에 대한 호기심을 자극한 사람은?

16 최초로 세계 일주에 성공하여 지구가 둥글다는 것을 입증한 사람은?

17 신항로 발견 후 유럽에서 일어난 상공업과 금융업의 급속한 발전과 경제상의 변화를 무엇이라 하는지 쓰시오.

18 16세기 후반에서 18세기에 걸쳐 나타난 강력한 왕권 중심의 중앙 집권적 정치 체제를 무엇이라 하는지 쓰시오.

19 절대주의를 뒷받침해 주었던 정치 사상은?

20 절대주의 시대의 경제 정책은?

21 절대 군주들은 왕권을 강화하기 위해 자신을 대신해서 행정 업무를 담당할 ( )을(를) 임명했고, 언제나 동원할 수 있는 군대인 ( )을(를) 설치하였다.

22 무적 함대를 통해 해상권을 장악하여 절대 왕정을 수립한 나라는?

23 영국의 엘리자베스 1세가 인도 진출의 발판을 마련하기 위해 설립한 회사는?

24 루이 14세 때의 재상으로, 프랑스의 중상주의 경제 정책을 추진했던 대표적인 인물은?

25 프로이센의 ( )은(는) "군주는 국가 제일의 심부름꾼"이라며 계몽 군주로 자처하였다.

26 17세기 뉴턴은 ( )을(를) 발견하여 과학 혁명을 주도하였다.

27 17세기 자연 과학의 획기적인 변화를 ( )(이)라고 부른다.

28 영국의 베이컨은 ( ) 철학을 주장하였다.

29 ( )은(는) 인간의 자연권을 주장하여 근대 자유주의의 원리를 제시하였다.

30 인간의 이성과 사회의 진보를 강조하여 근대 시민 혁명에 영향을 끼친 사상은?

31 베이컨의 경험주의 철학과 데카르트의 합리주의 철학을 종합하여 「순수 이성 비판」이라는 책을 저술한 철학자는?

32 중상주의에 대한 비판으로 개인의 자유로운 경제 활동을 강조한 사상은?

33 18세기 자유 방임주의 경제 이론을 내세운 인물은?

34 17세기의 화려하고 웅장한 ( ) 양식은 절대 왕정의 권위를 높이려는 시대 분위기를 잘 표현해 주고 있다.

10 시민 혁명과 시민 사회의 성립

01 영국에서는 일찍부터 장원 제도가 무너지면서 새로운 지주층이 생겼는데, 이들을 무엇이라 하는지 쓰시오.

02 찰스 1세의 전제 정치에 대항하여 일어난 혁명이 무엇인지 쓰시오.

03 영국의 스튜어트 왕조의 전제 정치에 반대하여 의회가 제출한 것은 (　　　)(이)다.

04 영국의 청교도 혁명을 주도한 인물은?

05 영국의 청교도 혁명으로 수립된 정치 제제는 무엇인지 쓰시오.

06 크롬웰이 중상주의 정책을 추진하면서 선포한 법이 무엇인지 쓰시오.

07 영국은 (　　　) 혁명을 통해 세계 최초로 입헌 군주국을 수립하였다.

08 영국 의회가 제임스 2세를 폐위하고 제출한 것으로, 국민의 권리와 자유를 선언한 문서는?

09 미국 독립 혁명의 발단이 된 사건은 차세에 반대하여 일어난 (　　　) 사건이었다.

10 미국 독립 혁명 과정에서 개최된 대륙 회의에서 독립 사령관으로 임명되어 독립 혁명을 주도한 인물은?

11 미국 독립 혁명의 승리가 가지는 의의는?

12 미국은 영국의 중상주의 정책에 반발하여 일어난 보스턴 차 사건을 계기로 (　　　)을(를) 발표하였으며, 독립 전쟁에서 승리하였다.

13 미국의 독립 선언서는 생명, 자유, 행복의 추구를 인간의 기본권으로 규정하고, 주권은 국민으로부터 비롯된다는 (　　　)의 원리를 반영하였다.

14 미국 독립 혁명으로 성립된 정치 체제는?

15 프랑스 구제도하에서 인구의 다수를 차지하고 있었으며, 국가 재정의 대부분을 부담하면서도 정치에 참여할 수 없었던 신분은?

16 프랑스 혁명은 구제도의 모순으로 발생하였는데, 국민 의회는 (　　　)을(를) 발표하여 국민의 자유와 평등을 선언하였다.

17 국내외의 반혁명 세력에 직면한 프랑스 혁명은 (　　　)을(를) 구성하여 (　　　)을(를) 선포하고 루이 16세를 처형하였다.

18 루이 16세를 처형한 후 반혁명의 위협이 커지자, 혁명 정부를 조직하여 혁신적인 개혁을 단행하고 공포 정치를 실시했던 인물은?

19 프랑스 시민들은 전제 정치의 상징인 (　　　) 감옥을 습격함으로써 혁명의 막을 올렸다.

20 나폴레옹이 영국을 굴복시키기 위해 취한 것으로 대륙 국가들의 영국과의 통상을 금지시켰던 명령이 무엇인지 쓰시오.

21 나폴레옹의 대륙 봉쇄령을 위반하여 나폴레옹 군대의 침략을 받은 나라는?

22 법 앞에서 모든 국민의 평등을 규정한 나폴레옹 시대의 법전은?

23 정복 전쟁을 통하여 유럽에 프랑스 혁명 정신을 전파하고, 유럽 자유주의 운동을 촉진한 사람은?

24 18세기 영국에서 시작된 생산 방법의 혁신적인 변화를 무엇이라 하는지 쓰시오.

25 산업 혁명을 통해 종래의 수공업은 (　　　)(으)로 변화되어 갔다.

26 영국은 일찍부터 (　　　) 공업 중심으로 근대적 산업이 발달하였다.

27 산업 혁명 시기 최대의 발명품으로 공장제 기계 공업을 촉진시킨 것은?

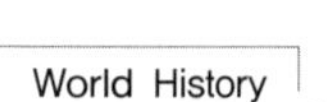

28 산업 혁명 시기 증기 기관을 개량하여 동력에 혁명적인 변화를 가져 온 사람은?

29 19세기 후반 풍부한 석탄을 바탕으로 정부의 강력한 지원 아래 산업 혁명을 추진한 나라는?

30 19세기 후반 (　　　)이(가) 일어나 화학 · 전기 공업 등 새로운 산업 분야가 개척되었다.

31 산업 혁명으로 인해 노동자와 자본가의 대립, 빈부 격차가 심화됨에 따라 노동 운동과 (　　　) 사상이 등장하였다.

11 자유주의와 민족주의의 발전

01 나폴레옹 몰락 이후 전후 처리를 위해 열린 국제 회의는?

02 빈 체제의 노선은?

03 7월 혁명과 2월 혁명의 공통된 성격은?

04 프랑스는 7월 혁명을 통해서 (　　　)이(가) 성립되었으며, 2월 혁명을 통해서는 (　　　)이(가) 수립되었다.

05 2월 혁명이 유럽에 끼친 영향은?

06 영국 노동자들이 보통 선거, 비밀 투표 등을 요구한 운동을 (　　　) 운동이라고 한다.

07 2월 혁명과 차티스트 운동 발생의 공통된 원인은?

08 영국은 곡물법과 (　　　)을(를) 폐지하여 자유 무역 정책으로 전환하였다.

09 민족의 통일과 독립, 자유를 확보하려는 운동은?

10 이탈리아와 독일의 통일을 주도한 두 나라는?

11 독일의 통일을 주도한 비스마르크의 통일 정책은?

12 이탈리아와 독일의 통일에 가장 방해가 되었던 나라는?

13 미국이 국가적 단결을 통하여 경제 발전을 이룩하는 계기가 되었던 사건은?

14 미국이 유럽의 아메리카 대륙에 대한 간섭을 견제하기 위해 발표한 것은?

15 미국의 남북 전쟁은 (　　　) 문제를 둘러싼 남부와 북부의 대립에서 비롯되었다.

16 독일의 경제적 통일을 이룬 조치는?

17 흑해를 통해 지중해로 진출하려는 러시아의 의도가 최초로 좌절되었던 사건은?

18 19세기 다윈의 (　　　)은(는) 생물학뿐만 아니라 사회 사상에도 큰 영향을 주었다.

19 19세기에는 계몽 사상을 비판하고, 이성 대신에 감정과 상상력을 중시하는 (　　　)이(가) 유행하였다.

20 19세기 후반에 현실을 있는 그대로 묘사하려는 (　　　)이(가) 등장하였다.

12 동아시아의 근대적 성장

01 청은 (　　　)의 난을 한인의 민간 용병으로 간신히 진압하여 위신이 추락하였다.

02 영국이 중국과의 무역 적자를 해소하기 위하여 실시한 무역은?

03 영국은 중국에 대하여 (　　　) 전쟁을 도발하여, 중국의 문호를 강제 개방하였다.

04 영국은 청과의 (　　　) 조약을 통해 5개 항구의 개항과 홍콩 할양, 배상금 지불, 공행 폐지를 얻어 낼 수 있었다.

05 베이징이 점령당하고, 외국 공사의 베이징 주재를 허용한 결과를 초래한 사건은?

06 러시아가 베이징 조약 체결을 중재한 대가로 차지한 지역은?

07 (　　　) 운동은 청조 타도와 토지 개혁을 주장하였는데, 한인 의용군과 외국 군대에 의해 진압되었다.

08 양무 운동을 추진한 세력은?

09 (　　　)은(는) 서양의 과학 기술을 도입하여 부국 강병을, (　　　)은(는) 서양의 의회 제도를 도입하여 제도 개혁을 도모하려는 운동이었다.

10 변법 자강 운동이 일어나게 된 배경이 된 전쟁은?

11 의화단 운동을 주도한 세력은?

12 청나라에 외국 군대가 주둔하게 된 계기가 된 사건은?

13 중국 청조를 타도하고 최초의 공화정을 수립한 혁명은?

14 중국 혁명 과정에서 쑨 원이 표방한 이념을 무엇이라고 하는지 쓰시오.

15 막부를 타도하고 근대적 개혁을 단행한 일본의 정치 혁명은?

16 일본이 한반도에 진출하기 위하여 무력으로 통상(개항)을 강요한 사건은?

17 일본이 극동 지방의 패권을 장악하고, 만주에 대한 권리를 차지한 계기는?

18 우리나라에서 외세 배격과 내정 개혁을 요구한 반외세 민족 운동은?

13 인도 · 동남 아시아 · 서아시아의 근대화 운동

01 영국이 프랑스를 물리치고 인도를 지배하게 된 계기가 된 사건은?

02 영국 정부를 대신하여 인도를 지배한 조직은?

03 (　　　)(이)란 동인도 회사에 고용된 인도인 용병을 뜻하는 말로, (　　　) 항쟁은 인도의 영국 지배에 대한 반감으로 발생한 민족 운동이었다.

04 영국의 분할 통치에 저항하기 위해 인도인들이 전개한 운동은?

05 인도 국민 회의가 영국 상품 배척, 완전 자치 등을 요구하는 대규모 반영 운동을 전개하는 계기가 된 것은 영국의 (　　　) 발표이다.

06 인도 국민 회의가 주도한 반영 불복종 운동의 4대 구호는?

07 네덜란드가 주로 침략하였던 동남 아시아 지역은?

08 프랑스가 청을 물리치고 인도차이나의 지배를 확립하게 된 사건은?

09 프랑스령 인도차이나 연방은 현재의 어떤 나라들에 해당하는지 쓰시오.

10 타이가 유일하게 독립을 유지할 수 있었던 배경은?

11 유신회의 교육 활동, 호 치민의 무장 독립 투쟁이 전개되었던 지역은?

12 인도네시아의 독립 운동의 구심이 되었던 조직은?

13 필리핀 군도를 지배하면서 마닐라 삼, 담배 등을 플랜테이션 방식으로 경영한 나라는?

14 필리핀은 (　　　　)이(가) 필리핀 연맹을 조직하여 민족 운동을 전개하였다.

15 18세기 후반 흑해 연안과 발칸 지방 일부의 오스만 제국의 영토를 차지한 국가는?

16 오스만 제국이 추진하였던 근대화 운동을 무엇이라 하는지 쓰시오.

17 (　　　　)의 패배로 오스만 제국의 영토가 크게 축소되었다.

18 술탄의 전제 정치 부활에 반대하여 혁명을 일으킨 오스만 제국의 청년 장교들의 비밀 결사는?

19 이란 영토의 일부를 점령하고, 내정 간섭과 경제 침략을 벌인 두 나라는?

20 오스만 제국은 제1차 세계 대전 이후 (　　　　)을(를) 수립하였다.

21 러 · 일 전쟁을 교훈 삼아 이란의 개혁파들이 전개한 근대화 운동은?

22 오스만 제국에 맞서 이집트의 독립을 위해 힘쓴 인물은?

23 이란의 카자르 왕조는 일본의 (　　　　)을(를) 모델로 하여 입헌 혁명을 추진하였다.

24 이집트가 영국의 보호령으로 떨어지게 된 것은 (　　　　)와(과) 같은 대규모 토목 공사를 외국 빚을 얻어 무리하게 추진하였기 때문이다.

25 이슬람 교의 변질과 개혁주의에 반대하여 원래 코란대로 생활할 것을 주장한 운동을 무엇이라 하는지 쓰시오.

14 제1차 세계 대전과 전후의 세계

01 19세기 말 선진 공업국들은 원료 공급지, 상품과 자본의 수출지로서 식민지와 해외 시장이 필요하였다. 이에 후진국을 무력으로 식민지화시키는 (　　　　)이(가) 대두되었다.

02 수에즈 운하에서 케이프타운까지 연결하는 종단 정책을 추진한 나라는?

03 알제리와 마다가스카르 섬을 동서로 연결하는 횡단 정책을 실시한 나라는?

04 아프리카를 둘러싸고 대립하고 있던 영국과 프랑스는 수단의 (　　　　)에서 충돌하였다.

05 (　　　　)은(는) 독일이 프랑스를 고립시키기 위하여 오스트리아, 이탈리아를 끌어들여 결성한 것이다.

06 제1차 세계 대전의 직접적인 계기가 된 사건은?

07 제1차 세계 대전 중 미국이 연합국 편에 참전하게 된 계기가 된 독일의 군사 작전은?

08 제1차 세계 대전 후의 세계 질서를 무엇이라 하는지 쓰시오.

09 제1차 세계 대전 이후 미국 윌슨 대통령의 주장에 따라 최초의 국제 기구인 (　　　)이(가) 창설되었다.

10 레닌이 볼셰비키를 중심으로 임시 정부를 무너뜨린 혁명은 무엇인지 쓰시오.

11 제1차 세계 대전 후 미국 윌슨 대통령의 (　　　) 원칙에 따라 폴란드, 유고, 헝가리 등 새로운 민족 국가가 독립하였다.

12 제1차 세계 대전 후 일본의 21개조 요구를 무효화시키는 데 실패하자, 중국 학생들은 일본과 군벌을 비난하는 시위를 벌였는데, 이를 (　　　)(이)라 한다.

13 제1차 세계 대전 이후 천 두슈, 후 스 등의 지식인들은 중국 사회를 근대화시키기 위해 (　　　)을(를) 전개하였다.

14 제1차 세계 대전 후 인도인들은 (　　　)(이)가 내세운 '비폭력 · 불복종'의 노선에 따라 영국에 저항하였다.

15 제2차 세계 대전과 현대 사회

01 제1차 세계 대전 이후 미국에서는 생산은 넘쳐난 반면, 빈부 격차의 심화로 상품 구매력이 감소하여 주가 폭락이 일어나 기업이 파산하고 실업자가 증가하였다. 이러한 경제 혼란 현상을 무엇이라 하는지 쓰시오.

02 1929년에 발생한 경제 공황을 타개하기 위한 미국의 경제 조치는?

03 정부가 적극적으로 경제 활동에 개입하도록 하여 생산을 조절하는 경제 정책을 전개한 미국의 대통령은?

04 경제 공황의 혼란을 극복하기 위해 영국과 프랑스는 각각 자치령과 식민지를 하나로 묶는 (　　　)을(를) 이루어 공황을 극복하는 데 힘썼다.

05 루스벨트의 뉴딜 정책은 (　　　)을(를) 포기하고 경제 전반에 정부가 개입하는 수정 자본주의의 실시를 의미한다.

06 경제 공황의 혼란을 배경으로 등장하여 개인의 인권보다 국가 전체의 이익을 우선시한 독재 정치 이념은?

07 이탈리아의 (　　　)은(는) 파시스트 당을 중심으로 독재 체제를 수립하였다.

08 나치 당을 조직하여 제 1당으로서 정권을 장악하여 게르만 족의 우수성을 강조하면서 대독일 건설을 주장한 인물은?

09 독일에서는 히틀러가 이끄는 나치 당이 (　　　) 공화국을 무너뜨리고 일당 독재 체제를 수립하였다.

10 일본에서는 경제 공황으로 사회가 혼란한 틈을 타, 군부가 쿠데타를 일으켜 (　　　) 체제를 강화하였다.

11 제2차 세계 대전을 일으킨 추축국 세 나라는?

12 일본이 자신들의 동남 아시아 진출을 방해하는 미국에 대해 진주만을 공습하면서 시작된 전쟁은?

13 1944년 연합군의 아이젠하워 사령관의 지휘 아래 전개된 작전으로 연합군이 독일 본토로 진격할 수 있는 발판을 마련한 사건은?

14 두 차례에 걸친 세계 대전은 전쟁의 방지와 평화 유지를 위한 국제 기구의 필요성을 인식시켰고, 그 결과 전쟁 중 대서양 헌장에서 구상된 (　　　)이(가) 공식 출범하였다.

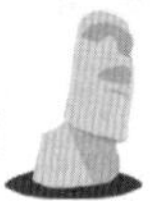

15 공산주의 확대를 우려한 미국은 이를 막기 위해 (   )을(를) 발표하여 유럽의 경제 부흥을 도왔다.

16 소련과 공산 국가들은 서로의 결속을 다지기 위해 군사 동맹 조직인 (   )을(를) 창설하였다.

17 전후 아시아아프리카의 신생 독립국들이 중심이 되어 동서 어느 진영에도 속하지 않는 독립 세력을 형성하였다. 이 세력은?

18 제2차 세계 대전 이후 영국으로부터 독립하였으나 곧 종교적, 민족적 대립으로 분열된 아시아의 국가는?

19 1985년에 집권하여 소련의 개혁을 위해 시장 경제 체제를 도입하고, 사회의 각 분야에서 민주화를 추진한 인물은?

20 홍위병을 조직하여 중국의 모든 전통 가치와 부르주아 이념을 공격하게 하는 문화 대혁명을 추진한 인물은?

적중 TOP 세계사능력검정시험 단기완성

기출동형+서술형 다잡기

서술형 핵심문제

초·중급

세계사능력검정시험
서술형 핵심문제 초 · 중급

01 인류의 진화와 고대 문명

01 신석기 혁명이 갖는 의미에 대해 서술하시오.

답안 길잡이

신석기 시대에는 농경과 목축이 시작되어 인류의 생활을 크게 바꾸어 놓았다. 농경과 목축의 시작으로 인류는 자연이 주는 그대로 식량을 얻는 수렵 · 채집 생활의 단계에서 자연을 의식적으로 이용하여 식량을 '생산'하는 단계로 발전하였다. 이에 따라 생산력이 향상되고 인구가 증가하였다. 또한, 여러 곳을 이동하는 대신 움집을 지어 한곳에 정착하게 되었고, 베틀을 만들어 아마나 양모를 원료로 하여 옷을 짜 입었다.

02 아래 지도는 세계 4대 문명의 발생지이다. 이들 지역의 지리적 공통점(2개 이상)과 문화적인 공통점(3개 이상)을 서술하시오.

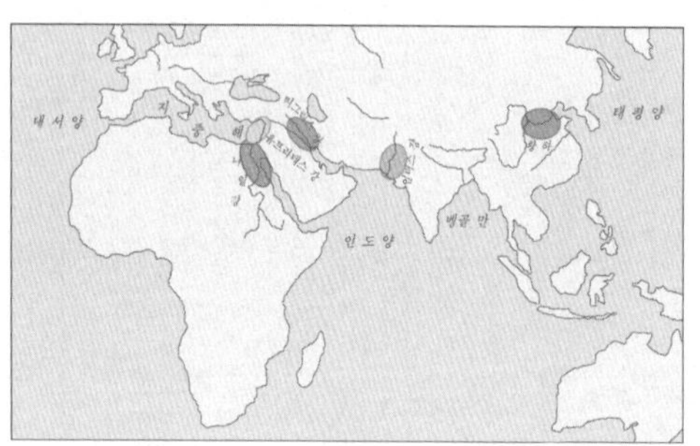

답안 길잡이

4대문명은 농경에 유리한 큰 강 유역의 평지에서 발생하였으며 치수, 관개 등의 관리를 위한 계급이 등장하였고 청동기와 문자를 사용하였다.

03 애니미즘, 샤머니즘, 토테미즘의 의미를 서술하시오.

답안 길잡이

애니미즘은 자연물에 영혼이 들어 있다고 믿는 것, 토테미즘은 특정 동물을 자기 부족의 수호신으로 생각하여 숭배하는 것, 샤머니즘은 무당이 영혼을 불러내어 인간과 교류시켜 줄 수 있다고 믿는 것이다.

04 인도의 카스트 제도의 특징을 서술하고, 카스트 제도의 4가지 계급과 각 계급에 해당되는 사람들의 신분을 서술하시오.

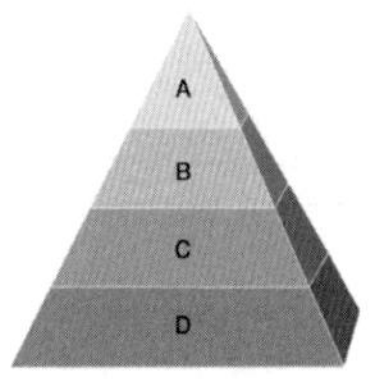

▼ 답안 길잡이

카스트제 제도에서는 제사를 담당하는 사제(브라만)와, 정치와 전쟁을 담당한 귀족과 군인(크샤트리아), 농사와 상업에 종사하는 평민(바이샤), 정복된 노예(수드라) 등 네 개의 신분으로 나뉘었다. 최고 신분인 브라만은 브라만 교를 성립시키고, 종교적 권위를 통해 여러 특권을 누렸다.

05 아리아인들은 A지역의 문명을 파괴하고, B지역까지 진출한 뒤 오늘날 인도인의 주류를 형성하였다. 이 과정에서 형성된 신분제도에 대해 서술하시오.

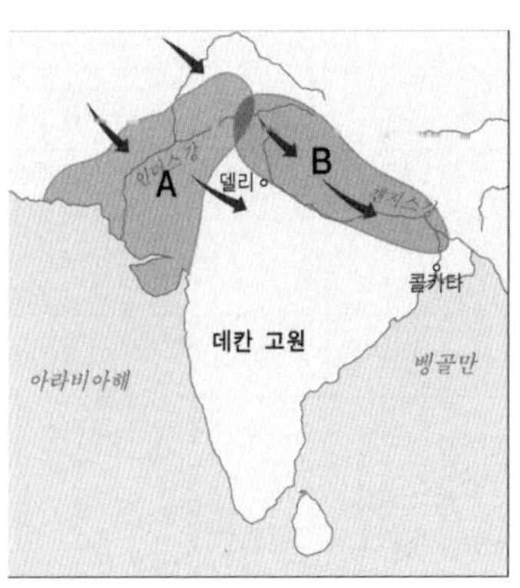

▼ 답안 길잡이

카스트제도로서 아리아인이 갠지스강 유역에 진출 한 후 인도의 지배자가 되면서 선주민인 드라비다족을 지배하기 위해 만들어진 엄격하고 폐쇄적인 신분제도로 현재까지도 인도 발전에 장애가 되고 있다.

06 인도의 불교 성립의 배경은 어느 종교에 대한 비판이며 교리는 무엇인가 쓰시오.

▼ 답안 길잡이

브라만 교가 형식적인 제사와 의식에만 빠져 들어가면서 귀족들과 평민들은 새로운 종교를 열망하게 되었다. 이에 기원전 6세기경, 고타마 싯다르타(석가모니)가 자비와 평등을 내세우며 불교 교단을 열었다. 그의 가르침은 카스트제와 브라만 신분의 억압에 시달리던 민중들에게 환영을 받았으며, 크샤트리아들도 이에 호응하면서 널리 퍼지게 되었다.

07 다음 유물과 관련된 문자의 특징에 대해 서술하시오.

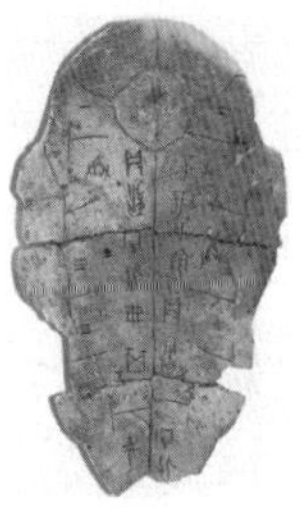

답안 길잡이

상(商)은 나라의 중요한 일을 신의 뜻을 묻는 점을 쳐서 결정하는 신권 정치를 펼쳤다. 점의 내용과 결과는 갑골문으로 기록하였는데, 이 문자가 오늘날 쓰이는 한자의 원형이 되었다.

08 다음은 봉건제도에 관한 구조도이다. 주 왕실이 제후들에게 토지와 백성을 나누어 주고 그 지역을 다스리게 한 까닭과 왕과 제후의 관계를 서술하시오.

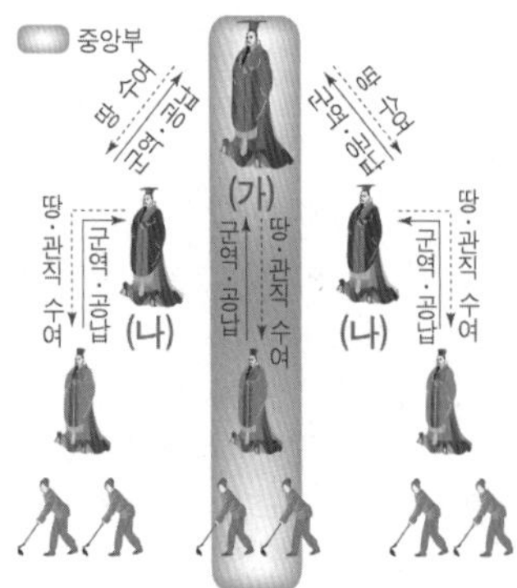

답안 길잡이

주는 새로 정복한 영토를 제후들에게 나누어 주고 다스리게 하였는데, 이를 봉건제라고 한다. 영토가 넓어 왕이 직접 다스리기 힘들었기 때문에 수도는 왕이 다스리고 지방은 제후들이 직접 통치하게 하였다. 제후들을 통제하기 위해 혼인을 통한 혈연관계를 유지하였다.

09 다음은 두 나라의 정치 제도를 비교한 것이다. 빈칸에 들어갈 제도를 A, B 순서대로 쓰시오.

> 나라의 왕은 수도 부근만 직접 다스리고, 변방 지역은 왕족이나 공신을 제후로 삼아 다스리게 하였다. 이 때 왕과 제후는 주로 혈연 관계였고, 지방분권적인 특징을 갖는다. 이러한 통치 체제를 (A)라고 한다.
> 진은 주의 A제도를 폐지하고 황제가 전국에 관리를 보내어 직접 다스리는 (B)를 실시하였다. 이것은 강력한 중앙집권체제를 확립하는 기반이 되었다.

답안 길잡이

A : 봉건제, B : 군현제

10 다음 자료에 나타난 함무라비 법전의 특징을 2가지 서술하시오.

> • 남의 눈을 멀게 했으면 그(가해자)의 눈을 멀게 한다.
> • 귀족이 평민의 눈을 멀게 하거나 뼈를 부러뜨리면 은 1 마나(약 80g)을 지불한다.
> • 남의 노예의 눈을 멀게 하거나 뼈를 부러뜨리면 은 1마나의 반을 지불한다.
> • 채무자가 기한 내에 빚을 갚지 못하면 채무자와 그 아들은 3년 동안 노예 노동을 해야 한다.

▼답안 길잡이

'누가 눈을 멀게 했으면 그의 눈을 멀게 한다.'라는 조항으로 동일한 형태의 보복(보복주의, 복수주의)을 인정하였음을 알 수 있고, 귀족 · 평민 · 노예라는 말을 통해 당시 바빌로니아 사회가 계급 사회였음을 알 수 있다. 귀족이 평민의 눈을 멀게 했을 때는 은 1마나를 지불하지만, 노예의 눈을 멀게 했을 경우에는 노예 가격의 반을 지불하는 것을 통해 신분에 따른 처벌의 정도가 달랐다는 것을 알 수 있다. 은 1마나라는 것을 통해 당시에 화폐가 사용되었음을 알 수 있다.

11 메소포타미아 문명과 이집트 문명의 차이점을 지리적 조건, 역사, 달력, 문자, 세계관으로 나누어 비교하시오.

▼답안 길잡이

• **메소포타미아** : 개방적, 국가교체 빈번함, 태음력, 쐐기문자, 현세적
• **이집트** : 폐쇄적, 통일국가 유지, 태양력, 그림문자, 내세적

12 메소포타미아와 이집트의 지리적인 특징이 이들 지역의 역사 전개에 미친 영향을 각각 간략히 서술하시오.

▼답안 길잡이

메소포타미아는 개방적 지형으로 이민족 침입이 잦아 왕조 교체가 빈번하였고, 이집트는 폐쇄적 지형으로 통일 왕조가 오랫동안 지속될 수 있었다.

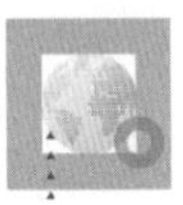

13 다음 아래 자료에 나타난 문자의 변화에 대해 서술하시오.

문자의 의미	이집트 문자	페니키아 문자	그리스 문자	라틴 문자	로마 문자
황소의 머리	[illegible]	('a) Aleph	AA(a) Alpha	A	A
집	[illegible]	(b) Beth	B(b) Beta	B	B
모서리	[illegible]	1(g) Gimel	ΓC(g) Gamma	C/G	C/C
기뻐하다	[illegible]	∃(h) He	∃E(ĕ) Epsilon	E	E

답안 길잡이

페니키아 문자로 1200년경 지중해 연안을 장악한 페니키아는 활발한 해상활동을 전개했으며 카르타고와 같은 식민지를 두었다. 또 한 표음문자를 만들어 그리스인에게 전달했는데 이는 알파벳의 기원이 되었다.

02 동양의 역사

14 춘추 전국시대에 다음과 같은 도구의 보급으로 나타난 사회·경제적 변화를 2가지 이상 서술하시오.

답안 길잡이

철제농기구 사용으로 인한 농업 생산량 증가, 철기로 된 무기의 사용으로 인해 정복 전쟁이 활발해짐, 화폐 사용으로 인해서 수공업과 상업 발달이 발달 하였다.

15 다음 지도의 시기에 나타난 사상가들에 대해 서술하시오.

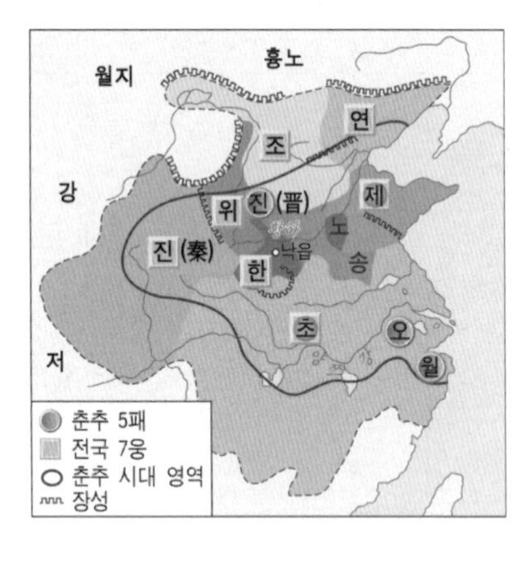

▼답안 길잡이

춘추 전국 시대에는 제후들이 부국 강병을 위해 전문 지식과 기술을 가진 인재들을 등용하여 수많은 사상가와 학파가 활동하였는데, 이들을 제자 백가라 한다. 제자 백가는 사상적으로 형이상학적인 문제보다는 정치나 윤리와 관련된 현실적인 문제에 관심을 가졌으며, 인간 중심의 합리성을 추구하고 조화와 안정을 추구하는 등 공통적인 특색을 갖고 있다.

이 가운데 유가는 인(仁)과 예(禮)를 중심 관념으로 효제(孝悌)와 충서(忠恕)를 강조했는데, 공자에 이어 순자, 맹자 등이 군주의 도덕적 정치를 주장하였다. 이에 비하여 법가는 법과 형벌에 의한 통치를 역설하였다. 상앙, 한비자에 의해 완성되었으며, 이사(李斯)는 진(秦)의 천하 통일과 중앙 집권 확립에 법가주의로 공헌하였다. 한편, 도가의 중심 사상은 노자와 장자에 의하여 제시되었는데, 일체의 인위적인 판단이나 구별을 반대하고 자연의 섭리에 따라 자연과 일치된 생활을 통해 안정을 구할 수 있다고 주장하였다.

16 봉건 제도와 군현 제도를 비교 서술하시오.

▼답안 길잡이

지방 분권적인 봉건론은 유가의 정치 이상이었고, 중앙 집권적인 군현론은 법가의 정치 사상이었다. 주는 봉건 제도를 실시한 결과 춘추 전국의 난세를 만나 멸망하였고, 진은 군현 제도의 실시로 또한 멸망하였다. 이 실패의 경험에서 나온 것이 군국 제도였으나, 결국 법가적인 군현 제도 채택으로 매듭을 지었다.

17 중국의 왕조 중 춘추 전국시대와 위진 남북조 시대의 공통점에 대해 서술하시오.

▼답안 길잡이

춘추 전국 시대와 위 · 진 · 남북조 시대는 중국의 혼란기였으나 경제적으로 농업 생산량이 늘고 수공업이 발달하였으며 사상적으로는 새로운 사상과 학파가 나타나 크게 발전한 시기였다.

18 다음 도표의 A시기의 사상적 흐름에 대해 서술하시오.

진 ➡ 한 ➡ A ➡ 수 ➡ 당

▼답안 길잡이

위 · 진 · 남북조 시대에는 노장 사상이 민간 신앙과 융합되어 도교로 발전하였으며 청담 사상이 유행하였다. 또 불교도 발달하여 대규모 석굴 사원이 조성되었다.

19 당, 명, 청대 중국의 조세 제도의 변천 과정을 시대 순으로 간단히 서술하시오.

▼답안 길잡이

당나라의 조세제도는 조 용 조로 곡물, 노동력, 직물을 징수하였고 명나라는 일조편법으로 세금을 쌀 대신 은으로 내었으며, 청나라는 지정은제로 부역세와 토지세를 종합하여 은으로 내었다.

20 수 나라의 중앙 집권 강화책 두 가지에 대해 서술하시오.

▼답안 길잡이

남북조를 통일한 수나라의 문제는 토지·군사 제도를 정비하고, 관리를 시험으로 뽑는 과거 제도를 실시하였으며 중앙 집권 체제를 확립하였다. 또 대운하 건설을 통해 강남과 강북을 연결하려 하였다.

21 진나라와 수나라 멸망의 중앙 집권 강화책 두 가지에 대해 서술하시오.

▼답안 길잡이

만리장성이나 대운하 건설과 같은 무리한 토목공사와 강압적인 통치로 멸망하였다.

22 다음 자료와 관계 깊은 나라의 중앙 행정 제도와 조세, 토지, 군사 제도의 명칭을 각각 순서대로 적은 뒤 서술하시오.

▼답안 길잡이

3성 6부, 조,용,조, 균전제, 부병제

당나라 때 완성한 제도는 율령체제라고 한다.

- 정치제도 : 3성6부(중서성, 상서성, 문하성, 6부)
- 조용조 : 성인남자에게 곡물,노동력,직물을 징수함
- 균전제 : 성인남자에게 토지를 지급함
- 부병제 : 농번기에는 농사일을 하고 농한기에 군사 훈련을 받게 하는 제도

23 다음과 같은 유물을 남긴 중국 왕조 시기 동아시아 문화권의 공통 요소에 대해 서술하시오.

▼답안 길잡이

제시된 자료는 당삼채이다. 수와 당의 문화가 이웃 국가들에게 영향을 주어 불교, 유교, 한자, 율령을 공통 요소로 하는 동아시아 문화권을 형성하였다.

24 송나라가 실시한 문치주의의 내용을 두 가지 이상 쓰고, 이 때 등장한 송대 정치 사회의 중심 세력을 무엇이라 부르며, 그들은 중국의 다른 시대의 지배계급과 비교해 보았을 때 어떤 특징을 가지는가?

▼답안 길잡이

사대부로 한나라의 호족, 위진남북조의 귀족과 달리 과거를 통해서 중앙에 진출했다.

25 다음은 송 대에 시행된 어떤 정책의 목적이다. 이 정책을 무엇이라 하는지 쓰고 이 정책의 실시로 인해 어떤 결과를 가져오는지 간단히 서술하시오.

▼답안 길잡이

• 목적 : 절도사를 폐지하여 왕권을 강화하였다.
당나라가 절도사들의 반란에 의해 멸망하자 송나라는 절도사제를 폐지하고 문치주의를 실시했으며 이 때문에 군사력 약화로 북방 유목민족(거란, 여진, 몽골)의 침입을 겪게 된다.

26 다음 빈칸에 들어 갈 한, 당, 송, 명대의 지배 세력을 시대 순으로 간단히 서술하시오.

왕조	한대	남북조 · 수 · 당대	송대	명 · 청대

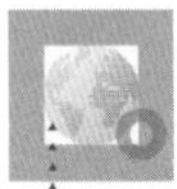

답안 길잡이

한나라의 지배세력은 호족이었으며, 당나라의 지배세력은 귀족이고, 명나라의 지배세력은 신사층이었다.
해설 : 한나라 때 호족은 지방에서 대토지를 소유했으며 향촌사회를 지배했다. 귀족은 호족이 위진남북조 시대에 중앙으로 진출하면서 귀족화 된 것이다. 송대는 과거를 통해 중앙에 진출한 사대부의 사회였으며 대토지를 소유한 지주라고 불렸다. 명대의 지배세력은 신사층으로 과거를 통해 관료가 되었으며 이후 청대까지 지배계층이었다.

27 원의 몽골인 제일주의 정책을 A 계층을 중심으로 서술하시오.

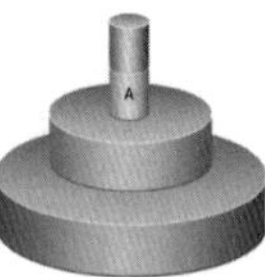

답안 길잡이

원은 쿠빌라이 칸 때 이르러 세계 역사상 가장 넓은 영토를 차지하였으며, 몽골 인을 우대하고 남인(남송의 주민)을 천대하는 몽고 제일주의를 실시하였다. A 계층은 색목인으로서 상업과 행정에 종사하였다.

28 원나라의 역참 제도에 대해 서술하시오.

답안 길잡이

원은 거대한 영토를 효과적으로 지배하기 위해 역참 제도를 실시하였다. 역참 제도는 수도와 여러 지방을 잇는 교통망으로, 약 40km 간격으로 역참을 설치한 것이다. 각 역참에서는 관리나 외국 사절에게 식량, 말, 숙소 등을 제공하도록 하였다. 이러한 역참 제도는 동서 간의 직접적인 접촉을 가능하게 하여 동서 문화 교류에 이바지하였다.

29 원나라(몽골족)와 청나라(만주족) 모두 이민족이 한족을 지배하던 정복왕조였다. 그러나 이들의 한족 통치 방식에는 차이가 있었다. 각 나라의 한족 통치제도를 각각 두가지 이상씩(총 네가지 이상)서술하시오.

답안 길잡이

몽골족은 몽골인 제일주의 정책을 시행했으며 몽골인, 색목인, 한인, 남인으로 계급을 나누고 몽골인이 고위 관직을 독점했으며 색목인은 행정실무를 담당했고 한인과 남인은 천대 받았다. 만주족은 한족의 문화를 존중하고 과거를 통해 관리를 선발하는 회유책과 변발을 강요하고 중화사상을 탄압하는 강압책을 병행했다.

30 명대 이루어진 정화의 해외 원정과 그 결과에 대해 서술하시오.

답안 길잡이

화교는 해외 여러 나라에 진출하여 살고 있는 중국인을 말한다. 정화의 해외 원정으로 동남 아시아, 인도양 일대, 아프리카 동북 해안에 중국인이 진출하게 되었다.

31 명대의 양명학과 청대의 고증학에 대해 서술하시오.

답안 길잡이

명나라 때 왕수인의 주장으로 이론과 형식에 치우친 성리학을 비판하면서 지식과 행동의 일치를 주장하는 유학이다. 청대의 고증학은 청이 사상 통제의 한 방법으로 한인 학자들의 현실 문제에 대한 관심을 억제하고, 학문 연구에 몰두하도록 하기 위해 발전시킨 것이다.

32 청대의 한족에 대한 이중 정책에 대해 서술하시오.

답안 길잡이

소수의 만주족이 다수의 한족을 지배하기 위해 청은 만주족의 풍속인 변발을 강요하고, 한족이 중화 사상을 바탕으로 만주족을 비난하는 것을 엄히 다스리는 강압책을 폈다. 이와 함께 회유책으로 중국의 전통 문화를 존중하고 명대의 제도를 수용하였으며 농민의 조세 부담을 덜어주는 정책을 폈다. 또 과거제를 실시하여 만주족과 한족을 함께 관리로 임명하였다.

33 청대의 조세제도인 지정은제에 대해 서술하시오.

답안 길잡이

청나라 때는 토지세에 부역을 통합하여 은으로 납부하는 지정은제를 실시하였다. 지정은제는 토지를 기준으로 세금을 징수하였기 때문에 세금을 피해 숨는 사람들이 줄고 아이를 많이 출생하였기 때문에 인구가 크게 증가하였다.

34 일본의 어느 시대와 관련된 다음 제도에 대해 서술하시오.

답안 길잡이

제시된 그림은 일본의 무사 중심의 봉건 제도인 막부 체제이다. 막부는 일본의 무사 정권으로, 쇼군이 무사에게 토지를 지급하고, 무사는 쇼군에 대한 충성과 봉사의 의무를 지녔다.

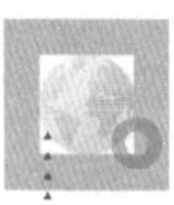

35 일본의 막부 말기의 학문 경향인 난학에 대해 서술하시오.

답안 길잡이

난학은 본래 네덜란드 학문이란 의미이나 서양 문물이 네덜란드 상인에 의해 유입되었기 때문에 서양 문물을 연구하는 학문을 통칭하는 말로 쓰인다.

36 인도에서 힌두교가 유행하고 불교가 쇠퇴한 이유에 대해 서술하시오.

답안 길잡이

힌두 교에서는 부처를 힌두 교의 신 중의 하나로 생각하고 섬겼기 때문에 일반인들은 불교와 힌두 교의 차이점을 알기 어려웠으며, 불교는 카스트 제도를 부정하고 신분 평등을 주장했기 때문에 당시 지배층의 지원을 받을 수 없었다. 게다가 대승 불교가 이론 연구에 치중하면서 일반 민중에게서 멀어져 갔다.

37 인도에서 굽타 왕조의 문화적 특징에 대해 서술하시오.

답안 길잡이

굽타 왕조 시기에는 0의 개념과 10진법이 완성되었고 천문학과 의학도 발달하였다. 발달된 수학과 천문학, 의학이 이슬람을 통해 유럽에 전해져 유럽의 근대 과학 발달에 공헌하였다.

38 인도에서 무굴 제국 시기의 문화적 특징에 대해 서술하시오.

답안 길잡이

무굴 제국 시기에는 힌두 문화와 이슬람 문화가 융합하여 인도 · 이슬람 문화가 형성되었다. 나나크에 의해 힌두 교와 이슬람 교가 융합된 시크 교가 성립하였고, 페르시아 어와 인도의 여러 언어가 합쳐진 우르두 어가 사용되었다. 타지마할 묘당은 인도 · 이슬람 문화의 대표적인 건축물이다.

39 이슬람교가 짧은 시간에 빠른 속도로 전파 될 수 있었던 이유에 대해 서술하시오.

답안 길잡이

알라 앞에서 평등하다는 교리가 하층민의 지지를 받았으며, 정복지의 관습과 종교를 인정하였고 개종한 사람에게는 세금을 감면해 주었기 때문에 이슬람 교가 급속히 전파되었다.

40 다음 지도의 동서 교통로 중 A교통로에 대해 서술하시오.

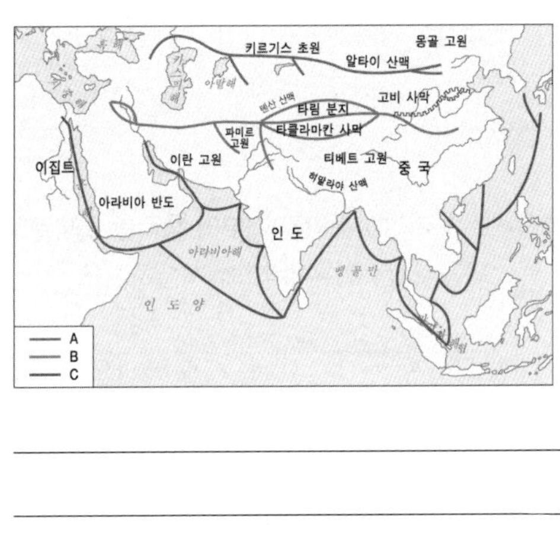

답안 길잡이

A는 초원길로 북아시아의 초원 지대를 지나는 최초의 교통로였으며 유목 민족의 주요 통로였다. 스키타이 인들은 이 길을 따라 동아시아에 청동기 문화를 전파시켰다. 흉노족은 이 길을 따라 서쪽으로 이동하여 게르만족을 침입함으로써 게르만 족의 대이동을 가져왔다.
A – 초원길, B – 사막길, C – 바닷길(향료길)이다.

03 서양의 역사

41 아래 지도의 지역을 중심으로 발달했던 문명의 의의는?

답안 길잡이

기원전 2000년경, 에게 해에 위치한 크레타 섬에서는 크레타 문명이, 그 뒤를 이어 그리스 본토에서는 청동기 문화인 미케네 문명이 일어났다. 에게문명은 오리엔트 문화와 그리스 문화의 교량 역할을 하였다.

42 그리스에서 발달한 폴리스의 뜻과 이러한 폴리스가 발달한 원인에 대해 서술하시오.

답안 길잡이

그리스의 작고 고립된 촌락들이 성장한 도시국가를 폴리스라고 하는데 아테네와 스파르타가 대표적이다. 이러한 폴리스가 발달한 배경은 산지가 많고 평야기 좁은 자연 환경 때문이었다. 폴리스의 중심 언덕에는 수호신을 모신 신전(아크로폴리스)이 위치했으며, 그 주변에는 시민들의 공공 활동이 이루어지는 광장(아고라)이 있었다. 그리스 문명은 이러한 폴리스를 중심으로 화려하게 피어났다.

43 다음은 기원전 6세기 말에 클레이스테네스의 주장으로 실시한 제도와 관련이 있는 자료이다. 이 자료에 대한 설명과 그 목적에 대해 서술하시오.

답안 길잡이

일종의 비밀 투표로 참주가 될 가능성이 있는자를 추방하였던 도편추방제로서 그 목적은 독재자의 출현을 방지하는데 있었다. 이 제도의 실시로 아테네에서는 민주정치가 가능하였다.

44 아테네 민주정치의 발전 과정 순서와 금권정치를 가능하게 하였던 솔론의 개혁에 대해 서술하시오.

답안 길잡이

아테네 민주정치는 왕정 → 귀족정 → 금권정치 → 참주정치 → 참주정치 → 민주정치의 순서로 발달하였다. 솔론의 개혁은 이 중 금권정치를 가능하게 한 개혁으로서 재산소유 정도에 따라 평민들에게 참정권을 부여하였다.

45 고대 그리스 아테네에서 실시된 민주 정치의 특징을 2가지 서술하시오.

답안 길잡이

시민이 정치에 직접 참여하는 직접 민주정치와 군대에 갈 수 있는 성인 남자에게만 참정권을 부여하고 부녀자, 외국인, 노예에게는 참정권을 제한하였던 제한된 민주정치 정치였다.

46 스파르타에서 어릴 때부터 혹독한 스파르타식 교육을 시킨 이유에 대해 서술하시오.

답안 길잡이

스파르타에서는 소수의 지배층이 다수의 피정복민인 노예를 다스리기 위해 혹독한 군사 훈련을 실시하였다.

47 그리스 문화의 특징을 서술하시오.

▼답안 길잡이

그리스 문화는 인간의 이성과 감정을 중시한 인간 중심의 문화로서 오늘날 서양 문명의 뿌리가 되었다.

48 다음은 헬레니즘 세계에 대한 지도이다. 당시의 헬레니즘 문화가 인도에 끼친 영향에 대해 서술하라.

▼답안 길잡이

알렉산드로스는 페르시아와 이집트를 정복하고, 계속하여 인더스 강에 이르는 대제국을 건설하였는데, 그 결과 그리스와 동방의 문화가 결합된 헬레니즘 문화가 나타났다. 헬레니즘 문화는 인도에 전해져 간다라 미술이 탄생하였다. 간다라 미술은 중국, 우리나라에까지 영향을 주었다.

49 헬레니즘 문화의 특징을 5가지 이상 서술하시오.

▼답안 길잡이

① 오리엔트 문화와 그리스 문화가 융합되었으며, ② 철학에서는 세계 시민주의와 개인주의의 경향이 나타났다. ③ 또한 자연과학이 발달하였을 뿐 아니라 ④ 미술에서는 현실적인 아름다움을 추구하였다. ⑤ 이러한 헬레니즘 문화는 인도에 전해져 간다라 미술이 탄생되었다.

50 고대 로마에서 평민의 권리가 더욱 확대되었음을 보여주는 근거를 세 가지 이상 서술하시오.

▼답안 길잡이

① 평민회가 창설되어, ② 투표로 평민의 대표인 호민관을 선출하였고 , ③ 로마 최초의 성문법인 12표법이 제정되어 귀족들의 자의적인 관습법 적용이 금지되었다.

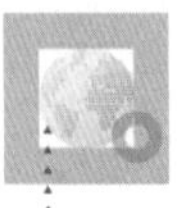

51 다음 자료는 로마의 공화정이 세 요소가 서로 경재하고 견제하는 속에서 발달해 온 것을 의미한다. 세 요소의 내용을 서술하시오.

> 로마 사람들조차 로마가 귀족제인지, 군주제인지, 아니면 (평민의 힘을 놓고 보면) 민주제인지 단정 할 수 없었다.
>
> – 폴리비우스, 〈역사〉 –

답안 길잡이

로마의 정치 발달은 왕정 → 공화정 → 제정의 순서로 발전하였는데 이중 공화정은 ① 왕정의 요소를 지닌 통령과 ② 귀족정의 요소를 지닌 원로원 ③ 민주정의 요소를 지닌 민회로 구성되어 있었다.

52 지중해의 패권을 두고 발생한 로마와 카르타고와의 전쟁 이름과 그 사건 이후 로마 사회의 변화를 4가지 이상 서술하시오.

답안 길잡이

(1) 사건 : 포에니전쟁
(2) ① 로마가 지중해의 패권을 장악하였으며 ② 노예노동에 의한 라티푼디움(대농장)이 나타나 중소주층인 평민이 몰락하였다. ③ 이에 따라 계층간 대립이 심해지면서 ④ 군사력이 약화되었고, ⑤ 결국 이것은 공화정의 위기로 나타났다.

53 다음은 로마의 정치 변화를 나타낸 것이다. 시기적으로 빈 칸에 들어갈 대표적인 전쟁과 전쟁 후 발생한 위기를 극복하고자 개혁을 시도했던 인물 및 개혁내용을 간단히 서술하시오.

> 왕정 → 공화정 수립 → (　　) → 제정 수립

답안 길잡이

(1) 포에니 전쟁 (2) 포에니 전쟁이후 공화정의 위기를 극복하기 위해 그라쿠스 형제의 개혁이 이루어 졌다. 그 내용은 ① 싼값으로 곡물을 배급 자영농민층을 육성하였을 뿐 만 아니라 ② 부유층의 토지를 몰수하는 농지개혁을 실시하였지만 ③ 부유층의 반대로 결국 실패로 돌아갔다.

54 아래 유물, 유적을 통해 공통적으로 알 수 있는 로마 문화의 특징을 쓰시오.

> • 수도교　　• 콜로세움
> • 공중 목욕탕

답안 길잡이

로마의 건축은 넓은 제국을 효율적으로 통치하기 위해 실용적으로 발전하였다. 정복지 곳곳에 도시를 세우고 도로로 연결하였으며, 토목과 건축 기술을 발전시켜 콜로세움, 개선문, 공중 목욕탕 등의 거대 건축물을 세우고 수도 시설을 마련하였다.

55 로마에서 초기 크리스트교도들은 카타콤(지하 공동 묘지)을 예배 장소로 이용해야 할 정도로 박해 받았다. 그 당시 로마제국이 크리스트교도들을 박해한 이유를 서술하시오.

답안 길잡이

크리스트교는 예수가 죽은 후 그의 가르침을 제자들이 전파하면서 성립되었다. 황제 숭배를 거부하여 박해를 당했음에도 불구하고 소외 계층 중심으로 확산되다가 콘스탄티누스 대제 때 공인되었고 4세기 테오도시우스 황제 때 국교화되었다.

56 로마의 콘스탄티누스 대제의 업적을 2가지 이상 서술하시오.

답안 길잡이

카타콤은 크리스트교 신자들이 만든 지하 묘지로 로마 정부의 박해를 피해 이곳에서 예배를 드렸다. 콘스탄티누스 대제는 313년에 밀라노 칙령을 내려 크리스트교를 공인하였는데, 이를 통해 제국의 쇠퇴를 막아 통합을 이루어내고 민심을 달래고자 하였다. 또 비잔티움(콘스탄티노플로 개칭)으로 천도하는 등 경제 개혁을 추진하였다.

57 아래의 지도를 참고하여 게르만족의 이동의 원인에 대해 2가지 이상 적은 뒤 그 결과에 대해 서술하시오.

답안 길잡이

제시된 지도는 게르만 족의 이동을 나타낸 것이다. 유럽 북부 발트 해 연안에 거주하며 주로 목축과 수렵에 종사하던 게르만 족은 로마 시대부터 이동을 시작하였고, 4세기 말에는 북방 유목 민족인 훈족의 압박으로 대거 이동하였다. 게르만 족은 서로마 제국 곳곳에 왕국을 건설하였고, 게르만 족의 이동으로 476년 서로마는 멸망하였다. 그 결과 게르만의 전통과 로마 제국의 문화, 크리스트교가 융합된 새로운 서유럽 문화의 기틀이 마련되었다.

58 프랑크 왕국이 다른 게르만족이 세운 국가와는 달리 가장 발전할 수 있었던 요인을 2가지 이상 서술하시오.

답안 길잡이

① 본래 거주지와 가까운 북부 갈리아 지방에 건국하여 이동거리가 짧고 ② 클로비스가 크리스트교(로마 카톨릭)로 개종하여 로마 교회의 협조를 받았기 때문이었다.

59 프랑크 왕국은 카를루스 대제 이후 내분을 거듭하다가 9세기 중반 이후 서프랑크, 중프랑크, 동프랑크로 분열되었다. 빈 칸의 나라들이 현재 유럽의 어떤 나라의 기원이 되었는지 서술하시오.

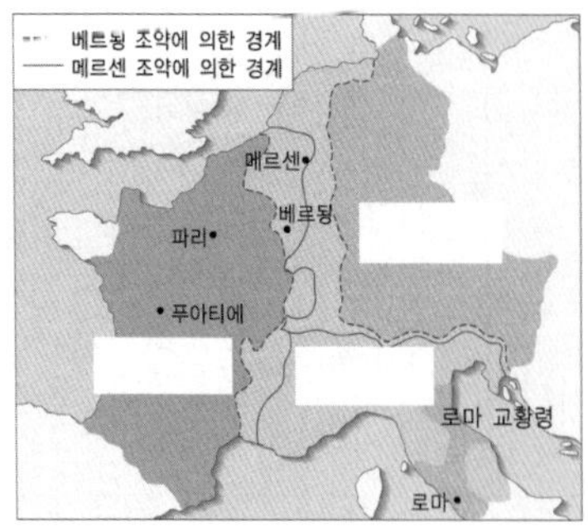

▼답안 길잡이

카롤루스 대제의 사후 이후 프랑크 왕국은 삼국으로 분열 되었는데 동프랑크는 오늘날의 독일, 중프랑크는 이탈리아 서프랑크는 프랑스의 기원이 되었다.

60 다음 지도가 보여주는 노르만족의 이동 결과 유럽 사회에 나타난 변화에 대해 서술하시오.

▼답안 길잡이

9세기 들어 스칸디나비아 지방에 살던 노르만 족이 유럽 각지에 침입하였다. 이들은 10세기 초에 북부 프랑스에 노르망디 공국을 세우고, 11세기 중엽에는 영국을 침공하여 노르만 왕조를 열었다. 노르만 족의 다른 일파는 지중해로 들어가 시칠리아 왕국을 건설하였으며, 슬라브 지역에도 진출하여 러시아를 지배하였다. 이러한 새로운 민족 이동과 침입은 유럽 사회의 모습을 변화시켰으며, 이로 인해 봉건 체제의 성립이 촉진되었다.

61 다음 아래 그림을 참고하여 중세 봉건 사회의 특징에 대해 2가지 이상 서술하시오.

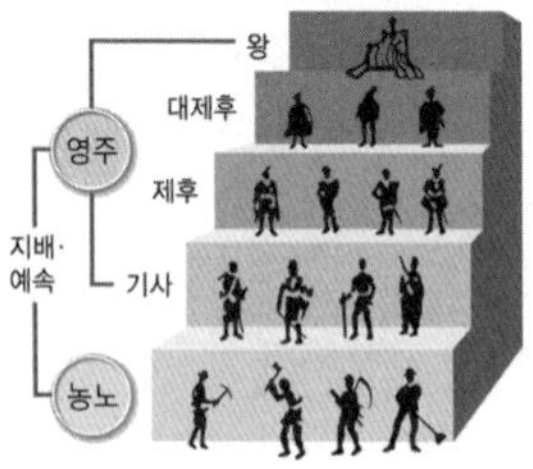

▼답안 길잡이

봉건제도는 ① 토지(봉토)를 매개로 한 쌍무적 계약관계로서 주군은 봉신을 보호하고 봉신은 주군에게 충성과 봉사를 맹세하였는데 어느 한쪽이 의무를 이행하지 않으면 계약은 깨질 수 있었다. ② 또한 왕 → 대영주 → 영주 → 기사 → 농노로 이루어지는 피라미드식 계층구조였는데 ③ 영주는 자신의 영지에 대해 독립적 통치권을 행사하는 지방 분권 체제였다.

62 중세 유럽의 (1) 장원제에 대해 서술한 뒤 (2) 장원 경제에 등장하고 있는 농노를 농민적(자유민적) 측면과 노예적 측면으로 나누어 설명하시오.

▼답안 길잡이

(1) 장원은 촌락으로 구성된 중세 사회의 기본 단위로서 자급 자족의 사회, 경제 공동체였다. 중심부는 영주의 성과 교회가 있었고 주변부는 농가나 방앗간, 경작지 등으로 구성되어 있었다. (2) 이러한 장원은 농노에 의해 경작되었는데 농노는 ① 집, 토지, 농기구 등의 재산을 소유하는 자유민적인 면에서 고대의 노예보다 나은 존재였지만 ② 거주 이전의 자유가 없었고, 부역과 공납의 의무를 져야 했을 뿐만 아니라 결혼도 영주의 허락을 받아야 한다는 점에서 노예적 성격을 갖고 있었다.

63 중세 유럽의 장원에서는 그림과 같이 경작지를 춘경지, 추경지, 휴한지로 3등분하여 농사를 지었다. 이와 같은 농업 방식의 명칭과 이렇게 농사 짓는 이유를 써라.

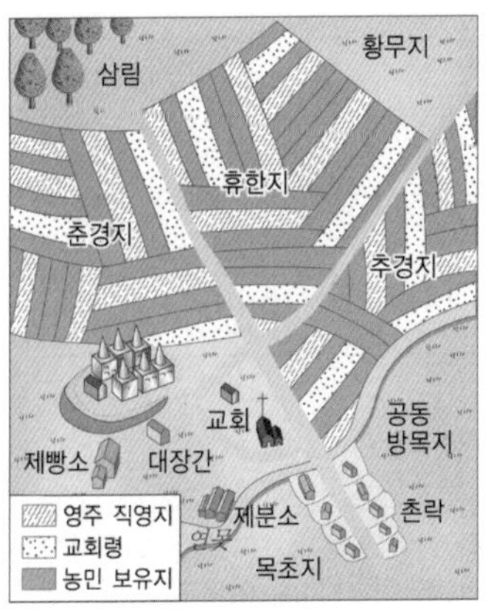

▼답안 길잡이

(1) 춘경지, 추경지, 휴경지로 나누어 짓는 삼포제를 실시하였다. (2) 그 이유는 땅에 휴식년을 1년 줌으로써 비옥한 토양을 만들기 위함이었다.

64 봉건제도의 성격을 군사적 측면, 경제적 측면, 정치적 측면으로 나누어 설명하시오.

▼답안 길잡이

(1) 군사적 측면에서는 주군과 가신간의 주종관계로 이루어져 있었고, (2) 경제적 측면에서는 자급적 공동체인 장원제도 였으며, (3) 정치적 측면에서는 영주가 독립적 통치권을 행사하는 지방분권체제였다.

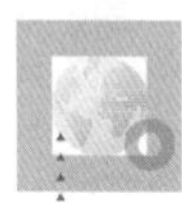

65 1054년 크리스트교는 로마 가톨릭과 그리스 정교로 나뉘게 된다. 이후 비잔티움 제국에서는 그리스 정교가 자리 잡게 되는데, 이렇게 크리스트교가 나뉘어지게 된 원인이 무엇인지 간단히 서술하시오.

답안 길잡이

동로마 레오 3세의 성상숭배 금지령 때문이었다. 서유럽 지역의 경우 성상 숭배를 인정하는 로마 카톨릭이 발달하였고, 동유럽의 경우는 성상 숭배를 부정하는 그리스 정교로 발달하였다.

66 다음 자료와 관계 있는 사건의 원인과 결과를 순서대로 서술하시오.

우주의 창조주는 위대한 두 가지 권위를 임명하였다. 더 위대한 것이 영혼을 지배하고 약한 것이 육체를 지배한다. 이 두 권위는 교황권과 황제권을 의미하는 것이다. 달은 해로부터 빛을 얻고, 그 지위와 크기는 해에 미치지 못한다. 따라서 왕권이 교황 권을 침범하면 왕권의 빛이 미약해질 것이다.

답안 길잡이

(1) 카노사의 굴욕 사건의 원인은 성직자 임명권을 둘러싸고 교황 그레고리우스 7세와 황제 하이인리 4세간의 대립에 있었다.(2) 카노사의 굴욕 결과 교황이 황제를 파문하자 황제는 교황에게 사죄를 빌었는데 결과 교황이 종교뿐만 아니라 정치까지 관여하는 교황권의 전성기가 나타났다. 이것을 비유한 말이 "교황은 태양, 황제는 달"이다.

67 다음 도표는 각각 왕권과 교황권의 변화를 나타낸다. A와 B 사건이 무엇인지 구체적으로 밝히면서 왕권과 교황권의 변화를 서술하시오.

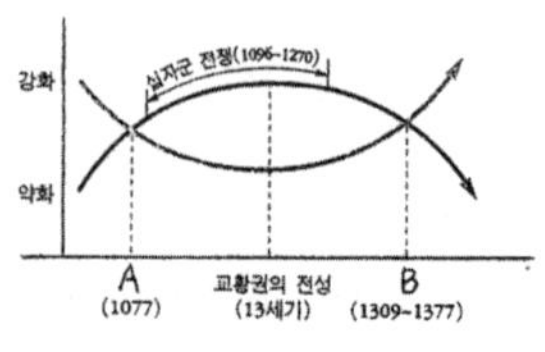

답안 길잡이

A사건은 카노사의 굴욕으로서 교황권이 황제권을 능가함을 보여 주며, B사건은 아비뇽 유수로서 황제권이 교황권보다 우위에 있음을 보여준다.

68 중세의 대표적 철학인 토마스 아퀴나스의 스콜라 철학을 설명하고 그의 대표적 저작을 쓰시오.

답안 길잡이

토마스 아퀴나스는 신앙과 이성과의 조화를 추구한 스콜라 철학을 체계화 했는데 이는 그의 저서인 신학대전에 잘 나타나 있다.

69 다음 사진을 보고 물음에 답하시오.

1) 중세의 성격을 가장 잘 보여주는 이와 같은 건축 양식을 무엇이라 하는가?

2) 사진에서 알 수 있는 이 양식의 특징을 두 가지만 쓰시오.

3) 이 양식의 대표적 건축물을 두 가지 이상 쓴 뒤 중세인들이 성당을 이 양식과 같이 건축한 이유를 20자 내외로 서술하시오.

답안 길잡이

(1) 중세 서유럽을 대표하는 고딕 양식으로서 (2) 뾰족한 첨탑, 둥근 천장, 오색 찬란한 색유리 창(스테인드글라스)를 특징으로 한다. (3) 대표적 건축물로는 퀼른 성당, 노트르담 성당, 샤르트르 성당 등이 있는데 중세 유럽인의 천국에 가기 위한 신앙심을 담아 탑을 높게 세웠다.

70 다음 지도와 관련 있는 비잔티움 제국의 유스티니아누스 황제의 업적을 2가지 이상 서술하시오.

답안 길잡이

① 로마 옛 영토 대부분을 차지하여 국가와 교회의 우두머리임을 자처하였고 ② 로마 대법전을 편찬하였으며 ③ 성 소피아 성당을 건국하였다.

71 다음 그림에 나타난 양식의 ① 대표적 건물과 ② 특징을 서술하시오.

답안 길잡이

① 성소피아 성당으로서 ② 정사각형의 벽위에 둥근 돔을 올려놓고 모자이크로 내부를 장식하였다.

72 비잔티움 제국의 역사적 의의를 간략히 서술하시오.

▼답안 길잡이

비잔티움 제국은 서유럽을 이슬람 세력으로부터 막는 울타리 역할을 하여 그리스, 로마 문화를 지켰으며, 러시아, 동유럽 문화의 바탕이 되었다.

73 십자군 전쟁은 11~13세기에 걸쳐 약 200여 년간 여러 차례 진행되었다. 이러한 십자군 전쟁이 일어난 원인은 무엇이었는지 간단히 서술하시오.

▼답안 길잡이

성지탈환이 대외적 명분이었으나, 실제로는 교황권 강화, 상공인의 지중해 무역 확장, 왕과 기사의 영토 확장 등에 원인이 있다.

74 십자군 원정이 내세운 표면적인 목적은 무엇인지 간단히 서술하시오?

▼답안 길잡이

셀주크 투르크의 성지(예루살렘) 장악으로 인한 성지의 탈환이 목적이었다.

75 십자군 원정의 영향 및 결과에 대해 4가지 이상 서술하시오.

▼답안 길잡이

① 정치면에서는 봉건 영주와 기사의 세력이 약화되면서 왕권이 강화되었고 ② 종교면에서는 교황권이 약화되면서 아비뇽 유수와 같은 사건이 일어났다. ③ 또한 경제면에서는 동방무역이 이루어져 도시와 상공업이 발달하면서 장원이 해체되었다. ④ 그리고, 문화면에서는 이슬만 문화가 유입되어 유럽인의 시야가 확대되었다.

76 교황권과 황제권의 변화를 보여 주는 그래프이다. (나),(다),(라)에 각각 해당하는 사건을 쓰시오.

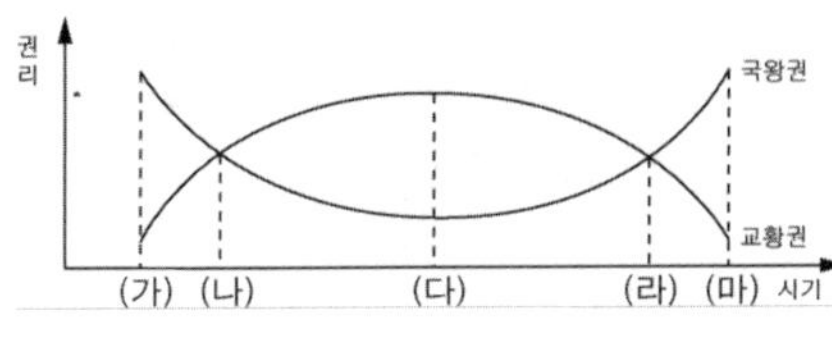

▼답안 길잡이

(1) 카노사의 굴욕 (2) 아비뇽 유수 (3) ①사건이후 교황권이 왕권보다 강해졌으며, ②사건이후 왕권이 교황권보다 강해졌다.

77 십자군 전쟁이후 동방 무역이 활발해짐에 따라 도시에서 발달한 조직인 길드에 대해 쓰시오.

▼답안 길잡이

농업 생산력이 증대하고, 십자군 원정 이후 동방 무역이 활발해지면서 상공업 도시가 발달하였다. 초기에 영주의 보호 아래에서 성장한 도시들은 점차 자치권을 얻어 그들의 지배로부터 벗어났다. 도시는 새로운 경제 조직인 상인 길드와 수공업 길드에 의해 운영되었다. 한편, 도시들은 공동의 이익을 얻기 위해 동맹을 맺었는데, 발트 해와 북해 부근의 한자 동맹이 대표적이다.

78 다음에서 설명하는 이곳은?

> 이곳에 거주하는 사람들은 시민이었고 영주에게 종속되지 않았다. 이곳의 '공기는 사람들을 자유롭게 한다.'라는 말이 생겨났다. 이곳으로 도망간 농노들은 1년 1일이 지나면 자유를 얻었다.

▼답안 길잡이

도시의 주민은 누구나 자유로웠으며, 장원에서 도망해 온 농노도 1년 1일을 거주하면 신분의 자유가 주어졌다.

79 유럽에서 흑사병의 유행이 어떻게 장원의 해체를 가져오게 되었는지 그 과정을 간략히 서술하시오.

▼답안 길잡이

흑사병으로 인해 인구가 줄어들고 노동력이 부족해지자 농노의 처우를 개선하고 이전의 자유를 주었으며 돈을 받고 농노를 해방시키는 등의 일이 생기면서 장원제가 붕괴하였다.

80 다음은 봉건 사회가 해체되는 과정을 도표로 구성한 것이다. 도표가 완성되도록 ①~⑤에 알맞은 말을 넣으시오.

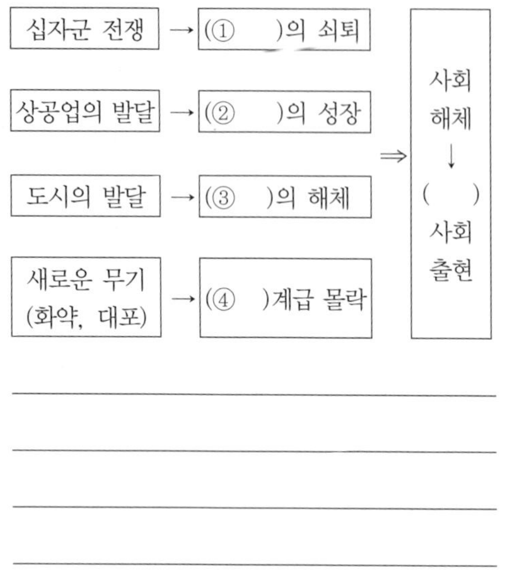

▼답안 길잡이

① 교황, ② 도시, ③ 장원, ④ 기사, ⑤ 중앙집권

81 다음은 절대 왕정의 구조와 경제 형태를 그림으로 나타낸 것이다. (가), (나)에 들어갈 내용을 각각 쓰시오.

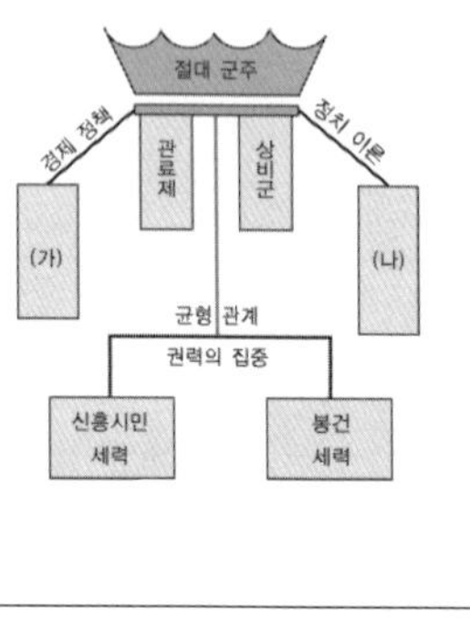

▼답안 길잡이

(가) 중상주의, (나) 왕권신수설
절대 왕정은 여러 제도와 사상을 통해서 뒷받침되었다. 우선 관료제와 상비군 제도를 통해 왕권을 강화하였고 왕권신수설을 통해 왕권의 정당성을 얻었다. 한편 중상주의 경제 정책을 통해 왕권에 필요한 부를 얻으려고 하였다.

82 중앙집권화를 위해 식민지 개척에 주력한 두 국가를 쓰고 그 이유를 서술하라?

▼답안 길잡이

대서양 연안의 에스파냐와 포르투갈은 지중해 무역에서 소외되어 새로운 무역 항로를 개척하고자 탐험가들을 후원하였는데, 에스파냐는 포르투갈에 비해 신항로 개척에 비교적 늦게 뛰어들었다. 포르투갈이 아프리카 남단을 돌아가는 항로 개척에 나섰던 반면에스파냐는 대서양을 건너는 콜럼버스의 탐험을 후원하였다. 이후 아메리카 대륙에서 들어오는 금·은을 통해 부유해진 에스파냐는 유럽에서 가장 강한 함대를 갖게 되었는데, 이를 '무적함대'라고 이름 붙였다.

83 대헌장의 내용과 그 의미를 서술하시오.

답안 길잡이

영국의 대헌장(마그나 카르타)은 전해오던 관습적 권리들을 문서로서 확인한 것으로, 봉건 귀족의 권리를 재확인한 봉건적 문서였으나, 17세기에 이르러 왕의 전제 정치에 대항하여 국민의 권리를 옹호하는 근거로 이용되었다. 이 대헌장에 의해 영국에서는 의회 제도의 기틀이 만들어졌다.

84 영국과 프랑스간의 싸움인 백년 전쟁에 따라 중앙 집권 국가가 확립되는 과정을 귀족 세력, 왕권, 국민 의식의 변화 내용을 포함하여 서술하시오.

답안 길잡이

영국과 프랑스는 귀족세력이 몰락하고 시민계급이 성장하였으며 왕권이 강화되었을 뿐아니라 국민들에게 민족의식이 성장하게 되어 중앙 집권 국가로의 변화가 확립되었다.

85 장미 전쟁과 백년 전쟁의 공통적 결과는 무엇인지 설명하시오.

답안 길잡이

프랑스는 백년 전쟁의 영향으로 중앙 집권 국가가 형성되었다. 장미 전쟁의 결과 영국에서 귀족이 몰락하고 중앙 집권 국가가 들어섰다.

86 르네상스의 의미와 그 근본정신에 대해서 설명하시오.

답안 길잡이

중세 교회의 권위가 무너지면서 14~15세기에 유럽에서는 중세 동안 잃어버렸던 인간의 자유와 존엄성을 고대 그리스와 로마의 문화에서 찾으려는 노력이 일어났다. 이러한 움직임을 르네상스라고 하는데, 르네상스는 인간의 개성과 능력을 존중하는 인문주의를 바탕으로 하였다.

87 이탈리아 지역에서 르네상스가 가장 먼저 시작된 이유를 세 가지 이상 쓰시오.

답안 길잡이

이탈리아는 로마 제국의 중심지로서 고전 문화의 전통이 많이 남아 있었고, 비잔티움 제국이 멸망하면서 피신한 학자들이 그리스 · 로마 고전을 전해 주기도 하였다. 그뿐만 아니라 십자군 전쟁 이래 경제적 번영을 누린 이탈리아 도시의 부유한 상인과 군주들이 경쟁적으로 문예 활동을 후원하였다.

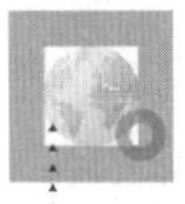

88 다음 글을 참고로 하여 알프스 이북 르네상스의 특징을 설명하고 대표적인 작품에 대해 서술하시오.

> 현재의 교황은, 가장 어려운 역할은 베드로와 비울로에게 맡기고 자신은 호화로운 의식과 즐거운 일만 찾는다. 교황처럼 즐거운 생활을 하고, 그처럼 근심 없는 사람도 없다. 왜냐하면, 교회 의식을 통해 감시의 눈만 번쩍이면, 충분히 크리스트를 위해 충성을 다했다고 생각하지 때문이다.

답안 길잡이

16세기에 들어 르네상스는 알프스 이북의 프랑스, 영국, 독일 등으로 퍼져 나갔다. 당시 북부 유럽은 중세적인 요소가 강했기 때문에, 르네상스는 이탈리아에서와 달리 사회 개혁적인 성향을 띠었다. 이러한 북부 유럽의 분위기는 이후 종교 개혁에도 영향을 끼쳤다.

89 다음 글을 참고하여 알프스이북 르네상스와 이탈리아 르네상스의 특징을 비교하시오.

> ① 인문주의자들은 인간의 세속적 욕망을 드러내는 작품 활동을 하였고, 예술가들은 그리스 신화를 주제로 한 작품들을 통해 사람 몸의 아름다움과 인간의 내면적인 정신을 표현하였다.
> ② 에라스무스는 "우신예찬"에서 '요즘의 교황은 가장 어려운 일들은 베드로와 바울에게 맡기고 호화로운 의식과 즐거운 일만 찾는다.'라고 비꼬았다. 토마스 모어는 「유토피아」 에서 농민들을 토지에서 내쫓는 현실을 비판했다.

답안 길잡이

① 이탈리아 르네상스의 특징은 심미적, 예술적 특징을 갖고 있으며, ② 알프스 이북 르네상스의 특징은 사회적 · 종교 비판적 성격을 갖고 있었다.

90 르네상스 시대에 새롭게 발달 되었던 다음의 발명품들이 끼쳤던 영향을 쓰시오.

> ① 화약
> ② 나침반
> ③ 활판인쇄술

답안 길잡이

활판인쇄술은 새로운 지식과 사상을 전파하는데 기여하였고, 지동설은 중세의 우주관에 혁명을 일으켰으며, 화약은 중세의 기사 계급을 몰락시켰으며, 나침반은 원거리 항해를 가능하게 하여 신항로 개척에 이바지하였다.

91 칼뱅의 종교개혁과 루터의 종교개혁을 비교 설명하시오.

답안 길잡이

루터의 종교개혁은 교황청의 면벌부 판매에 반대하여 95개조의 반박문을 발표하였으며 제후와 농민층의 지지를 받았다. 성경에 근거한 믿음을 강조하고, 모든 사람은 신 앞에서 평등하다고 주장했다. 칼뱅은 인간의 구원은 신에 의해 예정되어 있다는 예정설을 발표하였으며 자기의 직업에 근면하게 종사할 것을 강조할 것을 강조하여 상공시민층에게 지지를 받았다.

92 베스트팔렌조약이 가지는 의의를 간단하게 쓰시오.

답안 길잡이

30년 전쟁은 신교국이었던 보헤미아의 왕위에 신성로마 제국의 황제였던 페르디난트 2세가 즉위하려 하자 보헤미아의 신교도들이 저항하여 일어난 전쟁이다. 처음에는 종교적인 이유로 독일 내에서 시작된 전쟁이었으나, 주변 국가들이 정치적 · 경제적인 배경을 가지고 신교 측과 구교 측으로 나뉘어 참전하게 되면서 국제적인 전쟁으로 확대되었다. 최종적으로는 1648년 베스트팔렌 조약을 통해서 신교 측의 승리로 끝이 났는데, 이를 통해 아우크스부르크 화의 이후 인정받지 못했던 칼뱅파가 종교적으로 인정을 받게 되었으며, 각 개인에게 종교 선택의 자유가 허용되었다.

93 18세기 프랑스를 중심으로 등장한 근대 과학과 철학, 영국혁명과 로크의 정치이론 등을 배경으로 하여 18C 프랑스에서 등장한 계몽사상에 대하여 서술하시오.

답안 길잡이

계몽사상은 근대 철학의 발전과 과학의 발전에 영향을 받아 등장하였는데 인간의 이성을 신뢰하였고 이성에 의해 인류는 계속 진보할 수 있다고 생각하였다. 또한 인간의 이성에 어긋나는 불합리한 제도와 전통은 없애야 한다고 하였는데, 이들은 절대 왕정을 그러한 불합리한 제도라고 보았다.

94 17세기 바로크 양식과 18세기 로코코 양식의 특징 2가지씩 서술하시오.

답안 길잡이

17세기에는 절대 왕정의 권위를 높이기 위해 규모가 크고 화려한 바로크 양식이 유행하였다. 이 시기에는 루벤스와 렘브란트 등의 화가가 활약했으며, 베르사유 궁전이 건축되었다. 그러나 18세기가 되면서 바로크 예술은 섬세하고 우아한 로코코 양식으로 변했다.

95 다음은 17세기 청교도 혁명과 전개 과정, 결과에 대해 서술하시오.

답안 길잡이

청교도 혁명은 스튜어트 왕조의 제임스 1세와 찰스 1세가 의회를 무시한 채 세금을 걷고 청교도를 탄압하자, 이에 저항한 의회파와 왕당파의 내전으로 시작되었다. 그 결과 크롬웰이 이끈 의회파가 승리하여 찰스 1세가 처형되고 공화정이 수립되었다. 이에 앞서 1628년에 의회는 '의회의 승인 없이는 과세할 수 없다.'는 내용의 권리 청원을 제출하여 찰스 1세의 승인을 받았다.

96 다음은 권리장전의 주요 내용이다. 권리 장전이 영국 정치에 어떤 영향을 끼쳤으며, 이로 인해 영국에는 어떤 정치체제를 나타났는지 서술하시오.

- 의회의 승인 없이 법을 제정하거나 법의 효력을 정지시킬 수 없다.
- 의회의 승인 없이 세금을 부과할 수 없다.
- 의회의 승인 없이 상비군을 유지할 수 없다.

답안 길잡이

메리와 윌리엄 3세가 승인한 권리 장전으로 영국은 세계 최초로 의회가 정치의 중심이 되는 입헌 군주국이 되었다. 이후 앤 여왕이 후사 없이 죽자 왕위 계승 순위에 따라 독일에 살던 조지 1세(하노버 왕조)가 왕위에 오르게 되었다. 그러나 조지 1세는 영어를 못하고 영국 정치에도 어두운 상황이었기 때문에 자신을 대신하여 다수를 차지한 정당이 정치를 책임지도록 하였다. 이것이 내각 책임제의 시작이 되었다. 이로써 '왕은 군림하나 통치하지 않는' 입헌 군주제의 정치가 확립되었다.

97 미국 독립 혁명의 직접적인 원인이 되었던 사건을 쓰고 미국 독립 혁명의 성격을 2가지 서술하시오.

답안 길잡이

원인은 보스턴 차사건이었고, 미국 독립혁명은 식민지의 독립, 민주 시민 혁명으로 세계 최초로 민주공화국 수립하였다.

98 프랑스 혁명이 일어나게 되는 배경을 세 가지 서술하라.

답안 길잡이

재정의 대부분을 담당하던 제3신분에게 참정권을 부여하지 않았던 구제도 모순, 계몽사상과 미국혁명의 영향이다.

99 나폴레옹이 대륙봉쇄령을 내린 이유를 국가 이름을 포함하여 쓰시오.

답안 길잡이

나폴레옹은 영국과의 해전에서 패한 이후 영국을 경제적으로 고립시키기 위해 대륙 봉쇄령을 선포하였다. 그러나 영국은 당시 산업 혁명으로 많은 발전을 이루고 있었고, 유럽 대부분의 나라가 영국과의 무역에 많이 의존하고 있던 상황이었기 때문에 나폴레옹의 대륙 봉쇄령은 오히려 유럽 국가에게 많은 피해를 주었다.

100 산업혁명이 영국에서 가장 먼저 일어난 이유를 세 가지 이상 서술하시오.

답안 길잡이

18세기 후반 영국에서는 정치적 안정을 바탕으로 산업 혁명이 진행되었다. 당시 영국은 중상주의 경제 정책을 통해 많은 자본을 축적하고 있었고, 인클로저 운동의 결과 일자리를 찾아 도시로 모여든 노동자들로 노동력이 풍부하였다. 또한 산업 발전에 필요한 석탄과 철 등의 지하자원이 풍부하였다. 한편, 일찍이 장원제가 무너지면서 모직물 공업을 중심으로 한 근대적 산업이 발달하여 산업 혁명의 토대가 마련되어 있었다.

04 현대 세계사

101 그림과 관계있는 체제의 뜻과 그들이 팽창정책을 쓰게 되는 이유를 경제적 측면에서 서술하시오.

답안 길잡이

제시된 그림은 제국주의 국가의 군인이 식민지 원주민의 노동력을 착취하여 상품을 생산하는 모습을 표현한 것이다. 제국주의 국가는 식민지에 자국의 잉여 자본을 투자하여 공장을 세우고, 식민지의 값싼 원료와 노동력을 사용하여 상품을 만들어 이를 다시 식민지에 판매하였다.

102 제1차 세계 대전의 직접적 계기가 된 사건은 무엇인지 쓰시오.

답안 길잡이

범게르만주의를 앞세워 발칸 반도로 진출하려는 독일 및 오스트리아와, 범슬라브주의를 내세워 이를 저지하려는 러시아의 대립으로 발칸 반도의 위기가 고조되는 가운데 마침내 두 세력은 보스니아에서 부딪쳤다. 슬라브계 세르비아 인이 많이 사는 보스니아의 행정권을 오스트리아가 차지한 데 대해 불만을 품은 세르비아의 청년이 사라예보를 방문 중이던 오스트리아 황태자를 암살하는 사라예보 사건이 발생하자 오스트리아가 선전 포고를 하고 나선 것이다(1914).
독일과 오스만 제국, 불가리아가 오스트리아를 지원하고, 프랑스 및 러시아와 이탈리아, 그리고 뒤이어 영국, 일본 등이 세르비아 편에 가담함으로써 전쟁은 전 세계로 확대되었다.

103 제1차 세계 대전에 미국이 참전하게 된 계기를 서술하시오.

____

____

____

____

____

답안 길잡이

제1차 세계 대전의 초반에는 독일이 우세하였다. 그러나 전쟁이 예상 외로 장기화되고, 영국이 해상을 봉쇄하여 식량과 군수 물자 등의 공급이 어려워지자, 독일은 무제한 잠수함 작전을 전개하였다. 이러한 공격은 중립국 선박에게도 가해져 미국이 참전하는 계기가 되었다.

104 파리 평화 회의에서 미국의 윌슨 대통령이 제시한 원칙을 서술하시오.

____

____

____

____

____

답안 길잡이

제1차 세계 대전 이후 전후 처리 문제를 논의하기 위해 파리 강화 회의가 열렸는데, 미국 대통령 윌슨의 민족 자결주의를 포함한 14개조 원칙이 기본 원칙으로 적용되었다. 이후 연합국과 독일 사이에 베르사유 조약이 체결되었으나, 승전국의 이익을 우선 고려한 조약으로, 패전국에 대한 보복적 성격이 강하였다. 한편, 전쟁 이후 전쟁의 방지를 위해 국제 연맹이 창설되었으며, 부전 조약 체결 및 군비 감축 등의 노력이 이루어졌다. 독일, 오스트리아, 오스만 제국에서는 제정이 무너지고, 공화정이 세워졌다.

105 다음 보기에 들어갈 국제 기구와 그 한계에 대해 서술하시오.

> 파리 강화 회의는 윌슨의 주장에 따라 (　　)을 창설하였다. (　　)은 국제 분쟁을 평화적으로 해결하려는 최초의 국제 기구였다.

____

____

____

____

답안 길잡이

제1차 세계 대전 이후 국제 분쟁을 줄이고 평화를 유지하기 위해 스위스 제네바를 본부로 하는 국제 연맹이 창설되었다. 그러나 미국과 소련 등 강대국이 참여하지 않았으며, 침략국에 대한 군사적 제재 수단이 없다는 한계가 있었다.

106 러시아 10월 혁명의 결과를 간략히 쓰시오.

____

____

____

____

____

____

답안 길잡이

러시아 10월 혁명 결과 임시 정부가 무너지고 세계 최초의 공산주의 국가가 수립되었다. 또 영국의 노동 운동 및 헝가리, 독일 등에서 사회주의 운동이 발생하였으며, 영국, 프랑스 등에서 공산당 조직이 활성화되기도 하였다. 이밖에 소비에트 정부가 약소민족 해방 운동의 지원을 선언함으로써 아시아, 아프리카 지역의 민족 운동을 자극하였고, 이들 나라의 공산화에 영향을 주었다.

107 미국의 경제 공황 극복책을 간략히 서술하시오.

답안 길잡이

미국은 뉴딜 정책을 실시하여 공급을 조절하기 위해 각 산업 분야에서 생산을 조절하였으며, 수요를 늘리기 위해 테네시 강 개발 공사와 같은 공공사업을 추진하여 일자리를 창출하였다. 또한 노인 연금, 실업자 연금 제도 등의 사회 보장 제도를 실시하여 구매력을 증진시켰다.

108 이탈리아, 독일, 일본이 경제 공황을 극복하기 위해 추진한 정책의 공통점을 쓰시오.

답안 길잡이

식민지가 적고 경제 기반이 약했던 독일, 이탈리아, 일본과 같은 나라들은 강력한 국가 정책을 통해 경제 위기를 극복하고자 하였다. 전체주의란 국가의 이익을 개인의 이익보다 중시하는 정치사상으로, 국가와 민족의 이익을 내세워 경제적 위기에 지친 농민과 노동자뿐 아니라 부유한 시민들에게도 지지를 얻어 세력을 확대하였다.

109 2차 세계 대전 당시 미국이 전쟁에 참여하게 되었던 계기가 된 사건을 서술하시오.

답안 길잡이

독일의 폴란드 침공으로 제2차 세계 대전이 발발하였다. 초기에는 독일이 프랑스 파리를 함락하였으며, 영국을 제외한 대부분의 유럽을 장악하였다. 독일은 장기전에 대비하기 위해 1941년 소련을 공격하였으며, 같은 해 일본이 진주만을 기습 공격함으로써 전쟁이 유럽에서 태평양으로 확대되었다. 일본의 진주만 기습으로 미국이 참전하자, 전세가 역전되기 시작하였다.

110 제3세계 국가들이 추구한 외교 노선을 서술하시오.

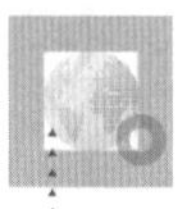

답안 길잡이

제2차 세계 대전 이후 독립한 아시아와 아프리카의 여러 나라는 강대국의 간섭에서 벗어나기 위해 노력하였는데, 이를 위해 아시아, 아프리카의 29개국 대표들이 1955년 반둥에 모여 제1회 아시아 · 아프리카 회의(반둥 회의)를 열었다. 이 자리에서 반식민주의와 평화 공존을 포함한 평화 10원칙이 채택되었다. 이렇게 아시아와 아프리카의 신생국들은 반식민주의, 반제국주의, 평화 공존을 내세우며 자본주의 진영이나 공산주의 진영에 속하지 않는 독자적인 제3 세계를 형성하였다.

111 제2차 세계 대전 이후 소련과 미국을 중심으로 한 세계 질서를 간략히 쓰시오.

____

____

____

____

____

____

답안 길잡이

냉전이란 미국 중심의 자본주의 진영과 소련 중심의 공산주의 진영 간의 대립으로, 정치, 외교, 이념 등의 대립을 통한 긴장을 의미한다. 무기를 사용하는 열전(Hot War)과 달리 무력 충돌 없이 전쟁과 같은 긴장감이 감돌았기 때문에 냉전(Cold War)이라는 용어를 사용하였다.

112 문화 대혁명의 배경과 결과에 대해 서술하시오.

____

____

____

____

____

____

답안 길잡이

내전 승리 이후 중국 공산당은 토지 개혁을 통해 봉건적 지주 제도를 폐지하고 중국 내에 만연해 있던 관료주의의 폐단과 부정 부패를 일소하였으며, 개인의 이윤 추구를 금지하였다. 또 1, 2차 5개년 계획을 통해 인민 공사를 설립하고 대약진 운동을 전개하여 경제 부흥을 꾀하였다. 그러나 대약진 운동은 실패로 끝났으며 마오 쩌둥의 노선에 대한 비판이 제기되었다. 그 결과 류 사오치, 덩샤오핑 등 실용주의자들이 실권을 장악하고 경제적 통제를 완화시키자 마오 쩌둥과 장칭은 문화 대혁명을 일으켰다. 문화 대혁명은 마오 쩌둥이 정치뿐만 아니라 문화, 예술, 학문 분야에서도 철저한 계급 투쟁을 통해 공산주의 체제를 확립하려는 운동이었으나, 그 과정에서 전통 문화 유산이 파괴되고 정치 · 경제 · 사회 혼란이 가중되었다.

기출동형모의고사

초·중급 해설

세계사능력검정시험
기출동형모의고사 초 · 중급 해설

01 답 ①

아테네의 민주 정치

제시문은 아테네 민주 정치의 시기별 정치 상황으로 (가)는 솔론의 금권 정치, (나)는 클레이스테네스의 민주 정치, (다)는 페리클레스 시대의 민주 정치에 대한 설명이다. 아테네의 평민들이 참정권을 요구하자 (가) 솔론은 재산의 정도에 따라 참정권을 차등 분배하는 금권정을 실시하였다. 이후 페이시스트라토스가 민중의 지지를 토대로 참주로 등장하여 독재를 실시하였다. 기원전 6세기 말 (나) 클레이스테네스는 혈연 중심의 부족제를 거주지 중심으로 개편하고 500인 평의회를 구성하였으며, 도편 추방제를 실시하였다. (다) 페리클레스 시기에는 민회의 권한이 강화되고 수당제, 추첨제가 실시되어 아테네 민주정이 완성되었다.

오답해설

① 도편추방법은 클레이스테네스가 참주의 출현을 막기 위해 시행한 제도이다.

아테네의 민주 정치 성장

왕정 → 귀족정	상공업 발달, 평민이 중장보병으로 군대의 주력이 되면서 발언권이 강화됨
금권 정치	솔론의 개혁 → 재산에 따라 4등급으로 나누어 참정권을 차등 부여
참주 정치	페이시스트라토스 → 평민과 귀족의 대립을 이용한 독재 정치
민주 정치	클레이스테네스 → 참주 출현 방지를 위한 도편 추방제 실시, 부족제 개편, 500인 평의회 설치

02 답 ③

알렉산드로스의 정책

자료는 알렉산드로스 대왕의 업적을 나타낸 것이다. 알렉산드로스는 동방 원정을 통해 알렉산드로스 제국을 건설하였다.

오답해설

③은 로마에 해당한다.

알렉산드로스 제국의 성립(기원전 4세기)

성립	유럽 · 서아시아 · 북아프리카에 걸친 대제국 건설
동서 융합 정책	정복 지역에 알렉산드리아 건설, 그리스인의 이주, 전제 군주제 도입, 페르시아인과의 혼인 장려
분열	알렉산드로스 사후 시리아, 이집트, 마케도니아로 분열, 로마에 의해 각각 멸망

03 답 ④

콘스탄티누스 황제의 통치

콘스탄티누스 황제는 리키니우스와 타협하여 크리스트교를 공인하였다(밀라노 칙령, 313). 콘스탄티누스황제는 흑해 입구에 있던 비잔티움에 새 도시 콘스탄티노폴리스를 건설하여 천도하였다.

로마의 부흥 노력

디오클레티아누스 황제	3세기 말 군대 통수권을 장악하고 동방의 전제 군주제 확립, 제국을 넷으로 나누어 통치
콘스탄티누스 황제	크리스트교 공인, 콘스탄티노폴리스로 천도

04 답 ②

카롤루스 대제의 업적

제시문의 그는 카롤루스 대제이다. 카롤루스 대제는 옛 서로마 제국의 영토 대부분을 회복하였고, 크리스트교의 보급에 힘써 교황으로부터 서로마 황제의 관을 받았다(800). 또한, 아헨에 궁정 학교를 두어 학문과 교육을 부흥시키는 등 이른바 '카롤루스 르네상스'를 일으켰다.

오답해설

①은 로마의 콘스탄티누스 대제, ③은 프랑크 왕국의 피핀, ④는 신성 로마 제국의 오토 1세, ⑤는 프랑크 왕국 카롤루스 마르텔의 업적이다.

프랑크 왕국의 발전

클로비스	메로빙거 왕조 개창(481), 가톨릭 교 개종, 게르만족의 전통 유지
카롤루스 마르텔	투르 · 푸아티에 전투(732)에서 이슬람군 격퇴, 크리스트 교 세계 수호
피핀	카롤링거 왕조 개창, 교황령 기증(교황령의 시초) → 로마 교회와 유대 강화
카롤루스 대제	– 서로마 제국 영토 회복, 지방관 파견으로 중앙 집권화, 크리스트 교 보급 → 서로마 황제로 대관(800) → 서로마 교회의 보호자 – **카롤링거 르네상스** : 궁정 학교 설립, 라틴 문화 장려, 수도원의 고전 연구 → 서유럽 문화의 기틀 마련(로마 문화 + 크리스트 교 문화 + 게르만 문화)

05 답 ④

노르만 족의 활동과 영향

지도는 노르만 족의 원주지와 이동 경로를 보여 준다. 9세기부터 10세기에 걸쳐 프랑크 왕국의 분열, 이슬람 세력의 공격, 노르만 족의 침입 등으로 서유럽 세계에서 봉건 제도가 성립되었다.

노르만족의 이동

배경	프랑크 왕국의 분열과 혼란
경과	9세기 말 유럽의 해안 지방은 물론 내륙 지방까지 정복 활동
결과	노르만계 국가 건설(잉글랜드의 노르만 왕조, 프랑스의 노르망디 공국, 러시아의 노브고로드 공국과 키예프 공국), 원주지 국가 건설(스웨덴, 덴마크, 노르웨이) → 봉건 사회의 성립 촉진

06 답 ②

길드의 특징

자료는 중세의 장인 길드에 대한 설명이다. 도시의 상인들은 길드라는 조합을 결성해 공동의 이익과 안전을 도모하였을 뿐만 아니라 도시 행정 운영을 주도하였다. 수공업자들도 자신들의 독자적인 길드를 결성하여 대상인들의 독점적 권한에 대항하였다.

▼오답해설

ㄴ은 18세기에 등장한 고전 경제학과 관련된 설명, ㄹ은 산업 혁명기의 사실이다.

도시의 변화와 길드의 조직

도시의 변화	영주의 도시민에 대한 행정권과 사법권 행사, 특정 물품에 대한 독점 판매권 → 도시민의 자치권 획득, 도시법 제정으로 독자적인 행정권 행사
길드의 조직	– 상공업자의 공동 이익과 독점권 확보 및 안전을 도모하기 위한 조직 – **상인 길드** : 자치권 획득 주도, 도시 행정 장악 – **수공업자 길드** : 대상인들의 도시 행정 독점에 대한 반발 → 직종별로 조직, 엄격한 계층 질서

07 답 ④

카노사의 굴욕 배경

11세기 경 신성 로마 제국 황제 하인리히 4세와 교황 그레고리우스 7세는 서임권을 둘러싸고 대립하였다. 교황은 세속 군주의 성직자 서임을 금지하였으나 하인리히 4세가 이를 무시하였다. 이에 교황은 하인리히 4세를 파문하였다. 결국 황제는 굴복하고 카노사에 있는 교황을 찾아가 용서를 빌고 파문을 면하였다.

▼오답해설

① 비잔티움 제국의 황제는 그리스 정교의 대주교를 황제의 지배 하에 두어 마치 교황과 같이 권한을 행사할 수 있었다. 이를 황제 교황주의라고 한다. ②는 교회의 대분열(1378~1417), ③은 아비뇽 유수(1309~1377), ⑤는 로마 가톨릭과 그리스 정교의 분리(1054)와 관련된 내용이다.

교황권과 왕권의 대립

배경	교황 그레고리우스 7세의 개혁 실시 → 성직 매매와 성직자 결혼을 금지하여 교회 부패 시정 및 세속 군주의 성직자 임명 금지 포고 → 성직자 임명권인 서임권을 두고 신성 로마 제국의 황제 하인리히 4세와 대립
카노사의 굴욕(1077)	신성 로마 제국의 하인리히 4세 파문과 사죄
보름스 협약(1122)	교황이 성직자 서임권 차지
교황권의 전성기	교황 인노켄티우스 3세가 영국의 존 왕을 굴복시킴

08 답 ④

비잔티움 제국의 특징

제시된 자료의 밑줄 친 '제국'은 비잔티움 제국이다. 7세기에는 사산 조 페르시아의 침입을 막았고, 8세기에

는 아바스 왕조의 침입을 막아냈다. 비잔티움 제국은 그리스 문화의 전통 위에 그리스 정교를 결합하여 독자적인 문화권을 성립시켰다. 콘스탄티노플에서는 그리스의 고전을 보존하고 연구하였는데, 이러한 고전 연구의 성과는 서유럽 세계에 전해져 르네상스에 큰 자극제가 되었다.

오답해설

④ 중세 서유럽 사회의 특징이다.

비잔티움 세계의 특징

성립	동·서 로마 분열 이후 비잔티움 제국은 콘스탄티노플을 수도로 약 1,000년간 유지
정치	황제 교황주의(황제가 교회의 우두머리를 겸함)
경제	콘스탄티노플을 중심으로 상공업과 무역 발달
사회	군관구제와 둔전병제 실시 → 국방 강화와 자영농 육성

09 답 ④

중세 유럽 수도원.

제시된 자료는 클뤼니 수도원의 계율이다. 중세 유럽의 수도원은 계율에 따라 엄격한 신앙 생활을 하였고, 그리스·로마의 고전을 필사하여 보존하였으며, 노동을 중시하여 황무지를 개간하고 농업 기술 발전에 기여하였다.

오답해설

ㄱ에서 수도사들은 교황의 절대권을 인정하였고, ㄹ에서 성서는 루터가 독일어로 번역한 이후 각국어로 번역하였다.

교회의 세속화와 수도원 운동

교회의 세속화	대토지 소유, 성직자가 봉건 영주로 권력 행사, 국왕이 봉신인 성직자의 임명권 차지
교회의 타락	성직자의 혼인, 성직 매매
개혁 운동	10세기 초 클뤼니 수도원을 중심으로 시작됨

10 답 ⑤

십자군 전쟁의 영향

지문은 비잔티움 황제의 요청으로 교황 우르바누스 2세가 클레르몽 공의회에서 십자군 원정을 호소하는 연설문이다. 십자군 전쟁의 결과 교황권이 쇠퇴하여 왕권이 강화되고, 봉건 영주들이 몰락하여 봉건제가 흔들렸다. 또한 동방과의 교역이 활발해지면서 화폐 경제가 발달하게 된다.

오답해설

ㄱ. 십자군 전쟁 이후 봉건 영주의 힘이 약화되고 교황권이 쇠퇴하였다. ㄴ. 가격 혁명은 신항로 개척의 결과로 나타난 것이다.

십자군 전쟁의 결과와 영향

종교	전쟁의 실패로 교황과 교회의 권위 실추
정치	봉건 제후와 기사의 몰락 → 왕권 강화, 중앙 집권 강화의 계기
경제	장원의 해체, 지중해를 무대로 동방 무역 발달 → 이탈리아 도시의 번영
문화	이슬람 문화·비잔티움 문화와 접촉 → 유럽인의 시야 확대

11 답 ③

백년 전쟁의 결과

그림의 대화는 백년 전쟁에 대한 것이다. 백년 전쟁과 이어진 장미 전쟁으로 봉건 영주들이 몰락하면서 왕권이 강화되어 중앙 집권 국가들이 출현하였다.

오답해설

①은 9세기 말, ②는 동유럽, ④는 십자군 원정, ⑤는 로마 제국의 상황이다.

백년 전쟁과 장미 전쟁

구분	백년 전쟁(1337~1453)	장미 전쟁(1455~1485)
대립	영국 ↔ 프랑스	랭카스터 가문 ↔ 요크 가문
원인	• 프랑스와 영국의 영토 문제 • 프랑스의 왕위 계승 문제	영국의 왕위 계승 문제
경과	잔 다르크의 활약으로 프랑스가 승리	내란 발생, 귀족 세력의 몰락
결과	통일된 영토로 중앙 집권 국가 성장	튜더 왕조의 성립과 왕권 강화

12 답 ②

르네상스 시기의 새로운 의식

제시된 자료의 첫 번째는 에라스무스의 우신예찬으로 북유럽 르네상스의 특징인 현실 사회와 교회의 비판 의식을 잘 나타내고 있다. 두 번째 자료는 이탈리아 르네상스 시기 마키아벨리의 군주론에 해당된다. ① 북유럽 르네상스의 특징으로 브뤼겔 등이 있다. ③ 교회의 허식과 성직자의 타락을 비판하고 성서의 근본 정신을 회복하고자 하는 종교 개혁은 르네상스 시기와 동시에 진행되었다. ④ 세르반테스의 돈키호테와 같은 작품이 있다. ⑤ 인쇄술의 보급은 근대적 지식 확산에 기여하였으며 르네상스와 종교 개혁을 촉진하였다.

▼오답해설

② 신앙과 이성의 조화는 중세 스콜라 철학의 특징이다.

북유럽의 르네상스

특징	현실 사회와 교회를 비판하는 사회 개혁의 경향이 뚜렷함(종교 개혁에 영향)
인문주의자	에라스뮈스의 「우신예찬」(교회와 성직자의 위선 비판), 토마스 모어의 「유토피아」(부조리한 사회 현실 비판과 이상향을 묘사)
미술	귀족적 · 종교적 소재 탈피(서민과 농민 생활 묘사) → 네덜란드의 반 에이크 형제(유화 개발)
문학	국민 문학 발달(자국 언어로 표현), 세르반테스의 「돈키호테」(중세 봉건 귀족 조롱), 셰익스피어의 「햄릿」 · 「로미오와 줄리엣」

13 답 ②

산업 혁명의 결과

산업 혁명은 공장제 기계 공업에 의한 대량 생산 체제를 발달시켜 농업과 공업 등 산업 전반에 걸쳐 비약적인 생산의 증대를 가져왔지만, 자본주의 모순이 심화됨에 따라 사회주의 사상이 대두하고, 노동조합의 결성이 활발해졌다.

▼오답해설

①은 신항로 개척의 결과로 나타났으며, ③과 ④는 산업 혁명 이전의 사실이다. ⑤는 절대왕정 시기의 경제 정책이다.

산업 혁명의 결과

공장제 기계 공업 발달	기계를 이용한 대량 생산 → 산업 자본주의 발달
사회 문제 발생	도시 문제(인구, 주택), 노동 문제 → 기계 파괴 운동(러다이트 운동)
사회주의 사상의 대두	공상적 사회주의(오언 · 생시몽 · 푸리에) → 과학적 사회주의(마르크스 · 엥겔스, 계급 투쟁 · 공산주의 사회 건설 주장)

14 답 ③

절대주의 시대의 예술

제시된 자료 가운데 (가) 베르사유 궁전은 17세기의 바로크 양식, (나) 상 수시 궁전은 18세기 로코코 양식을 대표하는 건축물이다. 바로크 양식은 웅장하고 장대함을 특징으로 하며, 로코코 양식은 우아하고 섬세함을 특징으로 한다. 18세기에는 프랑스를 중심으로 계몽사상이 발전하였다. 베르사유 궁전은 프랑스 루이 14세, 상 수시 궁전은 프로이센의 프리드리히 대왕 시기에 건축된 것으로 이 시기는 각각 강력한 왕권을 바탕으로 중앙 집권 체제를 구축하고자 하였다.

▼오답해설

③ 절대 왕정 시기에 시민 세력이 성장하여 왕권 강화에 필요한 재정을 지원하였다.

17, 18세기 유럽의 예술과 문학

바로크 양식(17세기)	웅장 · 장대 · 호화로움이 특징, 베르사유 궁전, 음악은 궁정과 결탁(바흐 · 헨델이 절정)
로코코 양식(18세기)	섬세하고 우아함, 상 수시 궁전, 하이든 · 모차르트 · 베토벤에 의해 고전 음악이 확립
문학	절대 왕정기에 각국의 고전 문학 형성(밀턴의 실낙원, 디포의 로빈슨 크루소, 스위프트의 걸리버 여행기 등)

15 답 ④

신항로 개척의 결과

제시된 자료는 유럽인에 의한 신항로 개척을 나타낸 것이다. 신항로의 개척은 동방에 대한 관심과 경제적 욕구, 그리고 항해 활동을 지탱해 줄 수 있는 과학 기술의 발달 등에 힘입어 이루어진 것으로 주로 포르투갈과 에스파냐가 주도하였다. 신항로 개척과 아메리카 대륙의 발견은 유럽인의 활발한 식민 활동을 가져왔으며, 광대한 시장의 개척으로 가격 혁명과 상업 혁명을 초래하였다.

▼오답해설

① 십자군 전쟁과 관련된 설명이다. ② 신항로의 개척은 무역 중심지를 지중해에서 대서양으로 이동시켰으며 대서양 연안의 국가와 도시 발전을 가져왔다. 원거리 무역으로 인한 도시 발달은 십자군 전쟁이 가져온 결과이다. ③ 산업 혁명은 18세기 후반에 나타난 것으로 신항로 개척의 직접적인 결과와는 거리가 멀다. ⑤ 제국주의 경쟁의 격화는 19세기 후반 독점자본주의의 발달과 관련이 있다.

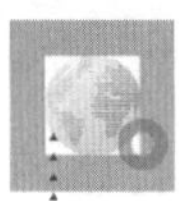

신항로 개척의 결과

식민 활동의 전개	코르테스의 아스텍 문명 정복, 피사로의 잉카 문명 정복 → 문명 파괴, 광산 개발(금 · 은 약탈), 플랜테이션 농장 운영(하시엔다, 원주민 노예화)
유럽 세계의 팽창	식민지 개척 활발 → 아시아 · 아메리카 대륙이 수난을 받음
무역 중심지의 이동	지중해에서 대서양으로 중심지 이동 → 대서양 연안 국가 번영
경제 변화	가격 혁명, 상업 혁명, 시장 확대, 신작물(담배, 감자, 코코아, 옥수수 등) 전래

16 답 ③

나폴레옹의 정복 활동 시기

러시아가 대륙 봉쇄령을 어기고 영국과 교류를 하자, 이를 응징하기 위해 나폴레옹은 러시아의 모스크바까지 진격하였으나 패배하고 이후 몰락하였다. 유럽 각국은 빈 회의를 개최하여 프랑스 혁명 이전의 국제 질서를 회복하고자 하였다.

나폴레옹 시대

특징	혁명의 혼란 종식과 혁명 이념의 유럽 전파
등장	브뤼메르 쿠테타(1799)로 총재 정부를 타도하고, 강력한 중앙 집권제인 통령 정부 수립
활동	제2차 대프랑스 동맹을 붕괴시킴, 국민 교육 제도 도입, 「나폴레옹법전」 편찬

17 답 ⑤

미국 남북 전쟁

자료는 링컨의 노예 해방 선언(1863)이다. 산업 혁명이 진행되는 과정에서 남부와 북부의 대립이 심해졌다. 남북의 대립은 노예 문제로 격화되어 1861년 남북 전쟁으로 이어졌다.

오답해설

ㄱ은 미국 독립 혁명(1776)과 관련된 사실이며, ㄴ의 먼로 선언(1823)은 아메리카 대륙에 대한 유럽의 간섭을 배격하는 내용을 담고 있다.

미국의 남북 전쟁

배경	북부(상공업 중심, 노예제 폐지, 보호 무역, 연방주의)와 남부(대농장 중심, 노예제 존속, 자유 무역, 분리주의)의 대립 심화
경과	링컨의 대통령 당선 → 남부의 연방 탈퇴 → 전쟁 발발 → 노예 해방령 발표(1863) → 북부의 승리
결과	국가적 단합, 자본주의와 민주주의의 발전, 대륙 횡단 철도 부설, 산업 혁명의 진전

18 답 ②

제1차 세계 대전의 영향과 결과

제1차 세계 대전은 제국주의 열강의 식민지 쟁탈전이 빚은 것이다. 제1 차 세계 대전은 영국의 3C 정책과 독일의 3B 정책의 충돌, 러시아를 중심으로 한 범슬라브주의와 독일 · 오스트리아를 중심으로 한 범게르만주의의 충돌로 발생하였다. 1차 세계 대전으로 인해 독일, 오스트리아-헝가리, 오스트리아, 오스만 투르크제정은 붕괴되었다. 한편 제1차 세계 대전 이후 민주주의가 발전하고 특히 남녀 평등의 보통 선거가 실시되어 참정권이 확대되었다.

오답해설

ㄴ과 ㄹ은 제2차 세계 대전의 발발 원인에 해당되는 것이다.

베르사유 체제

파리 강화 회의	전승국 대표만 참석, 윌슨이 14개조 원칙 제시 → 전승국의 이해와 패전국에 대한 응징이 강하게 작용
베르사유 조약	전승국과 독일 간 체결 → 독일의 모든 식민지 상실, 알자스-로렌을 프랑스에 양도, 군비 축소, 배상금 지불 → 베르사유 체제 성립

19 답 ①

마셜 계획의 영향

제시된 자료는 제2차 세계 대전 이후 미국의 마셜 계획을 보여주고 있다. 이를 통해 미국은 유럽 경제 재건에 자본을 지원하여 공산주의 세력의 확대를 막으려고 하였다. 이후 미국 중심의 자본주의 진영과 소련 중심의 공산주의 진영 간의 긴장과 대립이 심화되면서 냉전 체제가 형성되었다.

냉전 체제의 성립

개념	미국 중심의 자본주의 진영과 소련 중심의 공산주의 진영 간의 대립
과정	트루먼 독트린(1947) 대 소련의 동유럽 공산화, 마셜 계획 대 코민포름과 코메콘, 북대서양 조약 기구(NATO, 1949) 대 바르샤바 조약 기구(WTO, 1955)
주요 분쟁	베를린 봉쇄(1948~1949), 6 · 25 전쟁(1950~1953), 쿠바 위기(1962)

20 답 ①

춘추전국시대의 사회모습

전국시대에는 철제 농기구가 사용되면서 농업생산력이 크게 증가하고 상업이 발달하여 사유재산 제도에 커다란 진전이 있었다.

▼오답해설

③은 한나라 때의 사실이다.

춘추 전국 시대의 변화

정치	봉건제 붕괴, 군현제 등장 → 중앙 집권 국가(영토 국가)로 발전
경제	• **농업** : 철제 농기구의 사용과 우경의 시작으로 생산력 증대, 토지의 사유화가 진전됨 • **상공업** : 수공업 생산 활발, 소금 · 철 등을 매매하는 상업 발달, 화폐 경제의 발달(도전, 포전 등 청동 화폐 사용)
사회	생활권이 확대됨(양쯔 강, 랴오허 강 유역), 신분제가 동요함(개인의 능력 존중)

21 답 ④

제자백가의 내용 이해

맹자는 성선설과 덕치주의, 묵자는 차별 없는 사랑(겸애)을 주장하였다.

▼오답해설

ㄱ. 엄격한 법치주의는 상앙과 한비자, ㄷ. 무위자연은 도가의 주장이다.

제자백가

유가	• **공자** : 인과 예를 중심으로 한 덕치주의 강조 • **맹자** : 성선설, 왕도 정치 강조 • **순자** : 성악설, 예와 교육 강조, 법가 사상에 영향을 줌
도가	노자 · 장자, 인위적 도덕이나 제도 부정(무위자연) → 중국인의 자연관과 회화 및 종교에 영향을 줌
묵가	묵자, 차별 없는 사랑(겸애설) · 평화를 주장, 지배층의 위선 · 사치 · 낭비를 비판
법가	상앙 · 한비자, 법과 처벌에 의한 사회 질서 유지 강조, 진의 전국 시대 통일을 사상적으로 뒷받침함
기타	병가, 명가(논리학), 종횡가, 음양가 등

22 답 ⑤

남북조 시대

(가)는 북방 유목 민족이 화북 지역을 차지했던 북조, (나)는 한족이 강남으로 이주하여 성립된 남조이다. (가) 시대에는 강건하고 소박한 북방 민족 문화와 한족의 문화가 융합되어 호한(胡漢)체제가 등장하였다. 또한 윈강 · 룽먼 석굴 사원이 축조되고, 도교 교단이 정비되었다. (나) 시대에는 우아한 문벌 귀족의 문화가 발전하였고, 노장 사상이나 청담 사상이 유행하였으며 양쯔강 유역을 중심으로 벼농사가 널리 보급되었다.

▼오답해설

⑤의 과거제는 수의 선거제로부터 시작되었고 남북조 시대에는 구품 중정제가 시행되었다.

위 · 진 · 남북조 시대의 문화

특징	정치적 혼란 → 불교, 도교 등의 종교가 유행
귀족 문화 발달	글씨(왕희지), 그림(고개지), 4 · 6 변려체(도연명의 「귀거래사」 등)
도교 성립	민간 신앙과 도가 사상의 융합
노장 사상의 유행	현학의 발달, 현실 도피적 청담 사상 유행(죽림 칠현)
불교	인도 승려 구마라습의 입국, 중국 법현의 인도 유학, 윈강 · 룽먼 등의 석굴 사원 조성(간다라 미술의 영향)

23 답 ③

한 무제의 균수법과 평준법 실시 배경

제시된 글은 전한 시기의 관리인 상홍양이 균수법과 평준법의 실시를 건의한 상소로, 이를 수용한 황제는 무제이다. 무제는 군현제를 전국적으로 실시하였고, 고조선과 남월을 공격하여 멸망시켰다. 또한 흉노를 공격하기에 앞서 대월지와 동맹을 맺기 위해 장건을 서역에 파견하였다.

▼오답해설

ㄱ은 후한 말의 상황, ㄹ은 신(新)나라 왕망의 정책이다.

한의 성립과 변천

건국 (기원전 202)	고조(유방), 장안에 도읍, 군국제 실시(봉건제와 군현제 절충)
무제의 정치	군현제 실시, 소금 · 철의 전매제 · 균수법 · 평준법 등 통제 경제 정책 실시, 유교를 국교화 함(동중서의 건의), 비단길 개척(장건 파견)

24 답 ⑤

당 문화의 특징 및 유물

제시문은 당 문화의 특징 중 국제성과 관련된 설명이다. ⑤는 당나라의 자기인 당삼채이다. 당삼채는 백색, 갈색, 녹색의 유약을 사용하여 화려하게 만든 도기로, 주로 낙타를 탄 서역인 등을 묘사하여 이국적인 특색이 나타난다.

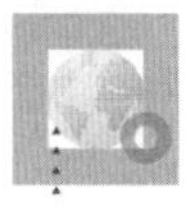

오답해설

①은 진시왕릉의 병마용, ②는 하 왕조의 세 발 청동솥, ③은 위·진·남북조 시대의 여사잠도, ④는 위·진·남북조 시대의 윈강 석굴이다.

당의 문화

특징	귀족적 · 국제적 성격
유학	공영달의 "오경정의" 편찬(훈고학 집대성)
종교	• **불교 발달** : 현장, 의정 등이 인도 순례, 현장은 「대당서역기」 저술 • **도교 발달** : 황실의 보호로 도교 사원인 도관 건립 • **외래 종교** : 조로아스터 교(배화교), 마니 교, 네스토리우스 교(경교), 이슬람교 등 전래
문예	시(이백, 두보 등) 발달, 당삼채(서역의 영향을 받은 도자기)
동아시아 문화권 성립	당 문화의 주변 전파 → 중국, 우리나라, 일본, 베트남을 포함하는 동아시아 문화권 형성(공통 요소 : 유교, 불교, 한자, 율령 체제 등)

25 답 ②

송대 문화의 특징

(가)는 송 왕조이다. 송을 세운 조광윤은 절도사 세력을 억제하고 과거제를 개혁하여 황제의 독재권을 강화하였다. 송대에는 상공업 발전을 배경으로 서민 문화가 발달하였다.

오답해설

① 명, ③ 북위, ④ 당, ⑤ 청대의 문화를 설명하고 있다.

송대의 문화

특징	서민적, 국수적 성격
성리학	• 주희가 집대성, 우주의 원리와 인간의 본성 탐구 • 군신 간의 의리와 대의명분 강조 → 황제 독재 체제 합리화
역사학	사마광의 「자치통감」→ 편년체 역사서, 대의명분과 정통 의식 강조
회화	북종화(원체화), 남종화(문인화)
문학	사(詞), 잡극 등 서민 문화 발달
과학 기술	활판 인쇄술, 나침반, 화약 → 이슬람을 통해 서양 전파

26 답 ④

정복 왕조의 중국 지배 정책

제시문은 정복 왕조와 관련된 것으로, 밑줄 친 주장은 고유 문자 유지를 위한 독자적인 문자 제정, 맹안 모극제와 같은 이중 체제로 실천되었다.

오답해설

ㄱ. 중국에 동화되려는 정책이다. ㄷ. 지주 전호제는 중국의 제도였다.

정복 왕조의 성립

특징	고유 문화 보존과 한족화 방지를 위해 노력을 기울임 → 이원적 지배 체제 → 고유 문자 사용
거란의 요	발해 멸망, 화북 침입, 연운 16주 차지, 북면관 · 남면관제 실시, 거란 문자 사용
탕구트 족의 서하	동서 무역로 장악, 중계 무역으로 번성, 서하 문자 사용
여진의 금	북송과 동맹하여 요 멸망 → 정강의 변으로 북송 멸망, 화북 지배, 맹안 · 모극제 실시, 여진 문자 사용

27 답 ④

청 왕조의 대외 활동

청 왕조는 정성공의 반란을 진압하는 과정에서 타이완을 점령하고, 칭하이, 티베트, 신장까지 영토를 확장하였다. 시베리아로 세력을 확장하던 러시아와 충돌하자 청과 러시아는 네르친스크 조약을 체결하였다.

오답해설

①은 후한, ②는 당, ③은 명, ⑤는 원대의 사실이다.

청의 건국과 발전

누르하치	만주에서 여진족(후의 만주족)을 통합하여 후금 건국(1616), 팔기군 조직
홍타이지	내몽골 정복, 국호를 청으로 개칭, 조선 침략(정묘호란, 병자호란)
순치제	베이징을 함락하여 천도
강희제	삼번의 난 진압, 타이완의 반청 세력 제압, 러시아와 네르친스크 조약 체결
옹정제	군기처 설치(황제 독재권 강화), 러시아와 캬흐타 조약 체결, 지정은제 실시
건륭제	베트남 · 타이 · 미얀마를 속국으로 삼음, 영국(매카트니 사절단)의 교류 요청 거절

28 답 ①

정화의 원정 결과

영락제의 명으로 정화는 남해 원정을 단행하였다. 그 결과 명을 중심으로 한 조공 질서가 확대되었다.

오답해설

②, ③ 원, ④, ⑤ 청에 해당한다.

명의 건국과 발전

건국 (1368)	농민 출신 주원장이 반원 세력을 규합하여 금릉(난징)에서 건국
홍무제	• **황제권 강화** : 재상제 폐지, 행정 · 군사 · 감찰의 모든 권한 장악 • **향촌 통제** : 이갑제, 조세 · 요역의 부과 기준 마련(어린도책과 부역황책 작성) • **한족의 전통 부흥** : 과거제 부활, 육유 제정, 법전 편찬(대명률, 대명령)
영락제	• 정난의 변으로 즉위, 내각대학사 설치(황제의 자문 기구로 황제 친정 체제 강화), 베이징 천도 • 몽골 정벌, 베트남 진출 → 조공 체제 확립 • 정화의 남해 원정 → 동남아시아에 화교 진출 계기

29 답 ⑤

명 말의 조세 제도

자료의 인물은 이탈리아 출신 선교사, 이마두, 곤여만국전도 등을 통해 마테오 리치임을 알 수 있다. 마테오 리치는 예수회 소속 선교사로, 예수회는 종교 개혁 이후 로마 가톨릭의 개혁 추진 과정에서 설립되었다. 로욜라가 조직하였으며 아프리카 · 아시아 · 아메리카 대륙에서 포교 활동을 전개하였다. 밑줄 친 명 말에 해당된다. 명대에는 차, 비단, 도자기 등의 수출로 막대한 양의 은이 유입되어 16세기에는 일조편법이 시행되었다. 일조편법은 잡다한 세금을 지세와 정세로 통합하여 은으로 징수한 것이다.

오답해설

① 한, ② 당, ③ 송, ④ 수에 해당된다.

명 · 청대의 조세 제도

특징	은본위 화폐 제도의 확립
명	일조편법(잡다한 세금을 토지세와 인정세로 통합)
청	지정은제 (정세를 토지세에 합치고 폐지함)

30 답 ③

중국 근대화 과정의 특징

ㄴ. 삼민주의는 신해혁명의 핵심 인물인 쑨 원이 주장하였다. ㄷ. 향용은 태평천국 운동을 진압하기 위해 신사 층이 조직한 민병대이다.

오답해설

ㄱ. 중체서용은 양무 운동의 기본 정신이다. ㄹ. 무술정변으로 변법자강 운동이 좌절되었다.

태평 천국 운동(1851~1864)

배경	아편 전쟁 후 청 왕조의 권위 추락, 배상금 지불로 인한 농민 조세 부담 증가 → 반청 감정이 고조됨
과정	홍수전이 상제회 조직(대동 사상, 멸만흥한) → 태평 천국 건설(난징)
결과	신사층(향용)과 외국 용병(상승군)의 진압, 내부 분열로 실패
개혁 정책	천조 전무 제도(토지 균분), 남녀 평등, 봉건적 악습 폐지(노비 매매, 축첩, 전족, 변발 등 금지)
의의	반봉건적 사회 개혁 운동, 반제국주의적 민족 운동 → 양무 운동의 계기 마련

31 답 ①

중국 문화 대혁명의 배경.

마오쩌둥은 대약진 운동의 실패 이후 입지가 약화되자 홍위병을 동원하여 사회주의 문화 대혁명(1966~1976)을 전개하여 반대파를 제거하였다.

오답해설

② 제1차 국 · 공 합작 이후이다. ③ 1919년에 일어난 5 · 4 운동이다. ④ 1910년대에 전개된 신문화 운동이다. ⑤ 1989년에 있었던 사건이다.

문화 대혁명(1966~1976)

배경	마오쩌둥 퇴진 후 실용주의 세력(류 사오치, 덩샤오핑 등)의 대두 → 자본주의적 요소 도입
내용	마오쩌둥과 장 칭이 주도, 홍위병 조직, 자본주의적 요소 일소, 중국 전통 문화 배격으로 철저한 사회주의 국가 건설
영향	실용주의 세력 몰락, 중국 전통 문화 유산 파괴, 사회 혼란 극심

32 답 ①

아편 전쟁의 결과

제시문은 중국과의 전쟁을 찬성하는 영국의 입장이다. 이로 인해 아편 전쟁이 일어났으며 그 결과 난징 조약이 체결되어 청의 공행 무역 체제가 붕괴되고 영국은 홍콩을 할양받았다.

▼오답해설

ㄷ은 의화단 운동 후에 체결된 신축 조약의 내용이다. ㄹ은 신해 혁명 후 나타난 사실이다.

제1·2차 아편 전쟁

구분	제1차 아편 전쟁	제2차 아편 전쟁
원인	임칙서의 아편 무역 단속	애로호 사건, 선교사 피살 사건
경과	영국이 청에 함대 파견	영·프 연합군이 청 공격
결과	난징 조약 체결(공행 폐지, 5개 항구 개항, 홍콩 할양)	톈진·베이징 조약 체결(10개 항구 추가 개항, 크리스트교 포교 자유, 러시아에 연해주 할양)

33 답 ②

일본의 헤이안 시대

가나 문자는 일본의 헤이안 시대에 만들어졌다. 헤이안 시대에는 당 제국이 붕괴하자 견당사를 폐지하여 중국 문화의 영향이 감소하였다. 이후 일본은 고유의 문화가 발달하기 시작하였는데, 이를 국풍 문화라고 한다.

▼오답해설

①은 나라 시대, ③은 막부 시대, ④와 ⑤는 6세기 중엽의 야마토 정권에 해당된다.

일본 고대 사회의 발전

야마토 정권	4세기경 등장, 6세기 말부터 쇼토쿠 태자 섭정, 아스카 문화 발달
다이카 개신(645)	당의 율령 체제 모방, 국왕 중심의 중앙 집권 체제 지향
나라 시대	8세기 초 나라로 천도, 헤이조쿄 건립, 견당사·견신라사 파견, 「일본서기」·「고사기」·「만엽집」 등 편찬
헤이안 시대	8세기 말 헤이안 천도, 9세기 말 견당사 폐지, 국풍 문화 발달(일본 고유 문화 강조), 가나 문자 형성, 무사 계급 성장(지배층으로 등장)

34 답 ④

동남아시아 민족 운동

(가)는 미국과 에스파냐의 전쟁, 에스파냐가 미국에 지배권 이양, 미국에 맞서 투쟁 등을 통해 필리핀임을 알 수 있으며, (나)는 네덜란드의 커피, 사탕수수 등 상품 작물 재배 강요, 강제 경작 제도, 자와의 일부 농민 봉기 등을 통해 인도네시아 지역임을 알 수 있다. 인도네시아에서는 지식인과 이슬람교도 상인들이 민족 운동 단체인 이슬람교도 동맹을 결성하고 이슬람 사회의 수호와 민족 산업의 육성을 통한 독립을 시도하였다.

▼오답해설

① 인도네시아의 카르티니는 인도네시아의 여성 교육에 헌신하였다. ② 인도의 힌두교 지도자들은 영국의 식민 지배에 저항하여 브라모(브라흐마) 사마지 운동을 전개하여 인도의 종교적·사회적 개혁을 추진하였다. ③ 필리핀의 호세 리살은 에스파냐 인들과의 동등한 대우를 요구하며 필리핀 민족 동맹을 조직하였다. ⑤ 베트남의 전통적인 지식인들은 1885년부터 황제의 호소에 응하여 프랑스의 지배에서 벗어나기 위한 반프랑스 투쟁, 즉 근왕 운동을 벌였다.

동남아시아의 민족 운동

베트남	• **근왕 운동(1885)** : 전통 유교 중심의 반프랑스 투쟁 전개 • **근대화 운동** : 판 보이쩌우(베트남 유신회 조직, 동유 운동 전개), 판 추친(통킹 의숙 설립) 등 노력
미얀마	불교 지도자 중심의 반영 운동과 근대화 운동 전개
인도네시아	이슬람 동맹 중심의 민족 운동 전개
필리핀	에스파냐의 식민 지배에 저항(호세 리살, 필리핀 연맹)

35 답 ⑤

굽타 왕조의 문화

굽타 왕조에서는 힌두 교가 민족 종교로 발전하였고, 문학에서는 「사쿤달라」, 「마하바라타」, 「라마야나」 등의 산스크리트 문학이 발달하였고, 미술에서는 간다라 미술과 인도 고유의 특색이 융합한 굽타 양식이 발전하여 인도의 고전 문화가 완성된 시기였다.

▼오답해설

ㄱ은 8세기 이후 상황이며, ㄴ은 쿠샨 왕조 때의 설명이다.

인도 고전 문화의 발달

특징	힌두 교가 민족 종교로 발달, 산스크리트 문학(민족적 색채가 강한 굽타 문학), 굽타 양식(간다라 미술+인도 고유 특색) 등 성장
힌두 교	브라만 교를 중심으로 불교와 인도 민간 신앙 융합, 「마누법전」 편찬, 카스트에 따른 의무 수행 중시

36 답 ①

이집트 문명과 메소포타미아 문명 비교

(가)는 이집트 문명, (나)는 메소포타미아 문명이다. 이집트의 왕 '파라오'는 태양신 '라'의 아들이며, 스핑크스가 지키는 피라미드는 파라오의 미라를 간직한 무덤이다.

▼오답해설

②, ③ 인도 문명, ④ 이집트 문명, ⑤ 메소포타미아 문명이다.

세계 4대 문명

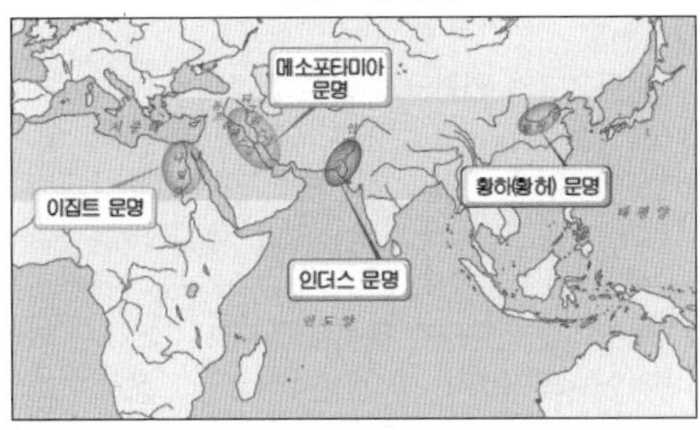

37 답 ③

무굴 제국의 특징 파악

제시된 자료의 내용에서 바부르에 의한 건국, 아우랑제브 황제, 그리고 지도의 영역 등으로 보아 무굴 제국임을 알 수 있다. 무굴 제국은 이슬람 · 힌두 문화가 융합된 문화적 특징을 지니고 있다. 이 시기에 등장한 시크교는 유일신 신앙으로 인간 평등을 주장하고 우상 숭배를 반대하였다. 특히 타지마할 묘당은 인도와 페르시아 미술의 특징이 반영된 것으로 돔 양식과 뾰족탑, 투각, 격자 세공 등을 특징으로 하고 있다.

▼오답해설

ㄱ. 산스크리트 문학은 굽타 문화에 해당된다. ㄹ. 불상 제작과 간다라 미술의 발달은 쿠샨 왕조 시기에 해당된다.

무굴 제국의 문화

특징	이슬람 문화와 힌두 문화의 융합
시크교	나나크가 힌두교와 이슬람교를 융합하여 개창함
우르두 어	힌두 어, 터키 어, 페르시아 어, 아랍 어가 융합됨
타지마할	이슬람 건축 양식에 인도 무늬 등이 가미됨
회화	무굴 회화 발달(페르시아 세밀화+인도 양식)

38 답 ④

인도의 식민지화와 민족 운동

① 플라시 전투(1757)는 인도 지배를 둘러싸고 프랑스와 영국이 충돌한 것이다. 영국이 승리하여 벵골 지방의 지배권을 차지하였다. ② 세포이 항쟁(1857~1859)은 동인도 회사의 인도인 용병들이 영국의 인종 차별과 식민지 정책에 반발하여 일어난 봉기이다. ③ 세포이 항쟁 이후 영국은 무굴 제국을 멸망시키고 영국령 인도 제국을 성립(1877)시켰다. ⑤ 벵골 분할령(1905)은 벵골 지방을 힌두 교도 지역과 이슬람 교도 지역으로 분할한다는 영국 총독의 명령으로 인도인의 종교 갈등을 유발시켜 반영 운동을 완화시키려는 목적이 있었다.

▼오답해설

④ 인도 국민회의(1885)는 초기에는 점진적이고 합법적인 개혁 실현에 노력하였다. 그러나 영국의 벵골 분할령(1905)을 계기로 강력한 반영 운동을 전개하게 되었는데이 과정에서 스와라자·스와데시, 보이코트, 국민 교육 운동 등을 전개하였다.

영국의 인도 지배

배경	무굴 제국의 쇠퇴, 동인도 회사의 진출(인도 무역 독점)
플라시 전투(1757)	프랑스를 물리치고 인도 독점 지배권 확보
세포이 항쟁(1857~1859)	동인도 회사 용병(세포이)의 봉기, 델리 점령 → 영국군의 진압 → 무굴 제국 황제 폐위, 동인도 회사 해산 → 영국령 인도 제국이 수립됨(1877)

39 답 ③

동남 아시아 사회의 발전 과정

제시된 연표에서 수코타이 왕조 → 아유타야 왕조 → 짜끄리 왕조의 발전 과정을 보인 것은 타이에 해당된다. 타이는 소승 불교를 수용하였고 타이 문자를 제정하였다. 차크리 왕조(방콕 왕조)는 오늘날의 타이 왕조로 1782년 차오프라야 차크리가 미얀마 군을 격퇴하고 방콕에 도읍하여 세운 왕조이다.

▼오답해설

① 인도네시아 지역과 관련된 설명이다. ② 베트남 지역과 관련된 설명이다. ④ 말레이시아 지역의 말라카 왕조에 해당되는 설명이다. ⑤ 마니 교의 성립은 사산 왕조 페르시아에 해당되는 것이다.

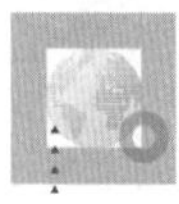

미얀마와 타이

구분	미얀마	타이
배경	중국의 남부 지방에서 수세기에 걸쳐 남하	중국의 남부 지방에서 수세기에 걸쳐 남하함
변천	파간 왕조(11세기경 통일 왕조) → 13세기 말 몽골의 침입으로 멸망 → 퉁구 왕조(16세기경 대통일)	수코타이 왕조(13세기) → 아유타야 왕조(14세기 중엽) → 18세기 중엽 미얀마의 침입으로 멸망 → 짜끄리(방콕) 왕조(18세기 말)
문화	상좌 불교의 수용과 전파, 미얀마 문자 제정, 13세기 이후 이슬람 교가 전파됨	상좌 불교 신봉, 타이 문자 제정

40 답 ④

고대 서아시아 세계

(가)는 아시리아 (나)는 아케메네스 조 페르시아이다. 아시리아는 오리엔트를 최초로 통일하였고, 아케메네스 조 페르시아가 재통일하여 대제국을 건설하였다.

오답해설

①은 아케메네스 조 페르시아, ②는 주, ③은 페니키아, ⑤의 (가)는 사산 조 페르시아, (나)는 헤브라이이다.

고대 서아시아 세계

아시리아	최초로 서아시아 통일(기원전 7세기), 가혹한 통치로 멸망
아케메네스 왕조 페르시아	오리엔트 세계 재통일, 이민족에 대한 관대한 정치, 중앙 집권적 통치(도로와 역전제 정비, 감찰관 파견), 조로아스터 교 성립(크리스트 교와 이슬람 교에 영향), 알렉산드로스에 의해 멸망
파르티아	알렉산드로스 제국 붕괴 이후 이란 계 유목민이 건국, 중계 무역으로 발전
사산 왕조 페르시아	이란 계 민족이 건국(226), 조로아스터 교 국교화, 마니 교 성립, 이슬람 세력에 의해 멸망(651)

41 답 ③

이집트의 근대화 운동

'이 나라'는 이집트이다. 오스만 제국의 지배를 받던 이집트는 나폴레옹의 이집트 원정 이후 이집트 총독 무함마드 알리가 오스만 제국으로부터 독립적인 지위를 얻어 냈다. 무함마드 알리는 프랑스의 도움을 받아 근대적인 육군과 해군을 창설하고, 유럽식 행정 기구와 교육 제도를 도입하는 등 적극적인 근대화 정책을 추진하였다.

오답해설

ㄱ. 이집트는 영국이 사실상 식민지화하였고, ㄹ. 아랍 서아시아에서 전개된 와하브(와하비) 운동이다.

이집트의 성장

무함마드 알리	오스만 제국에서 독립적 지위 획득
영국 등의 내정 간섭	영국의 수에즈 운하 개설 차관 제공 → 차관을 빌미로 내정 간섭 시작
아라비 파샤	'이집트인을 위한 이집트 건설' 주장

42 답 ③

몽골 · 고려 연합군의 일본 침공

자료는 몽골 · 고려 연합군의 1차 침공 당시의 상황을 보여 준다. 몽골 · 고려 연합군의 일본 침공은 1274, 1281년에 두 차례 진행되었다. 쿠빌라이는 일본에 사신을 보내 조공을 요구하였으나 거절 당하자, 몽골과 고려의 연합군으로 편성된 대규모 군대를 일본에 파견하였으나 갑자기 불어닥친 폭풍우에 몽골 · 고려 연합군이 큰 피해를 입고 철수하면서 일본은 위기를 모면하였다.

오답해설

③ 쿠빌라이(세조)가 대칸으로 즉위한 뒤 국호를 원이라 정하고(1271), 이듬해 수도를 대도(베이징)로 정하였다.

몽골 제국의 대외 팽창과 동아시아 각국의 대응

고려	• 13세기 초 고려와 접촉한 몽골의 무리한 조공 요구 → 몽골 사신 피살 사건을 빌미로 고려 침입 → 고려의 강화도 천도 · 장기전 대비, 고려 백성의 저항 → 최씨 무신 정권 붕괴 후 몽골과 강화, 개경으로 환도(1270), 삼별초의 항쟁 • 고려는 몽골의 부마국이 됨, 다루가치 파견 등 고려 내정에 간섭 → 민족 의식 강화, "삼국유사" · "제왕운기" 등 편찬
대월	몽골이 세 차례에 걸쳐 쩐 왕조 공격, 수도인 탕롱(하노이) 함락 등 위기를 맞음 → 쩐흥다오의 활약으로 몽골군 격퇴, 민족적 자부심 상승, 항전 과정에서 "대월사기" 편찬
일본	몽골 · 고려 연합군이 두 차례 침공 → 가마쿠라 막부의 저항, 태풍 피해 등으로 침공 실패 → 일본에서 신국 의식 확산

43 답 ④

베트남의 민족 운동 파악

제시된 자료의 베트남 유신회, 베트남 광복회 조직과 관련된 인물은 판보이쩌우이다. 판보이쩌우는 특히 일본이 베트남의 독립 운동을 지원할 것이라고 기대하여 일본 유학을 장려한 동유 운동을 전개하였다.

오답해설

① 사실과 거리가 멀다. ② 인도의 민족 운동에 해당된다. ③ 판보이쩌우 사후에 해당된다. ⑤ 인도네시아에 해당되는 내용이다.

베트남의 민족 운동

근왕 운동	유학자들이 중심이 되어 프랑스에 대한 무력 투쟁 전개
판보이쩌우	베트남 유신회 조직, 동유 운동 전개, 베트남 광복회 조직
판쩌우찐	통킹 의숙 건립에 참여, 문맹 퇴치와 새로운 사상 보급에 노력

44 답 ②

동 · 서 교역을 통해 전파된 문화

지문은 수잔 휫필드가 쓴 『실크로드 이야기』라는 책에 수록된 사막길(비단길)에 대한 내용이다. 탈라스 전투 이후 이슬람 상인들이 사막길을 통한 동서 교역의 이익을 독점함으로써 이슬람 제국의 경제적 토대를 마련하였다.

오답해설

①, ⑤는 바닷길, ③, ④는 초원길에 관한 설명이다.

사막길(비단길)

개척	한 무제 때 장건의 원정으로 개척됨
이용	탈라스 전투(751) 이전까지는 중국이 동서 교류의 주도권 행사
교류	중국의 비단과 제지술의 전래, 로마의 유리 제조 기술, 인도의 불교와 간다라 미술의 전래, 법현과 현장 등 구법승의 행로, 마르코 폴로의 중국 방문

45 답 ④

시민 혁명의 전개와 성격

제시된 자료는 각각 영국 명예 혁명 시기의 권리 장전, 미국 독립 혁명 시기의 독립 선언서, 프랑스 시민 혁명 시기의 인권 선언에 해당되는 내용이다. 따라서 이들 시민 혁명은 상공 시민 세력들이 중심이 되어 절대 왕정과 봉건 귀족 세력들을 타동하고 시민 계급의 이익에 맞는 새로운 정치 질서를 수립한 것을 의미한다.

오답해설

④ 11월 혁명과 소비에트 정권의 수립은 유산 시민 계급에 의한 혁명이 아니라 프롤레타리아 혁명에 해당된다.

영국 혁명

구분	청교도 혁명(1648)	명예 혁명(1688)
배경	스튜어트 왕조의 전제 정치	제임스 2세 전제 정치, 가톨릭 부흥
전개	권리 청원 제출 → 찰스 1세 의회 해산 → 크롬웰의 의회군 승리 → 공화정 수립	새로운 왕 추대 → '권리 장전' 승인
의의	크롬웰의 공화정(독재) → 사후 왕정 복고	최초의 의회 중심, 입헌 군주국 수립

46 답 ①

메이지 정부

제시된 자료에서 봉건 제도를 폐지한 칙령, 천황 중심의 중앙 집권 체제 등을 통해 밑줄 친 '신정부'가 메이지 정부임을 알 수 있다. 메이지 유신으로 등장한 메이지 정부는 부국강병과 식산흥업을 목표로 근대 국가를 모델로 삼는 문명 개화 정책을 추진하였다 이에 중앙 집권 체제를 수립하면서, 신분제를 개혁하여 사민평등을 실현하고 국민개병제를 통한 징병을 실시하였다.

오답해설

ㄷ. 에도 막부는 미국인 페리 제독의 무력 시위에 굴복하여 불평등 조약인 미 · 일 화친 조약과 미 · 일 수호 통상 조약을 체결하여 문호를 개방하였다. ㄹ. 에도 막부의 굴욕적인 문호 개방에 반발하여 존왕양이 운동이 일어나 막부를 타도하고 천황 중심의 새로운 정권, 즉 메이지 정부를 수립하였다.

메이지 정부의 개혁

정치	중앙 집권 체제 확립(폐번치현), 입헌 군주제 수립
경제	토지 수조권의 중앙 정부 귀속, 자본주의 체제 도입, 근대적 공장의 설립, 은행 제도 실시 등
사회	신분제 폐지(사민평등 선언), 의무 교육 실시, 해외 유학생 파견
군사	징병제 실시(근대적 군대 육성)

47 답 ③

이슬람 제국의 발전 과정 이해하기

수니파와 시아파의 갈등은 마호메트의 사후 칼리프 선출을 둘러싼 내분이 일어나 제4대 칼리프인 시아 알리가 살해되고 옴미아드 가문에서 칼리프의 직위를 세습하게 되자 이를 계기로 촉발되었다. 옴미아드 왕조를 정통으로 여기는 세력은 수니파이고, 시해된 시아 알리를 정통으로 생각하는 세력은 시아파이다.

이슬람 제국의 발전

정통 칼리프 시대	시리아, 이집트 정복, 중앙아시아 진출 → 피정복민에게 인두세 부과
세습 칼리프 시대	옴미아드 왕조 등장(세 대륙에 걸친 대제국 건설, 수니파 · 시아파 분리)
제국의 분열	아바스 왕조(바그다드 도읍, 탈라스 전투 승리, 비아랍 인에 관대), 후옴미아드 왕조(코르도바 도읍, 유럽에 이슬람 문화 전파)

48 답 ③

동아시아의 영토 분쟁

시사 군도(C)는 베트남과 중국의 무력 충돌 이후, 중국이 실효 지배하고 있다.

오답해설

① 쿠릴 열도(A)는 일본과 러시아의 분쟁 지역이다. ② B는 중국은 '댜오위다오', 일본은 '센카쿠'로 부르는 지역이다. ④ 난사 군도(D)는 중국, 타이완베트남, 말레이시아, 필리핀, 브루나이 등 총 6개국이 영유권을 주장하고 있다. ⑤ B~D 지역은 동중국 해와 남중국 해에 위치한 지역으로 석유와 천연가스가 매장되어 있다고 알려지면서 복잡한 분쟁이 발생하고 있다.

동아시아 해양 영토 분쟁 지역

쿠릴 열도	러시아, 일본 → 러시아가 실효 지배 중
시사 군도	중국, 베트남 → 중국이 실효 지배 중
중사 군도	중국, 타이완, 필리핀
난사 군도	중국, 타이완, 베트남, 말레이시아, 필리핀, 브루나이

49 답 ⑤

노르만 족의 이동과 활동

제시된 지도는 노르만 족의 이동과 활동에 관한 것이다. 노르만 족은 바이킹으로도 불렸으며, 9세기 말부터 유럽 여러 해안과 내륙으로 진출하여 노르망디 공국(프랑스), 노르만 왕조(영국), 노브고로트 공국과 키예프 공국(러시아), 시칠리아 왕국(이탈리아) 등을 건설하였다.

오답해설

① 에게 문명은 도리아 인에 의해 멸망하였다. ② 이슬람 세력에 대한 설명이다. ③ 로마와 관련된 설명이다. ④ 알렉산드로스 제국과 관련된 설명이다.

노르만족의 이동

배경	프랑크 왕국의 분열과 혼란
경과	9세기 말 유럽의 해안 지방은 물론 내륙 지방까지 정복 활동
결과	노르만 왕조(영국)를 비롯하여 유럽 각지에 노르민계 국가 건설, 봉건 사회의 성립 촉진

50 답 ①

유럽 분쟁 지역과 분쟁 성격 이해

A는 북아일랜드로 영국에서 이주한 개신교도와 원주민인 가톨릭 교 주민 간의 갈등이 있는 지역이다. B는 벨기에로 네덜란드 계와 프랑스 계 주민으로 구성되어 있는데 북부의 네덜란드 어 주민과 남부의 프랑스 어 주민 사이에서 최근 갈등이 심화되고 있다.

오답해설

ㄷ. C는 이탈리아 북부 지역으로 부유한 북부 지역 주민과 낙후된 남부 지역 주민 간에 갈등이 있으며, 북부 지방 사람들의 분리 독립 움직임도 강하다. ㄹ. D는 발칸 반도 중부에 위치한 보스니아헤르체고비나로 종교적 갈등으로 인해 1990년대 분쟁이 있었다.

세계 종교 갈등 사례

북아일랜드	북아일랜드(가톨릭교) ↔ 영국(개신교)
나이지리아	북부(이슬람교) ↔ 남부(기독교)
스리랑카	다수의 신할리즈 족(불교) ↔ 소수의 타밀 족(힌두교)
필리핀	남부 민다나오 섬에서 지배 세력인 기독교계에 대해 이슬람 반군 단체들이 독립을 요구하며 무장 투쟁

세계사능력검정시험 기출동형모의고사 초 · 중급 해설

01 답 ①

역사의 의미

자료 (가), (나), (다)는 역사의 의미에 대한 견해들로 (가)는 역사의 객관적 측면을 (나)는 역사의 주관적 측면을 강조하고 (다)는 이를 절충하여 역사가와 사실 간의 상호작용을 강조하고 있다.

02 답 ⑤

신석기 시대 생활 모습

신석기 시대에 농경과 정착 생활의 시작으로 생산성 향상, 인구 증가, 사회 형성 등 인류 생활에 큰 변화가 나타났으며, 농경, 저장, 주거 등을 향상시키는 도구의 제작과 기술의 개선이 이루어졌다.

▼오답해설

①, ②, ④는 신석기 시대의 도구이며, ③은 신석기 시대의 집터이다. ⑤는 구석기 시대의 라스코 동굴 벽화이다.

03 답 ③

페르시아 전쟁이 그리스 사회에 끼친 영향

페르시아 전쟁(기원전 492~479)은 서아시아를 통일한 페르시아가 소아시아의 그리스 식민 도시를 압박하면서 3차례에 걸쳐 일어났다. 페르시아의 2차 침입 때는 그리스 연합군이 마라톤 전투에서 승리하고, 3차 때는 살라미스 해전에서 승리하였다. 이 전쟁 이후 아테네는 델로스 동맹의 맹주가 되었고, 국내적으로 페리클레스의 지도 하에 민주 정치의 전성기를 이룩하였다.

▼오답해설

①의 카르타고는 페니키아 인이 건설한 식민 도시이다. ④는 기원전 6세기의 사실이고, ⑤는 알렉산드로스 제국의 정책이다.

04 답 ②

헬레니즘 문화의 특징

자료는 헬레니즘 시대의 문화적 특징을 보여주고 있다. 알렉산드로스의 동방 원정을 통해 그리스 문화와 오리엔트 문화가 융합되어 세계 시민 주의와 개인주의를 특징으로 하는 헬레니즘 문화가 형성되었다.

▼오답해설

②는 로마 문화의 특징이다.

05 답 ①

로마 공화정의 법률 발달 과정

로마 공화정의 발전 과정에 관한 것으로 이 시기 평민권 신장의 배경은 호민관과 평민회이며, 법률로써 보장하였다. ㄷ은 (다) 공포 이후 귀족과 평민이 법률상 평등하게 되었다는 점이 중요하다. ㄹ은 (가)-(나)-(다)의 순이다.

06 답 ④

게르만 족의 이동 결과

자료는 게르만 용병 대장 오도아케르가 476년 서로마 제국을 멸망시킨 내용이다.

▼오답해설

①, ②, ⑤는 기원전 1세기, ③은 12세기의 사실이다.

07 답 ①

신성 로마 제국의 정치 상황

신성 로마 제국은 동프랑크의 오토 1세가 이탈리아에서 일어난 내란을 진압한 후 교황으로부터 로마 제국 황제의 관을 수여받아 성립되었다(962).

▼오답해설

② 프랑스, ③ 에스파냐, ④ 러시아, ⑤ 영국에 대한 설명이다.

08 답 ④

서양 중세 농노의 특성

중세 농노들은 신분적으로 영주에게 예속되었으며 평생 장원을 떠날 수 없었다. 그러나 자신의 재산을 가질 수 있었으며 가정을 꾸릴 수 있었다.

▼오답해설

④ 중세 장원에서는 삼포 농법으로 경작하였다.

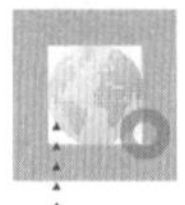

09 답 ⑤

중세 건축물의 양식

자료는 고딕 양식의 특징을 설명한 것이다. 고딕 양식은 이전의 로마네스크 양식의 건축물에 비해서 창을 많이 내고 채색 유리로 장식하였으며, 성당 정면에 첨탑을 세워 천국에 대한 시민들의 염원을 표현하였다. ㄷ은 파리의 노트르담 성당, ㄹ은 밀라노 성당이며 고딕 양식으로 건축되었다.

▼오답해설

ㄱ은 이슬람 사원, ㄴ은 비잔티움 양식의 영향을 받은 키예프의 성 소피아 성당이다.

10 답 ⑤

루터의 종교 개혁

루터는 성 베드로 대성당 증축 비용 마련을 위한 면벌부 판매에 반발하여 95개조 반박문을 발표하였다.

11 답 ④

이탈리아와 북유럽 르네상스 특징

(가)는 서유럽 르네상스, (나)는 이탈리아 르네상스를 가리키고 있다. 이탈리아 르네상스는 지중해 무역으로 인한 도시의 번성, 시민 계층의 번성, 로마 문화 유산의 존속, 그리고 비잔티움 제국 학자들의 망명 등을 배경으로 문예 부분에서 큰 발전을 이루었다. 북유럽 르네상스는 현실 사회와 비판을 특징으로 사회 개혁적 성향이 강하게 나타났다. ㄴ. 북유럽 르네상스는 자국 언어로 표현된 국민 문학이 발달하였다. ㄹ. 보카치오는 데카메론에서 인간과 사회를 사실적으로 묘사하였다.

▼오답해설

ㄱ. 마키아벨리는 이탈리아 르네상스에 해당된다. 그는 군주론에서 분열된 이탈리아의 통일을 위해 강력한 군주의 출현이 필요하다고 보았다. ㄷ. 이탈리아 르네상스는 지중해 무역을 기반으로 성장하였으며, 북유럽 르네상스는 대서양 무역의 발달과 더불어 융성하였다.

12 답 ①

신항로 개척에 앞장선 인물

(가)는 콜럼버스, (나)는 마젤란이다. 에스파냐 여왕의 후원을 받은 콜럼버스 일행은 서인도 제도에 도착하였고, 마젤란 일행은 세계를 일주하고 에스파냐로 되돌아와 지구가 둥글다는 사실을 입증하였다.

13 답 ④

서유럽 절대 왕정기의 유럽 상황

그림은 16~18세기의 서유럽 절대 왕정의 정치 형태를 나타낸 것이다. 절대 왕정은 관료제와 상비군을 기반으로 운영되었다.

▼오답해설

ㄱ, ㄷ은 19세기의 상황을 설명한 것이다.

14 답 ③

중세 유럽 농민의 지위 변화 배경

자료는 14세기 후반 흑사병 유행으로 나타난 사회 변화이다. 14세기 중엽 유럽을 휩쓴 흑사병으로 유럽의 인구가 크게 감소하여 노동력이 부족해지자 영주들은 농노에 대한 처우를 개선하였다. 그 결과 농노 신분에서 해방되는 사람이 늘어나고 자영 농민이 증가하면서 장원이 해체되어 갔다.

▼오답해설

①은 15세기, ②는 16세기, ④는 9~11세기, ⑤는 17세기 이후 사회 변화의 배경이다.

15 답 ②

미국 혁명의 과정

지문은 미국 혁명과 관련된 자료이다. 미국은 영국의 중상주의 정책 강화에 대항하여 보스턴 차 사건을 계기로 영국의 지배에서 벗어나려 하였다. 그리하여 프랑스, 에스파냐 등 유럽 국가들의 지원을 받아 1783년 파리조약에서 13개 식민지의 독립을 승인받았다.

▼오답해설

②는 미국의 남북 전쟁의 결과를 설명한 것이다.

16 답 ①

팔레스타인 문제

제시된 자료는 팔레스타인 문제를 놓고 유대 인과 아랍 인이 대립하는 모습을 꾸민 것이다. 유대 교와 이슬람 교의 성지가 모두 존재하는 팔레스타인 지역은 아랍과 유대의 분쟁 지역이다. 제1차 세계 대전 중 영국은 전쟁에 필요한 자금과 인적 자원을 확보하기 위해 아랍 민족에게는 맥마흔 선언을 통해, 유대 민족에게는 밸푸어 선언을 통해 양측의 팔레스타인 확보를 위한 움직임을 지지한다고 발표하였다. 이에 제1차 세계 대전이 끝난 후 팔레스타인을 둘러싼 아랍과 유대의 대립은 더욱 심화되었다.

▼오답해설

② 포츠담 선언은 제2차 세계 대전의 연합국이 일본에 항복을 요구하는 내용을 담고 있다. ③ 베르사유 조약은 제1차 세계 대전 전후 연합국과 관련국, 그리고 독일 사이에 체결된 평화 협정이다. ④ 윌슨의 평화 원칙 14개조는 제1차 세계 대전의 전후 처리의 기본 원칙으로 채택되었다. ⑤ 샌프란시스코 강화 회의는 제2차 세계 대전 후 일본과의 강화 조약 체결을 위해개최된 국제 회의이다.

17 답 ②

프랑스 7월 혁명의 결과

제시된 자료에서 프랑스 왕인 샤를, 언론의 자유 제한, 의회 해산, 교사 말풍선의 파리 봉기 등을 통해 '이 봉기'가 1830년 프랑스에서 일어난 7월 혁명임을 추론할 수 있다. 7월 혁명의 결과 루이 필리프가 새로운 왕으로 추대되어 입헌 군주제가 수립되었다. 정답 ②

▼오답해설

① 1848년 프랑스 2월 혁명의 영향으로 빈 체제가 붕괴되었다. ③ 그리스 독립 전쟁이 시작된 것은 프랑스 7월 혁명 이전의 사실이다. ④ 1848년 프랑스 2월 혁명 이후 국민 투표로 루이 나폴레옹이 대통령에 당선되었다. ⑤ 1871년에 파리 코뮌이라는 자치 정부가 수립되었다.

18 답 ⑤

독일과 이탈리아 통일의 공통점

자료의 (가)는 비스마르크의 철혈 정책, (나)는 마치니의 주장이다. 독일과 이탈리아는 19세기 민족주의가 고조된 가운데 통일 운동을 전개하여 1861년 이탈리아 왕국, 1871년 통일된 독일 제국이 수립되었다.

▼오답해설

①, ②는 이탈리아, ④는 독일에 해당한다.

19 답 ⑤

제국주의 국가의 아프리카 분할

(가)는 영국, (나)는 프랑스이다. 영국은 종단 정책을, 프랑스는 횡단 정책을 추진하였으며 영국과 프랑스는 수단의 파쇼다에서 충돌하였다.

20 답 ③

양무 운동의 성격

제시문은 캉 유웨이가 양무 운동을 비판한 것이다. 양무운동은 중체서용을 바탕으로 한 개혁으로, 군수공업을 일으키고 육군과 해군을 양성하였으며, 인재 양성을 위해 신식 학교를 세우고 해외 유학생을 파견하였다.

▼오답해설

①은 의화단 운동, ②는 신해 혁명, ④는 변법 자강 운동, ⑤는 태평천국 운동에 대한 설명이다.

21 답 ③

제1차 세계 대전

사라예보 사건을 계기로 오스트리아-헝가리 제국이 세르비아에 선전 포고를 하면서 제1차 세계 대전이 일어났다. 전쟁 기간 중 독일의 무제한 잠수함 작전을 계기로 미국이 참전하였다.

22 답 ④

춘추 전국 시대의 경제 상황

자료는 춘추 전국 시대에 대한 것이다. 춘추 · 전국 시대에는 철제 농기구가 보급되고 우경이 시작되어 농업 생산량이 크게 늘었다. 또한 상공업이 발달하여 교통의 중심지에서 대도시가 발달하고 다양한 종류의 화폐가 유통되었다.

▼오답해설

ㄱ은 당과 송, ㄷ은 송에 해당한다.

23 답 ⑤

중국과 메소포타미아 문명

갑골 문자를 사용한 중국 문명과 쐐기 문자를 사용한 메소포타미아 문명은 제정 일치의 신정 정치가 행해졌다. 지구라트는 메소포타미아 문명, 베다는 인도 문명, 미라는 이집트 문명과 관계가 있다.

24 답 ①

신해혁명

제시된 자료에서 군주 전제 정치체제의 부정, 이민족 정부의 제거, 한족 정부의 수립 등을 통해 신해혁명과 관련된 것임을 알 수 있다. 1911년 우창 신군의 봉기로 일어난 신해혁명으로 청 왕조는 멸망하고 중화민국이 건설되었다.

▼오답해설

② 증국번, 이홍장 등은 중체서용을 바탕으로 서양의 군사력과 과학 기술을 받아들이자는 양무운동을 추진하였다. ③ 의화단 운동 이후 청 정부는 과거제를 폐지하고 학당의 개설, 신식 군대의 편성 등 본격적인 근대

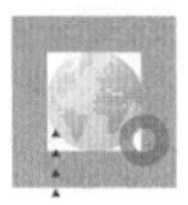

화 정책인 광서 신정을 추진하였다. ④ 캉 유웨이, 량 치차오 등은 입헌 군주제를 도입하는 등 정치 제도의 개혁을 주장하면서 변법자강 운동을 전개하였다. ⑤ 중화민국 수립 초기의 혼란 속에서 천 두슈 등은 유교를 비판하고 서양의 과학과 민주주의를 옹호하는 신문화 운동을 주도하였다.

25 답 ④

한 무제의 정책

자료는 한 무제의 정책에 대한 것이다. 한 무제는 유교를 국교화하고 수도에 태학을 설치하여 유학을 장려하였다. 또한 정치적 안정과 경제적 성장을 바탕으로 영토를 확장하여 고조선과 베트남 북부 등을 정복하였다. 잦은 전쟁으로 국가의 재정이 어려워지자 한 무제는 소금, 철 등을 국가에서 전매하고 균수법, 평준법 등의 통제 경제 정책을 실시하였다.

▼오답해설

ㄱ, ㄷ은 당 대에 처음 실시되었다.

26 답 ⑤

구품중정제의 영향

제시된 자료의 제도는 구품중정제이다. 구품중정제는 위·진·남북조 시대에 시행되었으며, 이 제도를 통해 유력 호족이 세습적으로 관직을 독점하면서 문벌 귀족으로 성장하였다.

27 답 ④

당의 통치 제도.

수를 이어 중국을 통일한 당은 중앙 아시아와 돌궐을 정복하여 대제국으로 발전하였으며, 여러 통치 제도를 정비하여 율령 체제를 완성하였다. 또한 토지 제도인 균전제, 조세 제도인 조·용·조 제도, 군사 제도인 부병제를 실시하였고, 관리 선발 제도로 과거제를 두었다.

28 답 ③

송 나라의 경제와 강남 개발

제시된 도표에서 (가)는 8세기 경의 당나라, (나)는 12세기 경의 남송 시대에 해당된다. 남송 시대에는 농업 기술이 개발되고 새로운 벼 품종인 참파 벼의 도입으로 벼의 이모작이 실시되었으며, 특히 양쯔강 하류인 강남 지역이 농업 생산의 중심지로 성장하였다. 대외 무역도 발달하여 동업 조합인 행과 작이 형성되고, 교자, 회자 등의 지폐도 사용하였다. 이러한 경제 발전을 배경으로 송 대에는 상업 도시가 성장하고 서민 문화가 발달하였다.

▼오답해설

③ 인두세를 토지세에 포함시켜 은으로 납부하게 한 것은 청대의 지정은 제도를 설명한 것이다.

29 답 ③

청대 중국 지배 정책의 내용.

자료는 청의 변발령으로 나타난 상황이다. 청은 중국을 통치하기 위해 강경책(변발령, 문자의 옥)과 회유책(한인 등용)을 병행하였다.

▼오답해설

①은 위·진·남북조 시대의 사실이다. ②의 조·용·조는 수·당의 세제이다. ④의 교초는 원대의 화폐이다. ⑤는 북위의 9품 중정제에 대한 설명이다.

30 답 ⑤

일본의 헤이안 시대

제시된 자료는 일본의 고유 복장과 가나 문자이다. 헤이안 시대에는 견당사가 폐지됨에 따라 일본 고유의 색채를 띤 국풍 문화가 성립하였고, '가나'라고 하는 문자를 만들어 사용하였다.

▼오답해설

①은 나라 시대, ②는 도쿠가와 막부 시대, ③은 다이카 개신, ④는 막부 시대이다.

31 답 ⑤

문화 대혁명

제시된 자료에서 홍위병이라는 표현으로 보아 문화 대혁명과 관련된 설명임을 알 수 있다. 중화 인민 공화국이 수립(1949)된 이후 추진한 대약진 운동의 실패로 물러나 있던 마오쩌둥은 류 샤오치, 덩 샤오핑 등 실용주의자들이 실권을 장악하고 경제적 통제를 완화하자 1966년 수백만 명의 학생들로 홍위병을 조직하고 전국의 농민과 도시민들을 동원하여 자본주의적 잔재 청산 등을 선동하여 문화 대혁명(1966~1976)을 일으켜 경제 개혁을 추진하던 세력을 몰아내었다. 이 과정에서 홍위병들의 무차별적 공격으로 수만 명의 예술인과 지식인이 목숨을 잃었으며, 현대 중국의 발전이 크게 지체되었다.

▼오답해설

① 신문화 운동은 1919년 5·4 운동이 일어나게 된 배경으로 전통적인 유교 사상을 비판하고, 서유럽의 민주주의와 과학의 수용을 주장하였다. ② 대약진 운동

은 마오쩌둥이 물러나게 된 배경이 되었다. 1958~1960년 초에 일어난 군중운동으로 중국이 공산 혁명 이후 당면한 공업과 농업 문제를 해결하고자 한 것이었다. ③ 천안문 사태(1989)는 중국의 개혁과 개방 정책의 부작용으로 관료들의 부정부패가 심화되자 학생과 지식인들이 부정부패의 일소와 정치적 자유주의를 요구하는 시위를 전개한 것으로 보수파에 의해 무력으로 진압되었다. ④ 1949년 국민당과의 내전에서 승리한 공산당의 마오쩌둥이 1949년 10월 1일 중화 인민 공화국의 성립을 선포하였다.

32 답 ⑤

세포이 항쟁

1857년 일어난 세포이 항쟁은 동인도 회사에 고용된 인도인 용병들 사이에서 발생한 수많은 의혹에서 시작되었다. 그중 하나는 소총 탄약통에 소기름과 돼지 기름이 발라져 있다는 것이었다. 세포이의 봉기는 점차 각계각층의 사람들이 참여하는 대규모의 민족 항쟁으로 발전하였으나, 영국군에 진압되었다. 이 항쟁을 계기로 영국은 인도를 직접 통치하기 위해 인도 통치 개선법을 제정하였다.

오답해설

① 1757년 영국과 벵골 · 프랑스 연합군 사이에서 플라시 전투가 발생하였다. ② 인도 국민 회의는 세포이 항쟁 이후인 1885년에 결성되었다. ③ 벵골 분할령 발표로 인도 국민 회의는 반영 운동을 전개하였다. 콜카타 대회 (1906)에서 스와라지(자치), 스와데시(국산품 애용), 영국 상품 불매, 국민 교육 진흥의 4대 강령을 채택하였다. ④ 제1차 세계 대전 이후 영국은 롤럿(로래트) 법을 제정하여 인도인을 탄압하였다.

33 답 ④

메이지 유신의 내용

개항 이후, 일본에서는 외세를 배격하고 왕정을 복고하려는 존왕양이 운동이 일어나 막부가 타도되고 메이지 정부가 들어섰다. 메이지 정부가 추진한 급진적 개혁을 메이지 유신이라고 한다.

오답해설

① 중체서용을 원칙으로 한 중국의 개혁 운동, ② 오스만 제국의 근대적 개혁이다. ③ 7세기 당의 문물을 수용하여 국왕 중심의 중앙 집권 체제를 수립하려 한 개혁이다.

34 답 ②

막부 정권의 변천 과정

(가)는 가마쿠라, (나)는 무로마치이다. 가마쿠라 막부는 13세기 후반 원의 침입을 막아 내는 과정에서 점차 쇠퇴하였고, 결국 무로마치 막부로 교체되었다.

오답해설

② 산킨고타이 제도는 에도 막부에 대한 설명이다.

35 답 ⑤

베트남 호 찌민 활동

자료의 인물은 호 찌민이다. 그는 프랑스와의 전쟁을 승리로 이끌어 베트남의 독립을 이룩하였다. ①은 판 쩌우찐, ②의 근왕 운동은 베트남의 유학자와 농민들이 프랑스에 맞선 무력 투쟁, ③은 판 보이 쩌우, ④의 월남 망국사는 판 보이 쩌우와 량 치차오의 대화를 량 치차오가 엮은 책이다.

36 답 ②

동남아시아 문화

제시된 자료의 (가)는 앙코르 와트로 캄보디아 지역의 앙코르 왕조 시기에 건립되었다. (나)는 보로부두르 유적지로 인도네시아 지역의 사이렌드라 왕조 시기에 건립되었으며, 동남아시아 지역의 불교가 주로 소승 불교인데 비해 보로부두르 유적은 대승 불교 사원이다.

오답해설

ㄴ. 앙코르 와트 유적은 힌두 교 사원이었다가 후일 불교 사원으로 바뀌었다. ㄹ. 카스트 제도는 브라만 교나 힌두 교 등과 관련이 있다. 대승 불교에서는 만민 평등을 주장하였다.

37 답 ③

아바스 왕조의 특징

신문의 내용은 아바스 왕조에 대한 기사이다.

오답해설

① 은 셀주크 투르크, ②, ④는 옴미아드 왕조, ⑤는 무함마드 시대이다.

38 답 ③

무굴 제국

제시된 자료의 무슬림인 악바르 대제, 힌두교도 공주와 결혼, 지즈야 폐지, 중앙 집권 체제 확립 등을 통해 인도의 무굴 제국 초기 상황에 대한 설명임을 알 수 있다. 무굴 제국의 대표적인 건축물인 타지마할은 이슬람 양식인 돔형의 지붕과 힌두 · 페르시아 미술의 특징인 세밀화를 잘 보여 준다.

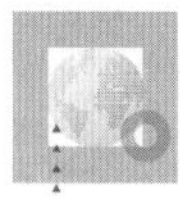

오답해설

② 쿠샨 왕조 시기에 간다라 지방에서 인도 문화와 헬레니즘 문화(그리스 미술)가 융합된 간다라 미술이 발달하였다. ③ 굽타 왕조 시기에 인도인들은 영(0)과 10진법을 사용하여 아라비아 숫자 형성에 기여하였다. ④ 굽타 왕조 시기에 간다라 미술과 인도 고유의 특색이 융합된 굽타 양식이 나타났는데, 아잔타 석굴 사원의 불상과 벽화가 대표적이다. ⑤ 굽타 왕조 시기에 브라만 계급의 언어인 산스크리트 어가 공용어가 되면서 샤쿤탈라 등 산스크리트 문학이 발달하였다.

39 답 ②

오스만 제국의 발전

제시된 지도는 오스만 투르크의 최대 영역이다. 소아시아 지방의 오스만 족(투르크계)이 셀주크 투르크의 지배에서 벗어나 오스만 제국을 세우고 칼리프로부터 술탄의 칭호를 받아 이슬람 세계의 새로운 지배자가 되었다. 술레이만 1세 때에는 헝가리를 정복하고 에스파냐·베네치아·로마 교황의 연합 함대를 격퇴하여 지중해의 해상권을 장악하고 동서 무역의 이익을 독점하였다. 제국 영토 내의 크리스트 교도와 유교 교도들은 인두세만 납부하면 그들의 신앙을 인정받을 수 있었다. 오스만 제국의 문화는 이슬람 문화를 바탕으로 비잔티움·이란·투르크 문화가 융합되어 새로운 오스만 투르크 문화를 발전시켰다.

오답해설

② 십자군에게 수도를 점령당한 국가는 비잔틴 제국이다.

40 답 ①

무굴 제국

제시된 자료의 무슬림인 악바르 대제, 힌두교도 공주와 결혼, 지즈야 폐지, 중앙 집권 체제 확립 등을 통해 인도의 무굴 제국 초기 상황에 대한 설명임을 알 수 있다. 무굴 제국의 대표적인 건축물인 타지마할은 이슬람 양식인 돔형의 지붕과 힌두·페르시아 미술의 특징인 세밀화를 잘 보여 준다.

오답해설

② 쿠샨 왕조 시기에 간다라 지방에서 인도 문화와 헬레니즘 문화(그리스 미술)가 융합된 간다라 미술이 발달하였다. ③ 굽타 왕조 시기에 인도인들은 영(0)과 10진법을 사용하여 아라비아 숫자 형성에 기여하였다. ④ 굽타 왕조 시기에 간다라 미술과 인도 고유의 특색이 융합된 굽타 양식이 나타났는데, 아잔타 석굴 사원의 불상과 벽화가 대표적이다. ⑤ 굽타 왕조 시기에 브라만 계급의 언어인 산스크리트 어가 공용어가 되면서 샤쿤탈라 등 산스크리트 문학이 발달하였다.

41 답 ⑤

아케메네스 왕조 페르시아

(가)는 아케메네스 왕조 페르시아이다. 아케메네스 왕조 페르시아는 다리우스 1세 때 최대 영토를 확보하였고 정복민에 대한 관용 정책을 펼쳐 약 200여 년 동안 통일과 번영을 누릴 수 있었다. 다리우스 1세는 다양한 민족과 넓은 영토를 통치하기 위해 속주에 총독을 파견하고 이들을 감시하기 위해 감찰관을 파견하였다.

오답해설

ㄱ은 사산 왕조 페르시아, ㄴ은 알렉산드로스 제국에 대한 설명이다.

42 답 ③

폴란드의 역사

제시된 지도의 (가) 나라는 폴란드이다. 히틀러가 이끄는 독일의 침공을 받았으며, 이 사건이 제2차 세계 대전의 발단이 되었다는 설명에서 이를 알 수 있다. 폴란드에서는 1989년의 자유선거에서 자유 노조가 압도적인 승리를 거두고 다음 해 바웬사가 대통령에 당선되어 비공산 정권이 수립되었다.

오답해설

① 폴란드는 슬라브 족이 건설한 국가이다.

43 답 ④

무솔리니와 히틀러의 비교

(가)는 파시스트당 조직, 민족주의 여론, 검은 셔츠단을 이끌고 정권 장악 등을 통해 이탈리아의 무솔리니임을 알 수 있고, (나)는 아리안 인종의 우월함 강조, 베르사유 체제 거부, 재무장, 국가사회주의당 등을 통해 독일의 히틀러임을 알 수 있다. 독일, 이탈리아, 일본은 1937년에 3국 간 방공 협정을 체결하고 대외 팽창을 시도하였는데, 이는 결국 제2차 세계 대전으로 이어졌다.

오답해설

① 독일은 1905년과 1911년 두 차례에 걸쳐 모로코의 지배권을 둘러싸고 프랑스와 대립하였으나, 영국이 프랑스를 지지하면서 사태가 일단락되었다. ② 무솔리니가 로마 진군을 통해 정권을 장악한 1922년은 1929년의 대공황 이전에 해당한다. ③ 대공황에 대응하여 프

랑스에서는 사회당이 중심이 되어 인민 전선을 구축하고 식민지를 본국과 연결하는 블록 경제를 지향하였다. ⑤ 독일에만 해당한다. 이탈리아는 제1차 세계 대전의 전승국이었다.

44 답 ⑤

북방 민족과 국제 질서의 재편 과정

(가)는 금, (나)는 고려, (다)는 남송이다. 금과 남송은 몽골의 침략으로 멸망하였다.

오답해설

① 몽골, ② 조선, ③ 명, ④ 고려와 원에 해당한다.

45 답 ①

원의 통치 구조 분석

원은 중국을 지배하면서 몽골인 제일주의 정책을 실시하였다. 이 정책에 의해 소수의 몽골인이 정치 · 군사를 담당하는 최상층이 되었다. 중간층을 이루는 색목인은 주로 서역의 이슬람교를 믿는 페르시아 인, 위구르 인 등으로 몽골족 밑에서 재정 업무를 담당하였다. 피지배층을 이루었던 계층은 금의 지배 아래에 있던 여진족, 거란족, 고려인, 한족 등으로 구성된 한인과 남송 지배 하에 있던 한족들이었다. 몽골에 저항하던 옛 남송인은 심한 차별을 받았다.

오답해설

한화 정책은 북위의 정책이며, 남면관제는 요나라가 실시한 정책이다.

46 답 ③

필리핀

제시된 지도와 함께 설명에서 에스파냐의 식민 지배, 19세기 말 에스파냐와의 전쟁에서 이긴 미국의 지배로 전략 등을 통해 밑줄 친 '이 나라'가 필리핀임 을 알 수 있다. 아기날도는 에스파냐와 싸우며 독립을 약속한 미국을 지원하였으며, 이후 독립을 선언하여 필리핀 공화국을 선포하였다. 그러나 미국은 이를 부정하고 필리핀을 식민지화하였다.

오답해설

① 베트남의 판 보이쩌우는 베트남 유신회를 조직하고 청년들을 일본에 유학시키는 동유 운동을 전개하였다. 라틴 아메리카에서는 에스파냐의 식민 지배에 ② 저항하여 크리오요인 볼리바르가 독립운동을 지도하여 각지를 해방시키면서 '해방자'라는 칭호를 얻었다. ④ 아라비아 반도에서는 압둘 와하브가 이슬람교 순화 운동을 일으켰는데, 와하브(와하비) 운동은 아랍 세계의 단결과 통일을 고취하는 아랍 민족주의의 기반이 되었다. ⑤ 인도에서는 람 로한 모이를 비롯한 힌두교 지도자들이 브라모(브라흐마) 사마지 운동을 전개하여 종교적 · 사회적 개혁을 추진하였다.

47 답 ①

현대 미국 정치

제시된 자료의 미국 제37대 대통령, 괌에서 독트린 발표 등을 통해 (가)인물이 닉슨임을 알 수 있다. 닉슨은 1969년에 닉슨 독트린을 발표하여 긴장 완화의 분위기를 조성하였으며, 곧 베트남에서 미군을 철수하였다.

오답해설

② 미국 대통령 루스벨트는 대공황의 해결책으로 국가가 경제에 적극 개입하는 뉴딜 정책을 추진하였다. ③ 1947년 미국의 트루먼 독트린 발표에 곧이어 서유럽 경제를 재건하려는 마셜 계획이 추진되었다. ④ 소련이 쿠바에 핵미사일 기지를 건설하려고 하는 등 위기감이 고조되는 상황에서 케네디는 쿠바 봉쇄를 단행하였다. ⑤ 제2차 세계 대전 중인 1941년에 미국의 루스벨트 대통령과 영국의 처칠 수상은 대서양 헌장을 발표하여 전후 평화 수립의 원칙을 확인하였다.

48 답 ①

현대 유럽의 역사

A는 북아일랜드로 영국에서 이주한 개신교도와 원주민인 가톨릭 교 주민 간의 갈등이 있는 지역이다. B는 벨기에로 네덜란드 계와 프랑스 계 주민으로 구성되어 있는데 북부의 네덜란드 어 주민과 남부의 프랑스 어 주민 사이에서 최근 갈등이 심화되고 있다.

오답해설

ㄷ. C는 이탈리아 북부 지역으로 부유한 북부 지역 주민과 낙후된 남부 지역 주민 간에 갈등이 있으며, 북부 지방 사람들의 분리 독립 움직임도 강하다. ㄹ. D는 발칸 반도 중부에 위치한 보스니아헤르체고비나로 종교적 갈등으로 인해 1990년대 분쟁이 있었다.

49 답 ⑤

라틴아메리카의 주요 국가의 지역성 이해

베네수엘라(A)는 국제 석유 자본에 대한 발언권을 강화하기 위하여 결성한 조직인 석유 수출국 기구의 회원국으로 세계 8위의 생산량을 자랑하는 세계적인 산유국이다. 마라카이보 호 유전이 대표적이다. 페루(B)는 15세기부터 16세기 초까지 남아메리카의 중앙 안데

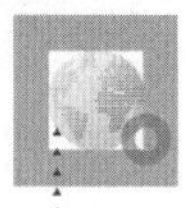

스 지방을 지배한 잉카 제국의 중심지로 마추피추, 핀켄 등에 그 문명의 유적이 많이 남아 있다. 세계에서 러시아, 캐나다, 중국, 미국 다음으로 영토가 넓은 국가인 브라질(C)은 포르투갈의 식민지였던 관계로 공용어로 포르투갈 어를 사용하며 대부분의 주민은 가톨릭을 믿는다. 칠레(D)는 우리나라가 최초로 자유 무역 협정을 맺은 국가이다.

오답해설

⑤ E국가는 아르헨티나로 국민 대부분이 라틴계의 백인종이다.

50 답 ②

한 · 일 국교 정상화와 한중 수교의 영향

제시된 자료 (가)는 한 · 일 기본 조약(1965), (나)는 대한민국과 중화 인민 공화국 간의 외교 관계 수립에 관한 공동 성명(1992)이다. 1960년대 한국은 경제 건설을 위해 일본의 자본과 기술이 필요했고, 일본도 한국과의 교역이 필요하였다. 그 결과 1965년에 한 · 일 기본 조약이 체결되어 두 나라 사이에 국교가 수립되었다. 한편 한국은 88올림픽 개최 이후 사회주의권 국가와 수교를 본격화하였다. 이에 따라 1990년 소련, 1992년 중국과 국교를 수립하였다. 한편 중국과의 수교로 한국은 타이완과 관계를 단절하였다.

오답해설

② 샌프란시스코 강화 조약은 1951년에 체결되었다.

세계사능력검정시험
기출동형모의고사 초 · 중급 해설

01 답 ③

아테네 민주 정치의 발달

(가)는 민주정이다. 아테네에서는 기원전 6세기 초에 평민들에게도 참정권을 부여하는 개혁이 솔론에 의해 이루어졌다. 전쟁으로 인한 혼란기에 참주정이 수립되기도 하였지만, 기원전 6세기 말에 클레이스테네스의 개혁으로 수습되었다.

오답해설

③은 금권정이다.

02 답 ⑤

알렉산드로스 제국의 특징

자료는 알렉산드로스 제국의 동 · 서 문화 융합정책이다. 알렉산드로스 제국에서는 이러한 정책들을 통해 그리스 문화와 오리엔트 문화가 융합된 헬레니즘 문화가 발달하였고 이는 인도의 간다라 미술에도 영향을 주었다.

오답해설

ㄱ은 사산 왕조 페르시아, ㄴ은 로마에 해당된다.

03 답 ③

포에니 전쟁 이후 로마 사회

포에니 전쟁 이후 로마는 유력자들의 라티푼디움 경영으로 자영농이 몰락하게 되어 공화정의 위기를 맞았다.

오답해설

①,②,④,⑤는 제정 시대이다.

04 답 ③

종교 개혁의 배경과 전개

제시된 자료는 종교 개혁의 선구자인 영국의 위클리프가 주장한 것으로 교회와 성직자들의 타락을 비판하고 성서에 입각한 신앙 지상주의를 설파하였다. 이와 같은 위클리프나 보헤미아의 후스 등과 같은 선구적인 역할을 바탕으로 루터의 종교 개혁이 전개될 수 있었다.

오답해설

① 니케아 공의회(325)는 로마 시대 아타나시우스파의 삼위 일체설을 정통 교리로 확립한 것과 관련이 있다. ② 아비뇽 유수(1309~1377)는 교황 보니파키우스 8세와 프랑스 왕 필리프 4세가 성직자에 대한 과세권과 재판권 문제로 대립하여 필리프 4세가 교황청을 아비뇽으로 이주시킨 사건으로 교황권의 실추와 관련된 것이다. ④ 성직자의 서임권을 황제가 행사하는 데 대해 교회 개혁자들이 도전하여 일어난 서임권 투쟁은 12세기에 교황이 서임권을 장악하면서 교황의 승리로 끝났다. ⑤ 성상 숭배 금지령을 둘러싼 논쟁은 서로마 교회와 동로마 교회 사이에 벌어진 것으로 종교 개혁과 거리가 멀다.

05 답 ①

카롤루스 대제의 업적

ㄱ. 카롤루스 대제는 궁정 학교를 두어 라틴 어 문법, 논리학 등을 가르치게 하고 수도원의 고전 작품의 필사를 장려하였다. 이를 카롤링거 르네상스라고 한다. ㄴ. 카롤루스 대제는 크리스트 교 전파에 힘을 기울여 정복 전쟁에 성직자를 동반하도록 하였으며, 각지에 교회를 세우기도 하였다. 이에 교황 레오 3세는 카롤루스 대제를 서로마 황제로 대관하였다. 이후 그는 서로마 황제로서 로마 교회의 보호자가 되었다.

오답해설

ㄷ은 오토 1세, ㄹ은 피핀과 관련된 내용이다.

06 답 ②

비잔티움 제국의 역사

지도는 비잔티움 제국의 유스티니아누스 대제 당시 의 영역이다. 유스티니아누스 대제는 로마법을 집대성하여 법전을 편찬하였으며, 성 소피아 성당을 건립하여 옛 로마의 영광을 되살리려 하였다. 비잔티움 제국은 황제권이 매우 강하여 황제가 교회의 우두머리를 겸하는 황제 교황주의가 발달하였다.

오답해설

ㄴ은 굽타 왕조, ㄹ은 서로마 제국에 대한 설명이다.

07 답 ③

중세 유럽의 무역권

(가)는 북유럽 무역권, (나)는 지중해 무역권이다. 중세 말기 유럽에서는 이탈리아의 베네치아, 제노바 등이 주도하는 지중해 무역권, 북독일의 한자 동맹이 주도하는 북유럽 무역권, 그리고 이를 연결해 주는 내륙 무역권의 3대 무역권이 형성되었다. 피렌체의 메디치 가문 등 이탈리아의 부유한 상인들은 자신의 명예를 높이기 위해 문예 활동을 장려하였다.

08 답 ①

중세 유럽 봉건제의 특징

봉건 제후들이 독립된 권력을 행사하였던 신성 로마 제국에서는 14세기에 제후들이 황제를 선출하도록 하는 황금문서를 제정하였다. 신성 로마 제국에서는 황금 문서에 입각하여 7명의 선제후가 황제를 선출하였다.

오답해설

ㄷ. 영국의 왕권이 상대적으로 강했음을 보여주는 사례이다. ㄹ. 재정복 운동은 이베리아 반도의 이슬람 세력을 몰아내고 크리스트 교 국가를 수립하려는 목적에서 추진되었다.

09 답 ①

콜럼버스의 항해

지문은 콜럼버스가 신항로를 개척할 수 있도록 재정적으로 지원을 해준 후원자에게 보낸 편지이다. (나)는 바스쿠 다 가마, (다)는 마젤란, (라)는 바르톨로뮤 디아스, (마)는 아메리고 베스푸치가 각각 이용한 항로이다.

10 답 ⑤

산업 혁명의 결과

(가)는 산업 혁명이다. 산업 혁명 이후 공장제 기계 공업의 발달과 함께 산업 자본가가 성장하였다. 기계의 발명으로 일자리를 상실한 노동자들은 러다이트(기계 파괴) 운동을 전개하기도 하였다.

11 답 ④

칼뱅파의 특징

지문은 칼뱅의 예정설에 관한 설명이다. 칼뱅은 예정설과 직업 소명설을 주장하여 근대적 직업관과 윤리관을 제시함으로써 상공업자와 시민 계층에게 환영을 받았다.

오답해설

①은 영국 국교회, ②는 예수회, ③, ⑤는 루터파에 관한 설명이다.

12 답 ②

절대 왕정의 특징

자료는 서유럽의 절대 군주로 왼쪽부터 에스파냐의 펠리페 2세, 영국의 엘리자베스 1세, 프랑스의 루이 14세이다. 절대 왕정은 국가의 부를 증대시키기 위해 중상주의 정책을 실시하였다.

오답해설

① 영국은 30년 전쟁에 참여하지 않았고, ③ 펠리페 2세와 루이 14세는 독실한 가톨릭교도였다. ④는 동유럽 절대 왕정의 특징이다. ⑤ 절대 왕정은 대서양 무역의 발달을 바탕으로 발전하였다.

13 답 ⑤

영국 혁명의 특징

(가)는 권리 청원(1628), (나)는 권리 장전(1689)이다. 찰스 1세는 권리 청원이 승인되고 난 뒤에도 전제 정치를 계속하였다. 이에 의회파와 왕당파 사이에 내란이 발생하였고, 그 결과 의회파가 승리하여 공화정이 수립되었다. 이후 크롬웰의 독재 정치가 실시되었고, 그의 사후 왕정 복고가 이루어졌다. 찰스 2세와 제임스 2세에 의해 전제정치가 지속되자 의회는 윌리엄과 메리를 공동 왕으로 추대하여 권리 장전을 승인받았다.

오답해설

⑤의 수장령(1534)은 헨리 8세가 선포하였다.

14 답 ②

7월 혁명의 결과

왕실 용병, 바리케이드, 영광의 3일, 샤를 10세의 퇴위 등을 통해 밑줄 친 '혁명'이 1830년에 일어난 프랑스의 7월 혁명임을 알 수 있다. 프랑스에서는 7월 혁명으로 샤를 10세가 추방되고 루이 필리프가 새로운 왕으로 추대되어 입헌 군주제가 수립되었다.

오답해설

① 프랑스에서 일어난 1848년 2월 혁명의 영향으로 오스트리아에서 메테르니히가 국외로 추방되면서 빈 체제는 돌이킬 수 없는 타격을 입고 사실상 붕괴되었다.

③ 빈 회의의 결과 성립된 빈 체제는 러시아를 중심으로 신성 동맹을 결성하고 이어 러시아, 오스트리아, 프로이센, 영국이 4국 동맹을 수립하여 보수적인 질서를 지키고자 하였다. ④ 1871년 프랑스 · 프로이센 전쟁 패배 이후 파리에서는 사회주의자들과 노동자들이 파리 코뮌이라는 자치 정부를 수립하기도 하였다. ⑤ 프랑스에서는 1848년 2월 혁명 이후 루이 나폴레옹이 국민 투표로 대통령에 당선되고, 1852년에는 나폴레옹 3세로서 황제에 즉위하였다.

15 답 ③

이탈리아 통일 과정

이탈리아는 사르데냐 왕국을 중심을 통일 운동을 전개하였다. 수상 카보우르의 주도로 산업이 진흥되고, 군대가 개편되었으며, 오스트리와 전쟁을 통해 중북부 지방을 통합하였다. 가리발디는 시칠리아와 나폴리를 점령하여 사르데냐 왕에게 헌납하여 1861년 이탈리아 왕국이 탄생하였으며, 1870년 베네치아 병합, 교황령 통합 등으로 통일을 완성하였다.

오답해설

③ 독일의 통일과 관련된 내용이다.

16 답 ③

제국주의 팽창 파악

제시된 지도는 아프리카 점령을 둘러싸고 영국의 종단 정책과 프랑스의 횡단 정책이 충돌하여 일어난 파쇼다 사건을 나타내고 있다. 이러한 열강의 팽창은 제국주의에 해당된다. 제국주의는 독점 자본주의에 도달한 유럽 열강이 약소민족을 식민지로 점령해 나가는 팽창 정책을 의미한다. 이 과정에서 민족주의의 댕두와 백인 우월주의적인 인종주의, 또 사회 진화론 등이 작용하였다.

오답해설

③ 전체주의는 이탈리아의 파시즘, 독일의 나치즘, 일본의 군국주의와 같은 정치 체제를 말한다.

17 답 ④

제2차 세계 대전의 결과

자료는 제2차 세계 대전 중 전후 평화 수립의 원칙을 확인한 대서양 헌장과 히로시마 원자 폭탄 투하 내용이다. 제2차 세계 대전이 끝난 후 뉘른베르크와 도쿄에서 전쟁 범죄자 처벌을 위한 군사 재판이 열렸다.

오답해설

①, ② 제1차 세계 대전의 결과이다.

18 답 ⑤

고대 마야 문명의 특징

자료는 고대 마야 문명에 대한 것이다.

오답해설

①, ④는 이집트, ②는 인도, ③은 메소포타미아 문명에 해당한다.

19 답 ②

진시황의 업적

제시된 글은 중국을 최초로 통일한 진시황에 대한 평가이다. 진시황이 흉노의 침입에 대비하여 쌓은 만리장성은 중국의 영역을 정하였으며, 화폐, 도량형, 문자 등을 통일한 것은 중국의 동일성을 확립하여 국가로서의 틀을 갖추게 하였다.

오답해설

ㄴ, ㄷ은 한나라의 사실이다.

20 답 ⑤

한 무제의 경제 정책

한 무제는 흉노 토벌 등 대규모 정복 사업으로 국가 재정이 악화되자 소금 · 철 전매를 실시하고, 균수법, 평준법을 시행하였다.

오답해설

①은 당, ③은 수, ④는 송에 해당한다.

21 답 ③

안 · 사의 난 이후 변화상.

당에서는 안 · 사의 난을 계기로 균전제, 조 · 용 · 조 제도, 부병제가 무너지고 장원제, 양세법, 모병제가 시행되었다.

오답해설

①은 춘추 전국 시대, ②는 위 · 진 남북조, ④는 송 이후, ⑤는 수나라에 해당된다.

22 답 ④

신문화 운동

1915년 천 두슈, 후스 등의 지식인은 '신청년'이라는 잡지를 통해 유교 문화를 비판하고, 서구의 민주주의와 과학 정신을 수용하여 새로운 문화를 수립하자는 신문화 운동을 전개하였다.

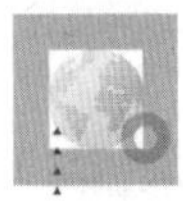

23 답 ③

송의 경제 상황

송대 농업 생산력의 증대로 상품 화폐 경제가 발달하면서, 도시의 상공업자를 중심으로 동업 조합인 행, 작 등이 결성되었다.

▼오답해설

①은 원, ②는 청, ④는 당, ⑤는 청과 관련 있다.

24 답 ①

원의 사회 모습

밑줄 친 '상인'은 마르코 폴로이다. 1274년부터 17년 동안 원에 머물다 베네치아로 되돌아온 그는 작가 루스티켈로에게 자신의 여행 이야기를 구술하여 "동방견문록"을 쓰게 하였다. 원은 제국의 원활한 통치를 위해 역참을 설치하였고, 통행증을 가진 사람은 역참에서 말과 마차, 식량 및 숙소를 제공받을 수 있었다.

▼오답해설

② 한, ③ 위 · 진 · 남북조, ④ 송, ⑤ 진이다.

25 답 ②

명대 정화의 대외 원정

제시된 자료에서 '대양을 항해하고 돌아온 거대한 선박들로 이루어진 선단' 등의 표현으로 보아 정화의 항해 활동과 관련된 것임을 알 수 있다. 명의 영락제는 정화의 대외 원정을 통해 남해 방면으로 세력 확장을 도모하였으며, 7차에 걸친 동남 아시아, 인도, 아라비아, 아프리카 동해안까지 원정을 단행하여 조공 무역 질서를 확립하였다. 이로 인해 동남 아시아에 대한 지식이 확대되었으며 중국 화교들의 동남아 진출이 활발해지게 되었다.

▼오답해설

② 유교, 한자, 율령, 불교 등을 공통으로 하는 동아시아 문화권이 형성된 것은 당대에 해당된다.

26 답 ②

중국의 의화단 운동

제시된 자료는 의화단 운동에 대한 내용이다. 의화단 운동은 1900년 반외세, 반크리스트 교 등을 주장하며 부청멸양을 구호로 일어났으나, 오히려 외국군이 베이징에 주둔하는 빌미를 제공하였다.

▼오답해설

ㄴ. 신문화 운동은 5 · 4운동의 계기가 되었으며, ㄷ. 삼민주의는 쑨원의 주장으로 신해혁명의 기본 이념이었다.

27 답 ①

태평천국운동

제시된 자료는 태평천국운동에 대한 내용이다. 태평천국운동은 1851년 토지 균분, 남녀 평등 등을 주장하며 일어났다. 천조전무제도는 토지 균분에 대한 제도이며, 내병천국운동은 영 · 프 연합군과 향용에 의해 진압 당하였다.

28 답 ①

동아시아의 개항과 관련된 내용

(가)는 난징 조약을 통해 청임을 알 수 있다. (나)는 페리의 입항을 통해 일본임을 파악할 수 있다. 청은 아편전쟁에서 패배하면서 난징 조약을 체결하여 홍콩을 영국에 할양하였다.

▼오답해설

② 청 왕조에 해당된다. ③ 청이 일본보다 먼저 문호를 개방하였다. ④ 청, 일본, 조선 모두 불평등 조약을 체결하였다. ⑤ 청은 영국의 압력에 굴복하여 개항하였으며, 일본은 미국에게 개항하였다.

29 답 ④

중국의 문화 대혁명의 내용

주어진 가상 신문 자료는 1966년부터 단행된 중국의 문화 대혁명과 관련된 내용이다. 주요 내용은 중국의 전통적인 문화 유산 타파와 자본주의의 부정이다.

30 답 ③

시암(타이)의 역사

제시된 지도와 짜끄리 왕조, 시암 등을 통해 (가)가 현재의 타이임을 알 수 있다. 시암(타이)은 짜끄리 왕조의 적극적인 근대화 정책과 영국과 프랑스 세력 사이의 완충 지대로 동남아시아에서 유일하게 독립을 유지하였다.

▼오답해설

① 베트남에 대한 설명이다. ② 시암(타이)에서는 상좌부 불교가 발달하였다. ④ 보로부두르는 인도네시아의 자와 섬에 있는 불교 사원이다. ⑤ 믈라카 왕조는 말레이시아 지역에서 발전하였다.

31 답 ③

일본 나라 시대의 특징.

일본은 4세기 중엽 이후 야마토 정권에 의한 통일이 진행되었다. 6세기 중엽에 백제로부터 불교를 도입하는 등 삼국 문화를 수용하여 아스카 문화를 꽃피웠으며, 645년에 다이카 개신을 통해 국왕 중심의 국가 체제를 만들어 갔다. 8세기 초에는 율령 체제를 마련하고 나라의 헤이조쿄에 천도하였다. 이 무렵에 『일본서기』, 『고사기』, 『만엽집』등이 편찬되고, '일본'이라는 국호가 등장하였다. 8세기 말 헤이안으로 천도한 후 12세기 후반 가마쿠라 막부가 들어설 때까지를 헤이안 시대라고 한다. 이 시기에는 가나 문자가 만들어지고, 국풍 문화가 발달하였다.

▼오답해설

ㄱ은 다이카 개신 이전, ㄹ은 12세기 말경의 일이다.

32 답 ②

베트남 역사

제시된 자료의 동남 아시아 국가는 베트남에 해당된다. 베트남은 중국과의 조공 무역을 통해 중국 문화를 적극 수용하였다. 이로 인해 유교와 한자, 율령 체제 등 동아시아 문화 요소를 공유하고 있다. 19세기 후반에는 프랑스에 점령당하여 민족 운동이 전개되었다. 전통 유교 지식인 중심으로 반프랑스 투쟁을 전개한 근왕 운동과 판 보이 쩌우를 중심으로 한 근대화 운동이 전개되기도 하였으며, 최근에는 베트남 전쟁의 상처를 씻고 우리 나라와도 수교하여 한국 기업체들이 상당수 진출하고 있다.

▼오답해설

① 앙코르 와트 유적은 캄보디아 지역에 위치하고 있다. ③ 베트남은 유교와 불교 등 동아시아 문화 요소를 공유하고 있다. ④ 동아시아에서 소승 불교를 보호하여 독자적 문화를 발전시킨 나라는 타이에 해당된다. ⑤ 말레이시아와 인도네시아에서는 16세기 이후 이슬람화가 전개되었다.

33 답 ⑤

메이지 유신

자료는 메이지 유신에 대한 것이다. 이후 일본은 폐번치현(번을 폐지하고 현을 설치한 지방 제도 개혁 정책)을 단행하고 신분제 폐지, 징병제 실시, 산업과 교육의 진흥 등을 추진하였다.

▼오답해설

①은 7세기, ②, ③은 에도 막부, ④는 무로마치 막부에 해당한다.

34 답 ①

굽타 왕조의 문화적 특징.

인도 고전 문화의 황금기였던 굽타 왕조 시기에는 힌두 교가 인도의 민족 종교로 발전하였고, 산스크리트 문학이 발달하였다.

▼오답해설

① 아소카 왕은 기원전 3세기 마우리아 왕조의 왕이었다.

35 답 ②

영국의 인도 식민 지배와 인도 국민회의

제시된 자료는 사진으로 보는 인도 근·현대사 전시회에 출품된 사진과 관련 설명으로서, 밑줄 친 '이 단체'는 인도 국민 회의이다. 원래 인도 국민 회의는 인도인들의 민족 의식이 고양되는 상황에서 1885년 영국이 인도인들을 회유하기 위해 소집한 것이었다. 그러나 1905년 영국이 벵골 분할령을 발표하여 힌두 교와 이슬람 교의 분열을 꾀하자 인도 국민 회의는 이제까지의 영국에 대한 협조 태도를 바꿔 반영 운동에 앞장서기 시작하였다.

▼오답해설

ㄴ. 인도 국민 회의 소집 이전에 전개되었던 근대적 개혁 운동, ㄹ. 영국은 세포이 항쟁을 계기로 무굴 제국 황제를 폐위시키고 동인도 회사도 해체시켰으며, 결국 빅토리아 여왕이 인도 황제를 겸하는 인도 제국을 성립시켜 인도의 식민지화를 완성시켰다.

36 답 ③

마우리아 왕조와 쿠샨 왕조의 문화

(가)는 마우리아 왕조, (나)는 쿠샨 왕조이다. (가) 시기에는 소승 불교가, (나) 시기에는 대승 불교가 발전하여 두 시기 모두 불교가 융성하였다.

▼오답해설

③의 『마누 법전』은 굽타 왕조에 해당된다.

37 답 ②

자료를 통하여 이집트 문명의 특징

자료는 이집트 문명의 대표적인 특징을 보여주는 '사자의 서'인데, 이집트 문명은 폐쇄적인 지형의 특징으로 내세적인 성격을 보인다.

▼오답해설

ㄹ. 쐐기 문자는 메소포타미아 문명이다.

38 답 ③

아바스 왕조의 특징

지문은 아바스 왕조와 관련된 내용이다.

▼오답해설

①은 정통 칼리프 시대, ②, ④는 옴미아드 왕조, ⑤는 오스만 투르크에 대한 설명이다.

39 답 ①

오스만 제국

밑줄 친 '우리 나라'는 교황과 에스파냐 연합 함대의 격파, 종교나 신분에 관계없이 능력에 따른 관직 등용 등을 통해 오스만 제국임을 알 수 있다. 오스만 제국은 술레이만 1세 때 헝가리를 정복하고 에스파냐와 로마 교황의 연합 함대를 무찔러 지중해의 해상권을 장악하였다.

▼오답해설

② 정통 칼리프 시대에 이슬람 세력은 사산 왕조 페르시아와 이집트를 정복하여 대제국을 건설하였다. ③ 아바스 왕조의 칼리프는 바그다드를 점령한 셀주크 튀르크에게 술탄의 칭호를 부여하였다. ④ 옴미아드 왕조는 서쪽으로 이베리아 반도까지 영토를 확장하여 크리스트 교 국가들과 대립하였다. ⑤ 티무르 왕조에서는 동서 무역으로 번성하였던 수도 사마르칸트를 중심으로 이슬람 문화가 페르시아 문화, 튀르크 문화와 융합하여 크게 발달하였다.

40 답 ②

현대 러시아의 역사

제시된 자료에서 페레스트로이카, 글라스노스트 등을 주창하며 소련의 개혁을 이끈 사람은 고르바초프이다. 고르바초프는 1985년 개혁과 개방을 표방하며 정치의 민주화와 시장 경제 체제 도입, 동유럽 국가에 대한 불간섭을 선언하여 냉전 체제가 해체되는 데 결정적인 영향을 끼쳤다.

▼오답해설

① 제3세계의 등장은 흐루시초프의 평화 공존 제창과 관련이 있다. ③ 베를린 장벽의 설치는 냉전 체제 수립과 관련이 있다. ④ 유럽 경제 공동체는 유럽 공동 시장으로 1957년 로마 조약에 의해 설립된 서유럽 국가들의 경제 협력 기구이다. ⑤ 전략 무기 제한 협정은 1972년 미국의 닉슨과 소련의 브레즈네프 사이에 체결되었다.

41 답 ③

19세기 후반 동 · 서양의 역사적 상황 파악

세계 일주의 경로에 수에즈 운하가 포함되어 있으므로, 자료의 주인공인 영국 신사 필리어스 포그는 최소한 1869년 이후에 세계 일주를 시작한 것으로 보아야 한다. 수에즈 운하는 프랑스의 레셉스가 10여 년의 공사 끝에 1869년에 완성하였다. 또 '남북 전쟁이 끝난 후 6년'이라는 표현에서 세계 일주의 정확한 시점이 1870년대 초인 것을 확인할 수 있다. ㄴ. 홍콩은 1842년 난징 조약을 통해 영국에 할양되었다.

▼오답해설

ㄱ. 미국 대통령 링컨은 남북 전쟁 중인 1863년에 노예 해방령을 발표하였다. ㄹ. 인도 국민 회의는 1885년에 창설되었다.

42 답 ④

재정복 운동(레콘키스타)

재정복 운동(레콘키스타)는 이베리아 반도의 이슬람 세력을 축출하기 위해 크리스트교도가 추진한 운동이다. 1492년에 아라곤의 페르난도 2세와 카스티야의 이사벨 1세의 에스파냐 연합 왕국이 마지막 남은 이슬람 점령지인 그라나다를 정복하여 재정복 운동은 마무리되었다.

43 답 ③

유럽의 지역성 파악

(가)는 스웨덴의 키루나 광산에서 생산된 철광석을 수출하는 노르웨이의 나르빅으로 난류의 영향으로 겨울에도 얼지 않는 부동항이다. (나)는 라인 강 하구 30km에 펼쳐져 있는 유로 포트 (EURO PORT)이다. 유로포트는 세계적인 석유 회사가 콤비나이트를 형성해 유럽 내륙의 여러 나라에 파이프라인을 통한 석유 공급을 하고 있으며 수십만 톤급 탱커를 수용하는 도크와 점보 제트기가 들어가는 창고 등 어마어마한 규모를 자랑하는 세계 유수의 대항구이다. (다)는 구 유고슬라비아의 일원이었던 세르비아 몬테네그로이다. 구 유고는 민족과 종교적 갈등으로 분열되었다.

44 답 ②

청 왕조의 대외 관계

(가)는 청 왕조이다. 청은 한족에 대한 강압책으로 변발을 시행하였다. 이후 청은 삼번의 난과 타이완의 정성공 세력을 진압하면서 확고한 지배 체제를 확립하였다.

▼오답해설

①은 조선, ③은 당, ④는 명, ⑤는 원에 해당한다.

45 답 ⑤

8세기 이후 당의 외교 정책

돌궐, 위구르, 토번 등은 당과 군사적으로 대응하면서 경제적 교류를 위한 조공 관계 만을 맺으려 했으며 조공을 통한 경제적 이익이 기대에 미치지 못하면 군사적 행동을 감행하였다. 8세기 이후 군사력이 이들보다 약해진 당은 이들 나라와 적극적인 화친을 추구하였다.

46 답 ③

한 · 중 연대를 통한 항일 운동

자료는 일본의 침략 전쟁에 맞서 한 · 중 연대가 필요함을 주장하고 있다. 중국 국민당 정부의 지원을 받아 대한민국 임시 정부가 충칭에서 한국광복군을 창설한 것이 한 · 중 연대의 대표적인 사례이다.

47 답 ①

도요토미 히데요시의 통일 정책

포고문의 '백성들이 칼, 단도, 창, 조총, 기타 무기류를 소지하는 것을 엄하게 금지한다.'는 내용을 통해 도요토미 히데요시가 100여 년간 계속된 전국 시대를 통일하면서 1588년에 내린 도수령임을 알 수 있다. 도요토미 히데요시는 무기를 몰수하여 무사가 아닌 사람은 무기를 가질 수 없도록 하였으며, 병농 분리를 통해 무사, 상공업자, 농민의 신분 이동을 금지하는 한편, 무사와 상공업자는 조카마치에, 농민은 농촌에 거주시켜 신분 질서를 확립시켰다.

오답해설

② 묘슈는 헤이안 시대 말기에 등장한 유력 농민층이다. ③ 고려 말 이성계 등의 신흥 무인 세력과 정도전 등의 급진파 사대부들에 의해 조선이 건국되었다. ④ 한국의 통일 신라 말과 세도 정치기, 중국의 후한 말과 당 말 등의 시기에 해당한다. ⑤ 부병제는 균전제에 따라 국가로부터 토지를 지급받은 농민에게 병역 의무를 지게한 제도로 중국의 북위 때 처음 실시되고 수 · 당대에 확립되었다.

48 답 ②

동남아시아 지역의 역사

캄보디아의 앙코르 와트나 인도네시아의 보로부두르 유적 등은 동남 아시아 문화를 이해하는 중요한 유적지이다. 이 지역은 일찍부터 중국이나 인도의 문화적 영향을 받아 불교, 힌두교가 전파되었고, 이슬람 세력들도 적극 진출하였다. 근대 시기에 들어와서는 특히 프랑스의 식민 지배를 당하였다.

오답해설

② 동유 운동은 일본이 베트남의 독립 운동을 지원할 것이라고 기대하여 일본 유학을 권장한 운동이다.

49 답 ②

이스라엘-팔레스타인 문제의 역사적 배경

제시된 자료는 이스라엘-팔레스타인 분쟁 관련 신문기사이다. 이 분쟁은 영국이 제1차 세계 대전 중 터키와의 전쟁을 유리하게 이끌기 위하여 후세인-맥마흔 협정으로 아랍 인의 독립을 약속하고, 벨푸어 선언으로 유대 인 국가 건설을 약속한 것이 역사적 배경이었다. 결국 1948년 팔레스타인 지역에 이스라엘이 건국하면서 아랍 국가들의 반발로 네 차례에 걸친 중동 전쟁이 일어났으며, 요즘은 팔레스타인 국가 건설을 둘러싸고 분쟁이 계속되고 있다. 시오니즘은 유대 인들이 예루살렘에 유대 인 국가를 건설하는 꿈을 표현한 것이다.

오답해설

② 트루먼 독트린은 제2차 세계 대전 이후 서유럽의 공산화를 막기 위한 미국의 경제 정책이다. 미국은 서유럽의 산업 재건을 위하여 대대적인 경제, 군사 원조를 추진하였다.

50 답 ⑤

서남아시아의 근대화 운동

제시된 자료는 1839년에 반포된 압둘 메디트의 '탄지마트를 위한 칙령'의 일부이다. 16세기에 아시아, 아프리카, 유럽의 3대륙에 걸친 대제국을 형성하여 전성기를 맞았던 오스만 제국은 17세기 말부터 쇠퇴기에 접어들었다. 18세기 이후 러시아의 남하 정책으로 흑해 연안과 발칸 지방의 일부를 상실하고, 19세기에 들어와서 그리스가 독립하고 열강의 침략이 계속되어 쇠퇴하자 국력의 만회를 위한 개혁이 시도된 것이다. 19세기 초 무함마드 2세가 강력한 중앙 집권 체제를 수립하였고, 1839년 압둘 메디트는 탄지마트라는 대개혁을 단행하였다.

오답해설

ㄱ. 수에즈 운하는 이집트와 관련이 있으며 탄지마트 개혁의 배경과는 거리가 멀다. ㄴ. 청년 튀르크 당은 1908년 입헌 정치를 요구하며 무장 봉기를 통하여 정권을 장악하였다.

세계사능력검정시험 기출동형모의고사 초 · 중급 해설

01 답 ③

선사 시대의 생활

(가)는 구석기 시대의 모습, (나)는 신석기 시대의 모습이다. ① 네안데르탈인은 구석기인으로 시체를 매장하는 풍습을 가지고 있었다. ② 호모 에렉투스는 약 50만 년 전의 구석기 인으로 불과 언어를 사용하였다. ④ 신석기 시대에는 농경을 주로 하였기 때문에 주거지가 평야지대로 이동하였다. ⑤ 신석기 시대에 농경과 더불어 목축이 시작되었기 때문에 동물성 단백질을 확보할 수 있었다.

오답해설

③ 거석 문화는 신석기 시대에 해당되는 것이다.

02 답 ⑤

고대 아테네와 스파르타의 사회 비교

그래프의 (가)는 스파르타, (나)는 아테네를 나타낸 것이다.

오답해설

①, ②는 아테네, ③, ④는 스파르타에 대한 설명이다.

03 답 ④

포에니 전쟁 이후 고대 로마의 사회적 갈등

고대 로마에서 포에니 전쟁 이후 전쟁에 참전하였던 자영농이 대거 몰락하고 노예를 이용한 대토지 경영인 라티푼디움이 발달하였다. 이러한 시기에 귀족파와 평민파 간의 갈등이 일어났으며, 평민파를 대표하는 그라쿠스 형제의 개혁이 제시되기도 하였다.

오답해설

③과 ⑤는 로마 제국 말기에 해당한다.

04 답 ①

헬레니즘 시대의 문화적 특성

헬레니즘 시대에는 그리스를 벗어나 세계 문화를 지향하였다. 이 과정에서 그리스 문화와 오리엔트 문화가 결합되어, 개인주의적이면서도 세계 시민주의적 경향을 띤 헬레니즘 문화가 발달하였다.

오답해설

②는 로마, ③은 에게 문명, ④,⑤는 그리스이다.

05 답 ④

프랑크 왕국 분열~봉건제 성립 시기

제시된 글은 프랑크 왕국의 분열로부터 서유럽 사회에 봉건제가 성립되는 상황을 설명하면서 특징적인 몇 가지 사실에 밑줄을 친 것이다. 카롤루스 대제의 통치력에 의해 통합이 유지되고 있었던 프랑크 왕국은 그가 죽은 후 베르됭 조약과 메르센 조약을 거치면서 동프랑크, 서프랑크, 중프랑크로 분열되었으며, 이후 집권력의 약화와 이슬람 세력의 공격, 노르만 족의 침입 등이 겹치면서 지방 분권적인 농촌 중심의 자급 자족적인 체제, 즉 봉건 제도가 성립되었다.

오답해설

④ 주종 관계가 점차 세습되면서 봉신은 자신의 지배 지역 안에서 재판과 징세에 관하여 국왕의 간섭을 받지 않는 불입권을 가지게 되었다.

06 답 ①

중세 서유럽의 봉건제

주군과 봉신의 관계는 서로 간의 의무 이행을 전제로 유지되는 쌍무적 계약 관계였다. 봉신은 자신의 지배 지역 안에서 재판과 조세 징수에 관하여 불입권을 가지고 있었다.

07 답 ③

교황권과 황제권의 대립

제시문 자료에서 하인리히 4세로부터 통치권을 거두어들이라는 표현으로 보아 교황과 황제의 대립 상황임 파악할 수 있다. 신성 로마 제국 황제 하인리히 4세가 교황의 서임권 간섭 포기를 요구하는 서한을 발송하자 교황 그레고리우스 7세는 '교황에게 황제를 폐위시킬 권한'이 있다고 선언하였다. 이에 하인리히 4세가 주교 회의를 소집하여 그레고리우스 7세를 비판하게 되고, 이에 그레고리우스 7세는 황제의 파문과 폐위를 선언하였다. 이로 인해 하인리히 4세가 교황에게 용서를 구하는 카놋사의 굴욕(1077) 사건이 발생하였다.

▼오답해설

① 성상 숭배 문제는 비잔티움 황제 레오 3세가 성상 숭배 금지령(726)을 내림으로 동로마 교회(정교회)와 서로마 교회(가톨릭)가 분리(1054)된 상황과 관련이 있다.

08 답 ①

동 · 서 로마 교회의 분열 원인

그리스 정교와 로마 가톨릭은 성상 숭배 금지령으로 갈라졌다. 성상 숭배 금지령은 726년 비잔티움 황제 레오 3세가 발표한 칙령으로 일체의 성상 제작과 예배를 금지하였다. 그 결과 게르만 족의 포교에 성상을 이용하고 있던 로마 교회와 대립이 격화되었다.

09 답 ⑤

십자군 전쟁의 결과

교황 우르바누스 2세의 호소에 따라 십자군 원정이 이루어졌으나, 성지 회복이라는 본래 목적이 변질되면서 결국 실패하고 말았다.

▼오답해설

⑤ 한자 동맹은 13세기에 북부 독일의 도시들이 맺은 것이다.

10 답 ⑤

알프스 이북의 르네상스 특징

자료의 (나)지역은 알프스 이북이다.

▼오답해설

⑤는 이탈리아 르네상스의 특징이다.

11 답 ③

제국주의 국가의 침략상

영국은 미얀마를 식민지화하였고, 프랑스는 베트남과 캄보디아를 지배하였다. 미국은 일본을 압박하여 개항시켰으며, 에스파냐와의 전쟁에서 승리하여 필리핀을 차지하였다.

▼오답해설

① 프랑스, ② 영국, ④ 프랑스와 독일, ⑤ 영국과 프랑스에 해당한다.

12 답 ④

종교 개혁의 내용

(가)는 루터, (나)는 칼뱅, (다)는 헨리 8세, (라)는 로욜라, (마)는 위클리프의 주장이다. 로욜라는 예수회를 설립하여 가톨릭을 수호하고 신교의 확산을 저지하기 위해 노력하였으며, 예수회는 라틴 아메리카와 아시아 등지에 선교사를 파견하여 가톨릭을 전파하였다.

13 답 ②

중세 유럽 사회의 변화

도시와 상공업의 발달에 따른 화폐 경제의 발달로 세금의 금납화가 이루어지면서 농노의 지위가 향상되었다. 이는 중세 장원의 해체에 영향을 주었다.

14 답 ⑤

절대 왕정 시기의 정책

제시된 자료는 왕권 신수설이다. 당시 서유럽 각국의 절대 군주들은 시민 계급의 지지를 받으며 왕권 신수설과 관료제, 상비군을 바탕으로 강력한 중상주의 정책을 추진하였다.

15 답 ④

산업 혁명의 영향

자료는 산업 혁명 시기 영국에서 나타난 상황에 대한 것이다.18세기 후반 영국에서는 새로운 기계의 발명 등으로 대량 생산이 가능해지며 공장제 기계공업이 발달하였다. 그 결과 산업화와 도시화가 진행되었으며 산업 자본가 계급과 노동자 계급이 성장하였다.

▼오답해설

①은 서양 중세, ②는 16세기 ,③은 17세기, ⑤는 16세기 경에 해당한다.

16 답 ④

영국의 시민 혁명

(가) 1649년 크롬웰은 청교도 혁명을 통해 찰스 1세를 처형하고 공화정을 선포하였다. (나) 18세기 초 스튜어트 왕조가 단절되자 하노버 가의 조지 1세가 즉위하여 내각 책임제가 실시되었다.

▼오답해설

ㄱ은 1534년 헨리 8세, ㄷ은 1381년의 사실에 해당한다.

17 답 ④

나폴레옹의 활동

나폴레옹은 트라팔가르 해전에서는 패하였지만, 육지에서는 승리하여 오스트리아, 프로이센, 러시아 등을 격파하였다. 한편, 그는 국민 투표로 황제가 되었으며, 영국을 봉쇄하기 위해 대륙 봉쇄령을 내렸다.

오답해설

ㄱ, ㄷ. 루이 14세에 해당한다.

18 답 ③

19세기 프랑스 자유주의 운동

자료는 19세기 프랑스 자유주의 운동에 대한 것이다. 프랑스에서는 1830년 7월 혁명으로 샤를 10세를 몰아내고 입헌 군주제를 수립했지만 소수의 부르주아만이 선거권을 획득하였다. 이에 1848년 중소 시민들과 노동자들이 2월 혁명을 일으키고 제2공화정을 수립하였다.

오답해설

①과 ⑤는 프랑스 혁명에서 일어난 사건이며, ②의 파리 코뮌 수립은 1871년, ④는 1628년 영국에 해당한다.

19 답 ④

냉전 체제의 변천 과정

동유럽의 공산화와 미국의 트루먼 독트린 천명을 계기로 냉전이 시작되었다. 냉전이 격화되면서 베를린 봉쇄, 6·25 전쟁, 쿠바 위기, 베트남 전쟁 등이 일어났다.

오답해설

④는 제1차 세계 대전의 계기가 되었다.

20 답 ②

독일 통일 과정

제시문의 자유주의보다 군비 강조, 빈 회의, 언론과 다수결보다 피와 무기의 강조 등을 통해 비스마르크의 주장임을 알 수 있으며, 따라서 (가) 국가는 독일이다. ② 독일 통일 이후의 독일 제국에 해당한다.

오답해설

① 프로이센은 오스트리아와의 전쟁에서 승리하여 북독일 연방을 창설하였다. ③ 빈 체제 아래에서 분열되어 있었던 독일은 프로이센 주도로 관세 동맹을 체결하여 경제 통일을 위해 노력하였다. ④ 독일의 자유주의자들은 프랑크푸르트에서 개최된 의회에서 오스트리아의 포함 여부를 둘러싼 통일 방안을 논의하기도 하였다. ⑤ 프로이센은 프랑스와의 전쟁에서 승리를 거두고 독일 제국을 세웠다.

21 답 ③

당대 양세법의 실시 배경

제시문은 당대에 실시된 양세법에 대한 설명이다. 당대에는 귀족들의 대토지 소유가 증가함에 따라 자영농이 점차 무너져 갔다. 특히 안사의 난을 계기로 호구 수가 크게 감소하여 자영농이 몰락하고 균전제가 붕괴되었다. 이에 따라 균전제에 기반을 둔 조·용·조의 세법 대신에 양세법이 실시되었다.

오답해설

②의 한전제는 한대에 실시되었고, ⑤는 수나라에 대한 설명이다.

22 답 ③

세계 경제 공황과 각국의 대응

제시된 글은 1929년 10월, 미국에서 시작된 세계 경제 공황 때의 주가 폭락 상황을 설명한 것이며, 지도의 (가)는 미국, (나)는 영국, (다)는 독일, (라)는 이탈리아, (마)는 일본이다. 당시 이탈리아, 독일, 일본 등 자본주의 경제 기반이 취약하고 경제 블록을 묶을 수 있는 식민지도 많지 않은 나라들은 전체주의 정책과 대외 침략을 통하여 공황을 극복하고자 하였다.

오답해설

① 1931년 일본의 만주 침략, ② 미국의 뉴딜 정책, ④ 무솔리니는 세계 경제 공황 이전인 1922년에 이른바 로마 진군을 통해 정권을 장악하였다.
⑤ 경제 블록은 식민지가 많았던 영국과 프랑스의 세계 경제 공황 대응책이었다.

23 답 ④

위·진·남북조 시대의 사회상

(가)는 위·진·남북조에 해당한다. 이때는 유교가 침체된 반면 도가 사상이 존중되었다. 그리고 개인의 자유로운 삶을 추구하는 노장·청담 사상이 유행하였으며, 죽림 칠현이 대표적 예이다.

오답해설

①,②는 원, ③은 당, ⑤는 송이다.

24 답 ⑤

5·4 운동의 배경

제시된 자료의 내용은 5·4 운동 시기의 선언문이다. 5·4 운동에 영향을 끼친 것은 신문화 운동이다. 신문화 운동은 천 두슈에 의해 시작되었는데, 그가 봉건적인 규범으로서의 유교 사상을 탈피하고 대신 서양의 민주적이고 과학적인 사상을 도입할 것을 주장하자 많은 지식인들이 호응하였다. 이러한 지식인들의 활동을 통해 청년 대중들의 의식은 크게 변화되었고 이후 5·4

운동 등의 사건들에 적극적으로 개입하여 일정한 역할을 담당하게 되었다.

오답해설

① 1931년 만주 사변에 해당된다. ② 마오쩌둥의 홍군(공산군)은 중화 소비에트 임시 정부를 수립(1931)하고 국민당의 토벌에 저항하여 대장정을 단행하고 산시 성(옌안)에 새 거점을 마련한 후(1935) 국민당과 장기 항쟁에 돌입하였다. ③ 변법 자강 운동(1898)에 관한 설명이다. ④ 제2차 국 · 공 합작(1937)에 해당되는 내용이다.

25 답 ②

은의 사회

제시된 자료는 은대의 갑골 문자에 대한 것이다. 갑골 문자는 국가의 중대사를 점을 쳐서 결정하고 그 내용을 기록하는 데 사용한 문자로, 왕이 제사장을 겸하는 신정 정치를 실시하였음을 보여주는 것이다.

오답해설

① 평준법, 균수법은 전한에서 시행되었다. ③ 진시황제의 통치와 관련 있다. ④ 종이를 만드는 기술은 후한 시기에 채륜에 의해 발명되었다. ⑤ 구품 중정제는 위 · 진 · 남북조 시기에 시행된 관리 선발 제도이다.

26 답 ④

춘추 전국 시대의 변화

춘추 전국 시대에는 상업이 크게 발달하여 도전, 포전 등 청동 화폐가 널리 사용되었다. 또한 유가, 법가, 도가 등 제자백가가 활동하였다.

오답해설

ㄱ, ㄷ 한 대에 해당한다.

27 답 ②

진시황제의 정책

자료는 진시황제가 순행 중 세운 '낭야대석각'의 일부이다. ㄴ은 수 양제, ㄹ은 신(新)을 세운 왕망의 정책이다.

28 답 ⑤

한대의 정책을 파악한다.

사마천의 『사기』는 한대에 기전체로 편찬되었다.

오답해설

① 춘추 전국 시대, ② 수, ③ 은, ④ 진에 대한 설명이다.

29 답 ①

송의 부국 강병책

송은 절도사를 문관으로 교체하는 등 문치주의를 표방하여 국방력 약화와 재정 악화를 초래하였다. 이를 해결하기 위해 왕안석은 ②~⑤와 같이 부국강병을 추구하는 신법을 시행하였다.

30 답 ①

청 왕조의 정책

자료는 청 왕조가 한인들에게 변발을 강요하는 포고문과 지정은제에 관한 내용이다. 청 왕조는 전례 문제로 서양 선교사들을 추방하였으며, 러시아와는 네르친스크 조약과 캬흐타 조약을 맺어 통상과 국경 문제를 해결하였다. 이갑제는 명 왕조가 실시한 정책이다.

31 답 ⑤

무로마치 막부 시대

14세기 전반에 아시카가 다카우지가 교토에 무로마치 막부를 열었다. 무로마치 막부는 명과의 감합 무역을 통해 왜구를 단속하고 경제적 안정을 이룩하였다.

오답해설

① 에도 막부, ② 가마쿠라 막부, ④ 헤이안 시대에 해당한다.

32 답 ②

원대의 통치 방식

제시문은 이븐 바투타가 원을 여행하면서 쓴 기행문이다.

오답해설

①, ③은 송나라, ④는 금나라, ⑤는 당나라에 대한 설명이다.

33 답 ①

카스트 제도

카스트 제도는 갠지스 강으로 진출한 아리아 인들에 의해 성립되기 시작하였다. 제사를 남낭했던 브라만과 무사 계급인 크샤트리아는 지배 계급을 형성하였으며, 업과 윤회 사상은 카스트 제도를 합리화하였다. 4세기 굽타 왕조 시기에 만들어진 『마누 법전』은 카스트 제도를 엄격히 규정하였다.

34 답 ④

인도 국민 회의의 반영 운동

자료는 인도 국민 회의를 이끈 틸라크의 연설이다. 인도 국민 회의는 벵골 분할령 이후 반영 운동에 앞장서 영국 상품의 불매, 스와데시(국산품 애용), 스와라지(자치 획득), 국민 교육의 진흥 등을 결의하였다.

오답해설

①의 세포이는 동인도 회사에 고용된 인도 용병들로 이들의 항쟁은 인도 최초의 민족 운동으로서 의미를 지니며, ②, ③은 18세기 무굴 제국에 대항하여 힌두 교도와 시크 교도가 각각 일으킨 것이다. ⑤는 힌두 교 지도자들이 전개한 근대적 개혁 운동이다.

35 답 ⑤

사산 조 페르시아

제시문은 사산 조 페르시아에 대한 설명이다.

오답해설

①은 바빌로니아 왕국, ②는 아시리아, ③은 이슬람의 옴미아드 왕조, ④는 페니키아에 대한 설명이다.

36 답 ②

명 · 청 왕조의 내용과 관련 사실

주어진 자료의 (가)는 명, (나)는 청 왕조에 해당한다. 명은 조공 질서를 확립하기 위하여 정화의 남해 원정을 단행하였으며, 이는 화교의 동남 아시아 진출의 계기가 되었다.

오답해설

⑤ 민족별 신분제는 원대에 해당한다.

37 답 ③

태평 천국 운동의 내용

주어진 자료는 태평 천국 운동에 대한 내용이다. 태평 천국 운동은 한인 관료로 구성된 향용과 외국 군대에 의해 진압되었다. 태평 천국은 중국의 전통적인 이상향 '태평'과 크리스트 교의 이상향 '천국'이 어우러져 태어난 개념이다.

오답해설

ㄱ은 의화단의 난에 해당한다.

38 답 ②

동남아시아 지역의 역사

제시된 지도의 (가)는 베트남, (나)는 인도네시아에 해당된다. ㄱ. 베트남은 기원전 3세기부터 중국의 지배를 받아오다 10세기경에 독립하였다 11 세기 초 리 왕조가 건국되고 13세기에는 쩐 왕조가 수립되었다. 13세기 말 경 몽고의 침입을 받았으며, 14세기 명의 침입으로 멸망하였다. 베트남은 일찍부터 중국의 영향을 받아 한자를 기초로 한 쯔놈 문자를 제정하였다. ㄷ. 인도네시아 지역은 8세기 초 사이렌드라 왕조가 자와 섬을 중심으로 발전하였으며 불교를 수용하여 대승 불교 유적인 보로부두르 사원을 조성하였다.

오답해설

ㄴ앙코르 와트 사원은 캄보디아 지역에서 9세기경에 발전한 앙코르 왕조 시기에 조성되었다. ㄹ. 타지마할은 인도 무굴 제국에 해당된다.

39 답 ②

마우리아 왕조의 특징

자료는 고대 인도 마우리아 왕조의 아소카왕이 만든 석주의 형상을 참고하여 인도 국기의 도안이 제작되었음을 설명하는 글이다. 마우리아 왕조의 아소카왕은 불경을 결집하고 인도의 여러 지역에 스투파(불탑)를 건립하였다.

오답해설

①과 ④는 굽타 왕조, ③과 ⑤는 쿠샨 왕조에 해당한다.

40 답 ②

우마이야 왕조의 특징

자료는 옴미아드 왕조의 최대 영역과 투르 · 푸아티에 전투에 관한 것이다.

오답해설

①은 무함마드 시대, ③은 셀주크 튀르크, ④는 아바스 왕조, ⑤는 정통 칼리프 시대에 해당한다.

41 답 ③

수와 돌궐의 국제 관계

(가)는 대운하 건설과 대외 원정의 패배를 통해 수, (나)는 시필 가한, 이연을 지원하기로 약속 등을 통해 돌궐임을 알 수 있다. 수의 신하였던 이연은 정변을 일으켜 수를 멸망시키고 618년 당을 건국하였다. ③ 돌궐이 6세기 이후 북몽골을 중심으로 초원의 강자로 등장하자 북조의 두 왕조인 북주와 북제는 돌궐에게 조공을 바치고, 돌궐의 공주를 왕후로 맞이하려고 경쟁하기도 하였다.

오답해설

① 히미코는 3세기경 일본의 여러 소국 중 가장 강성했던 야마타이국의 여왕이다. ② 백강 전투는 660년에

백제가 멸망한 후인 663년 일본의 구원병과 백제의 부흥군이 합세하여 나·당 연합군과 벌였던 전투이다. ④ 발해는 일본에 30여 차례 사신을 파견하였고, 일본도 발해에 10여 차례 사신을 파견하였다. ⑤ 위구르는 744년 동돌궐을 멸망시키고 위구르 제국을 세웠다. 위구르에 화번 공주를 보낸 나라는 당이다.

42 답 ④

마오쩌둥

제시된 주장을 펼친 인물은 (문화) 대혁명의 전개, 사회주의 혁명의 완수, 실용주의자들과 대결 등을 통해 마오쩌둥임을 알 수 있다. 마오쩌둥은 국공 내전에서 승리하여 중화 인민 공화국을 수립한 뒤 토지 개혁과 기업의 국유화를 단행하였으며, 대약진 운동을 주도하였다. 한편, 스탈린 사후에는 사회주의 노선을 둘러싸고 소련과 대립하기도 하였다.

▼오답해설

④ 톈안먼 시위는 마오쩌둥 사망(1976) 이후 덩샤오핑 집권 시기인 1989년에 일어났다.

43 답 ⑤

아이티 혁명의 배경

자료는 아이티 혁명에 대한 것이다. 서인도 제도의 프랑스령 식민지였던 산 도밍고에서는 플랜테이션 농장에 팔려 온 흑인 노예들이 프랑스 혁명의 영향을 받아 혁명을 일으켜 아이티 공화국을 수립하였다.

▼오답해설

ㄱ.은 크림 전쟁 패배 후 러시아에서 추진된 개혁, ㄴ.은 남북전쟁에 대한 설명이다.

44 답 ①

청·일 전쟁과 러·일 전쟁

(가)는 청·일 전쟁, (나)는 러·일 전쟁에 해당한다. 청·일 전쟁은 1894년에 일어났으며, 포츠머스 강화 조약은 1905년 9월 러·일 전쟁의 결과로 체결되었다.

▼오답해설

①은 제1차 아편 전쟁의 결과 체결된 난징 조약(1842)에 해당한다. ② 일본은 러·일 전쟁 중에 침략 전쟁을 원만히 수행하기 위해 경부선을 부설하였다. ③은 1904년, ④는 1895년에 일어났다. ⑤는 1905년 7월에 체결된 가쓰라·태프트 밀약에 대한 설명이다.

45 답 ③

조선과 일본의 사절단 비교

자료의 (가)는 일본의 이와쿠라 사절단, (나)는 조선의 수신사이다. 이와쿠라 사절단은 미국과의 불평등 조약을 개정하기 위해 미국에 파견되어 근대 문물을 시찰하였고, 수신사는 강화도 조약 이후 일본에 파견되어 근대 문물을 시찰하였다.

46 답 ②

이란의 역사

자료의 내용은 최근 핵 문제로 국제 사회와 대립하고 있는 이란에 대한 것이다. 영국 상인에게 담배 제조와 판매권을 독점하도록 허가하자 이란에서는 상인과 이슬람 교 지도자를 중심으로 전국적인 담배 이권 반대 운동이 일어났다.

▼오답해설

① 이크타 제도는 셀주크 튀르크와 관련이 있다. ③ 오스만 제국은 동서 문화를 융합하여 이슬람 문화의 황금기를 이루었으며, 술레이만 사원은 이 시대의 대표적인 건축물이었다. ④ 인도와 관련이 있다. ⑤ 베트남과 관련된 내용이다.

47 답 ①

중국의 개혁·개방 정책과 베트남의 도이머이 정책

(가)는 중국의 개혁·개방 정책, (나)는 베트남의 도이머이 정책이다. (가), (나)모두 자본주의적 경제 요소를 일부 도입한 것이다.

▼오답해설

① 인민 공사는 대약진 운동 시기에 설치되었으며 개혁·개방 정책이 추진되면서 해체되었다.

48 답 ③

동남아시아 국가의 지리적 특성 파악하기

(가)는 싱가포르, (나)는 인도네시아에 대한 설명이다. 싱가포르는 동남아시아 국가 중 화교의 비율이 가장 높으며, 인도네시아는 적도 부근에 위치하여 열대 기후가 나타나며, 이슬람교 신자가 많다. A는 미얀마, B는 타이, E는 필리핀이다.

49 답 ②

현대의 인물

제시된 인물은 독일 통일과 유럽 연합 탄생에 중요한 역할을 한 독일 총리였던 헬무트 콜이다. (가)에 들어

갈 업적으로 '독일의 정치를 이끌며 고르바초프의 개혁을 지지하면서 냉전의 종식에 기여' 등을 통해 독일 통일의 완수를 추론할 수 있고, '유럽 연합 탄생'을 통해 마스트리히(흐)트 조약 체결을 주도하였음을 파악할 수 있다.

▼오답해설

ㄴ. 1961년 동독 정부에 의해 베를린 장벽이 건설되었다. ㄹ. 1949년에 북대서양 조약 기구(NATO)가 창설되었다. 헬무트 콜과는 관련이 없는 설명이다.

50 답 ②

아바스 왕조 시기의 사실

제시된 자료에서 왕조의 수도를 바그다드로 옮긴다는 내용 등을 통해 (가)는 아바스 왕조 건설 때의 상황임을 알 수 있다. (나)는 바그다드의 점령, 칼리프 처형 등을 통해 아바스 왕조가 멸망할 때의 상황임을 알 수 있다. ② (가), (나) 사이의 시기인 11세기 중반 셀주크 튀르크는 아바스 왕조로부터 술탄의 칭호와 정치적 실권을 위임받았고, 이후 소아시아 지역으로 세력을 확대하면서 비잔티움 제국을 공격하였다.

▼오답해설

① (가) 이전의 상황으로, 우마이야 왕조와 프랑크 왕국 사이에 투르 . 푸아티에 전투가 벌어졌다(732). ③ (가) 이전인 7세기 때의 상황이다. ④ 오스만 제국은 13세기 말에 건국되었다. (나) 이후의 상황이다. ⑤ (가) 이전의 상황으로, 우마이야 왕조가 세워지면서 이슬람교는 수니파와 시아파로 나뉘어 대립하였다.

세계사능력검정시험 기출동형모의고사 초 · 중급 해설

01 답 ②

구석기 시대와 신석기 시대의 생활 모습 비교

(가)는 구석기 시대의 빌렌도르프 비너스 상, (나)는 신석기 후기의 스톤헨지이다.

▼오답해설

①은 신석기 시대, ③과 ④는 구석기 시대, ⑤는 신석기 후기 이후에 해당된다.

02 답 ③

춘추 전국 시대와 위 · 진 · 남북조 시대의 공통점

제시문에서 (가)는 춘추 전국 시대, (나)는 위 · 진 · 남북조 시대에 해당한다.

▼오답해설

①, ②, ④는 위 · 진 · 남북조 시대에 대한 설명이고, ⑤는 수나라 이후의 사실이다.

03 답 ②

수 문화의 영향

(가)에 들어갈 나라는 수이다. 수는 시험으로 관리를 선발하는 과거 제도를 처음 실시하였고, 수 양제 때 완성된 대운하는 현재까지도 이용되고 있다.

▼오답해설

ㄴ은 당, ㄹ은 송에서 비롯된 사실이다.

04 답 ④

헤이안 시대의 특징

헤이안 시대에는 한자를 간략하게 만든 가나가 사용되고, 9세기 말부터는 견당사가 폐지되면서 대륙의 문화를 일본의 풍토와 관습에 맞게 소화하려는 국풍 문화가 발달하였다.

▼오답해설

①, ⑤는 나라 시대, ②는 야마토 정권, ③은 가마쿠라 막부부터 에도 막부까지의 사실에 해당된다.

05 답 ④

춘추 전국 시대의 사회상

제시된 사자성어는 춘추 전국 시대를 배경으로 만들어진 것이다.

▼오답해설

①, ②는 수 이후의 사실이고, ⑤는 한대에 대한 설명이다. 춘추 전국 시대는 전쟁의 시대였지만, 철기가 사용되고 잉여 생산물이 증가하여 상업과 화폐 사용이 활발하였다.

06 답 ④

인더스 문명의 유물·유적

제시문은 인더스 문명에 대한 설명이다.

▼오답해설

①은 로마 수도교, ②는 메소포타미아의 지구라트, ③은 이집트의 사자의 서, ④는 인더스의 인장, ⑤는 은의 갑골 문자이다.

07 답 ④

서남 아시아에서 발생한 종교

(가)는 크리스트 교, (나)는 이슬람 교, (다)는 유대 교에 관한 설명이다. ㄱ에서 예수의 가르침을 정리한 것은 신약 성서이고, ㄷ에서 유대 교는 선민 의식과 민족적 성격으로 인하여 세계 종교로 발전하지 못하였다.

08 답 ⑤

불교의 성립 배경

자료는 불교 교리 중 일부이다. 갠지스 강 유역에서는 정복 전쟁이 활발히 진행되고 상업이 발달하였다. 이러한 가운데 크샤트리아와 바이샤 신분이 각기 정치적, 경제적 권한을 강화하면서 브라만 사제 신분과 대립하게 되었다. 이를 배경으로 브라만 중심의 사회와 종교를 부정하는 불교가 등장하였다.

09 답 ①

페니키아가 역사에 끼친 영향

페니키아의 표음문자는, 일찍부터 해상 무역을 통해 접촉하였던 그리스 인들에게 전해져 알파벳의 기원이 되었고, 메소포타미아와 이집트 문명이 페니키아를 통해 그리스로 전파되었다.

▼오답해설

ㄷ. 히타이트, ㄹ. 아시리아에 관한 설명이다.

10 답 ⑤

스파르타의 사회적 특징

소수 민족으로 다수의 토착 민족을 지배해야 하는 스파르타는 강력한 군사 통치 체제를 갖추어야 했다. 시민들은 일생의 대부분을 군대에서 보내는 등 통제된 생활을 했다.

▼오답해설

⑤는 아테네의 사실이다.

11 답 ②

펠로폰네소스 전쟁

밑줄 친 '전쟁'은 스파르타 인들이 아테네의 세력이 더욱더 커지는 것을 두려워한 것, 스파르타에 동조하는 코린토스의 대표 등을 통해 펠로폰네소스 전쟁임을 알 수 있다. 그리스-페르시아 전쟁 이후 아테네의 세력이 커지자 이를 시기하는 폴리스가 나타났으며, 이에 아테네는 펠로폰네소스 동맹의 맹주인 스파르타와 크게 대립하여 펠로폰네소스 전쟁이 일어났다.

▼오답해설

①, ③ 펠로폰네소스 전쟁 이전의 그리스-페르시아 전쟁과 관련 있다. ④ 알렉산드로스 대왕의 동방 원정과 관련 있다. ⑤ 페이시스트라토스와 같은 참주가 민중의 지지를 받아 무력으로 정권을 장악한 것과 관련 있다.

12 답 ④

로마 공화정의 정치기구를 이해한다.

로마는 집정관, 원로원, 호민관을 설치하여 서로 견제와 균형을 유지하면서 공화정치를 이루어갔다.

13 답 ②

송대의 시대상

자료는 성리학에 대한 내용이다. 성리학은 유교의 기본 정신을 살리면서 불교와 도교의 장점을 수용하여 우주의 원리와 인간의 본성을 탐구하는 학문으로 송대에 발달하였다.

▼오답해설

①은 춘추 전국 시대, ③은 위·진·남북조~당, ④는 당, ⑤는 한이다.

14 답 ④

동아시아 문화권의 공통된 문화 요소

제시문은 동아시아 문화권의 형성에 대한 내용이다. 신라의 지배층이 사용한 한자, 당의 3성 6부제를 근간으로 한 발해의 중앙 정치 조직, 당의 율령 체제를 도입한 일본의 다이카 개신 등은 동아시아에 공통된 문화 요소가 정착되어 동아시아 문화권이 형성되는 모습을 보여준다. 금의 맹안 · 모극제는 북방 민족의 부족적 전통을 보여준다.

15 답 ④

정복 왕조의 이중 통치 체제

지문의 (가)는 거란이 세운 요, (나)는 여진이 세운 금에 대한 것이다. 이들은 이중 통치 방식을 채택하고, 고유 문자를 제정하는 등 한족에 동화되지 않기 위해 노력하였다.

▼오답해설

④는 몽골 제국에 해당한다.

16 답 ②

힌두 교의 특징

제시문은 힌두 교의 교리에 대한 설명이다. 힌두 교에서는 소속된 카스트에 따른 의무 수행을 중시하였는데, 마누 법전은 힌두 교도들의 생활 규범을 제시하고 있다.

▼오답해설

①은 이슬람 교, ③은 유교, ④는 조로아스터 교, ⑤는 크리스트 교에 대한 설명이다.

17 답 ①

인도네시아 보로부두르 사원

자료는 인도네시아의 대승 불교 유적인 보로부두르 사원에 대한 것이다.

▼오답해설

②는 중국 북위의 윈강 석굴, ③은 중국 당의 대안탑, ④는 인도의 산치 대탑, ⑤는 캄보디아의 앙코르와트이다.

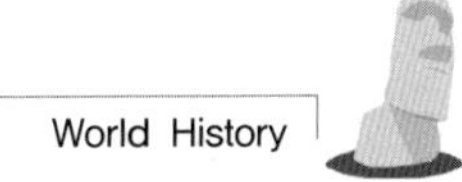

18 답 ②

자료를 통하여 중세 농업 생활의 특성

중세 유럽의 농노는 4계절 내내 노동에서 벗어날 수 없었다. 토지는 지력을 고려하여 삼포제 방식으로 경작되었다.

▼오답해설

③ 영주에 예속된 예속민이었다.

19 답 ⑤

서양 중세 주종 관계

자료는 중세 서유럽의 봉신이 주군에게 하는 서약으로 이를 통해 주종 관계가 성립되었다. 봉신은 영지의 재판과 징세에 대해 주군의 간섭을 받지 않는 불입권을 가지고 있었다.

20 답 ①

비잔티움 제국의 정치 변화

제시된 자료는 비잔티움 제국의 황제 교황주의에 대한 설명이다. 유스티니아누스 황제가 죽은 후 비잔티움 제국은 거듭되는 외침에 대비하기 위해 군관구 제도와 둔전병 제도를 실시하였다.

▼오답해설

②는 오스만 제국, ③은 프랑스, ④는 에스파냐, ⑤는 아케메네스 왕조 페르시아에 해당된다.

21 답 ⑤

흑사병의 영향

흑사병은 당시 유럽 인구의 1/3 이상이 목숨을 잃을 정도로 큰 타격을 주었으며, 그 결과 농노에 대한 대우가 개선되고 봉건적 구속이 약화되었다.

22 답 ③

마야 문명의 특징과 성립

지도는 고대 마야 문명이 성립한 지역을 나타낸 것이다. 이 문명에서는 자연 세계와 관련된 신들을 섬겼다. ㄹ은 이집트 문명에 대한 설명이다.

23 답 ②

사막길(비단길)을 통한 동서 교류 내용

제시문은 사막길(비단길)과 관련된 내용이다. ㄴ과 ㄹ은 초원길에 대한 설명이다.

24 답 ①

명 · 청 시대의 신사층

자료는 명 · 청 시대의 신사층에 대한 설명이다.

▼오답해설

②는 위 · 진 남북조 시대의 호족, ③은 당말 오대 10국 시기의 신흥 지주층, ④는 한의 호족, ⑤는 주의 제후에 대한 설명이다.

25 답 ④

양세법과 일조편법의 내용

(가)는 당 중기~명대의 양세법, (나)는 명대 장거정의 개혁으로 시행되었던 일조편법이다.

▼오답해설

① 양세법 이전의 조·용·조이다. ② 재정 문제 해결책이었다. ③, ⑤ 청대의 지정은제이다.

26 답 ①

도쿠가와 막부 시대의 문화

지문은 도쿠가와 막부의 쇄국 정책에 관한 자료이다. 도쿠가와 막부 시대에는 농업과 상업이 크게 발전하면서 교토와 오사카를 중심으로 가부키(연극), 풍속화인 우키요에 등의 조닌(상인) 문화가 발달하였다.

27 답 ③

티무르의 업적

(가)는 티무르이다. 그는 칭기즈 칸의 후손임을 주장하며 차가타이 한국을 병합하고 티무르 왕조를 건설하였다.

▼오답해설

①은 아시리아의 아슈르바니팔 왕, ②는 러시아의 이반 3세, ④는 무굴 제국의 아우랑제브 황제, ⑤는 이슬람 제국의 정통 칼리프(우스만)에 해당된다.

28 답 ①

무굴 제국의 문화

밑줄 친 '이 제국'은 무굴 제국이다. 당시 인도에서는 이슬람 문화와 힌두 문화가 융합된 인도 · 이슬람 문화가 발달하였다.

▼오답해설

②는 사파비 왕조, ③은 오스만 제국, ④는 굽타 왕조, ⑤는 쿠샨 왕조에 해당한다.

29 답 ②

신항로 개척의 영향

자료는 신항로 개척에 관한 것이다. 신항로 개척 이후 무역의 중심지는 지중해에서 대서양으로 이동하였다.

오답해설

②의 이탈리아 도시들은 신항로 개척 이후 쇠퇴하였다.

30 답 ⑤

알프스 이북 르네상스의 특징

자료는 에라스뮈스와 토머스 모어의 대화이다. 16세기 북유럽의 르네상스는 사회 비판적 성격이 강했으며, 자국어를 사용한 국민 문학이 발달하였다.

오답해설

①, ②는 18세기, ③은 19세기, ④는 헬레니즘 시대의 문화에 대한 설명이다.

31 답 ①

계몽사상의 특징

자료는 프로이센의 프리드리히 2세, 러시아의 예카테리나 여제의 글이다. 이들은 계몽 사상에 영향을 받아 계몽 군주임을 자처하며 여러 가지 개혁을 시행하였다.

오답해설

②, ③은 사회주의 사상, ④는 사실주의, ⑤는 낭만주의에 대한 특징이다.

32 답 ③

오스만 제국의 정책

자료는 오스만 제국의 콘스탄티노플 점령에 대한 것이다.

오답해설

①은 셀주크 튀르크, ②는 후옴미아드 왕조, ④는 옴미아드 왕조, ⑤는 무굴 제국에 해당한다.

33 답 ⑤

신항로 개척이 가져온 결과

제시된 자료는 콜롬부스가 대서양 횡단을 하고 난 후 국왕에게 제출한 보고서이다. 신항로 개척 이후 아메리카 대륙에서 막대한 양의 금과 은이 유럽에 유입되어 가격 혁명과 상업 혁명이 일어났다.

오답해설

①은 십자군 전쟁 이후, ②는 17세기 이후, ③은 나폴레옹 때, ④는 1077년의 일이다.

34 답 ④

프랑스의 절대 왕정과 영국의 종교 개혁

(가)는 프랑스의 루이 14세, (나)는 영국의 헨리 8세에 해당된다. ④ 헨리 8세는 자신이 교회의 수장임을 선포하고 영국 교회를 교황으로부터 독립시켰다. 이어 그는 수도원을 해산하고 교회의 토지와 재산을 몰수하여 왕실 재정을 강화하였다.

오답해설

① 프랑스의 루이 16세에 해당된다. ② 프랑스의 앙리 4세에 해당된다. ③ 영국의 엘리자베스 1세에 해당된다. ⑤ 계몽 전제 군주는 프로이센의 프리드리히 대왕, 러시아의 예카테리나 2세 등 동 유럽의 절대 왕정과 관련이 있다.

35 답 ④

아우크스부르크 화의의 내용

제시된 그림은 아우크스부르크 화의의 내용에 관한 것이다. 루터 파 제후들은 슈말칼덴 동맹을 맺고, 황제에게 저항하여 마침내 1555년 아우크스부르크 화의에서 종교의 자유를 얻었다. 그러나 개인의 신앙의 자유까지 허용된 것은 30년 전쟁 이후이다.

36 답 ④

영국 산업혁명의 영향

제시된 자료는 영국 산업혁명의 영향으로 일어난 내용이다. 영국의 산업혁명은 자본주의의 발달을 가져왔으나, 자본가와 노동자 계층의 대립이 심화되었다. 이에 자본주의를 비판하는 사회주의가 대두하였다.

37 답 ①

사회주의 사상의 등장 배경

제시문은 사회주의 사상에 대한 설명이다. 사회주의 사상은 산업 혁명 이후에 발생한 빈부 격차, 노동 문제 등을 비판하며 등장하였다.

38 답 ⑤

링컨의 노예 해방 선언이 미국에 끼친 영향

남북 전쟁 과정에서 미국 대통령 링컨은 노예 해방 선언을 발표하였으며, 이에 국제 여론이 북부에 유리하게 전개되었다.

39 답 ②

프랑스 국민 공회 시대의 정치 상황

연표는 프랑스 혁명과 관련된 것이다.

오답해설

①, ③은 국민 의회, ④는 총재 정부, ⑤는 통령 정부 시기의 사실이다.

40 답 ③

19세기 영국의 자유주의 운동

(가)는 차티스트 운동의 인민 헌장 내용이며, (나)는 곡물법 폐지를 주장하는 내용의 글이다. 차티스트 운동은 노동자들의 지지를 받았으며, 곡물법 폐지 운동은 자유 무역 체제 확립에 크게 기여하였다.

41 답 ②

경제 공황에 대한 각국의 대응 방안

주어진 내용은 경제 공황의 대응책들이다. 각 국가로 확산된 경제 대공황을 극복하고자 선진 자본주의 국가는 경제 블록을 형성하였다.

42 답 ③

변법 자강 운동의 성격

지문은 캉유웨이가 양무 운동의 한계를 비판하면서 변법 자강 운동의 필요성을 주장하고 있는 내용이다. 변법 자강 운동은 일본의 메이지 유신의 영향을 받아 입헌 군주제를 추구하였다.

오답해설

①은 신해혁명, ②는 태평천국 운동, ④는 의화단 운동, ⑤는 양무 운동을 설명한 것이다.

43 답 ①

일본 막부 타도 운동

자료는 개항 이후 일본의 사회적 현상이다. 개항 이후 사쓰마·조슈 번 등의 무사들이 중심이 되어 막부 타도 운동을 전개하였다.

44 답 ①

제국주의와 식민지 쟁탈

제시된 첫 번째 자료는 사회진화론적 의식을 보여주고 있다. 국제 사회는 약육강식의 사회로 강대국이 후진 지역을 식민지로 점령하는 것을 당연시하고 있다. 이는 제국주의적 팽창의 정당성을 부여하는 것이다. 두 번째 지료에서는 독점 자본주의의 특징을 보여주는 것으로 이들 대기업은 값싼 원료 공급지를 확보하고 자국의 상품 시장과 잉여 자본 투자 시장을 확보하기 위해 식민지 확대를 꾀하였다. 이와 같은 제국주의는 침략적 민족주의와 결합하여 경쟁적으로 식민지를 보유하고자 하였던 것이다.

오답해설

ㄱ. 제국주의는 잉여 자본 투자를 위해 식민지 확보에 열을 올렸다.

45 답 ③

마스트리히트 조약의 체결이 유럽에 끼친 영향

1992년에 마스트리히트 조약이 조인되어 유럽 연합(EU)이 탄생하였다. 유럽 연합은 회원 국가의 수를 늘리고 단일 화폐인 유로화를 발행하여 유통시켰다. 오스트리아는 1995년에 유럽 연합에 가입한 뒤 유로화를 통용시켰다.

46 답 ①

냉전의 성립과 해체

제시된 자료에서 미국과 소련의 화해, 비동맹 그룹의 등장, 닉슨의 중국 방문, 전략 무기 제한 협정 등을 통해 (가)에 들어갈 내용이 냉전 체제의 완화임을 파악할 수 있다.

오답해설

② 콜롬보 회의(1954), 제1차 반둥 회의(1955)와 평화 10원칙 등이 해당된다. ③ 마스트리히트 조약(1992), 유로화 등이 해당된다. ④ 대서양 헌장, 샌프란시스코 회의 등이 해당된다. ⑤ 북미 자유 무역 협정(NAFTA), 유럽 연합(EU) 등이 해당된다.

47 답 ②

20세기 자유 무역 체제의 특징

제시된 자료에서 GATT 체제를 대신한다는 점과 자유 무역 체제 강화를 가져왔다는 점을 통해 (가)는 세계 무역 기구(WTO)임을 알 수 있다. 1995년 WTO 체제가 출범하면서 세계하는 자유 무역을 전면에 내걸고 더욱 급속히 진전되었다. WTO 체제는 자유 무역의 범위를 기존의 공산품 분야에서 농산물과 서비스, 지적 재산권 분야로 확대하였으며, 현재 거의 모든 국가가 WTO에 가입되어 있는 상태이다.

오답해설

① 국제 연합(UN)은 제2차 세계 대전 이후 항구적인 국제평화와 안전보장을 목적으로 설립된 것으로 자유 무역 체제와는 거리가 멀다. ③ 국제 통화 기금(IMF)은

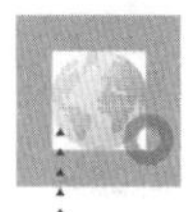

금융 협력, 무역 확대를 촉진하고 무역 적자국을 지원하여 국제 통화의 안정을 추구할 목적으로 설립되었다. ④ 유럽 경제 공동체는 오늘날 유럽 연합(EU)의 전신이다. ⑤ 북미 자유 무역 협정은 미국, 멕시코, 캐나다 등을 회원국으로 하는 블록 경제체제이다.

48 답 ④

제1차 세계 대전의 전개 과정

제시된 내용은 미국이 제1차 세계 대전에 참가하게 되는 과정을 보여주는 윌슨 대통령의 연설문이다. 사라예보 사건을 계기로 제1차 세계 대전이 시작되었으며, 종전 후 세계 평화를 지향하는 국제 연맹이 창설되었다.

49 답 ①

인도의 반영 운동

20세기 초 영국이 힌두 교와 이슬람 교의 갈등을 심화시키기 위해 벵골 분할령을 발표하자, 인도 국민 회의는 콜카타 대회를 열어 4대 강령을 채택하고 반영 운동을 전개하였다.

50 답 ④

만델라의 활동

자료의 인물은 남아프리카 공화국의 만델라이다. ①은 압둘 와하브, ②는 이집트의 나세르에 해당한다. ③의 팔레스타인 해방 기구는 1964년 아랍 정상들의 결의에 의해 설립되었고, ⑤는 폴란드의 바웬사에 해당한다.

세계사능력검정시험
기출동형모의고사 초 · 중급 해설

01 답 ②

메소포타미아 문명과 이집트 문명 비교

(가)는 메소포타미아 문명의 현세적 인생관을, (나)는 이집트 문명의 내세적 인생관을 보여 주고 있다. 메소포타미아 문명은 개방적 지리 조건으로 이민족의 침입을 자주 받았기 때문에 현세를 중시하는 풍조가 나타났다.

오답해설

①은 이집트, ③은 헤브라이, ④는 인더스 문명에 관한 설명이다. ⑤에서 메소포타미아는 쐐기 문자, 이집트는 상형 문자를 사용하였다.

02 답 ③

진시황제 정책의 목적

제시문은 진시황제가 통일 국가를 확립하기 위하여 실시한 정책들이다.

03 답 ③

아소카 왕의 업적

마우리아 왕조의 3대 아소카 왕은 소승 불교를 장려하였다.

오답해설

①은 굽타 왕조, ②는 수마트라를 중심으로 발달했던 스리비자야 왕국, ⑤는 아케메네스 왕조 페르시아에 대한 설명이며, ④에서 주로 동북 아시아로 전파된 불교는 대승 불교이다.

04 답 ⑤

조로아스터교의 특징과 의의

페르시아의 종교인 조로아스터 교는 사원의 성소에 불을 두기 때문에 배화교라고도 한다. 이 종교의 사후의 심판, 천국과 지옥, 구세주, 최후의 심판에 대한 믿음은 유대 교, 크리스트 교, 이슬람 교에 영향을 끼쳤다.

오답해설

ㄴ. 불교의 특징이다.

05 답 ③

그리스와 헬레니즘 시대의 상황

(가)는 그리스 시대의 파르테논 신전, (나)는 헬레니즘 시대의 라오콘 군상이다. 헬레니즘 시대에는 폴리스의 시민 의식이 사라지고 개인의 행복을 추구하는 개인주의와 편협한 공동체를 뛰어 넘는 세계 시민주의가 발달하였다.

오답해설

①, ⑤는 헬레니즘 시대, ②는 로마 시대, ④는 그리스 시대에 관한 설명이다.

06 답 ④

크레타 문명의 위치

지문은 크레타 문명을 설명하고 있다. 크레타 문명은 동지중해의 크레타 섬에서 성립하였는데, 지도상의 위치는 (ㄹ)이다. (ㄱ)은 로마, (ㄴ)은 콘스탄티노플(비잔티움), (ㄷ)은 카르타고, (ㅁ)은 이집트의 알렉산드리아이다.

07 답 ②

로마의 평민권 신장 과정

12표법은 로마 최초의 성문법으로 귀족들의 자의적인 법 집행을 차단하였고, 리키니우스 법은 2명의 집정관 가운데 1명은 평민에서 선출하였으며, 호르텐시우스 법은 평민회의 결의를 국법으로 인정하는 제도로 귀족과 평민은 법적으로는 구별이 없게 되었다.

오답해설

포에니 전쟁 후 로마는 라티푼디움의 발달로 농민층이 몰락하여 커다란 사회 문제가 되었다. 이후 로마는 귀족층 내부에서 벌족파와 평민파 간에 안투와 내란이 벌어졌고 이 과정에서 군인 정치가가 등장하였다. 1차 삼두 정치는 카이사르, 크랏수스, 폼페이우스이고, 2차 삼두 정치는 옥타비아누스, 안토니우스, 레피투스이다.

08 답 ①

문벌 귀족의 성격

제시문은 위 · 진 · 남북조 시대에 대한 설명이고 이 때

의 지배층은 문벌 귀족이다.

오답해설

ㄷ은 송의 사대부, ㄹ은 당 말기의 절도사에 대한 설명이다.

09 답 ③

안 · 사의 난 이후 사회 변화

안 · 사의 난 이후 대토지 소유의 확대로 장원이 발달하면서, 균전제가 흔들리게 됨에 따라 기존의 조·용·조 세제를 양세법으로, 군사 제도는 부병제에서 모병제로 변화되었다.

10 답 ④

송대 과거 제도

제시된 자료는 송대 과거 제도의 내용이다. 송대에는 황제 독재권을 강화하기 위하여 과거 시험에 전시를 추가하였다. 그리고 송대에는 사대부라는 새로운 지배 계층이 등장하였다.

오답해설

①은 당, ②는 주, ③은 한, ⑤는 청이다.

11 답 ④

야마토 정권의 율령 체제

밑줄 친 '2관 8성제'는 국왕 중심의 체제 건설, 율령의 제정, 수도를 헤이 조쿄로 옮길 무렵 등을 통해 나라 시대 이전인 701년 다이호 율령에서 규정된 것임을 알 수 있다. 당시 일본은 견당사를 파견하여 당의 율령 체제를 도입하는 정치 개혁을 추진하여 국왕 중심의 중앙 집권 체제를 수립하였다.

오답해설

①가마쿠라 막부는 13세기 후반 원의 침입을 막아 내는 과정에서 점차 쇠퇴하였다. ② 에도 막부는 산킨고타이 제도를 통해 다이묘를 통제하면서 중앙 집권 체제를 강화 하였다. ③ 에도 막부 시대에는 조닌 계급이 도시의 중산층으로 성장하면서 우키요에와 가부키 등 조닌 문화가 발전하였다. ⑤ 헤이안 시대 말기인 10세기경부터 무사 계급이 지배층으로 등장하였으며, 12세기 말에 가마쿠라 막부가 성립되었다.

12 답 ②

금, 원, 청의 군사 조직

(가)는 청의 팔기제, (나)는 금의 맹안 · 모극제, (다)는 원의 천호제이다.

오답해설

② 연운 16주를 획득하여 중국 화북의 일부를 지배한 것은 요(거란)이다.

13 답 ②

굽타 왕조의 특징

굽타 왕조에서는 브라만의 사상을 국가의 통치 이념으로 삼았기 때문에 브라만 교의 전통이 다시 강화되었다. 이러한 배경에서 힌두 교가 성립하여 인도 사회에 점차 확산되었다. 힌두 교는 브라만 교와 불교 및 인도의 토속 신앙이 오랜 세월에 걸쳐 자연스럽게 융합되면서 종교 형태를 갖추게 되었다. 이 시기는 힌두 교가 인도의 민족 종교로 발전하였고, 문학, 미술 등의 분야에서도 인도 특유의 색채가 강조되는 등 인도 고전 문화의 황금기였다.

오답해설

①은 마우리아 왕조, ③은 기원전 16세기경, ④는 11세기 이후 인도, ⑤는 쿠샨 왕조에 대한 설명이다.

14 답 ①

베트남에 관련된 사실

자료의 쯔놈 문자는 베트남의 고유 문자이다. 베트남은 지리적으로는 동남 아시아에 속하지만 문화적으로는 동아시아 문화권에 속한다.

오답해설

①은 말레이시아 지역의 믈라카 왕조 ②는 자와 지역의 사이렌드라 왕조, ③은 인도의 굽타 왕조, ⑤는 인도네시아의 스리비자야 왕조에 해당한다.

15 답 ①

이슬람 제국의 정치적 특징

이슬람 제국은 8세기경에 북아프리카와 이베리아 반도에 이르는 대제국을 건설하였다. 이슬람 제국의 칼리프는 정교 일치의 지배권을 행사하였다.

오답해설

③, ⑤ 고대 로마 제국에 해당한다.

16 답 ②

서유럽 중세의 농노와 상인

(가)는 농노, (나)는 상인이다. 농노는 신분적으로 부자유한 존재였으며, 상인 길드는 도시민들의 자치권 획득에 주도적인 역할을 하였다.

▼오답해설

ㄱ. 인구 감소로 인한 노동력 부족으로 농노의 지위가 상승하였다. ㄹ. 길드는 생산과 판매를 통제하였다.

17 답 ⑤

그리스 정교와 로마 가톨릭의 차이점

자료는 비잔틴 문화권과 서유럽 문화권을 비교한 것으로 (가)는 그리스 정교, (나)는 로마 가톨릭이다. 크리스트 교는 성상 숭배 문제로 대립하다가 1054년 그리스 정교와 로마 가톨릭으로 분열하였다.

▼오답해설

①은 로마 가톨릭의 특징이며 비잔틴 제국은 황제·교황주의를 표방하였다. ②는 종교 개혁기 프랑스의 위그노, ③은 325년 니케아 공의회에서 이단으로 배척된 아리우스파, ④는 그리스 정교에 대한 설명이다.

18 답 ③

중세 유럽의 문화적 특징

제시된 자료는 12세기 고딕 양식의 첨탑과 스테인드글라스 사진이다. 이 시기에는 신앙과 이성의 조화를 추구하는 스콜라 철학이 유행하였고, 교수나 학생들의 조합으로부터 출발하여 대학이 설립되었다.

▼오답해설

ㄱ은 알프스 이북의 르네상스, ㄹ은 이탈리아 르네상스에 해당된다.

19 답 ⑤

유스티니아누스 황제의 활동

유스티니아누스 황제는 옛 로마 제국 영토의 대부분을 되찾았고, 유스티니아누스 법전을 편찬하였다. 또한 콘스탄티노폴리스에 성 소피아 성당을 건립하였다.

20 답 ②

십자군 전쟁의 배경

십자군 전쟁은 종교적 동기에서 비롯되었지만, 서유럽인들의 세속적인 목적이 크게 작용하였다.

▼오답해설

② 당시 국왕이 교황의 영향력을 벗어나려는 의도가 있었던 것은 사실이지만, 그리스 정교회와 연계하려 했다고 진술한 것은 잘못이다.

21 답 ②

마야 문명

중앙 아메리카의 멕시코 유카탄 반도를 중심으로 마야 문명이 발달하였다. 마야인들은 20진법을 사용하였으며 계단식 피라미드 모양의 신전을 축조하였다.

▼오답해설

③ 그리스 문명 ④ 인더스 문명 ⑤이집트 문명에 해당한다.

22 답 ③

서양 중세 도시와 길드의 구조

자료는 서양 중세 자치 도시의 구조를 나타낸 것이다. 중세 도시는 국왕이나 영주의 간섭을 받았지만 차츰 도시의 경제력이 커지자 상인 길드와 수공업자 길드가 중심이 되어 국왕이나 영주에게 일정한 금액을 주거나 무력을 이용하여 자치권을 획득하였다. 자치권을 획득한 도시는 시장과 시의회를 통해 도시의 행정과 입법, 징세, 예산, 재판 등의 권한을 행사하였다. 한편 상인 길드와 수공업자 길드는 공동의 이익을 위하여 조직된 조합으로 수공업자 길드는 엄격한 위계 질서와 규정을 통해 물품의 생산과 판매 등을 철저히 통제하였다.

23 답 ③

이븐 바투타와 동서 교류

이븐 바투타는 모로코 출신의 중세 이슬람 여행가이다. 그는 이집트, 시리아를 거쳐 메카로 성지 순례를 하였고 이라크, 페르시아, 중앙아시아, 인도 등을 여행하였다. 원 나라 시기인 1345년에는 중국 취안저우를 거쳐 베이징 이르렀고 1349년 바그다드 · 메카 · 이집트를 거쳐 돌아갔다. 그가 남긴 여행기는 14세기 이슬람사회를 잘 부각시켜 사료로서의 가치가 크다.

③ 당시 인도는 델리 술탄 왕조 등 이슬람 왕조들이 존재하였으며 카스트 제도에 억압받던 민중들의 환영을 받았다.

▼오답해설

① 정화의 원정은 명 나라 시기에 해당된다. ② 레판토 해전(1571)은 오스만 튀르크가 에스파냐와 베네티아 연합 함대에 패한 것을 말한다. ④ 아우랑제브 황제는 17세기 말 무굴 제국의 황제로 무굴 제국의 전성기를 이끌었다 그는 힌두 교도를 탄압하기 위해 지즈야(인두세)를 부활하였다. ⑤ 예카테리나 2세는 18세기 러시아의 계몽 전제 군주이다.

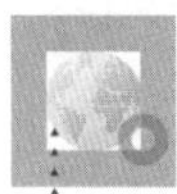

24 답 ⑤

명(明)대의 통치 정책

지문은 명(明)대에 홍무제가 실시한 이갑제에 관한 것이다. 홍무제는 황제권을 강화하고, 과거제를 부활하고 학교 교육을 강화하는 한편, 백성들에게 유교적 도덕을 보급하기 위해 6유를 제정하였다.

오답해설

①은 원, ②는 금, ③은 송, ④는 위·진·남북조 시대에 관한 설명이다.

25 답 ③

청의 한족 지배 정책

표는 만주족의 청이 시행한 한족 지배 정책으로 (가)는 강경책, (나)는 회유책이다.

오답해설

② 홍건적의 난은 원 말에 일어났다.

26 답 ③

에도 막부 시대의 사실

자료는 에도 막부에 관한 설명이다. 에도 막부 때 통신사에 의해 조선의 문화가 전파되었으며, 나가사키 항의 네덜란드 상인을 통해 서양 문물이 전해졌다. 상공업의 발달로 농민과 상인의 자식들이 교육을 받았으며, 조닌이 성장하고 가부키가 발달하였다.

오답해설

③ 나라 시대에 해당된다.

27 답 ⑤

아우랑제브 황제의 업적

17세기 후반 아우랑제브 황제는 무굴 제국 사상 최대 영토를 확보하였으며, 힌두교 사원을 파괴하고 지즈야(인두세)를 부활시키는 등 힌두교를 탄압하였다.

28 답 ①

오스만 제국의 특징

제시된 자료의 내용은 오스만 제국의 상황을 설명한 것이다. 오스만 제국은 술레이만 1세 때 헝가리를 정복하고 에스파냐 · 베네치아 · 로마 교황의 연합 함대를 격퇴하여 지중해 해상권을 장악하고 유럽, 아프리카, 아시아에 걸친 대제국을 건설하였다. 오스만 제국은 투르크의 술탄이 칼리프를 겸하는 정교 일치적 술탄 · 칼리프 제도를 시행하고, 납세의 의무를 지키면 영토 내의 비이슬람 교도들에 대해 자치적 공동체 구성을 허락하였으며, 이슬람 문화를 바탕으로 비잔티움 · 이란 · 투르크 문화를 융합하였다. 1571년 레판토 해전에서 에스파냐에 패배한 이후 쇠퇴하기 시작하였다. 19세기에는 근대화 운동인 탄지마트를 추구하였다.

오답해설

① 동로마제국인 비잔티움 문화에 해당되는 것이다.

29 답 ④

근대 프랑스의 역사 전개 과정

(가)의 근본적 원인은 구제도의 모순이고 직접적 원인은 재정의 궁핍이었다. (나)는 샤를 10세의 반동 정치에 대항한 자유주의 혁명으로 루이 필리프를 추대하여 7월 왕정을 수립하였다. (다)는 노동자들의 선거권 확대 요구를 중심으로 전개되었으며 제2공화정을 수립하고 루이 나폴레옹을 대통령으로 선출하였다.

30 답 ⑤

네덜란드의 발전

제시된 자료에서 에스파냐로부터의 독립, 케이프 식민지 건설, 서인도회사 설립 등으로 네덜란드임을 알 수 있다. 케이프 식민지는 1652년 네덜란드의 동인도 회사가 설립한 것으로 케이프타운을 중심으로 발전하였으며, 1795년에는 영국의 식민지가 되었다. 서인도 회사는 아메리카 신대륙과 아프리카 서안에의 무역 · 식민 등을 목적으로 1621년에 설립된 특허회사였다.
ㄷ. 영국의 항해법은 네덜란드의 중개 무역에 타격을 주고자 한 것으로 이로 인해 네덜란드는 영국과 전쟁을 벌이기도 하였다. ㄹ. 네덜란드의 칼뱅파들을 고이센이라고 하는데 주로 상공업자들이 많았다

오답해설

ㄱ. 영국에 해당되는 설명이다. ㄴ. 이탈리에 해당되는 설명이다.

31 답 ②

이탈리아 르네상스

제시된 자료의 갑은 마키아벨리의 군주론, 을은 단테의 신곡, 병은 보카치오의 데카메론을 설명한 것이다. 이들은 모두 이탈리아 르네상스 시기의 인문주의자로서 인간다운 삶과 자유로운 개성을 강조하였다. 이탈리아 르네상스의 특징은 그리스·로마의 고전 작품을 수집하고 연구하는 휴머니즘(인문주의)에 있다.

오답해설

① 흑사병 창궐은 14세기 중반에 해당된다. 제시된 자

료의 주제로는 거리가 멀다. ③ 절대주의는 16세기~18세기 유럽의 일반적인 국가 형태를 말하는데 관료제와 상비군, 왕권 신수설, 중상주의 등을 특징으로 한다. 제시된 책의 주제와 거리가 멀다. ④ 16세기 종교 개혁에 해당되는 내용이다. ⑤ 19세기 유럽 문화의 특징이다. 낭만주의는 감정과 상상력을 강조하고 민족의 과거에 관심을 기울였다.

32 답 ④

루터의 종교 개혁 배경

루터가 종교 개혁을 단행한 시기의 독일은 정치적으로 분열되어 있었으며, 로마 교황청의 착취가 심하여 교황에 대한 불만이 고조되었다. 이러한 상황에서 교황청이 베드로 성당 보수를 위한 재정 마련을 의해 면벌부를 판매하자 이에 대한 부당성을 지적하며 루터가 개혁의 불길을 피웠다.

오답해설

① 게르만 민족의 이동기는 4~6세기의 상황에 해당된다. ② 성상 숭배 문제 등을 둘러싼 로마 가톨릭과 그리스 정교 사이의 갈등으로 양 쪽이 완전히 결별한 것은 11세기경이었다. ③ 신성 로마 황제 하인리 4세와 교황 그레고리 7세 사이에 성직자 서임권을 둘러싼 갈등이 일어난 카노사의 굴욕 사건(1077)이 대표적이다. ⑤ 르네상스 시기에 해당되는 내용이다. 르네상스 시기의 과학과 기술의 발달은 종교 개혁에 영향을 끼치기는 하였으나 제시된 루터의 종교 개혁에 직접적인 영향을 끼친 것은 아니었다.

33 답 ③

로크와 루소의 사상

(가)는 로크, (나)는 루소이다. 로크는 사회계약설을 주장하면서 인민의 저항권을 강조하여 왕권신수설을 비판하였다. 루소는 주권 재민과 직접 민주주의를 추구하여 프랑스 혁명에 영향을 주었다.

오답해설

④는 몽테스키외, ⑤는 홉스의 주장이다.

34 답 ②

러시아 절대주의의 특징과 내용

대화에서의 황제는 러시아의 표트르 대제이다. 그는 러시아의 풍속과 관습까지도 서구화하려 하였으며 발트 해로 진출하여 새로운 도시 상트 페테르부르크를 건설하였다.

35 답 ④

양무운동의 전개 과정

제시된 내용은 양무 운동에 관한 것이다. 양무 운동은 서양의 과학 기술만을 선별적으로 수용하려는 운동으로 청·일 전쟁의 패배로 한계를 드러내었다.

오답해설

①, ② 태평 천국 운동, ③, ⑤ 변법 자강 운동에 해당한다.

36 답 ④

항해법과 대륙 봉쇄령

(가)는 크롬웰의 항해법, (나)는 나폴레옹의 대륙 봉쇄령이다. 영국에서 공화정을 수립한 크롬웰은 항해법을 제정하여 네덜란드에 타격을 가했고, 프랑스의 나폴레옹은 영국에 경제적 타격을 주고자 대륙 봉쇄령을 시행하였다. 나폴레옹은 이를 무시한 러시아에 대한 원정을 단행하였다.

37 답 ④

러시아 혁명의 전개 과정

제시된 연설의 임시 정부에 대한 지원 중단, 소비에트 정부 수립 등을 통해 러시아의 3월 혁명과 11월 혁명 사이에 발표된 연설임을 파악할 수 있다. 러시아에서는 3월 혁명으로 니콜라이 2세가 퇴위하며 로마노프 왕조가 붕괴되었고 임시 정부가 수립되었다. 그러나 임시 정부는 국민의 염원을 외면하고 1차 세계대전 참전을 계속하였고, 망명 중이던 레닌이 러시아에 돌아와 모든 권력을 소비에트로 이양할 것과 즉각적인 전쟁 중지를 주장하였다. 이러한 연설이 행해진 시기는 연표의 (라)에 해당한다.

오답해설

①, ② 1905년 피의 일요일 사건 이후 니콜라이 2세가 두마(의회)를 설치하였다. ③ 1914년 제1차 세계 대전이 일어났고, 1917년 3월 노동자와 병사의 대표들이 소비에트를 결성하고 혁명을 추진하였다. ⑤ 11월 혁명 이후 독일과 강화 조약(브레스트-리토프스크 조약)을 체결하였고, 이후 급격한 공산화에 따른 경제적 혼란을 극복하기 위해 신경제 정책(NEP)이 실시되었다.

38 답 ⑤

영국 혁명에서 나타난 권리 장전

자료는 1689년 공포된 권리 장전이다. 이것은 영국의 의회 정치를 확립하는 기초가 되었고, 동시에 절대주의를 종식시켰다는 의의를 가진다.

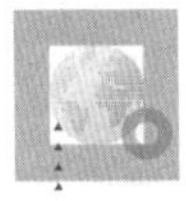

▼오답해설

②는 인권 선언이다. ③의 루소와 볼테르는 18세기의 사람이다. ④는 대헌장이다.

39 답 ④

존왕양이 운동의 시기

제시된 자료에서 막부가 서양과 첫 조약을 맺는다는 내용, 8년이 지난 상황 등을 통해 메이지 유신 이전의 상황임을 파악할 수 있다. 에도 막부는 미 · 일 화친 조약(1854), 미 · 일 수호 통상 조약(1858)을 맺었다. 이런 상황 속에서 존왕양이 운동이 전개되었고, 사쓰마 번과 조슈 번이 중심이 되어 막부를 타도하고 왕정 복고에 성공하였다(1868).

▼오답해설

① 헤이안 시대에 대한 설명이다. ② 메이지 정부의 개혁 조치이다. ③ 메이지 정부 시기에 이와쿠라 사절단이 파견되었다. ⑤ 메이지 정부 시기에 대일본 제국 헌법이 공포(1889)되고, 제국 의회가 결성되었다.

40 답 ②

영국 산업 혁명

영국의 산업 혁명은 7년 전쟁 등 식민지 경쟁에서의 승리에 따른 자본의 축적, 인클로저 운동으로 인한 풍부한 노동력 확보, 풍부한 지하 자원 등을 배경으로 일어났다. 제임스 와트에 의해 증기 기관이 개량되어 기계의 동력으로 이용되면서 산업이 급속히 발달하였으나, 이 과정에서 자본가와 노동자의 대립이 심화되었다. 이에 자본주의를 비판하는 사회주의 사상이 등장하였다.

▼오답해설

ㄴ은 에스파냐 절대왕정 시기의 사실이며, ㄹ의 계몽 사상은 18세기 프랑스에서 형성되어 시민 혁명의 사상적 기반이 되었다. (라)는 사회주의 사상이다.

41 답 ①

베트남의 민족 운동

제시된 자료는 베트남에서 전개된 동유 운동에 관한 것이다. 동유 운동은 판 보이쩌우를 중심으로 전개된 베트남의 근대화 운동으로 청년들을 일본에 유학시켜 근대 문물을 수용하려는 것이었다.

▼오답해설

② 오스만 튀르크에 해당한다. ③ 인도에 해당한다. ③ 필리핀에 해당한다. ⑤ 와하브 운동은 18세기 아라비아 반도에서 일어난 이슬람 교 순화 운동이다.

42 답 ④

계몽사상과 낭만주의의 비교

제시된 자료에서 (가)는 계몽 사상, (나)는 낭만주의를 설명한 것이다. 계몽 사상은 18세기 시민 혁명의 사상적 배경으로 이성을 존중하고 무지와 미신을 타파하고자 하였다. 낭만주의는 19세기 전반에 유행한 사조로 감정과 상상력을 강조하고 민족의 과거에 관심을 기울여 민족주의와 결합한 성격이 있다.

▼오답해설

① '최대 다수의 최대 행복'은 공리주의에 해당된다. ② 프로이트와 관련된 설명이다. ③ 계몽 사상에 대한 설명이다. ⑤ 자유 분방하고 개인의 감정을 중시한 것은 낭만주의이다.

43 답 ①

미국 남부와 북부의 대립

이 주는 연방 의회의 보호 무역을 비판하고 노예 제도를 옹호하고 있기 때문에 남부에 속하는 것을 알 수 있다. 남부는 주로 면화를 재배하는 대농장 경영을 후원하였다.

▼오답해설

②, ③, ④, ⑤ 모두 북부의 주장이다.

44 답 ⑤

베르사유 체제의 성립과 평화를 위한 노력

제시된 자료는 윌슨의 14개조 원칙이다. 이 원칙을 바탕으로 파리 강화 회의가 개최되었고, 그 결과 국제 연맹이 창설되었다.

45 답 ③

제국주의의 특징

자료에서 주장하는 대외 정책은 제국주의이다. 19세기 후반에 서양 열강은 월등한 군사력과 경제력을 앞세워 식민지를 건설하기 위한 적극적인 대외 팽창을 시도하였는데, 이를 제국주의라고 부른다. 이 같은 대외 정책이 추진되면서 사회 진화론과 인종주의도 더불어 확산되었다.

46 답 ⑤

19세기 자유주의의 발전과 먼로 선언

제시된 자료의 내용은 미국의 먼로 대통령이 선언한 것으로 소위 '먼로선언'이라고 하는 것이다. 라틴아메리카 식민지는 미국의 독립과 프랑스의 혁명에 자극을 받아 독립을 선언하였다. 이에 유럽 열강이 간섭하자 미국은 라틴아메리카의 독립에 대한 유럽 열강의 간섭을 배격하는 먼로주의를 선언한 것이다.

오답해설

A는 아프리카, B는 서아시아, C는 동남 아시아, D는 오스트레일리아 지역으로 모두 먼로 선언과 직접적인 관련성이 없는 지역이다.

47 답 ③

중국 5 · 4 운동의 배경

자료는 중국 5 · 4 운동 때 나온 학생들의 톈안먼 선언이다. 파리 강화 회의에서 중국이 주장한 '일본의 21개조 요구' 철회를 열강이 무시하자, 신문화 운동의 영향을 받은 학생과 시민들이 5 · 4 운동을 전개하였다.

48 답 ⑤

미국의 공황 타개 정책

자료는 미국 경제 공황의 실정이다. 미국 대통령 루스벨트는 뉴딜 정책으로 생산을 조절하고, 테네시 강 개발 등으로 고용을 증대하였으며, 최저 임금제와 사회 보장제의 실시 등으로 노동자의 권익을 보장하였다. 또한 중남미 국가들과 선린 외교를 통해 미국의 상품 시장을 확보하였다.

49 답 ④

제2차 세계대전 이후의 세계 질서

제시된 자료에서 인터뷰에 응하는 인물이 스무살 되던 해에 독일이 폴란드를 침공(1939)하였다는 것으로 보아 이 인물은 1919에 출생하였음을 알 수 있다. 따라서 1919년 이후의 사건을 찾으면 될 것이다. ㄴ. 마셜 계획은 제2차 세계 대전 이후 미국이 서유럽의 경제 부흥을 지원하겠다는 것을 말한다.

오답해설 ㄱ. 삼국 동맹의 결성은 1882년에 이루어졌다. ㄷ. 사라예보 사건(1914)을 의미하는 것으로 제1차 세계 대전 발발의 원인이 되었다.

50 답 ④

제1차 국공 합작의 상황

제시된 자료에서 군벌의 전횡, 국민 혁명의 완수, 민족의 마음을 하나의 당으로 모아야 한다는 내용 등을 통해 제1차 국 · 공 합작(1924)의 필요성을 강조하는 연설임을 추론할 수 있다. 쑨원은 군벌과 제국주의에 대항하기 위해 중국 국민당과 중국 공산당의 합작을 이루어냈다.

오답해설

① 1936년에 시안 사건이 발생하였다. ② 신해혁명의 결과 쑨원이 임시 대총통으로 추대되고 중화민국이 성립하였다(1912). ③ 1905년에 일본 도쿄에서 여러 혁명 단체를 통합하여 중국 동맹회가 결성되었다. ⑤ 쑨원이 사망한 후에, 중국 국민당의 실권은 장제스가 장악하였다. 이후 장제스는 군벌을 타도하여 쑨원이 추진하던 국민 혁명을 완수하였으나, 그 과정에서 중국 공산당을 배척하였다.

세계사능력검정시험 기출동형모의고사 초 · 중급 해설

01 답 ②

신석기 시대 생활

신석기 시대에 농경과 목축을 시작하면서 한 곳에 정착하여 움집을 짓고 살았다. 이를 배경으로 애니미즘과 토테미즘 등 원시 신앙이 나타났다.

오답해설

ㄴ. 우경은 철기 시대에 시작되었다. ㄹ.빌렌도르프의 비너스는 구석기 시대에 제작되었다.

02 답 ③

고대 문명의 성격

(가)는 이집트, (나)는 동부 지중해 연안의 페니키아와 헤브라이, (다)는 메소포타미아 문명이다. (가)에서는 측량술과 천문학 등이 발달하였고, (다)에서는 영혼 불멸과 내세를 믿지 않았다. (나)의 페니키아 문자는 알파벳의 기원이 되었다.

03 답 ②

헬레니즘 시대

알렉산드로스 대왕은 동방 원정에 성공하여 유럽, 아시아, 아프리카에 걸친 대제국을 형성하고 동서 융합에 노력하였다. 알렉산드로스 제국의 성립으로 그리스와 오리엔트가 하나의 국가로 묶이면서 헬레니즘 문화가 발달하였다. (나)에서는 그리스를 정복한 것이고, (라)에서는 인도 서북부 인더스 강 유역까지 진출하였다.

04 답 ④

인도의 발전 과정

지도의 (가)는 인더스 강 유역, (나)는 갠지스 강 유역이다. ㄱ의 불교는 (나) 지역의 부다가야에서 창시되었으며, ㄷ의 모헨조다로는 (가) 지역에 위치한 인더스 문명의 대표적인 유적이다.

05 답 ②

한 무제의 경제 정책

한 무제는 대외 원정으로 인한 재정난을 해결하기 위해 소금, 철, 술 등의 전매제를 실시하였다.

오답해설

①은 당, ③은 수, ④는 진, ⑤는 주이다.

06 답 ②

인도의 불교 문화

(가)는 마우리아 왕조 시기에 제작된 아소카 왕의 석주, (나)는 쿠샨 왕조의 간다라 양식의 불상이다.

오답해설

ㄴ은 이슬람 미술양식, ㄹ은 무굴 제국의 문화적 특징이다.

07 답 ①

조로아스터 교 이해하기

자료는 조로아스터 교의 경전인 『아베스타』의 내용이다. 조로아스터 교는 아케메네스 왕조 페르시아 때 창시되었으며, 사산 왕조 페르시아의 국교가 되었다. 또 이 종교는 선의 신인 스펜다 마이뉴(아후라 마즈다의 성령)를 주신으로 삼고 불을 숭배하였다.

오답해설

②는 이슬람 교, ③은 크리스트 교, ④는 브라만 교, ⑤는 자이나 교에 대한 설명이다.

08 답 ③

제자백가의 사상과 적용 과정

(가)는 유가, (나)는 도가, (다)는 법가, (라)는 묵가 의 주장이다.

오답해설

ㄱ은 묵가, ㄹ은 유가와 관련된 사실이다.

09 답 ④

고대 그리스 문화의 특징과 의의를 파악한다.

그리스 문화는 자유로운 시민 생활을 중시하고 자연과 인간에 대해 합리적으로 탐구하는 정신을 바탕으로 발전하였다.

오답해설

ㄱ, ㄷ은 로마 문화의 특징이다.

10 답 ③

옥타비아누스의 업적

(가)는 로마의 옥타비아누스이다. 옥타비아누스는 악티움 해전에서 안토니우스를 격파하여 삼두정치를 종식시키고 로마의 지배권을 장악하였다.

오답해설

①은 디오클레티아누스 황제, ②는 스키피오, ④는 그라쿠스 형제, ⑤는 리키니우스에 해당된다.

11 답 ③

북위의 균전제

북위의 균전제는 국가가 성인남녀에게 토지를 분배함으로써 자영농을 육성하고 국가 재정을 확충하기 위한 목적에서 실시되었다. 곡물뿐만 아니라 비단, 삼베의 생산을 장려하기 위해 상전(桑田)과 마전(麻田)을 지급하기도 하였고 이러한 정책을 통해 유목 민족이었던 선비족은 점차 농업 경제로 편입되었다. 그러나 토지 지급 대상에 노비와 소까지 포함시킴으로써, 오히려 유력자(호족)들의 대토지 소유를 인정하는 결과를 가져 오기도 하였다.

오답해설

③은 송대에 해당하는 내용이다.

12 답 ①

무굴 제국의 문화

무굴 제국에서는 인도 고유 문화와 이슬람 문화의 융합이 이루어져, 시크교가 창시되고, 우르두 어가 사용되었으며, 타지마할이 건축되었다.

오답해설

②의 자이나교는 기원전 5세기경 바르다마나가 창시하였다. ③은 굽타 왕조, ④는 쿠샨 왕조, ⑤는 약 기원전 7세기경의 사실이다.

13 답 ④

수 왕조의 대운하 건설 결과

지도의 대토목 공사는 수 왕조의 대운하이다. 남북조를 통일한 수는 정치, 군사 중심지인 화북과 경제력이 신장된 강남을 연결하기 위하여 대운하를 개통하였다.

오답해설

② 위 · 진 · 남북조 시대, ③ 정치 중심지는 여전히 화북이었다. ⑤ 한 무제 때이다.

14 답 ①

당의 통치 체제

당나라는 중앙에 3성 6부를 기초로 한 통치 조직을 마련하고, 지방에는 주 · 현을 설치하여 관리를 파견하였다. 3성 6부제는 당의 정치가 황제와 귀족의 합의에 의하여 운영되었다는 사실을 보여준다. 또한 당나라는 통치의 기초를 이룬 율령 체제를 확립하고, 균전제와 조 · 용 · 조, 부병제 등을 실시하였다.

오답해설

③은 송나라, ④는 북위, ⑤는 금나라의 정책이다.

15 답 ①

왕안석의 변법

송대에는 문치주의 정책으로 국방력이 약화되고 재정이 궁핍하였다. 이를 극복하기 위해 왕안석은 부국 강병을 위한 개혁 정치를 실시하였는데, 변법에는 청묘법 · 시역법 · 모역법 · 균수법 · 보갑법 · 보마법이 있다.

16 답 ⑤

남송 시대의 문화

지문은 남송에 대한 설명이다.

오답해설

①, ②는 명, ③은 청, ④는 한에 해당한다.

17 답 ⑤

몽골 제국(원)

자료는 몽골 제국(원)에 대한 것이다. 몽골 제국은 쿠빌라이 칸(세조)시기에 수도를 베이징으로 옮겼고, 국호를 원으로 정하였으며 남송을 멸망시켰다. 몽골 제국은 화폐로 교초를 사용하였고 몽골 제일주의에 입각하여 여러 민족을 구분하여 통치하고 색목인을 우대하였다.

오답해설

①,③은 청, ②는 금, ④는 명~청 초에 해당한다.

18 답 ②

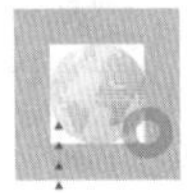

일본 역사 발전 과정에서의 중요한 내용
삼국의 문화를 수용한 일본에서는 아스카 문화가 발전하였으며, 일본 문자인 가나 문자는 헤이안 시대에 만들어졌다. 다이카 개신으로 일본에서는 율령 체제를 갖추며 동아시아 문화권에 편입되었다.

▼오답해설

⑤ 무사 계급이 주도한 봉건제가 처음 생긴 것은 1192년 성립된 가마쿠라 막부 때이다.

19 답 ⑤

카스트 제도
카스트 제도는 소수의 아리아 인이 선주민을 지배하기 위하여 인종적 구별을 기초로 마련한 엄격한 신분 제도이다. 카스트 제도에서 다른 계급과의 결혼은 금지되었다.

20 답 ④

중세 문화의 특징
지문은 중세 서유럽 사회의 특징을 정리한 것이다. 중세 서유럽에서는 교회가 유럽인의 정신과 일상 생활을 지배하였으며, 자치권을 갖는 대학이 설립되었고, 기사 문학과 스콜라 철학이 발달하였다. ④는 이슬람 문화의 특징이다.

21 답 ⑤

무함마드의 업적
자료는 이슬람 교를 창시한 무함마드의 전기 중 일부이다.

▼오답해설

①은 옴미아드 왕조, ②, ④는 아바스 왕조, ③은 후옴미아드 왕조와 관련된 것이다.

22 답 ③

비잔티움의 역사적 · 지리적 의의
성 소피아 성당이 있다는 구절에서 이곳이 비잔티움(콘스탄티노플)이라는 사실을 알 수 있다. 비잔티움은 동양과 서양을 연결하는 길목으로서 비잔티움 제국, 오스만 제국이 오랫동안 수도로 삼았던 곳이다.

23 답 ②

보로부두르 사원
자료는 보로부두르 사원에 대한 것이다. 인도네시아의 자와 섬에는 8세기에 샤일렌드라 왕조가 일어나 해상 무역으로 번영하였다. 샤일렌드라 왕조는 힌두교와 불교의 영향을 받았으며, 특히 자와 섬에 세워진 보로부두르 사원은 대표적인 대승 불교 유적이다.

▼오답해설

①은 캄보디아의 앙코르 와트, ③은 마야 문명의 치첸이트사 쿠쿨칸, ④는 델리 술탄 왕조의 쿠트브 미나르, ⑤는 당의 대안탑이다.

24 답 ④

원대의 동서 문화 교류
제시된 자료에서 동서양에 걸친 대제국, 역참제, 색목인 등의 내용으로 보아 원대에 해당됨을 알 수 있다. 원대에는 활발한 동서 문화 교류가 이루어졌다. 로마 교황 사절단이 왕래하고, 마르코 폴로(동방견문록)와 이븐 바투타(여행기)가 원의 상황을 유럽에 소개하기도 하였다. 특히 이슬람 세계의 과학 기술이 전래되어 곽수경이 수시력을 편찬하고, 중국 화풍이 서아시아에 전파되기도 하였다.

▼오답해설

① 원강, 룽먼 등의 석굴 사원은 남북조 시기에 해당된다. ② 마테오리치의 곤여만국전도는 청대에 해당된다. ③ 현장은 당 나라가 시기에 활동한 승려이다. ⑤ 서양 화법의 소개는 청대에 해당되는 것이다.

25 답 ②

서유럽 봉건제의 성립 과정
서유럽 세계에서는 9~10세기에 걸쳐 프랑크 왕국의 분열, 이슬람의 공격, 노르만 족과 마자르 족의 침입으로 혼란을 겪는 동안, 정치적으로는 주종제, 경제적으로는 장원제를 기초로 하는 봉건 제도가 성립되었다. ②는 로마 공화정 말기의 라티푼디움에 대한 설명이다.

26 답 ③

십자군 원정의 배경
1096년부터 약 200년간 전개된 십자군 원정은 11세기의 정치적 안정과 경제적 성장을 토대로, 종교적으로는 성지 탈환, 경제적으로는 인구 증가에 따른 토지 수요의 증대, 정치적으로는 국왕과 영주들의 세력 확장 욕구 등을 배경으로 일어났다.

▼오답해설

①은 14세기, ②와 ⑤는 15세기의 사실이다.

27 답 ①

성 소피아 성당의 특징

웅장한 돔과 정교한 모자이크 벽화를 특징으로 하는 성 소피아 성당은 대표적인 비잔티움 건축물로 유스티니아누스 대제 때 완성되었다.

오답해설

②는 콜로세움, ③은 파르테논 신전, ④는 앙코르 와트 사원, ⑤는 지구라트이다.

28 답 ⑤

백년 전쟁의 전개 과정

자료는 백년 전쟁(1338~1453) 당시 프랑스 내 영국령의 변화를 나타낸 것이다. 백년 전쟁은 영국과 프랑스가 모직물 공업 중심지인 플랑드르와 프랑스 내 영국령에 대한 지배권을 두고 갈등하던 상황에서 영국이 프랑스의 왕위 계승을 주장하면서 발생하였다. 이후 전쟁에서는 잔 다르크의 활약으로 프랑스가 승리를 거두게 되었다.

오답해설

ㄱ은 성직자 과세 문제로 인해 프랑스 왕 필리프 4세와 교황 보니파키우스 8세와의 갈등으로 빚어진 것이고, ㄴ은 페르시아 전쟁 이후 그리스에 해당된다.

29 답 ①

잉카 문명의 붕괴 원인

밑줄 친 '이 지역'은 잉카 문명이 발달했던 지역이다. 안데스 고원에서 번영하던 잉카 문명은 피사로가 이끈 에스파냐 군사들에게 철저히 파괴되었으며, 그들로 인해 유입된 천연두, 홍역 등의 전염병으로 원주민의 숫자는 크게 감소하였다.

30 답 ⑤

명 · 청대 향신(신사)층의 특징

제시된 자료는 명 · 청대의 지배층인 향신(신사)이다. 이들은 각종 특권을 누리면서 정부가 주도한 편찬 사업에 적극 참여하였다.

31 답 ②

명 · 청대의 조세 제도의 시행 결과

제시문의 (가)는 명의 일조편법, (나)는 청의 지정은제에 대한 설명이다. (가), (나) 모두 조세를 은납화함으로써 은 본위 화폐 제도의 발달을 촉진시켰다. 지정은제 실시 후 호적에 기록된 인구는 급증하였으며, 조세의 지세화로 농민 부담은 감소하였다.

32 답 ⑤

정화의 원정

명을 중심으로 한 조공 무역은 정화의 원정을 통해 동아시아에서 인도양에 이르는 광범위한 지역으로 확대되었다.

오답해설

① 정화의 원정은 바닷길을 이용하였다. ②의 한사군은 한 무제가 고조선을 멸망시키고 설치하였다. ③의 남월국(남비엣)은 한에 의해 멸망하였다. ④는 당에 해당한다.

33 답 ①

오스만 제국의 근대화 노력

19세기 오스만 제국은 유럽의 제도를 도입해 국력을 회복하고자 탄지마트라 불리는 개혁을 단행하였다. 미드하트 파샤는 근대적 헌법 제정을 주도하며 개혁을 추진하였으나, 큰 성과를 거두지는 못하였다.

34 답 ②

에스파냐, 포르투갈의 신항로 개척

지도는 15~16세기에 유럽인들이 개척한 신항로를 보여 주는데, A는 콜럼버스, B는 마젤란, C는 바스코 다 가마가 개척한 항로이다.

오답해설

② 라틴 아메리카의 안데스 산지에서 발달한 (나)의 잉카 문명은 1531년 에스파냐의 피사로에게 정복당하였다.

35 답 ②

르네상스 운동

제시된 자료의 내용은 '세계와 인간의 재발견'으로 인간을 개성적인 존재로 파악하고 존중했다는 것으로 보아 르네상스 운동임을 알 수 있다. 유럽 근대 문화를 개창한 르네상스는 이탈리아에서 가장 먼저 일어났는데 14세기 무렵 봉건 사회가 해체되고 교회의 권위가 약화되면서 종교에 지배당하고 있던 인간의 자유와 존엄성을 고대 그리스와 로마 문화에서 찾으려고 고전을 수집, 정리, 연구하는 기풍이 일어났다. 이를 인문주의라고 하는데 페트라르카, 보카치오 등이 활약하였다.

오답해설

① 자연 철학은 고대 그리스 문화의 특징으로 그리스 소아시아 지역에서 발생하였다. ③ 사회 계약론은 홉스, 로크 등을 중심으로 17~18세기 절대 주의 시대에 발달한 근대 정치 사상이다. ④ 계몽 사상은 18세기 프

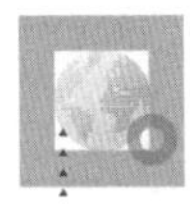

랑스를 중심으로 발전한 것으로 시민 혁명의 사상적 배경을 이루었다. ⑤ 헬레니즘 문화의 특징에 해당된다.

36 답 ③

영국의 종교 개혁

제시된 자료의 내용은 영국의 종교 개혁과 관련된 것이다. 영국에서는 교회 재산에 대한 헨리 8세의 욕망과 이혼 문제, 교황에 대한 영국 국민의 반감 증대 등을 배경으로 종교 개혁이 발생하였다. 헨리 8세는 수장령을 공포(1534)하여 로마로부터 영국 국교회를 독립시키고 수도원 해산과 수도원 토지 등을 몰수하였다. 이어 엘리자베스 1세는 국교 통일령을 반포(1559)하여 영국 국교주의를 확립시켰다.

오답해설

① 30년 전쟁은 독일에서의 루터 파와, 칼뱅 파의 신앙 자유를 인정한 베스트팔렌조약과 관련이 있다. ② 예수회는 종교 개혁으로 신교가 확산되자 로마 카톨릭이 아시아 지역에서의 선교 확대를 목적으로 조직하였다. ④ 낭트 칙령은 프랑스 내의 구교도와 신교도 간의 위그노 전쟁이 발생하여 그 조정을 위해 발표한 것으로 낭트 칙령으로 인해 신교도들의 신앙의 자유를 확보하였다. ⑤ 영국의 청교도 혁명 시기 크롬웰의 정책과 관련된 것이다.

37 답 ⑤

절대주의 시대의 정치·경제 사상의 특징

제시된 내용은 보쉬에의 왕권 신수설로 절대주의 시대의 정치 사상에 해당된다. 절대주의 시대에는 왕권 신수설과 더불어 국가의 부를 증진시키기 위해 중상주의 정책을 전개하였다. 중상주의 정책은 수입을 줄이고 수출을 늘려 그 차액으로 국부를 증대시키켰으며(무역 차액주의), 이를 위해 국가는 수입품에 높은 관세를 부과하였다. 한편 국내의 산업을 발달시키기 위해 국내 공업을 보호하고 원료 확보와 해외 시장 확대를 위해 식민지 건설에도 적극적이었다. 특히 중상주의 초기에는 금이 국부를 상징하는 것이었기 때문에 많은 양의 금을 보유하려는 중금주의를 내세웠고 이를 위해 신대륙에서 막대한 금, 은이 유입되었다.

오답해설

⑤ 애덤 스미스의 경제 이론은 자유 방임주의에 해당하는 것으로 절대주의 시대의 중상주의와는 거리가 멀다.

38 답 ③

필리핀의 민족 운동

제시된 말풍선에서 '마젤란을 죽이고, 에스파냐의 침략자들을 물리쳤다.' 등을 통해 (가)가 필리핀임을 알 수 있다. ③ 필리핀에서는 호세 리살이 에스파냐 인과의 동등한 대우를 요구하며 필리핀 연맹을 조직하였다(1892).

오답해설

① 아라비아 반도에서는 이슬람교 초기의 순수함을 되찾자는 와하브(비) 운동이 일어났다. ② 시몬 볼리바르가 에스파냐에 맞서 라틴 아메리카 독립 전쟁을 지휘하였다. ④ 시암(타이)은 영국과 프랑스 세력 사이의 완충 지대로 동남아시아에서 유일하게 독립을 유지하였다. ⑤ 람 모한 로이를 중심으로 한 인도 지식인들은 브라모 사마지를 조직해 종교적 . 사회적 개혁을 추진하였다.

39 답 ⑤

네덜란드의 발전

제시된 자료에서 에스파냐로부터의 독립, 케이프 식민지 건설, 서인도회사 설립 등으로 네덜란드임을 알 수 있다. 케이프 식민지는 1652년 네덜란드의 동인도 회사가 설립한 것으로 케이프타운을 중심으로 발전하였으며, 1795년에는 영국의 식민지가 되었다. 서인도 회사는 아메리카 신대륙과 아프리카 서안에의 무역 · 식민 등을 목적으로 1621년에 설립된 특허회사였다.

ㄷ. 영국의 항해법은 네덜란드의 중개 무역에 타격을 주고자 한 것으로 이로 인해 네덜란드는 영국과 전쟁을 벌이기도 하였다. ㄹ. 네덜란드의 칼뱅파들을 고이센이라고 하는데 주로 상공업자들이 많았다

오답해설

ㄱ. 영국에 해당되는 설명이다. ㄴ. 이탈리에 해당되는 설명이다.

40 답 ③

제국주의 국가의 침략상

영국은 미얀마를 식민지화하였고, 프랑스는 베트남과 캄보디아를 지배하였다. 미국은 일본을 압박하여 개항시켰으며, 에스파냐와의 전쟁에서 승리하여 필리핀을 차지하였다.

오답해설

① 프랑스, ② 영국, ④ 프랑스와 독일, ⑤ 영국과 프랑스에 해당한다.

41 답 ⑤

19세기의 문화

① 낭만주의는 민족의 역사와 전통을 강조하여 민족주

의 발전에 영향 을 끼쳤다. ② 공리주의는 최대 다수의 최대 행복을 추구하는 것으로 자유주의 발전에 영향을 끼쳤다. ③ 산업 혁명 이후 애덤 스미스의 자유방임적 경제학이 발전하고 이것은 리카도와 맬서스, 밀을 거치면서 고전 경제학으로 완성되었다. ④ 19세기 후반 낭만주의에 대한 반발로 현실을 있는 그대로 묘사하려는 사실주의가 나타났다. ⑤ 실존주의 철학과 실용주의 철학은 20세기 문화의 특징이다.

42 답 ①

영국과 미국의 시민 혁명 비교

지문의 (가)는 영국의 청교도 혁명 시기에 발표한 크롬웰의 통치 헌장(1653)이며, (나)는 미국이 독립 혁명으로 독립을 달성하고 1787년에 발표한 미합중국 헌법이다.

43 답 ②

17세기 과학 혁명의 내용

17세기에는 근대 과학이 획기적으로 발전하였다. 뉴턴의 '만유인력의 법칙' 발견과 하비의 '혈액 순환의 원리' 발견 등이 대표적이다. 이와 함께 영국에서는 경험주의 철학이 등장하였고, 미술에서는 르네상스 양식에 대한 반발로 바로크 양식이 유행하였다.

44 답 ⑤

산업 혁명의 영향

제시문은 산업 혁명과 관련된 사실들이다.

▼오답해설

⑤는 산업 혁명 이전의 사실이다.

45 답 ③

빈 체제의 성격과 자유주의 운동

자료는 1815년 11월 20일 발표된 4국 동맹 결의서로, 보수반동적인 빈 체제를 유지하기 위해 영국 · 오스트리아 · 러시아 · 프로이센이 결성하였다.

▼오답해설

③의 대륙 봉쇄령은 프랑스의 나폴레옹이 유럽 대륙과 영국과의 통상을 금지시킨 것으로 빈 체제 성립 이전의 일이다.

46 답 ④

동인도 회사의 활동

제시된 자료의 '이 회사'는 동인도 회사를 설명한 것이다. 동인도 회사는 엘리자베스 1세 시기에 설립되어 적극적인 해외 진출을 시도하였다. 특히 인도 지배를 확대하여 마이소르 왕국과 마라타 동맹, 시크교국을 정복하여 거의 인도 전역을 지배하였다. 그러나 동인도 회사의 용병인 세포이 항쟁(1857~1859)이 발생하자 영국은 이를 무력으로 진압한 후 동인도 회사를 폐지하고 인도를 영연방에 포함하여 영국령 인도 제국을 성립(1877)시켰다. 동인도 회사는 인도에서 아편을 재배하여 중국에 판매하였으며, 중국산 차를 매입하여 신대륙에 수출하기도 하였다. ④ 벵골 분할 시도는 1905년의 일로 동인도 회사 폐지 이후에 해당된다.

47 답 ③

중국 근대화 운동의 전개 과정

제시된 자료의 독일이 산둥 지역 일부를 점거했다는 사실, 헌법을 제정하시는 것이 최선이라는 내용 등을 통해 (가)가 변법자강 운동(1898) 직전의 시기임을 추론할 수 있다. 2년 전 열강의 베이징 점령, 막대한 배상금을 지불하는 조약, 신군 편성 등을 통해 (나)가 의화단 운동의 결과 맺어진 신축 조약(1901) 직후에 실시된 광서 신정 내용 중의 일부분임을 알 수 있다. (가)와 (나) 사이의 시기에 의화단 운동이 일어났다. 산둥 지역의 농민들은 의화단에 참여하였고, 그들은 '부청멸양'을 주장하고 교회와 철도 등을 파괴하였다.

48 답 ⑤

중일 전쟁과 난징 대학살

제시문은 중일 전쟁 당시에 있었던 난징 대학살에 대한 설명이다. 일본은 상하이를 점령하고 수도인 난징을 점령한 후 수십만 명을 살해하는 만행을 저질렀다. ⑤일본은 1937년 베이징 근처 루거우차오에서 중 · 일 양국 군대가 충돌한 사건을 빌미로 본격적으로 중 · 일 전쟁을 전개하였다.

49 답 ①

전후 일본의 상황

(가)는 1945년 일본이 연합국에 항복한 사실을, (나)는 1951년 샌프란시스코 강화 조약으로 일본 국민이 주권을 회복한 사실을 보여 준다. 이 사이 시기인 1950년에 6 · 25 전쟁이 일어났다.

50 답 ①

베트남의 개혁 · 개방 정책

(가)는 도이머이 정책이다. 베트남은 1980년대 후반 도이머이 정책으로 개혁과 개방을 추진하여 경제 성장을 이룩할 수 있었다.

세계사능력검정시험 기출동형모의고사 초·중급 해설

01 답 ②

주 나라의 봉건제와 정치적 특징

제시된 자료는 종법 제도에 입각한 주대의 봉건제를 타나낸 것이다. 혈연 관계에 토대를 둔 주의 봉건제는 왕이 모든 영토를 직접 다스리지 않고 제후들에게 토지와 백성을 하사하는 대신 공물과 군사적 의무를 부과하는 제도이다. 주나라는 덕치주의와 천명 사상을 바탕으로 왕의 통치를 합리화하였다.

오답해설

① 율령 체제는 당의 통치 체제에 해당된다. ③ 전국적인 군현제의 실시는 진시황제 시기로 군현제는 이후 중국 통치 체제의 전형이 되었다. ④ 군국제는 한 건국 초기에 해당된다. ⑤ 신정 정치는 은대의 특징이다.

02 답 ②

한 무제 업적

밑줄 친 '황제'는 한 무제이다. 한 무제는 정복 전쟁을 통해 흉노를 고비 사막 이북으로 몰아내고, 이어 남비엣과 고조선을 무너뜨렸다.

오답해설

③은 5세기 북위 효문제, ④는 4세기에 해당한다. ① 한반도에서는 고구려가 4세기에 불교를 처음으로 공인하였다. ⑤ 한반도에서 삼국 시대는 기원전 1세기부터 기원후 7세기에 해당한다.

03 답 ③

메소포타미아 문명

자료는 메소포타미아 문명에 대한 것이다. 이 지역은 개방적 지리 조건으로 주변 민족과의 교역이 활발하였으나 잦은 이민족들의 침입으로 왕조가 자주 바뀌었다. 지구라트라는 계단식 신전을 지어 신정 정치를 하였으며, 60진법과 태음력을 사용하였고, 쐐기 문자를 남겼다.

오답해설

①은 중국, ②는 이집트, ④는 로마, ⑤는 그리스 문명에 해당한다.

04 답 ④

15~16세기 신항로 개척의 결과

15세기 이후 유럽인들은 신항로를 개척하여 아시아와 아메리카 지역을 약탈하였고, 아스텍과 잉카 제국을 멸망시켰다.

오답해설

①은 신항로 개척의 배경이 되었고, ②는 바이킹 족 활동의 결과이고, ③은 11~13세기의 사건이고, ⑤는 로마 시대에 해당된다.

05 답 ③

전국 시대

이 시기에는 하극상의 전쟁이 난무하는 약육강식의 시대였다. 이에 제후들은 부국강병을 위해 능력 중심으로 인재를 등용하는 등의 정책을 시행하였다.

06 답 ④

쿠샨 왕조의 특징

제시된 지도는 쿠샨 왕조의 최대 영역, 제시된 불상은 쿠샨 왕조에서 유행한 양식인 간다라 양식의 불상이다. 그러므로 (가) 왕조는 쿠샨 왕조이다. 인도의 북부에서 쿠샨 족이 개창한 쿠샨 왕조는 중국, 인도, 이란을 연결하는 중계 무역으로 번영하였으며, 카니슈카 왕 때에는 최대 영토를 확보하고 전성기를 맞이하였다.

카니슈카 왕은 중생의 구제를 지향하는 대승 불교를 보호하였다.

오답해설

ㄱ. 마우리아 왕조에 해당한다. ㄷ. 굽타 왕조에 해당한다.

07 답 ④

아시리아의 특징

(가)는 아시리아이다. 아시리아는 우수한 철제 무기와 기병을 바탕으로 오리엔트 전역을 통일하였다. 그러나 정복지 주민을 너무 가혹하게 다스렸기 때문에 각지에서 반란이 일어나 멸망하였다.

▼오답해설

① 사산 왕조 페르시아, ② 파르티아, 사산 왕조 페르시아, ③ 헤브라이, ⑤ 흉노에 해당한다.

08 답 ⑤

그리스-페르시아 전쟁의 영향

자료는 그리스-페르시아 전쟁에 대한 것이다. 그리스는 세 차례에 걸친 아케메네스 왕조 페르시아의 침략을 물리쳤다. 전쟁을 승리로 이끈 아테네는 페르시아의 재침을 막기 위해 주변 국가를 끌어들여 델로스 동맹을 맺었다.

▼오답해설

①은 아테네의 클레이스테네스, ②,③은 로마, ④는 알렉산드로스 제국에 해당한다.

09 답 ③

솔론 개혁의 배경

자료는 솔론이 재산에 따라 시민을 4등급으로 구분하고 그에 따라 참정권을 나누어 준 것을 보여준다. 솔론의 개혁은 귀족과 평민 모두의 불만을 샀고, 이 불만으로 인한 혼란을 틈타 참주가 등장하게 되었다.

▼오답해설

①은 클레이스테네스의 민주정, ②, ⑤는 페리클레스의 민주정, ④는 참주정에 해당한다.

10 답 ①

위 · 진 · 남북조 시대

제시된 말풍선의 윈강 석굴 사원이 조성된 시기를 통해 (가)에 들어갈 내용이 위 · 진 · 남북조 시대에 대한 것임을 알 수 있다. 이 시기에는 선비족이 세운 북위가 화북을 통일하고 강남으로 이주한 한족이 동진에 이어 송을 건국하면서 북조와 남조가 병존하였다. 한편, 이 시기에 시행된 9품중정제는 본래 가문과 관계없이 능력있는 인재를 등용하기 위한 것이었으나, 오히려 유력 호족이 이 제도를 통해 세습적으로 관직을 독점하면서 문벌 귀족으로 성장하여 문벌 귀족 사회를 형성시켰다.

▼오답해설

ㄷ. 만주족이 세운 청은 중국을 지배하면서 만한 병용제를 실시하여 중요 관직에 한족 관리도 고위직에 등용하였다. ㄹ. 5대 10국 시대 후주의 절도사였던 조광윤은 송을 세운 뒤 문치주의를 채택하여 절도사의 권력을 빼앗고 중앙으로 군사력을 집중시켰다.

11 답 ②

로마의 발전 과정.

ㄱ. 포에니 전쟁으로 자영 농민층이 몰락하고 유력자들은 라티푼디움을 소유하였다. 이에 기원전 2세기 후반 호민관이 된 그라쿠스 형제는 유력자들의 토지 소유를 제한하고 농민들에게 토지를 재분배하는 개혁을 추진하였다. ㄷ. 옥타비아누스가 악티온 해전에서 이집트의 클레오파트라와 제휴한 안토니우스를 격파하였다. 이후 그가 로마의 지배권을 장악하면서 제정이 시작되었다.

12 답 ③

임진 전쟁

대화의 소재가 되는 전쟁은 임진 전쟁이다. 1592년 일본이 조선을 침략한 전쟁으로, 전쟁 초기 일본군의공세에 밀린 조선이 원군을 요청하면서 명도 참전하였다.

▼오답해설

① 몽골 · 고려 연합군의 일본 정벌과 관련 있다. ② 청 · 일 전쟁, ④ 정묘 전쟁, ⑤ 나 · 당전쟁에 해당한다.

13 답 ③

중국 한과 당 문화의 비교

제시된 (가)는 한 말의 혼란과 황건적의 난을, (나)는 당대 안 · 사의 난을 계기로 한 사회 혼란과 황소의 난을 설명하고 있다. 한대에는 춘추 전국 시대 이래 여러 지역에서 다채롭게 발달하였던 문화가 종합되어 중구 전통 문화의 기틀이 마련되었는데, 유가 사상의 관학화와 훈고학의 발달, 도가 사상의 발달과 불교의 전래, 기전체 역사서인 사기와 한서의 편찬, 채륜의 종이 발명 등이 특징적이었다. 당대에는 귀족적인 문화가 발달하였으며, 아울러 동서 교통로를 통한 무역이 활발해지면서 국제적이고 개방적인 문화가 발달하였다.

▼오답해설

③ 편년체 역사서의 모범인 자치통감은 송대에 사마광이 저술하였다.

14 답 ⑤

인도의 카스트제도와 브라만교 성립과정

아리아 족은 다수의 선주민을 지배하기 위하여 인종적인 구별을 기초로 한 신분제도를 만들었는데 이를 카스트 제도라 한다. 브라만교는 카스트제도와 베다를 바탕으로 성립되어 제사의식을 중시하였다.

▼오답해설

③은 간다라 미술, ④는 브라만 교에 대한 반발에서 나왔다.

15 답 ①

로마의 문화

로마는 학문과 예술 분야에서 그리스 문화를 모방하였으나, 법률, 토목, 건축 등 실용적인 분야에서 독창성을 발휘하였다. 특히, 도시에는 콜로세움, 개선문, 공중 목욕탕 등의 건축물을 세우고 수도 시설을 마련하였다.

오답해설

②는 메소포타미아 문명의 지구라트, ③은 이집트 문명의 피라미드, ④는 무굴 제국의 타지마할 묘당, ⑤는 중세 서유럽의 샤르트르 대성당이다.

16 답 ⑤

냉전 체제의 성립과 붕괴 과정

(가)는 1961년 베를린 장벽 건설, (나)는 1989년 베를린 장벽 붕괴를 보여 준다. 1985년에 등장한 고르바초프는 글라스노스트(개방)와 페레스트로이카(개혁) 정책을 내세웠다.

오답해설

① 냉전 성립 이전이다.

17 답 ④

성리학의 철학적 체계 성립과 동아시아 확산

성리학은 남송의 유학자였던 주희가 선종 불교의 철학적 논리 체계를 수용하여 성립한 신유학이다. 이후 성리학은 동아시아에 확산되어 조선과 일본 에도 막부의 지배 이념으로 발전하였다.

오답해설

ㄱ. 한대의 유학, ㄷ. 신문화 운동은 1911년 천 두슈, 후스 등 지식인들이 유교를 비판하고 서구의 과학과 민주주의 발전을 추진한 운동이다.

18 답 ④

엘리자베스 1세의 정책

영국은 엘리자베스 1세 때 에스파냐의 무적 함대를 격파하였다. 엘리자베스 1세는 동인도 회사를 설립하고 아시아로의 진출을 꾀하였다.

오답해설

① 헨리 8세, ② 크롬웰, ③ 존 왕 때의 사실이다.

19 답 ④

금과 몽골의 통치 내용

제시문에서 맹안, 모극을 통해 (가)가 금나라임을 알 수 있다. 테무친, 칭기즈 칸을 통해 (나)가 몽골 제국임을 알 수 있다. 몽골 제국에서는 역참제를 정비하여 통치에 활용하였다.

오답해설

① 명 태조 홍무제는 지방의 농민들을 이갑제로 편제하였다. ② 원 대에는 몽골 어를 공용어로 사용하고 위구르 문자와 파스파 문자를 사용하였다. ③ 요나라에 대한 설명이다. ⑤ 위 · 진 · 남북조 시대에 시행된 9품중정제에 대한 설명이다.

20 답 ④

동아시아 문화권 파악하기

자료는 7~8세기 동아시아 문화권에 대한 모둠 학습 장면이다.

오답해설

④의 균전제는 5세기 북위에서 실시되어 수, 당의 토지 제도에 영향을 주었다.

21 답 ④

류큐의 중계 무역

14세기 후반 명과 조공 · 책봉 관계를 맺었다는 것, 메이지 시대 일본이 자국의 영토로 편입 시켰다는 것, 미국이 점령했다가 1972년 일본에 반환하여 현재 일본 영토(오키나와 현)라는 것을 통해 류큐임을 알 수 있다. ④ 명은 해금 정책을 실시하고 조공 무역을 통해 동아시아 여러 나라와 교역하였다. 류큐는 14세기 후반~16세기 전반에 걸쳐 명과의 조공 무역을 중심으로 일본, 동남아시아 국가들을 잇는 중계 무역을 전개하였다.

오답해설

① 필리핀 마닐라, ② 타이완, ③ 대마도, ⑤ 나가사키에 대한 설명이다.

22 답 ①

프랑스 혁명의 전개 과정

구제도의 모순에서 비롯된 프랑스 혁명은 삼부회 소집 → 테니스 코트의 서약 → 국민 의회 결성 → 바스티유 감옥 습격 → 인권 선언 → 입법 의회 → 국민 공회 → 혁명 정부(공포 정치) → 총재 정부의 과정으로 진행되었다. 특히 국민 공회 시기에 공화정을 선포하고 루이 16세를 처형하자 유럽 열강이 제1차 대프랑스 동맹을 결성하였으며, 혁명 정부 시기에는 로베스피에르가 이끄는 공안 위원회가 공포 정치를 시행하였다.

오답해설

② 입법 의회 구성은 제1공화정 수립 이전에 해당된다. ③ 대륙 봉쇄령(1806)은 나폴레옹이 영국을 경제적으로 봉쇄하기 위해 내린 조치이다. ④ 테니스 코트의 서약은 국민 의회 단계로 바스티유 감옥 습격 이전에 해당된다.

23 답 ②

셀주크 튀르크의 활동

셀주크 튀르크는 11세기에 바그다드에 입성하여 아바스 왕조의 칼리프로부터 술탄이라는 칭호를 얻었다. 이후 셀주크 튀르크의 술탄이 정치적 실권을 장악하면서 이슬람 세계를 주도하였으나 비잔티움 제국과 대립하여 십자군 전쟁을 유발하였다. ①은 우마이야 왕조이며, ③의 후우마이야 왕조는 우마이야 왕족의 일파가 이베리아 반도의 코르도바를 수도로 삼아 756년에 세웠다. ④의 헤지라는 622년 무함마드가 보수 귀족의 박해를 피해 메카에서 메디나로 피신한 사건을 가리킨다. ⑤는 750년 아바스 왕조에 대한 설명이다.

24 답 ④

절대 왕정기 정치사상

자료의 (가)는 보쉬에, (나)는 홉스, (다)는 로크이다.

오답해설

①, ②는 로크, ③은 루소, ⑤는 (나)와 (다)에만 해당한다.

25 답 ①

종교 개혁과 카톨릭 교의 대응

제시된 자료의 (가)는 낭트 칙령을 말하며, (나)는 30년 전쟁을 설명한 것이다. 프랑스 내에서 구교도와 신교도 간의 싸움인 위그노 전쟁이 발생하자 앙리 4세가 낭트 칙령을 발표하여 프랑스의 칼뱅파 신교도인 위그노들에게 신앙의 자유를 인정한 것이다. 한편 독일에서 발생한 30년 전쟁은 국제 전쟁으로 확대되었는데 1648년 베스트팔렌 조약이 체결되어 개인의 신앙의 자유를 인정하게 되었다. ㄱ, ㄴ. 낭트 칙령으로 프랑스 신교도늘인 위그노가 신앙의 자유를 획득하게 되었는데 칼뱅파 신교도인 위그노들은 상공업에 종사하는 사람들이 많아 낭트 칙령으로 프랑스 산업이 발달하였다.

오답해설

ㄷ. 30년 전쟁으로 독일은 국토가 황폐화되고 인구가 감소하였으며, 분열이 더욱 심화되었다. ㄹ. 트리엔트 공의회(1545~1563)는 가톨릭 교회의 개혁에 해당되는 것으로 30년 전쟁 이전에 개최되었다. 여기에서 성직자의 기강을 확립하고 면벌부의 판매를 금지하였다. 그러나 한편으로 트리엔트 공의회는 교황의 권위를 인정하는 등 가톨릭의 기본 교리를 확인하고 신교 확대를 방지하기 위한 측면의 성격도 가지고 있다.

26 답 ③

전체주의 국가의 등장 배경

제1차 세계 대전의 패전국이었던 독일은 대공황으로 다시 타격을 입자, 중산층이 동요하고 사회가 혼란하였다. 이를 틈 타 나치당이 급속히 세력을 확대하여 선거를 통해 제1당이 되었으며, 히틀러가 총리에 취임하여 권력을 장악하였다.

27 답 ④

르네상스

이탈리아 르네상스는 그리스와 로마의 고전 문화를 바탕으로 인간 본연의 아름다움을 탐구하려는 경향이 강했다. 북유럽의 르네상스는 사회문제와 교회를 비판하고 교회 개혁을 주장하였다.

오답해설

ㄱ은 북유럽, ㄷ은 이탈리아 르네상스에 해당한다.

28 답 ④

미국의 독립 과정

아메리카 식민지인들은 프랑스 등의 지원에 힘입어 영국과의 독립 전쟁에서 승리하였다.

오답해설

① 에스파냐, ③ 프랑스, ⑤ 영국에 해당된다.

29 답 ③

산업 혁명의 영향

자료는 산업 혁명에 대한 것이다. 산업 혁명의 과정에서 산업 자본가가 성장하였으나 노동자들의 삶은 비참하였다. 한편, 갈수록 커지는 빈부 격차와 열악한 노동 현실을 배경으로 노동조합이 결성되고, 사회주의사상이 확산되었다. ㄱ의 길드는 11세기경부터 조직되었고, ㄹ의 제1차 인클로저 운동은 16세기에 모직물공업이 발전하는 과정에서 일어났다.

30 답 ②

자유방임주의의 내용

제시된 자료는 자유방임주의에 대한 설명이다. 애덤 스미스는 『국부론』에서 시장 경제에는 '보이지 않는

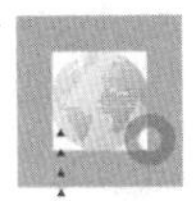

손'이 작용하므로 국가는 경제 활동에 간섭하지 않아야 한다며, 자유방임주의를 주장하였다.

31 답 ④
차티스트 운동의 배경
제시된 인민 헌장은 영국에서 노동자들이 차티스트 운동을 전개하면서 내건 요구 사항들이다. 산업화로 노동자 계급이 성장한 상황에서 1832년 제1차 선거법 개정에도 불구하고 혜택을 받지 못한 노동자들은 1838년에 인민 헌장을 내걸고 차티스트 운동을 전개하였다.

오답해설
ㄱ. 프랑스에서는 1848년 2월에 파리의 중하층 시민 계급과 산업 혁명이 진행되면서 성장한 노동자들이 선거권 확대를 요구하며 2월 혁명을 일으켜 공화정을 수립하였다. ㄷ. 공상적 사회주의를 비판한 과학적 사회주의의 등장과 관련된 마르크스와 엥겔스의 공산당 선언이 발표된 것은 1848년이다.

32 답 ③
청과 일본의 개항 통상 조약 분석
(가)는 1842년 난징조약, (나)는 1858년 미 · 일 수호 통상 조약의 내용이다.

오답해설
③ 미 · 일 수호 통상 조약은 에도 막부 시기에 체결되었다.

33 답 ④
갑신정변과 변법 자강 운동 비교
자료의 (가)는 갑신정변, (나)는 변법 자강 운동이다.

오답해설
④는 신문화 운동에 대한 설명이다.

34 답 ②
제1차 국 · 공 합작
자료는 제1차 국 · 공 합작이 성립된 1924년의 상황을 보여준다. 제1차 국 · 공 합작은 반제국주의, 반군벌을 내걸고 성립되었다.

오답해설
①의 만주국 수립은 1932년, ③의 5 · 4 운동은 1919년, ④의 중화민국 수립과 청 멸망은 1912년, ⑤의 중 · 일 전쟁은 1937년에 해당한다.

35 답 ④
제1, 2차 세계 대전 사이의 상황
(가)는 제1차 세계 대전 종결 이후의 베르사유 체제, (나)는 세계 경제 공황 발생 이후의 상황으로 블록 경제와 전체주의 대두가 특징이다.

오답해설
ㄱ. 세계 경제 공황 이후, ㅁ. 러시아 혁명은 1917년, 소련 수립은 1922년이다.

36 답 ⑤
국제 연합
(가)는 제2차 세계 대전 이후 창설된 국제 연합(UN)이다. 국제 연합은 국제 연맹과 달리 국제 평화 유지와 분쟁 해결을 위해 군사적 제재 수단을 갖추었다.

오답해설
①은 유럽 연합(EU), ②는 제3세계, ③은 미국, ④는 북대서양 조약 기구(NATO)에 해당한다.

37 답 ③
레닌의 신경제 정책
러시아 혁명 후 급격한 공산화 정책으로 인한 경제적 혼란을 해결하기 위해, 레닌은 신경제 정책(NEP)을 채택하였다. 신경제 정책은 공산화 정책을 완화한 것으로서, 경공업에서 소규모 기업 경영을 개인에게 허용하여 경제를 회복시키려 한 것이었다.

38 답 ②
굽타 왕조의 문화적 특징
굽타 왕조 시대는 인도 고전 문화의 황금기였다. 이 시기에 힌두교가 민족 종교로 발전하였다. 힌두교에서는 카스트에 따른 의무 수행을 중시하였는데, 이러한 내용을 담아 편찬된 것이 마누 법전이다. 문학에서는 산스크리트 어가 공용어가 되면서 산스크리트 문학이 발달하였다. 인도의 전설과 설화를 담은 '마하바라타'와 '라마야나' 등이 있다. 이 시기 인도인들은 영(0)과 10진법을 사용하여 아라비아 숫자 형성에 기여하였고, 정확한 원주율 계산법을 발견하였다. 지구가 둥글고 자전한다는 사실과 월식이 일어나는 원리도 알고 있었다.

오답해설
② 메소포타미아 문명이다.

39 답 ③
반둥 회의

밑줄 친 '회의'는 인도네시아 반둥, 아시아 · 아프리카 29개국, 냉전 체제의 고착에 반대, 강대국 중심의 세계 질서에 이의 제기 등을 통해 1955년에 개최된 반둥 회의임을 알 수 있다. 이 회의에서 참가국들은 평화 10원칙을 발표하여 식민주의 배격, 인종 차별 철폐 등을 천명하였다. 이를 계기로 동서 진영 어디에도 속하지 않는 제3 세계가 형성되었다.

▼오답해설

ㄱ. 1947년에 미국은 공산주의 세력의 확산을 막기 위해 트루먼 독트린을 발표하였으며, 곧이어 서유럽 경제를 재건하려는 마셜 계획을 추진하였다. ㄹ. 1995년에 창설된 세계 무역 기구는 국제 무역 분쟁을 조정하고 관세 인하를 요구 . 할수 있는 권한을 가져 전 세계적인 차원에서 자유 무역을 강화하였다.

40 답 ①

일본 역사의 전개 과정

(가)는 나라 시대, (나)는 헤이안 시대, (다)는 가마쿠라 바쿠후(막부)이다. 나라 시대에는 헤이죠 쿄로 천도한 후 견당사와 견신라사를 파견하여 선진 문물을 적극 수입하였다. 또한 '일본'이라는 국호를 사용하고, 『일본서기』, 『고사기』 등의 역사서와 『만엽집』 등의 작품을 남겼다. 헤이안 시대에는 한자를 참고하여 가나 문자를 제정하고, 견당사를 폐지한 이후에는 국풍 문화가 발달하였다. 가마쿠라 바쿠후 시대에는 미나모토 요리토모가 권력을 장악하고 무가 정치를 시작하였다. 바쿠후의 실권자인 쇼군이 정치 운영의 중심에 있었으며 원(몽골)과의 항쟁으로 쇠퇴하였다. ③의 감합 무역은 무로마치 바쿠후 시대에 해당한다.

41 답 ②

송대의 사회 모습

송대에는 벼 품종의 개량과 벼의 2기작 등 농업이 발달하였다. 이를 기반으로 상업이 발전하면서 행, 작 등 동업자 조합도 출현하였다.

42 답 ④

베트남에 관련된 사실

자료의 쯔놈 문자는 베트남의 고유 문자이다. 베트남은 지리적으로는 동남 아시아에 속하지만 문화적으로는 동아시아 문화권에 속한다.

▼오답해설

①은 말레이시아 지역의 믈라카 왕조 ②는 자와 지역의 사이렌드라 왕조, ③은 인도의 굽타 왕조, ⑤는 인도네시아의 스리비자야 왕조에 해당한다.

43 답 ④

서아시아 세계의 발전

(가) 사산 왕조 페르시아는 3세기 초 이란에서 메소포타미아에 이르는 대제국을 건설하였는데 미술과 공예가 발달하여 중국, 한국, 일본에까지 영향을 끼쳤다. 경주 황남 대총에서 발굴된 유리그릇은 사산 왕조 페르시아와 관련이 있다. (나) 중국 원 대에는 이슬람 세계의 자연 과학 기술이 전래되어 곽수경이 수시력을 편찬하였다. (다) 중국의 화약, 나침반, 인쇄술, 제지술 등은 이슬람을 통해 유럽으로 전파되었다. (라) 이슬람은 8세기 이후 인도에 진출하여 많은 왕조를 세웠으며 무굴 제국(1526~1856) 시기에는 인도 · 이슬람 문화가 발달하였다. (마) 이슬람 문화는 동서 문화를 융합하여 그 성격이 세계적, 융합적, 실용적, 과학적인 특징을 나타내고 있다. 특히 문학에서는 '아라비안 나이트'가 저술되었다.

▼오답해설

④ 간다라 양식은 헬레니즘의 영향을 받은 인도의 불교 미술이다.

44 답 ③

청 대의 특징

제시된 자료에서 양쯔강 중류의 쌀 생산과 광저우에서 공행 무역이 이루어지고 있다는 내용으로 보아 청 대의 상황임을 알 수 있다. 청 대에는 예수회 선교사들의 활동으로 크리스트교 포교, 수학 · 총포 주조술 · 천문학이 소개되었다. 카스틸리오네는 원명원 이궁을 설계하기도 하였다. 청은 활발한 대외 정복 활동을 전개하여 칭하이, 티베트, 신장 지방까지 영토를 확정하였다.

▼오답해설

ㄱ. 이갑제는 명 태조 홍무제 시기에 해당된다. ㄹ. 정화의 원정은 명 성조 영락제 시기에 이루어졌다.

45 답 ②

십자군 전쟁의 결과

십자군 전쟁 이후 교황의 권위가 실추되고 제후와 기사 계급이 몰락하였다. 전쟁 이후 농방 무역이 활성화되어 이탈리아 도시가 번성하였으며, 이슬람 및 비잔티움 문화와의 접촉으로 문화적 자극을 받았다.

46 답 ④

비잔티움 제국

자료는 비잔티움 제국에 대한 것이다. 비잔티움 제국은 유스티니아누스 황제 때 최대 영역을 확보하였으

며, 성소피아 성당을 건립하였다. 이후 비잔티움 제국은 외침에 대비하기 위해 군관구제와 둔전병제를 실시하였다.

오답해설

①은 영국의 노르만 왕조, ②는 고대 인도 ,③은 일렉산드로스 제국, ⑤는 프랑크 왕국에 해당한다.

47 답 ③

중세 유럽의 도시에서 나타난 변화

자료는 프랑스 왕 샤를 5세가 아브빌 등 플랑드르 지방의 여러 도시에 자치권을 허용한 명령서이다. 당시 도시민들은 영주의 지배에서 벗어나 왕권과 결탁함으로써 차츰 성장하여 갔다. 이 도시들은 주변 도시와 연계하여 북유럽 무역권을 형성하기도 하였다. 이 무렵 수공업자들은 길드의 규제를 강화하여 제품의 품질은 물론 가격까지 통제하였다.

48 답 ①

카롤루스 왕조의 개창 과정

제시된 자료에서 '아버지의 뒤를 이어 궁재가 된 그, 메로베우스 왕조의 힐데리히 3세, 새로운 왕조 개창' 등을 통해 카롤루스 왕조의 개창 과정임을 추론할 수 있다. ① 카롤루스 마르텔의 아들인 피핀은 교황의 지지에 힘입어 실권이 없는 메로베우스 왕을 몰아내고 카롤루스 왕조를 개창하였다.

오답해설

② 프랑크 왕국은 카롤루스 대제 사후 베르됭 조약, 메르센(메이르선) 조약에 의해 동 프랑크, 서프랑크, 중프랑크 왕국으로 분열되었다. ③ 피핀의 아들인 카롤루스 대제는 정복지에 교회를 세워 크리스트교를 전파하였다. ④ 피핀은 교황의 지지에 힘입어 카롤루스 왕조를 개창하였다. 이후 피핀은 왕조 개창을 지원한 보답으로 이탈리아 일부 지역을 교황에게 기증하였다. ⑤ 메로베우스 왕조를 개창한 클로비스는 로마 교회에서 정통으로 인정하는 아타나시우스파 크리스트교로 개종하였다.

49 답 ④

중세 크리스트교의 발전 과정

자료의 (가)는 교황과 황제 사이의 서임권 분쟁, (나)는 아비뇽 유수에 대한 것이다. 로마 가톨릭 교회의 교세가 확장되면서 교황권과 황제권(세속권)의 갈등과 대립이 본격적으로 전개되었다.

오답해설

④는 (가) 이전의 사실로, 로마 교황 레오 3세는 비잔티움 황제의 간섭에서 벗어나고자 프랑크 왕국의 카롤루스를 서로마 황제로 대관하였다(800).

50 답 ②

서유럽 장원제의 변화

14세기 중엽 유럽 전역에 유행하였던 흑사병은 유럽 전체 인구의 3분의 1을 희생시켰을 뿐만 아니라, 장원제에도 변화를 가져왔다. 노동력이 감소하자 영주들이 농노에 대한 처우를 개선하여 그들의 지위가 향상되었다. 또한 상공업의 발달로 화폐 사용이 증가하면서 지대의 금납화가 확산되었다.

단답형 핵심문제
초·중급 정답

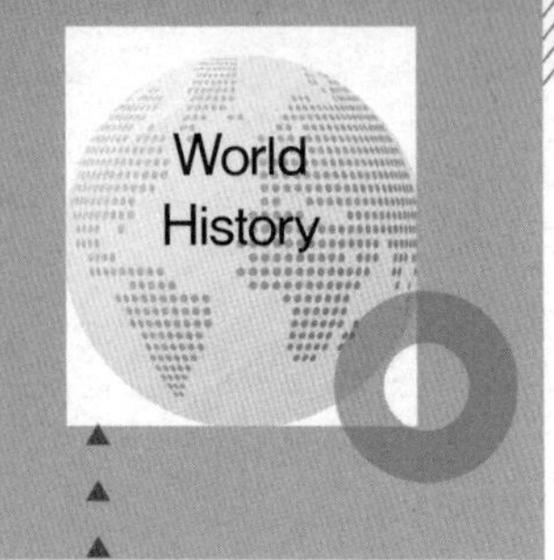

세계사능력검정시험
단답형 핵심문제 초 · 중급 정답

01 인류의 진화와 고대 문명

 정답

01 오스트랄로피테쿠스 02 크로마뇽 인 03 뗀석기, 구석기 시대 04 농경 · 목축 생활 05 신석기 혁명 06 청동기 시대 07 기후가 온난하고 땅이 기름진 큰 강 유역 08 상(商) 09 은허 10 갑골 문자 11 혈연을 바탕으로 하는 관계 12 아리아 인 13 카스트 제도 14 인더스 강, 갠지스 강 15 브라만 교 16 브라만 17 불교 18 고타마 싯다르타 19 티그리스 강, 유프라테스 강 20 수메르 인 21 쐐기 문자 22 함무라비 법전 23 신정 정치 24 나일 강 25 미라, 피라미드, 스핑크스 26 파라오 27 페니키아 인 28 헤브라이 인 29 히타이트 인

02 동아시아 세계의 형성

 정답

01 철기 02 분열된 중국의 통일 03 시황제 04 군현 제도 05 법가 사상 06 호족 07 유학 08 사기 09 훈고학 10 귀족 11 남북조 시대 12 9품 중정제 13 청담 14 대운하 15 과거 제도 16 유교, 불교, 한자, 율령 17 안녹산의 난 18 황소의 난

03 동아시아 전통 사회의 변화와 발전

정답

01 사대부 02 왕안석 03 서민적 · 국수적 04 성리학 05 화약, 나침반 06 거란족, 서하 07 이중 정책 08 역참 제도 09 몽골인 제일주의 정책 10 이슬람 문화 11 향신 12 일조편법 13 정화, 화교 14 육유 15 양명학 16 지정은제 17 곤여만국전도 18 고증학 19 다이카 개신 20 에도 막부 21 난학

04 인류와 동남 아시아의 발전

정답

01 대승 불교 02 아소카 왕 03 간다라 04 굽타 왕조 05 굽타 왕조 06 산스크리트 어 문학 07 타지마할 묘당 08 시크 교 09 힌두 교 10 우르드 11 악바르 왕 12 무굴 제국 13 베트남 14 말라카 왕조 15 보로부두르

05 서아시아 문화권의 형성과 발전

정답

01 아시리아 02 페르시아 03 조로아스터 교 04 이슬람 교 05 헤지라 06 칼리프 07 자연 과학 분야 08 아라베스크 무늬 09 쿠란 10 바닷길 11 아랍 어, 이슬람 교 12 아라비안 나이트 13 흉노족 14 스키타이 인 15 모스크 16 사막길

06 고대 지중해 세계

정답

01 폴리스 02 노예 03 도편 추방법 04 델로스 05 파르테논 신전 06 소크라테스 07 알렉산드로스 08 헬레니즘 09 간다라 10 포에니 11 공화정 12 그라쿠스 13 옥타비아누스 14 12표법 15 크리스트 교 16 밀라노 칙령

07 유럽 세계의 성립과 발전

정답

01 게르만 족 02 노르만 족 03 클로비스 04 독일 05 봉건 06 농노 07 쌍무적인 계약 08 장원 09 주종 10 카노사의 굴욕 11 스콜라 12 신학 대전 13 기사도 14 고딕 15 콘스탄티노플 16 유스티니아누스

08 중세 유럽의 변화

정답

01 셀주크 투르크 족 02 십자군 전쟁 03 교황 04 봉건 제도, 크리스트 교 05 길드 06 흑사병 07 장원 08 관료제 09 대헌장 10 삼부회 11 백년 전쟁 12 잔 다르크 13 장미 전쟁 14 에스파냐

09 서양 근대 사회의 시작

정답

01 르네상스 02 미술 03 인문주의 04 종교적이고, 사회에 대해 비판적 05 에라스뮈스 06 면벌부(면죄부) 07 아우크스부르크 화의 08 루터, 칼뱅 09 예정설 10 상공 시민층 11 베스트팔렌 조약 12 30년 13 에스파냐, 포르투갈 14 지중해, 대서양 15 마르코 폴로 16 마젤란 17 상업 혁명 18 절대주의 19 왕권 신수설 20 중상주의 21 관료, 상비군 22 에스파냐 23 동인도 회사 24 콜베르 25 프리드리히 대왕 26 만유 인력의 법칙 27 과학 혁명 28 경험주의 29 로크 30 계몽 사상 31 칸트 32 자유 방임주의 33 애덤 스미스 34 바로크

10 시민 혁명과 시민 사회의 성립

정답

01 젠트리 02 청교도 혁명 03 권리 청원 04 크롬웰 05 공화정 06 항해법 07 명예 08 권리 장전 09 보스턴 차 10 워싱턴 11 세계 최초의 근대적 민주 공화국 탄생 12 독립 선언서 13 국민 주권 14 민주 공화정 15 제3신분 16 인권 선언 17 국민 공회, 제1공화정 18 로베스피에르 19 바스티유 20 대륙 봉쇄령 21. 러시아 22 나폴레옹 법전 23 나폴레옹 24 산업 혁명 25 공장제 기계 공업 26 모직물 27 증기 기관 28 와트 29 독일 30 제2차 산업 혁명 31 사회주의

11 자유주의와 민족주의의 발전

정답

01 빈 회의 02 보수주의 03 자유주의 운동 04 7월 왕정, 공화정 05 각국의 자유주의 운동 촉진 06 차티스트 07 노동자들의 선거법 개정 요구 08 항해법 09 민족주의 운동 10 사르데냐, 프로이센 11 철혈 정책 12 오스트리아 13 남북 전쟁 14 먼로 선언 15 노예 16 관세 동맹 17 크림 전쟁 18 진화론 19 낭만주의 20 사실주의

12 동아시아의 근대적 성장

정답

01 백련교도 02 아편 무역 03 아편 04 난징 05 애로호 사건 06 연해주 07 태평 천국 08 태평 천국 운동을 진압한 한인 관료 09 양무 운동, 변법 자강 운동 10 청일 전쟁 11 농민, 상인, 수공업자 등 민중 12 의화단 운동 13 신해혁명 14 삼민주의 15 메이지 유신 16 운요호 사건 17 러 · 일 전쟁 18 동학 농민 운동

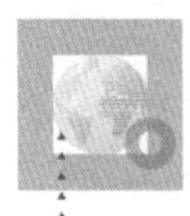

13 인도 · 동남 아시아 · 서아시아의 근대화 운동

정답

01 플리시 전두 **02** 농인도 회사 **03** 세포이 **04** 반영 불복종 운동 **05** 벵골 분할령 **06** 영국 상품 불매, 스와라지(자치), 스와데시, 국민 교육 **07** 인도네시아 지역 **08** 청 · 프 전쟁 **09** 베트남, 캄보디아, 라오스 **10** 영국과 프랑스의 세력 균형 **11** 베트남 **12** 이슬람 동맹 **13** 에스파냐 **14** 호세 리살 **15** 러시아 **16** 탄지마트 **17** 러 · 투 전쟁 **18** 청년 튀르크당 **19** 영국과 러시아 **20** 공화정 **21** 입헌 혁명 **22** 무함마드 알리 **23** 메이지 유신 **24** 수에즈 운하 **25** 와하브 운동

14 제1차 세계 대전과 전후의 세계

정답

01 제국주의 **02** 영국 **03** 프랑스 **04** 파쇼다 **05** 삼국 동맹 **06** 사라예보 사건 **07** 무제한 잠수함 작전 **08** 베르사유 체제 **09** 국제 연맹 **10** 11월 혁명 **11** 민족 자결주의 **12** 5 · 4 운동 **13** 신문화 운동 **14** 간디

15 제2차 세계 대전과 현대 사회

정답

01 경제 공황 **02** 뉴딜 정책 **03** 루스벨트 **04** 블록(경제) **05** 자유 방임주의 **06** 전체주의 **07** 무솔리니 **08** 히틀러 **09** 바이마르 **10** 군국주의 **11** 독일, 이탈리아, 일본 12 태평양 전쟁 **13** 노르망디 상륙 작전 **14** 국제 연합(UN) **15** 마셜 계획 **16** 바르샤바 조약 기구 **17** 제3세계 **18** 인도 **19** 고르바초프 **20** 마오쩌둥

적중 TOP 세계사능력검정시험 단기완성 – 기출동형+서술형 다잡기

초판인쇄 2024년 03월 08일
초판발행 2024년 03월 15일

지은이 | 세계사 기출위원회
펴낸이 | 노소영
펴낸곳 | 도서출판 마지원

등록번호 | 제559-2016-000004
전화 | 031)855-7995
팩스 | 02)2602-7995
주소 | 서울 강서구 마곡중앙5로1길 20

www.wolsong.co.kr
http://blog.naver.com/wolsongbook

ISBN | 979-11-92534-31-2 (13900)

정가 19,000원

좋은 출판사가 좋은 책을 만듭니다.
도서출판 마지원은 진실된 마음으로 책을 만드는 출판사입니다.
항상 독자 여러분과 함께 하겠습니다.